追寻教育智慧

——我们的探索与实践

魏国良 朱际生/编著

图书在版编目（CIP）数据

追寻教育智慧：我们的探索与实践 / 魏国良，朱际生编著 . -- 北京：世界图书出版公司，2019.6

ISBN 978-7-5192-6315-7

Ⅰ . ①追… Ⅱ . ①魏… ②朱… Ⅲ . ①教学管理－研究 Ⅳ . ① G42

中国版本图书馆 CIP 数据核字（2019）第 111283 号

书　　名　追寻教育智慧：我们的探索与实践
（汉语拼音）　ZHUIXUN JIAOYU ZHIHUI : WOMEN DE TANSUO YU SHIJIAN
编　　著　魏国良　朱际生
总 策 划　吴　迪
责任编辑　滕伟喆　刘彦妮
装帧设计　刘　岩
出版发行　世界图书出版公司长春有限公司
地　　址　吉林省长春市春城大街 789 号
邮　　编　130062
电　　话　0431-86805551（发行）　0431-86805562（编辑）
网　　址　http：//www.wpcdb.com.cn
邮　　箱　DBSJ@163.com
经　　销　各地新华书店
印　　刷　三河市燕春印务有限公司
开　　本　787 mm × 1092 mm　1/16
印　　张　16.25
字　　数　293 千字
印　　数　3 001—5 000
版　　次　2019 年 6 月第 1 版　　2020 年 5 月第 2 次印刷
国际书号　ISBN 978-7-5192-6315-7
定　　价　45.00 元

目录 CONTENTS

第一篇 让教学管理为课堂教学保质量

第二篇
让论文报告为课堂教学寻新招

第三篇
让教师培训为课堂教学提效益

第一篇

让教学管理为课堂教学保质量

第一章　教学管理策略

教学常规管理制度

教学是学校的中心工作，学校的一切工作必须服从和服务于教学这一中心，体现这一中心工作的两个主要方面是认真抓好教学常规管理和深入开展教学研究。教学常规是教学规律的体现，是对教学过程的最基本要求，为优化教学过程，提高教学质量，依据各级教研室有关文件要求和《龙岗区实验学校教学常规管理实施细则》，特制定教学常规检查制度。

一、教学计划检查制度

教学计划主要包括学校教学工作计划、教研组工作计划（备课组工作计划）、个人教学计划等。

（1）学校教学工作计划要依据学校教学工作目标，进行统筹协调，对各年级、各学科教学提出明确的要求和相应的检查措施，对各项主要教学工作做出具体安排，作为各教研组和任课教师制订教学工作计划的依据。

（2）教研组（备课组）教学工作计划应依据学校教学工作计划，结合本学科特点，对本学期各项教研工作做出具体安排，经全组教师讨论通过后，于开学后一周内交教学处审定存档。教研组长（备课组长）为计划执行的具体负责人。

（3）个人教学计划由各任课教师制订，在开学后一周内完成。各任课教师在制订计划时要充分理解学校教学工作计划的总体精神，熟悉课程标准，明确本学科、本学期总的教学任务，明确教材各章节在教材中所处的地位，以及各章节之间的相互联系，充分估计到完成教学任务中可能遇到的问题和困难，拟定教学进度，提出教学中应注意的问题和改进措施。

（4）以上各项计划分学期制订，学校要采取切实有效的措施，对计划实施情况进行定期检查，确保计划落实到位。学期结束时应及时对照计划，结合教学实际，进行反思，并写出书面总结。

二、备课检查制度

备课是上好课、提高课堂教学质量的前提和基础，因此必须坚持集体备课和个人备课相结合，坚决杜绝不备课进课堂的现象出现。

（一）教学设计

（1）教学设计（备课本）的内容要求：①教学目标，必须考虑知识与技能、过程与方法、情感态度价值观三个维度；②重点、难点；③课型、教学时数；④教学准备，如课前活动安排、媒体的选用（如实验仪器、音像材料、挂图、实物、模型、多媒体课件等）；⑤教学实施过程，应有教师活动和学生活动的主要内容，有相应教学内容及教与学的程序，不能把教学设计写成单纯的知识提纲讲稿；⑥板书设计；⑦作业布置；⑧教学反思或后记，总结本课或本单元教学的得失。

（2）撰写教学设计（备课本）。教学设计要分课时、按上述八方面的要求撰写。教学设计封皮内容要填写完整，教学设计不能过于简单，教学程序在150字以内的不算教学设计，不许用旧教案，不能以在课本、资料上写评注圈点为由而不写教学设计（地方课程和校本课程凡是使用电子备课的一定要有教师自己的评注和教学反思）。复习课、练习课、习题讲评课都要有教学设计。

（3）学讲练的内容要求：①格式规范。包括年级、内容、课型、执笔人、审核人、时间、学生姓名；②学习目标；③学习重点，学习难点；④教学实施过程要充分体现以学生为主体，先学后讲，当堂训练；⑤学生学的程序为：学前准备—学习新知—当堂检测—学习体会—拓展提高；⑥学讲练文本上要有教师二次备课的记录；⑦教学反思或后记，总结本课或本单元教学的得失。

（4）课件。课件作为教学辅助手段，不能滥用，应根据实际需要，特别是要在充分考虑学生对信息的处理能力的基础上使用。不能用课件代替教学设计，在教学设计中要有对课件运用的说明。对网络课件或其他音像资料要结合教学实际，通过处理后才能使用。

（5）备课检查。①手写教学设计（备课本）+课件；②师生共用《学讲练》+课件。以备课组为单位，检查到人。学校要完善备课检查制度，备课检查采取定期普查和不定期抽查两种方式，检查结果要实行定性评价，并盖教学处专用章。教学设计的质量主要看一堂课的教学目标是否明确，以及目标是否达成，教学设计是否恰当，重点、难点是否突出，是否讲练结合，精讲精练。

（二）备课

备课的程序为：个人钻研—集体讨论—修改教学设计（备课本）或者《学讲练》文本。

（1）个人备课。①认真钻研教材，详细查阅有关教学参考书和资料；②充分考虑学生的认知水平和心理状态；③确定每节课的教学目标和教学内容；④确定相应的教学方法，选取适当的教学媒体；⑤编写教学设计（备课本）或者《学讲练》文本。

（2）集体备课。集体备课是校本教研的重要形式，其目的是发挥教师群体优势和骨干教师的作用，交流教学经验，统一认识，解决教学中的重要问题，平衡教师的教学进度，研究和改进教法，提高教师教学水平和教学质量。集体备课的内容和要求有：①统一教学进度和教学基本要求；②探讨学生可能出现的问题及解决的办法；③探讨培养学生思维的方法；④交流演示实验的关键操作，做好学生分组实验前的准备。⑤结合观课活动，进行议课；⑥在规定的时间、地点进行，安排好中心发言人，做好记录；⑦没有备课组的年级，在集体备课时，应将重点问题和教学困惑提交教研组讨论。

（3）修改教学设计（备课本）或者《学讲练》文本。教师应把集体讨论的内容加以消化整理，在此基础上修改个人备课方案，提前写好完整的分课时教学设计（备课本）或者《学讲练》文本，要求重点、难点把握准确，教学方法选择恰当、过程设计合理，作业设计符合学生实际，力争做到思想教育、“四基”训练、能力培养三统一。

三、课堂教学检查制度

教师上课的基本要求：

（1）严格按课表上课，未经教学处同意，不得随意调课（包括自己担任的多门课程），更不准随便缺课。上课不得迟到早退，不得中途离开教室，不得拖堂。

（2）教师在预备铃响时应站在教室门口，目视学生做好课前三分钟准备，同时清点学生人数，弄清学生缺席情况，对非正常缺席学生应及时报告班主任。上课开始和结束时，师生应相互问候致礼，填写《班务日报表》。

（3）教学过程中，教学内容应紧扣教学目标，教学活动要面向全体学生，对不同学习基础的学生，在教学目标和教学内容上应尽可能体现不同的层次要求，采用不同的教学方法，以适应他们的学习需求。

（4）坚持探究式、合作式和讨论式教学，加强对学生学习方法的指导，特别要注重培养学生良好的学习习惯，提高教学实效。对学生的学习活动要及时反馈、及时补偿，尽力使绝大多数学生通过教学活动都能实现不同层次的学习目标并获得成功感，尽可能减少学生在知识和技能上的缺漏。

（5）课堂练习设计要典型精当，有利于增强学生对主干知识的掌握运用，防止题海战术，盲目多练，真正做到精讲精练。

（6）教师上课要讲普通话，语言要精练、准确、生动、富有启发性和吸引力，声音要响亮；板书要清楚，布局结构合理，能体现出讲课重点，字迹工整，用字规范，不写错别字；教师要举止文明，教态亲切、大方，衣着得体，不准穿短裤、背心、拖鞋进入教室，不化浓妆，不准在教室内抽烟。严禁酒后上课，上课时必须关闭手机。

（7）教师应尊重学生的人格，严禁体罚和变相体罚、羞辱学生。上课时教师不得把学生赶出教室。同时应严格要求学生遵守课堂规则，课堂内发生的问题不能及时处理的，应由任课教师负责在课后处理。

（8）重视教学卫生，注意纠正学生坐、写姿势，随堂教师要负责督促学生认真做好眼保健操。

（9）活动课要纳入课堂教学，其课程和教学内容的选择要符合实际，并相对稳定，形成特色；活动形式要灵活多样，符合以学生为主，教、学、做相结合的原则。

（10）学校每学期都有详细听课计划与课堂教学检查评估方案，以切实提高课堂教学的有效性。相关检查形式有：学校领导随堂听课检查；教学处定期普查或不定期抽查；教研组有目的地集中听课，学校组织学生座谈会和问卷调查等。

（11）进行家长义工进课堂试点工作。

四、作业布置与批改检查制度

（1）布置作业必须有明确的目的性和针对性，以利于巩固所学知识，掌握“四基”，培养能力，发展智力。作业布置要适时适量，难易适中，要重视对学生预习、复习的指导和检查。一般课堂作业的难易程度应以多数学生的学习水平为基础，让大多数学生在课堂上能完成。

（2）要适度控制课外作业总量。课外作业内容可根据学生实际进行分类，分为选做题和必做题。作业形式要灵活多样，不仅布置读、写、算的作业，还要布置画、唱、操作、实验、实践、调查、考察、观察等方面的作业。坚决杜绝惩罚性作业、随意性作业、大量机械重复的作业。根据上级有关规定，初中生课外作业量：每天不超过1.5小时。语文大作文，每学期不少于八篇；数学每周不少于四次；外语每周不少于三次；物理、化学每周不少于两次；其他学科根据实际情况适当布置课外作业。小学生课外作业量：三至六年级每天不超过1小时；一、二年级原则上不布置课外作业（但须有课上当堂完成的作业）。

（3）教师必须及时检查和批改学生的作业，要保持一定比例的面批，批改日期要明确。教师批改作业实行等级评价，要注意示范性，教师书写要工整，标点要准确，符号要规范。作文的眉批、总批评语要得当，指示要具体，富于激励和指导作用。

（4）要采取切实有效的措施培养学生按时、规范、独立完成作业的良好习惯，教师应督促每位学生及时上交作业。

（5）鼓励在作业布置和批改方面的改革和创新，可适当布置开放性、探究性、实践性的作业。

（6）教学处每月检查一次作业批改情况，并将结果公布。学校每学期要组织不少于一次的各年级各学科优秀作业展评，并留好作业展评有关资料、图片。

五、指导实验检查制度

（1）按照省厅要求开足开齐实验课，严格按课程标准规定指导学生动手做好实验，不能以讲实验、画实验、看挂图代替做实验，学生的实验报告教师要及时批阅。

（2）认真做好演示实验，提倡并鼓励教师合理改进、增加演示实验，在条件允许的情况下，把部分演示实验改为学生分组实验，或把某些思考性强的习题改编为实验（演示或学生分组实验）。

（3）学校要积极创造条件开放实验室，逐步培养学生自行设计实验的能力，指导学生进行课外实验，提高学生实践能力。

（4）学校要认真组织学生实验能力考核，考核结果计入学生的学业成绩。

（5）学校要定期对实验教学进行检查，如发现未按要求完成实验教学任务，学校应追究有关教师的责任。

六、辅导检查制度

（1）辅导要贯彻因材施教的原则，既要对学生进行课内辅导，又要对学生进行课外辅导，既要集体辅导，又要个别辅导。

（2）辅导要有计划，辅导对象要有所侧重，特别要关注学有困难和学有余力的学生。对学有余力的学生，可采取适当布置提高性作业，向其推介课外读物，让其参加兴趣小组等办法，激励兴趣，发扬特长；对个别学习困难的学生以及因请假、旷课而影响了学业的学生，可采取个别辅导和小组辅导的方式有的放矢地查漏补缺。

（3）辅导要讲究效益。放学后不能留学生集体辅导，个别辅导时间不宜过长。

（4）进行“专家门诊”和“导师制”试点工作。

七、课外活动检查制度

（1）课外活动包括：学科兴趣小组活动、竞赛培训、科技活动、文体活动等。

（2）教师要负责各活动小组的组织和指导工作，每个活动小组由备课组或教研组确定辅导教师，至少每周开展两次活动，辅导教师要制订切实可行的计划，做到有方案，有记录，有总结。

（3）课外活动内容要健康有益，形式多样，尽量为学生提供动脑、动口、动手的机会，以扩大知识面，加强学生间交流，发展学生特长，培养学生创新精神和实践能力，让学生多元发展、特长发展。

（4）学校教学处根据各科活动小组计划统一安排活动地点和时间，并定期检查。

八、学业考核与评价检查制度

（1）加强考试管理。各学科平时考核，可由备课组长或教研组长负责，随堂组织小考，杜绝随意性的考试。

（2）年级的统一单元考试要认真命题、组考、制卷、阅卷，保证质量。教师要按水平考试的要求紧扣教材命题，着重考查学生“四基”达标情况和分析解决实际问题的能力，针对教学实际，防止出“偏、怪、难”题。

（3）考试方法以闭卷为主，采用考试、考查相结合的方式，加强学生动手实践能力考查。外语考试采取听力、口试和笔试相结合的形式进行。

（4）对不及格的学生进行补偿教学后，要给予再次测评的机会，并在此基础上登记成绩。要让学生看到进一步努力学习的价值，鼓起继续学习的勇气。

（5）年级统一单元考试绩效要与《龙岗区实验学校教学质量目标监控行动方案（A）》结合，培育绩优班级，促进高位均衡发展。

（6）学期期末成绩的评定，不能只注重对最终学习结果的评价，学生的学习过程（含学习态度、学习习惯等）也应成为学习评价的重要依据，综合考虑期中考试成绩、平时成绩（含单元检测、课堂提问、作业、实验及平时表现等）。

（7）教学质量分析主要包括以下两方面：试题分析（包括试题的题型、主体知识覆盖面、试题分值合理程度、试题难度和试题的主要优缺点等）和学生学业成绩分析。成绩分析应从定性和定量两个方面进行。定量分析"二率"（即优秀率、合格率），定性分析是教师在进行必要的数据统计后，对所教班级情况做出的综合描述，期末要在教学质量分析的基础上写出全学期教学工作总结。

九、校本教研检查制度

（1）校本教研要以提高教学效率，全面提高学生素质为中心，以研究教材教法为重点，以提高教师素质为根本。教师不得拒绝参加教研活动或拒绝接受教研任务（如拒绝撰写、上交教育教学研究论文，拒绝上公开课，拒绝接受教研组安排的竞赛活动等），教学处要精心组织教师参加省、市、区级的各项教学、教研竞赛评比活动，教师要力争取得好成绩。

（2）教师要积极参加课堂教学研讨活动。青年教师每学期要上一堂研讨课，中学高级教师、小学高级教师、各级学科带头人和骨干教师每年要上一堂示范课或观摩课。

（3）教研组活动每两周一次，备课组活动每周一次。每次活动必须有主题、有中心发言，每学期组织一至三个研究主题，确保每次活动有明确的内容，解决教学工作实际中存在的问题。

（4）严格建立观课议课学习制度，三年教龄以内的青年教师每学期观看议课40节以上；一般教师观看议课20节以上；教研组长、级长观看议课25节以上；负责教学的中层以上干部，每学期听课评课40节以上；其他中层以上干部每学期听课评课30节以上；学校正副校长观看议课45节以上；观看议课时，必须有记录。

（5）积极进行教育教学理论的学习与教育教学科研的实践。每学年每位教师至少要完成一篇教研论文。学校要建立激励机制，鼓励教师在专业报刊上发表论文，展示学术成果。

（6）教师要结合教育教学工作实际参与课题研究，总结教育教学经验，探索教学规律，形成个人教学特色。

（7）所有教师都应根据自身特点制订专业发展规划，提高自身素质；学校要为教师推荐专业必读书目，开展教师读书活动，促进教师专业素养的提高。

（8）学校领导要不定期参加备课组、教研组的教研活动和课堂教学研讨活动。

教学质量目标监控行动方案（A）

（2014年3月第三次修订）（试行稿）

一、本方案背景

制订本方案，为的是深入贯彻落实校长提出的"坚持以人为本，按教育规律办事，实施高效的管理模式来办好学校”的指示，执行学校工作计划中关于“完成以质量为中心，坚持抓好质量目标监控”的任务要求，运用定性评价与定量评价相结合，过程评价与结果评价相结合的方法，调动教师教与学生学的积极性；围绕“实现更多人参与课改，加强精细化管理，增强全面育人意识，转变工作态度四项突破”的目标，打造我校“教学资源优质，教学特色明显，教学管理完善，教学质量满意”的教学品牌。

二、本方案目标

（1）促进学生学业发展。教学就是在教师的支持下，强化、优化学生自主学习的过程。教学的本质是促进学生自己学，要激励学生自主学习、合作学习、探究学习、快乐学习，使“尖子生”“边缘生”“特长生”，在各自的起点上有进步，真正体现教师面向全体学生，学生全面发展。

（2）促进班级均衡发展。客观地、科学地评价班级总体的教学成绩和班主任管理班级的实效，引导并鼓励教师共同关注、热爱中下层学生，教好每一个弱科学生，努力提高中下层学生各科学习成绩，提高总体的平均分、优秀率、良好率、合格率，控制低分率。

（3）促进教师专业发展。充分发挥备课组的作用，集体备课，资源共享，在教学实践与反思中进行主题驱动下的校本研修，引领教师专业发展，有计划地塑造区、市、省级骨干教师和名师。

三、本方案特点

（1）“从起点看进步”，评价全班学生的学习成绩在全年级的位置总值是否升高，引导班级任课教师密切配合，形成合力，推进各段边缘生，找弱科求发展，使培优辅中促后工作有针对性、实效性，提高班级总体的有效分。

（2）“从所教班级学生总分成绩位置进退总值”评价班主任发展学生的能力、协调任课教师的能力，调动家长的能力。打造以班主任为轴心的班级教学质量目标监控实体，为教师评先、评优、评聘职称提供主要参考数据。

（3）“每一个学生都是增长点，从最后一位学生抓起”，全年级中下层学生多的班级，学生上升空间大，教学班更容易出成绩、获奖励。

四、本方案基本内容

（一）年级总体与教研组总体教学质量目标监控

期末终结评价时，考核年级总体与教研组总体教学成绩指标的“一分四率”的达标情况，与区内其他学校比较，对于优秀年级组、教研组给予精神与物质奖励。

（二）教学班教学质量目标监控

参照高考、中考原始总分数学模型，运用“线性回归模型方式”进行数据分析。即

三年级报告期评价成绩与基期成绩比较

四年级报告期评价成绩与基期成绩比较

五年级报告期评价成绩与基期成绩比较

六年级报告期评价成绩与基期成绩比较

七年级报告期评价成绩与基期成绩比较

八年级报告期评价成绩与基期成绩比较

九年级报告期评价成绩与基期成绩比较

教学班每个学生基期原始总分在全级位置值，报告期原始总分在全级位置值两次原始总分在全级位置比较的“进退值”。以班为单位进行有理数的加法，得到教学班学生报告期原始总分在全级位置的进退总值。

1. 激励机制

（1）教学班的学生原始总分在全级位置的进退总值大于等于零时，班主任得10分；当进值大于等于年级总人数的50%时，班主任得15分。

（2）由年级给前30%获奖班级颁发“学习成绩先进班”流动红旗。

2. 问责机制

（1）教学班学生原始总分在全级位置的进退总值为负值时得8分。与基期比较的退值大于等于年级总人数的50%时，班主任得6分，并由班主任协同任课教师写出原因及对策分析报告，任课教师签名后交给教学处，按层次报主管副校长、校长。

（2）年级安排学力学情调研。由科长安排审核学力学情检测试卷，由级长负责安排监考、评卷、登分、录入，要确保公平、公正。在此过程中如有违反考试常规的班级任课教师和学生，则取消该班参评资格并按有关制度进行处理。

3. 评价机制

以年级为总体，班级数×300元=浮动绩效总金额；（总金额÷班主任所得总分）×班主任个人得分=班主任个人班级教学管理绩效浮动工资。班主任月绩效浮动工资不足300元时，由该班绝对滞后的任课教师补齐。

（三）备课组教学质量目标监控

每次学力学情调研测试，考核备课组总体成绩，对平均分高于年级平均分8分以上（含8分）的教师，实行评先、评优、聘任优先制；对平均分低于年级平均分5分（含5分）的教师，实行校长谈话制。

本修订方案经校长审批同意，行政会、科长级长会议通过后，于2014年4月1日起试行，解释权在教学处。

教育教学质量奖励办法

一、教学质量奖

（1）毕业年级按当年由毕业班工作领导小组制定的奖励方案执行。

（2）非毕业班按年级组、教研组教学质量达标评估结果给予奖励。具体标准依据当年的经费情况，由校长办公会议决定。

二、辅导学生竞赛奖

（一）奖励范围的确定

（1）奖励对象必须是在由教育行政部门、其他有关业务部门（体育、科技、文化部门）或相关专业委员会、学科学会组织的比赛中获奖的学生的辅导教师。

（2）分省、地（市）、区取录的，分别按省、地（市）、区级计算。

（3）既有团体获奖，又有个人获奖的，按团体获奖成绩奖励，未获团体奖励的，按个人获奖成绩奖励，奖金累计不得超过相应团体奖金额。

（4）分级别竞赛的，按最高标准计算，不重复奖励。

（5）完全由本校教师辅导获奖的，按此方案标准奖励全额；与校外教师共同辅导获奖的，按此方案给予半额奖励。

（6）学科内单项知识竞赛，现场比赛按本方案奖励标准的二分之一金额奖励；选送作品参赛，以参赛人数、根据购买器材（材料）数量确定奖励名额的，按本方案奖励标准的四分之一金额奖励；缴费性竞赛不予奖励。

（二）奖励标准

1. 奥林匹克竞赛

（1）团体

级别 等级	国家级	省级	市级	区级
一等奖或第一、二名	10分	8分	4分	1分
二等奖或第三、四名	8分	6分	3分	/
三等奖或第五、六名	6分	4分	/	/
四等奖或第七、八名	3分	/	/	/

（2）个人

级别 等级	国家级	省级	市级	区级
一等奖	1.5分	0.8分	0.5分	0.2分
二等奖	1分	0.6分	0.3分	0.1分
三等奖	0.6分	0.3分	0.1分	/
四等奖	0.3分	0.1分	/	/

2. 学科知识竞赛

（1）团体

级别 等级	省级	市级	区级
一等奖	5分	3分	0.8分
二等奖	3分	1分	0.5分
三等奖	1分	0.6分	/
四等奖	0.6分	/	/

（2）个人

级别 等级	省级	市级	区级
一等奖	0.8分	0.5分	0.1分
二等奖	0.5分	0.2分	0.05分
三等奖	0.3分	0.1分	/
四等奖	0.1分	/	/

3. 科技、音乐、美术竞赛奖

（1）团体

级别 等级	省级	市级	区级
一等奖	2.5分	1.2分	0.8分
二等奖	2分	0.8分	0.5分
三等奖	1.5分	0.5分	/
四等奖	1分	/	/

（2）个人

级别 等级	省级	市级	区级
一等奖	0.6分	0.4分	0.2分
二等奖	0.5分	0.3分	0.1分
三等奖	0.3分	0.1分	/
四等奖	0.1分	/	/

三、体育竞赛奖励

我校学生组队参加由教育行政部门、体育行政部门或教育与体育行政部门共同组织的体育比赛，获得名次的，按以下标准奖励：

1. 中小学生运动会

名次＼级别	省级	市级	区级
第一名	15分	3分	1分
第二名	13分	2.5分	0.8分
第三名	10分	2分	0.5分
第四名	8分	1.5分	/
第五名	6分	1分	/
第六名	4分	/	/

2. 单项团体比赛

名次＼级别	省级	市级	区级
第一名	10分	5分	0.8分
第二名	8分	3分	0.5分
第三名	6分	2分	/
第四名	4分	1分	/
第五名	2分	/	/
第六名	1分	/	/

说明：

1. 分级别竞赛的，按获奖成绩的最高标准计算，不重复奖励。

2. 完全由本校教师辅导获奖的，按此方案标准奖励全额；与校外教师共同辅导获奖的，按此方案给予半额奖励。

四、教师业务素质竞赛奖

学校对教师参加由教育行政部门或学校组织的各级各类教师基本功比赛获得名次的，按以下标准奖励。

等级＼级别	一等奖	二等奖	三等奖	四等奖
国家级	3分	2分	1分	0.5分
省级	1分	0.8分	0.6分	0.3分
市级	0.5分	0.3分	0.2分	/
区级	0.3分	0.2分	/	/

五、先进集体奖

奖励标准：

级别 名称	市级	区级
年级组/教研组	0.2分/人	0.1分/人

被评为先进的级组、科组中，因严重违纪受到处分、通报批评等的教师，不予奖励。

六、教育教学论文、专著奖

教师撰写的教育、教学论文在有中国标准刊号（ISSN或CN）并正式出版发行的报刊，或是省、市教育行政部门主办的刊物上发表的，或是在上级教育行政主管部门组织的论文评比中获奖的，按以下标准奖励。

等级 级别	一等奖	二等奖	三等奖	发表
国家级	0.4分	0.35分	0.3分	0.35分
省级	0.3分	0.25分	0.2分	0.25分
市级	0.2分	0.15分	/	0.15分
区级	0.15分	/	/	0.1分

说明：

1. 级别的认定按科研处的有关办法执行。
2. 论文既发表又获奖的，按奖金额最高的计算，同一作品不重复奖励。
3. 论文获奖或发表，均以原件为依据。
4. 与校外其他人合作完成的，按相应标准给予半额奖励。

中考质量目标及优秀生源留读奖励方案

一、完成中考质量目标奖

（一）年级总体目标奖

根据年级总和成绩在全区的排名情况奖励，奖励层面为第一、二、三名，得奖个人不重复计奖。

全区第一名：班主任10分/人，其他教师8分/人。

全区第二名：班主任8分/人，其他教师6分/人。

全区第三名：班主任6分/人，其他教师4分/人。

校长取总人数1/3的位置额；蹲点行政取班主任最后分数平均数的70%，年级组长取班主任最后分数平均数的60%，组长助理取班主任最后分数平均数的50%。

（二）学科总体目标奖

在年级的综合成绩达到全区第一、二、三名的基础上，根据学科综合成绩在全区的排名情况奖励，奖励层面为第一、二、三名，得奖个人不重复计奖。

全区第一名：奖备课组长、在本年级任教的科组长9分/人，其他教师7分/人。

全区第二名：奖备课组长、在本年级任教的科组长7分/人，其他教师5分/人。

全区第三名：奖备课组长、在本年级任教的科组长5分/人，其他教师3分/人。

说明：以上为一个教学班的基数奖，另外任教班级超一个再按不同等级分别奖励5分、3分、1分。没全年任课按照任课时间折合计算。

（三）班级贡献奖

（1）班级完成优秀率、良好率、合格率、控制低分率，奖励60分/班。按照班主任、语文、数学、英语、科学、历社教师10分/人。

（2）班级控制优秀率（600分），多于指标一人，班级加6分/人；少于指标一人，班级减3分/人；班级控制合格率（400分），多于指标一人，班级加3分/人，少于指标一人，班级减1.5分/人。

说明：

（1）指标分配

根据上届整体情况（优秀率21.9%，良好率72.78%，合格率96.09%，低控率0.6%）制定本届年级总体目标（优秀率25%以上，良好率75%以上，合格率95%以上，低控率0.5%以下），并据此确定本届各班单项上线目标人数。中考在达到全区第一、二、三名基础上，各班单项目标人数，根据实际情况按开学初的比例重新分配。

（2）指标计算

600分以上（含600分）人数按1∶1，700分（含700分）按1∶2，800分（含800分）按1∶3折合累计。

（四）个人贡献奖

（1）个人对班级贡献奖。根据班级既定600分上线指标，学科上A线学生与班级上600分数线学生80%重叠的，奖励该科任教师10分，少一人减1分，少三人以上（不含三人）不予奖励，多重叠一人加奖1分。

（2）个人对备课组贡献奖。

中考学科科目计算各科A^+和A的平均数，超过一个奖励3分。

特长生辅导：市直属高中3分/人，区直属高中2分/人，特长生的辅导界定以教学处审核为准。

各班指标（按照七、八年级四次成绩平均计算）

年级教学质量目标：600分以上优秀率25%以上、500分以上良好率70%以上、400分合格率95%以上、350分以下低分控制率0.5%以下。

目标 班级	800分以上	700分以上	600分以上	500分以上	400分以上	350分以下
九（1）						
九（2）						
九（3）						
九（4）						
九（5）						
九（6）						
九（7）						
九（8）						
九（9）						
九（10）						
折算为600分	1∶3	1∶2	1∶1			

二、优秀生源留读奖

（1）优秀生源留读龙岗区公办高中达50%的班级，班主任10分/人，其他教师2分/人。

（2）每留读一个优秀生，班主任5分/人，其他教师1分/人。

（3）级长和蹲级行政取班主任所得分的平均分。

三、奖金计算

（1）中考奖金总额的80%用于中考教学质量目标奖，20%用于留读优秀生源奖。

（2）个人所得奖金=中考质量目标奖金金额÷质量目标总得分×个人质量目标得分+留生源奖金金额÷留生源总得分×个人留生源得分。

教学管理手册（目录）

1. 作息时间表
2. 教室、办公室分布图

3. 课程计划表
4. 一至六年级教师分工表
5. 七至九年级教师分工表
6. 一年级课程总表
7. 二年级课程总表
8. 三年级课程总表
9. 四年级课程总表
10. 五年级课程总表
11. 六年级课程总表
12. 七年级课程总表
13. 八年级课程总表
14. 九年级课程总表
15. 学科组、备课组教研活动一览表
16. 功能馆室责任人一览表
17. 校级选修活动课安排表
18. 学生人数统计表
19. 任课教师统计表
20. 教学质量目标
21. 教学处工作计划及行事历
22. 教学视导反馈表
23. 中小学各学科作业布置与批改要求

学校课程体系

学校课程体系新设计					
课程系列	主题与目标	课程类型			
		基础型课程	拓展型课程	研究型课程	社团活动
人与自然	掌握自然科学思维方法	数学	数学思维训练营 数学解题方法 数学竞赛辅导 数学微专题	数学建模	

续表

学校课程体系新设计					
课程系列	主题与目标	课程类型			
		基础型课程	拓展型课程	研究型课程	社团活动
人与自然	掌握自然科学知识，培养科学意识与创新精神	物理 化学 生命科学（动植物部分） 地理（自然地理部分）	物理思维训练营 化学思维训练营 宇宙与人 天文实践观测与摄影 走进十大未解之谜 我和智能机器人 物理能力训练 化学能力训练 生物能力训练 信息科技能力训练 改变世界的物理学 物理数字化实验研究 趣味化学实验 生命科学数字化实验研究（DIS实验） 微生物的分离和培养技术 GPS的测量 地理大发现与科学探险	化学实验的改进 资源利用 “记录”的方式 激光科学 纳米科学	环保社团 天文社团 纳米社团 激光社团
	培养探究自然改造自然的实践能力	信息科技 劳动技术	家电故障检测及维修 电子创新制作 生活中的数学 数学的应用 生活中的化学 生活中的物理 电子制作	传动装置研究 测量装置研究 传感器研究	环保社团 DIY社团等
人与社会	认识社会发展的历史与规律	政治 历史 信息科技 地理	哲海拾贝纵横国际政治风云 《经济咒语》 国际组织和国际关系 地外文明 世界不解之谜 诺贝尔奖科学家 网页制作 网络安全 数码影像处理 程序设计训练营 数码影像处理 程序设计训练营 “口述史”研究 《史记》选读 《论语》选读	能源危机和新能源技术 环境的保护和治理 龙岗河的综合治理 城市灾害与防御 历史文化遗产保护 流行文化与主流文化 客家文化的开发 计算机技术与网络文化 克隆技术与伦理道德 通信技术的今天与明天 当代外来时尚文化 智能机器人的设计与应用	洋中讲坛 参观垃圾焚烧厂 参观内史第 南湖考察活动 参观博物馆 听长辈讲故事——20年来的变化 机器人社团

续 表

学校课程体系新设计					
课程系列	主题与目标	课程类型			
		基础型课程	拓展型课程	研究型课程	社团活动
人与社会	树立社会理想，适应社会需要		禅文化漫谈 学生团课 “两难”问题之我见 追寻校园之根 危机管理时代的合作与共赢 让世界了解中国 国际理解教育 社会政治、经济热点论坛 旅游地理 社区服务 了解菜市场 摆地摊		模拟联合国 客家文化之旅 广州爱国主义教育 国防教育 毕业仪式 与老校友、外来农民工访谈 旧深圳文化踪迹 文学作品中的哲学意识
	培养社会实践能力	语文（语言文字部分） 外语	演讲与辩论 社区交往——ABC 传统节日创意设计 数码影像处理 日语入门 走遍美国空中英语教室 生活在国外 英语美文欣赏 英国文学选读与欣赏 初中经典英语阅读	龙岗区水体富营养化的调查 无土栽培校园植物分类调查	演讲比赛 英语演讲比赛 英语话剧社 初二英语课本剧大赛 初一英语歌曲比赛 辩论比赛 社区服务系列活动 我与社区居民一起过佳节 学农归来话责任 学军（生存训练） 学农（生活训练） 啄木鸟在行动 绿色校园创意设计 垃圾回收在行动
人与自我	认识自我	语文（文学部分） 生命科学（人类部分）	中小学生团体心理辅导 开发你的潜能 中外历史人物评说 青春健康教育 心理健康教育	开发左右脑 学生心理对初中生的影响 接纳自我	爱，你准备好了吗 我喜欢的历史人物征文比赛 朋友眼中的我 新生调查问卷

续表

学校课程体系新设计					
课程系列	主题与目标	课程类型			
		基础型课程	拓展型课程	研究型课程	社团活动
人与自我	热爱人生	音乐 美术	电影文化 散文 影视艺术音乐欣赏 戏剧表演 走进音乐剧 舞蹈 歌唱与表演 创意书画（基础课程） 电脑美术设计与动画制作 插花 网页制作 Flash动画制作 丝网花制作 回丝画制作 十字绣制作 版画制作	文学气韵与欣赏品位 旗袍的研究 校标设计 课桌椅研究 中日动漫比较研究 多元音乐 绘画鉴赏	中小学课本剧展演 课本剧创作 校园十大歌手 主持人评选 双月专项艺术演出 元旦师生文艺演出 五四师生篝火晚会 动漫社团 师生画展 DIY社团
	形成自我发展的意识，提升自我发展的能力	体育 政治	生涯规划与设计 初一学习方法指导 相逢20年后 与名人对话 创意与策划——校内领袖养成 健美操 男篮 女篮 羽毛球 乒乓球 足球技术与裁判规则 田径 游泳 跆拳道 中国传统养生文化 国际象棋	中学生英语学习问题调查和对策研究 学生的行为习惯对其自身的影响 食盐与人体健康	智力运动会 与校长聊天 相逢20年后自我规划 与家长共同填志愿 初一女生腰鼓表演 初二男生武术表演 初三女生太极拳表演 师生运动会 校篮球赛 校足球赛 校乒乓赛 校羽毛球赛

教师工作手册

（2005年8月第一次修订，2012年12月第二次修订）

教学工作是学校全面贯彻国家教育方针、全面提高教育质量、实现培养目标的主要工作，是学校一切工作的中心。学校的管理工作应紧紧围绕教学这一中心工作进行，教学常规管理是建立和维护正常教学秩序的基本保证。根据新课程实施要求，结合我校教学工作实际，现制定我校教学常规管理实施细则。

一、制订学期教学工作计划

教学工作计划是整个学期进行教学的依据，是全面完成教学任务的重要保证。学校的各教学管理环节每学期（毕业年级每学年）都应于开学前二周内制订出工作计划。

（一）学校教学工作计划

学校教学工作计划是学校整体工作计划的重要组成部分，应由主管副校长与教学处分管主任商谈拟定、报校长审定，教学处执行。其要求是：

（1）以国家教育方针、上级教育行政部门的法规文件为指导。

（2）全面分析学校的基本条件，保证教学工作计划的连续性、可行性和实效性。

（3）明确学期（或学年度）教学工作的目标、任务和基本要求。

（4）加强教学工作的领导，提出提高教学质量的具体措施。

（5）全面考虑、统筹安排，协调好各方面的工作。

（二）年级教学工作计划

年级组是学校行政管理和教育教学管理的基层组织，是教育教学管理的实体，学校实行级长负责制和蹲级行政包干制。年级工作计划中的教学部分由年级级长拟定，蹲级行政审定，经教学处分管主任批准后执行。其要求是：

（1）符合学校教学工作计划的要求。

（2）对上学期本年级教学整体情况、教学班情况、备课组情况全面分析，找出优势与不足的原因并提出对策。

（3）明确年级教学质量目标，制定实现年级教学质量目标的可操作的措施。

（4）提出对学生学习品质培养的具体要求。

（5）年级选修课工作安排。

（6）全面、全员、全程质量管理的工作安排。

（7）对学校教学管理工作的建议。

（三）教研组教学工作计划

教研组是学校学术管理的基层组织，教研组教学工作计划应围绕加强课堂教学研究、深化教学改革、提高学科教学水平，同时本着兼顾学科间协调发展的原则，由学科科长拟定，学科全体教师共同研究制订，经教学处分管主任批准后执行。主要内容包括：

（1）对上学期学科教学情况的基本分析。

（2）提出学科教研主攻方向，落实备课组每周一次的主题教研活动。

（3）学习现代教学理论，开展教学业务进修的具体安排。

（4）制定学科教学的目标、任务、教改实验课题的实施措施。

（5）校本教研的实施措施应具有可操作性。强化教学反思、师师交流、专业引领。

（6）举行“示范课、观摩课、公开课、汇报课”的具体工作安排。

（7）青年教师培养工作安排。

（8）学法指导、信息反馈、选修课、学科课外活动、发展学生学科特长的工作安排。

（9）研究教学动向、学生接受情况、家长对师生的反映。

（10）对学校教学管理工作的建议。

（四）教师教学工作计划

备课组教师在认真钻研新课程标准、通读一标多本的教材、明确教学目标的基础上制订本人教学工作计划，经学科科长批准后执行。主要内容包括：

（1）在对学生的学习情况进行认真分析的基础上，提出教学总目标、任务和要求。

（2）学科课程的教材内容分析。

（3）改进教学，提供教学质量的目标和达成目标的措施。

（4）对特优生、特长生、学困生的辅导。

（5）备课组统一教学进度安排，承担备课组安排的每周一次主题教研活动。

（6）参与校本研修行动的措施。

学校教学工作计划应在开学前印发，并上报区教学业务主管部门。教研组、教师教学工作计划，应在开学前完成，开学后一周内检查。

对于各类教学工作计划的执行，应有检查、督促措施。学校每学期在期中、期末对教学计划的完成情况要组织检查、总结。各类教学工作计划执行情况的总结由教学处立卷保存。

二、教学工作各环节要求

要提高认识，加强管理。强化“教学处—学科组—备课组—任课教师”的条条管理和“教学处—年级组—班主任—班授课教师”的块块管理，条块结合，抓实、抓细、抓好“备、教、批、辅、考、评”的每一环节，“常规抓实，创新搞活”，优化教与学的全过程，力求“教学组织最佳，课堂效率最高，课堂效果最优”，促进教学质量的持续提高。

（一）备课

（1）以导学案作为课堂教学的载体，根据学科特点编写“三为主教学模式”的《学讲练》文本。

（2）备课由电子版导学案或手写版备课本相结合，二者选一。区分不同课型，在“主备课制”的基础上各科教师结合班级实际情况进行补充调整定案。课时学案应包括：学习内容、学习目标、学习重点、学习难点、学习方法、学习过程（问题情境引入；对情境的观察，独立思考、合作交流、猜想；探究、验证、证明、归纳、辨析；知识的拓展应用与重点、难点的突破；要求体现教与学的全过程。）、课堂练习、课堂小结、课外作业。

（3）导学案的形式：①课时学案文本；②学案与课件单独呈现。

（4）加强集体备课。备课组内部分工，教师自主疏通教材，分章节明确主备课人和审核人，主备课人提前一周提供“三为主学讲练”交备课组长审核。组长初审后至少提前两天将“三为主学讲练”发给组员，在每周一次的备课组教研活动日集体审稿。上课前一天将“三为主学讲练”发给学生自主学习。

（5）备课要做到“四定”“三有”。“四定”即：定时间、定地点、定主题、定课例示范人；“三有”即：有记录、有照片、有实效。探讨主题研修活动的模式，提升集体备课水平。

（6）教学反思，每学期8篇，要求每两周上传1篇，指导学生编《错题集》。

（7）电子导学案备存形式：①以备课组为单位打包上传，各备课组选出最优《三为主学讲练》以备课组长的名字上传；②在主备课人指导后的学案的基础上实行个人学案调整，并自行电脑保存备用备查，且备好周前课。

（8）检查形式：定期普查与平时抽查相结合。中段及期末为两次普查，平时对各备课组手写备课本或个人学案随时抽查，查个人学案将随机通知，课件上传到年级资料处——上传下载，检查的结果通报全校。每学期以教研组为单位评选一次手写备课本或电子导学案的优秀教师，并颁发证书。

（二）上课

1. 教师上课常规

（1）严格执行课程表和作息时间表，未经教学处主管主任同意，不得擅自调课、换课、停课、增课、减课。不迟到、不早退、不拖堂。

（2）课前准备好，预备铃响前，提前1～2分钟到达上课的教室或其他上课地点。到达教室门口后，应面向学生侧身站立，督促学生入座并做好上课准备，不能迟到。

（3）上课铃响后，教师走上讲台，面对学生立正站立，宣布“上课！”，班长或值日生喊口令“起立！”，全班学生起立，离位站立在过道上，教师检查人数环视全班学生站立整齐后，问候：“同学们好！”全班学生回答：“老师好！”并行鞠躬礼，教师回鞠躬礼并宣布：“坐下！”全班学生迅速整齐地在座位上坐好，等候教师开始上课。上英语课、音乐课时，按专业课方式；上体育课时，按体育课上课常规执行。

（4）尊重学生，对学生多给予鼓励，严禁用不恰当的语言批评甚至讽刺、挖苦学生，挫伤学生的积极性。不得歧视任何一位学生，不得体罚或变相体罚学生。不得将学生赶出教室，无权停学生的课。

（5）上课时应将手机等关闭，不得在上课时间接听电话。

（6）追求高质量课堂，安全课堂，快乐课堂，力争效率最大化和效果最优化。

（7）下课时，填写《班务日报表》。

2. 学生上课常规

（1）预备铃响后，迅速在自己的座位上坐好，准备好学习用品，静候上课（或课前由科代表引导全班朗读课文）。

（2）上课铃响后，听到教师宣布“上课”，班长或值日生喊“起立”口令，全体应迅速起立，向过道一侧跨出一步，立定站立。听到教师问候“同学们好！”应一起回答：“老师好！”同时向教师行鞠躬礼。当教师回礼并宣布“坐下”时，全体坐下。音乐课、英语课、体育课按专业要求。

（3）学生因故迟到，须在教室门口立正，得到教师允许后，迅速安静地入座。遇有教师询问时，诚实回答，不得撒谎或低头不语。

（4）积极参与“四人合作小组”的学习，坚持先写后说，教师讲课时，精力集中，认真听讲，积极思考，如有不懂或有创新见解、应积极举手，大胆发言，小组内坚持“兵教兵”。保持良好的课堂纪律，不做小动作，不吵吵闹闹。

（5）上课时应保持良好的坐姿，不东倒西歪或斜靠在桌子上，不打瞌睡、伸懒腰。

（6）下课铃响后，教师宣布“下课”，班长或值日生喊“起立”口令，全体迅速起立，教师说：“同学们再见！”学生齐声回答：“老师再见！”待教师离开讲台后，依次离开教室。有领导、客人或学校其他教师听课时，先让听课的教师离开教室。

（7）下课后，值日生应及时擦黑板，抹讲台。遇有教师有较多物品时，科代表应主动帮助教师送往办公室。

3. 体育课常规

（1）上课时，师生一律穿运动鞋。教师应着运动装，学生应着适合运动的服装，不得穿皮鞋、凉鞋、拖鞋、高跟鞋、风衣等不适宜运动的鞋或服装，预防事故的发生。

（2）上课预备铃响后，体育委员应迅速组织全班学生到上课地点集合。集合时，应做到快、静、齐。（室外课1～3年级，任课教师必须组织并整理队伍前往上课地点。）

（3）上课时，教师应做好安全保护工作，防止意外事故发生。严禁说笑打闹或随意离开上课的场所。

（4）分组练习时，应保持一定的队形。严格遵守纪律，教师宣布下课前，学生不得随意离开上课地点和队伍。

（5）因病不能参加剧烈运动的学生，在上课时，应跟班到上课地点观摩、学习，不得在教室内逗留。病情严重或患有慢性疾病而不适宜上体育课的，应有医院证明。

（6）下课前三分钟，体育委员集合队伍，教师讲评、小结。下课时，教师说“同学们再见！”学生道“老师再见！”

4. 功能室上课常规

（1）（1～3）年级任课教师必须组织班级，带领学生前往上课地点；其他年级要求保持安静，队伍整齐，教师必须亲自组织队伍训练进退方式与路径。

（2）科学实验教学，注意实验安全。期初有实验计划，提前一周通知实验员准备器材。

（三）作业设计与批改

（1）各学科组组织教师学习《作业设计与批改要求》，明确作业必做题与选做题两个种类、完成形式、每周（或每学期）完成次数，并确定必做作业和选做作业统一检查批改的方式和要求。

（2）切实减轻课外作业量，做到课前精心准备、课中精讲精练、讲练结合、课后作业精选，力求作业批改后全对。

（3）每学期期中、期末进行作业常规检查，形式是随机抽号进行（检查内容包括必做和选做作业，要求学生作业本标上学号）。每学期以年级为单位评选展览一批优秀作业。

（四）辅导

（1）建构“四人小组兵教兵”“一帮一”的模式，打造学生高质量学习的“关系、行为、结果”运行体系。

（2）对学困生实施四个“优生”原则。即提问优先、表扬优先、作业面批优先、家访优先。

（3）对特优生鼓励他们快学、多学、加强综合、拓展、创新训练，形成名学生群体。

（4）课外辅导可采用进班辅导、个别辅导、课间辅导、举办讲座等多种形式，但不得以课外辅导代替课堂教学。

（5）单元测试或综合考试后，分别以年级组、教研组为单位组织教师认真进行质量分析，并对阶段性比较落后的学困生及时查明原因、制定个性化辅导方案，力求考试后补考试卷满分。各年级对优秀学生明确专人指导，培养高层次学生群体。

（五）每学期观课、议课要求

1. 观课量

（1）正、副校长：50节以上。

（2）教学、科研处正、副主任：40节以上。

（3）其他行政人员：30节以上。

（4）科、级长：25节以上。

（5）备课组长：22节以上。

（6）任课教师：20节以上。

（7）新教师：40节以上。

2. 观课、议课

（1）观课人应按时到达观课地点，不迟到、早退。

（2）观课使用统一的记录本，观课时应认真做好笔记，以备查阅、参考。观课笔记应有：授课人，授课时间，授课班级，教学内容，教学过程，教学方法，重点、难点的讲解和突破，板书设计等内容。

（3）观课后应对授课人的教学做出评价，写出“我喜欢”“我质疑”“我建议”并与授课人交流。

（4）尊重授课人的劳动，不在观课时议论或做与观课无关的事情。

（5）观课前可以事先通知授课人，也可以不提前通知。授课人不得以任何理由拒绝或回避他人观课，不得为回避他人的观课而故意改变授课内容。

（6）抄袭他人观课笔记者应当受到教育批评。

（六）考试评价

（1）做好平时的检查提问、课堂学习、随堂小测验的登记工作，及时了解教学效果，并作为平时成绩评价的重要依据。过关随堂测试一般以一章一次为宜。瓶颈学科可以每周一次验收。

（2）每学期进行年级期中形成性评价和学校期末终结性评价。尽量采取笔试、口试、实验操作等相结合的办法，综合考查学生的学习情况（其中四至九年级每月由年级组织一次学力学情调研）。

（3）笔试的命题、监考、阅卷、登分、成绩录入和试卷分析要求如下。

命题：

① 期末学力学情调研，由教学处、学科长共同拟定命题原则，科长提供命题模块与样卷，期末调研交换命题或备课组集体命题，经科长审查后，再交教学处审定，打印完后，由命题人和审题人及时校对，期末联考由教学处准备试卷。

② 各学科确定的考试考查科目，应突出新课标修订版的新要求，按“掌握、运用、判断、创新、实验操作”等基准和学生学习实际情况设计考试，考查形式突出学科特点，确定主客观题比例，设置一定的开发性、探究性试题，鼓励学生发表自己的见解，发挥创造性。试卷的难易度既要照顾中下生，又要有一定区分度。试题内容和形式既能考查出学生真实的学习情况，又能体现新课标理念。

③ 命题的内容要有一定容量，注意深度、广度、信度，注意考查学生的基础知识和基本能力，不设置偏题、怪题。

④ 卷面分一般为100分。以基础分70%、综合运用20%、难度较大10%的原则来组织命题。

⑤ 各科考试时限（单位：分钟）

科目 / 时间 / 年级	数学	英语	语文	物理、化学、生物、地理	历社
一、二年级	60	60	60		
三、四年级	70	60	80	60	
五年级	80	80	100	60	
六年级	80	80	100	60	
七年级	90	90	100	120	60
八年级	90	90	100	120	60
九年级	90	90	100	120	60

⑥ 考查科目：学校所开考查课程，每学期进行一次正式考查，由科长分年级拟定考试模块报教学处审定后实施。考查成绩记入学生学籍档案。

A. 体育学科根据教育部、国家体育总局关于《学生体质健康标准（施行方案）》和中考方案执行。

B. 思品、音乐、美术、电脑、社会、劳技、综实等科目随堂或提前集中考查，由教学处、科长共同拟定考查原则，每科考查时限为40分钟。

监考：

① 期末学力学情测试监考人员由教学处统一安排。级长必须在考试前十五分钟到教务室领取试卷，提前十分钟发给监考教师到教室组织学生做好考试准备，提前五分钟发试卷，开考铃响后方允许学生答卷。

② 认真执行监考任务，监考员不得擅自离开试室或做其他工作。

③ 严肃考场纪律，对违反考试规则的学生要及时制止和处理，认真填好《考场记录表》。

④ 考试结束铃声响时，要求学生停止作答，全体起立，有序离开考场，监考员收好试卷并按考号顺序封存好，连同《考场记录表》，及时交回教务室验收归档。

⑤ 巡考教师每一场考试巡查三次以上（开考后15分钟、考试中、考试结束前15分钟内各一次）。

⑥ 年级巡视员每一场考试巡查三次以上，检查考场纪律和监考员履行职责等情况。

阅卷：

每月学力学情调研，由备课组长组织流水评卷；期末测试，由科长主持集中交叉阅卷，流水作业。批改试卷，力求做到阅卷仔细认真，公正客观，评分标准统一，加分准确无误，加分后不拆封。

登分：

期末测试由登分组拆封，将分数录在电子成绩表上，一经登分，任何教师不得擅自改动分数，有问题应经过教研组长组织教师讨论决定，登分表上的分数用百分制。

成绩录入：

由电脑教师按学生成绩表录入电脑，授课教师修改学生分数须经教学主管主任批准并备案。

成绩评定：

学期总评分按3∶3∶4评定成绩。即平时成绩（包括课堂提问、随堂测验、平时作业、实验等）占学期总评的30%；期中测试成绩占学期总评的30%；期末测试成绩占学期总评的40%。学年总评分按4∶6评定成绩，即第一学期总评成绩占学年评分的40%，第二学期总评成绩占学年成绩的60%。教师应认真严肃评定学生成绩。一至六年级学生按$X \geqslant 90$为A，$80 \leqslant X < 90$为B，$60 \leqslant X < 80$为C，$X < 60$为D评定学生成绩等级；七至九年级学生成绩按A^+（5%），A（20%），B^+（25%），B（25%），C^+（20%），C（5%），报班主任填写籍册。

试卷讲评：

每次测试后，将试卷发给学生自纠，由级长安排教师讲评试卷，由科长适时安排试卷讲评公开课。

质量分析：

教学质量分析要贯穿教学过程始终，并把过程分析与结果分析结合起来，质量分析可以是学生座谈会、备课组分析会、年级组分析会及教师个人填写质量分析表等几种形式。

笔试试卷分析要求如下：

（1）备课组或科组对试卷做出评价，评出好题和试卷中存在的问题。

（2）任课教师对所教班的学生进行全面质量分析，检查学生对基础知识掌握的程度和学生各方面的能力情况，并填写好质量分析表及学生成绩分析表。通过试卷分析检查自己的教学效果，找出教与学两方面存在的问题，进一步研究和改进教学。

（3）班主任召开班科联系会，对本班科任教师的教学效果进行评估与协调，致力于学科均衡发展，瓶颈学科的优先发展。

（4）年级组召开座谈会，全面分析本年级的备课组，教学班与学生中存在的问题、原因及对策。

（5）教学处召开座谈会，了解年级与学科教师的教学情况，每学年的第二学期教学处以学生问卷调查为主要形式对教师教学情况进行考查。

（6）对教师的书面教学质量分析报告，科长、蹲科行政要认真查阅研究、写上查阅记录或评语，并纳入教师业务考核，存入教学业务档案。

（7）每个学年度，学校组织一次教学质量达标分析总结表彰会。

深圳市龙岗区实验学校教师授课表

节次＼星期		一	二	三	四	五
上午						
	晨会					
	第一节					
	第二节					
	课间操　眼保健操					
	第三节					
	第四节					
午休						
下午	短课					
	第五节					
	眼保健操					
	第六节					
	中学第七节　小学选活课					
	中学选活课					

学期教学工作计划

<table>
<tr><td colspan="8">一、学生基础情况分析（上学期期末数据分析）</td></tr>
<tr><td>班名</td><td>人数</td><td>平均分</td><td>优秀率</td><td>优良率</td><td>合格率</td><td>低控率</td><td>备注</td></tr>
<tr><td></td><td></td><td></td><td></td><td></td><td></td><td></td><td></td></tr>
<tr><td></td><td></td><td></td><td></td><td></td><td></td><td></td><td></td></tr>
<tr><td>特优生</td><td colspan="7"></td></tr>
<tr><td>学困生</td><td colspan="7"></td></tr>
<tr><td colspan="8">二、教材分析（包括教材版本、各章（单元）教学内容、教学目的要求、教学重点、教学难点及教学中应注意的问题等的分析）</td></tr>
<tr><td colspan="8">三、本学期全面提高班级教学质量的主要措施</td></tr>
<tr><td colspan="8">四、校本研修（备课组每周一次主题研修活动）</td></tr>
<tr><td colspan="2">本人承担研修的主题</td><td></td><td></td><td></td><td></td><td></td><td></td></tr>
<tr><td colspan="2">选题背景（原因）</td><td></td><td></td><td></td><td></td><td></td><td></td></tr>
<tr><td colspan="2">研修目的</td><td></td><td></td><td></td><td></td><td></td><td></td></tr>
<tr><td colspan="2">研修的主要内容</td><td></td><td></td><td></td><td></td><td></td><td></td></tr>
<tr><td colspan="2">主持或参与研修时间</td><td>地点</td><td colspan="2">具体内容</td><td colspan="2">方式</td><td>预期效果</td></tr>
<tr><td colspan="2"></td><td></td><td colspan="2"></td><td colspan="2"></td><td></td></tr>
<tr><td colspan="2"></td><td></td><td colspan="2"></td><td colspan="2"></td><td></td></tr>
<tr><td colspan="2"></td><td></td><td colspan="2"></td><td colspan="2"></td><td></td></tr>
<tr><td colspan="2"></td><td></td><td colspan="2"></td><td colspan="2"></td><td></td></tr>
<tr><td colspan="2"></td><td></td><td colspan="2"></td><td colspan="2"></td><td></td></tr>
</table>

本学期总体活动安排

讲课时间内容安排	中段前（1～9周）第__单元（编，章）至第__单元（编，章） 中段后（11～19周）第__单元（编，章）至第__单元（编，章）
大练习次数和时间	
单元测验次数和时间	
实验次数和时间	
中段测试范围及方式	
期末测试范围及方式	
各项活动落实情况	

教学进度表

本学期实际上课____周，共____节课，其中讲授新课____节，复习课____节。机动____节。单元测试____次，实验共____次。

	内容	每周教学任务责任人					
		主备课人解读教材、修改课件	编著导学案与课后作业	每周一测	每周练习	竞赛培优与补弱	主题研修课执教人
预备周	假期作业检测						
第1周							
第2周							
第3周							
第4周							
第5周							
第6周							
第7周							
第8周							
第9周							
第10周							
第11周	中段考与复习						
第12周							
第13周							
第14周							
第15周							
第16周							
第17周							
第18周							
第19周							
第20周							
第21周							
第22周							

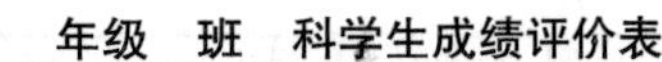

____年级__班__科学生成绩评价表

组号	座号	日期																	
		项目 成绩 姓名																	
一	1																		
	2																		
	3																		
	4																		
二	1																		
	2																		
	3																		
	4																		
三	1																		
	2																		
	3																		
	4																		
四	1																		
	2																		
	3																		
	4																		
五	1																		
	2																		
	3																		
	4																		
六	1																		
	2																		
	3																		
	4																		
七	1																		
	2																		
	3																		
	4																		

续 表

组号	座号	日期 项目 成绩 姓名																	
八	1																		
	2																		
	3																		
	4																		
九	1																		
	2																		
	3																		
	4																		
十	1																		
	2																		
	3																		
	4																		
十一	1																		
	2																		
	3																		
	4																		
十二	1																		
	2																		
	3																		
	4																		
十三	1																		
	2																		
	3																		
	4																		
十四	1																		
	2																		
	3																		
	4																		

____年级__班__科学生成绩评价表

姓名	平时评价			期中评价	30%	期末评价	40%	学期总评价	姓名	平时评价			期中评价	30%	期末评价	40%	学期总评价
	总分	平均分	30%							总分	平均分	30%					

龙岗区实验学校期中形成性评价分析表

（____年__月__日）

班名	班级人数	考试人数	100分人数	90-99分人数	80-90分人数	优良率	70-79分人数	60-69分人数	及格率	60分以下人数	总分	平均分

特优生姓名及成绩：

600分边缘学生姓名及成绩：

学困生姓名及成绩：

试卷分析

学生优势、问题及对策

特优生、特长生、学困生选活课（含课外活动）训练计划

学科		活动主题		人数	
一、基本情况 二、训练内容 三、训练方法					

特优生、特长生、学困生选活课（含课外活动）训练记录

周次	主题内容	训练纪律	缺勤及异常情况记载
第1周			
第2周			
第3周			
第4周			
第5周			
第6周			
第7周			
第8周			
第9周			
第10周			
第11周			
第12周			
第13周			
第14周			
第15周			
第16周			
第17周			
第18周			
第19周			
第20周			
第21周			
第22周			

本学期共组织选活课（课外活动）__次，取得的成果：

学科组、备课组教研活动及业务学习记录

教研主题		周次		时间	年　月　日	地点	
主题人		参加人员					
主要内容							
备忘							

____学年第__学期教师个人教育教学成果统计

一、行政或学术管理工作

任职	校长	副校长	主任	副主任	科长	级长	班主任	备课组长	其他
兼职									

二、教学工作量

任教学科或所任工作	任教年级	任教班级	学生人数	周课时节数	是否满工作量

三、教学成绩达标情况

所教班平均成绩	年级平均成绩	是否居年级平均水平之上

四、课堂教学现场比赛情况

时间	地点	内容	等级	组织单位	级别

续 表

五、录像课、说课、教学设计、微课程、课外比赛情况

时间	地点	内容	等级	组织单位	级别

六、辅导学生竞赛获奖情况

时间	地点	内容	等级	组织单位	级别

七、主持或承担科研课题研究、课程开发情况

时间	课题（课程）名称	课题（课程）级别	主持人（或参与者）	完成情况	效果及获奖情况

八、学术专著、学术论文、通讯报道、地方或校本教材

出版（发表）时间	名称或题目	出版社（刊物名称）	书号（刊号）ISBN（CN、ISSN）	级别	第几作者

九、示范（公开）课、学术讲座、教学帮扶情况

时间	地点	内容	授予单位	级别

十、省、市、区名师、特级教师、学科带头人、骨干教师、教坛新秀等学术荣誉情况

时间	项目名称	主办单位	级别

续表

十一、指导青年教师专业成长情况					
被指导教师姓名	毕业院校及专业	学位学历	入职时间	指导内容	主要进步特征

十二、省、市、区、校优秀教师、年度考核优秀等政治荣誉情况			
时间	项目名称	授予单位	级别

学期教学总结题目：
（包括：①教学任务完成情况；②主要经验或体会；③专业发展的努力方向）

“四点半活动”课程工作方案

一、指导思想

立德树人，教育之本；德智体美，全面提升。随着《中国学生发展核心素养》正式发布，核心素养时代已经到来。为了牢固树立“健康第一”的理念，强化体育课和课外锻炼，促进青少年身心健康、体魄强健；改进美育教学，提高学生审美和人文素养；增强学生的社会责任感、创新精神和实践能力，培养德智体美劳全面发展的社会主义建设者和接班人。龙岗区实验学校将“四点半活动”作为学校育人特色重点工作之一抓好、抓实，抓出成效。特制定下列工作方案：

二、领导机构

（一）领导小组

组长：丁峰

副组长：刘小毛、朱芳仪、魏国良、刘美娟、何华

成员：全体行政学科主任和年级主任

（二）工作小组

1. 课程设计组

组长：魏国良

副组长：朱胜华、赵查

成员：课程负责人、学科主任、年级主任

职责：

（1）设计校级活动课程体系。

（2）设计年级活动课程体系。

（3）指导、评价“四点半活动”实施情况。

（4）审查校级“四点半活动”校本教材。

2. 课程实施组

组长：刘美娟

副组长：李伟明、邱怡、李春霞、栗静

成员：课程负责人、学科主任、年级主任、授课教师、安保人员、学校安全应急小组

职责：

（1）组织中小学教学处、学科主任、年级主任、课程负责人修改确定课程名称，明确授课教师、授课地点、学生人数、授课时间。

（2）负责全体学生选课报名与分班、日常考核管理与评价。

（3）授课教师的聘任、考核与评价。

（4）组织并安排“四点半活动”校级课程校本教材的编写。

三、校级课程负责人

负责学校本类课程系列的开发、申报，教师的聘请、考核与评价表

序号	课程类别	小学部课程负责人	中学部课程负责人	备注
1	语言文学类	余旭方、苏丽秋、覃 艳	隆春晖、邱 杰	
2	快乐外语类	俞青松、侯剑灵	周 莉、陈建莎	
3	数理逻辑类	黄梅花、付名泉	罗 新、朱际生、熊 丽、刘 洋、袁桂芹	
4	军事文化类	郝建国、古东峰	张军艳、练 冰	

续表

序号	课程类别	小学部课程负责人	中学部课程负责人	备注
5	科技创新类	谢文静、赵西瑞	袁裕中、钟慧峰	
6	体育特长类	邱　怡、徐　科	向　征、王　鹏	
7	音乐表演类	邱　怡、李　鹏	邱　怡、李　鹏	
8	美术设计类	李春霞、巫银霞	李春霞、巫银霞	
9	生活制作类	张妙先、洪江苏	张妙先、陈宏高	
10	社会服务类	吴　波、李　炫	刘　星	

四、课程设置

根据我校学生需求、实际场地条件并结合上级对“四点半活动”的指导精神，将设置以下两个课程模块与活动。

模块一：龙岗区实验学校“四点半活动”校级课程设置一览表

（第一批公开招标81门课程）

课程类别	序号	课程名称	授课教师	指导教师
语言文学	1	经典朗诵	徐　琦	罗春红
	2	开心作文中级班	黎晓婷	崔景云
	3	戏剧表演	刘　芳	苏丽秋
	4	金嗓子播音主持	刘玉娟	李　炫
	5	经典朗诵	刘　岚	黄　冕
	6	硬笔书法		
	7	开心作文初级班	陈彩云	林丹红
	8	国学选讲	胡焰鑫	方丽婷
数理逻辑	9	美味俱乐部	文　玥	彭丽媛
	10	趣味数学	贺　冰	陈秋婷
	11	中国象棋与数学思维	章　华	陈光祥
	12	数学史趣事	肖文思	廖利华
	13	国际象棋	魏志刚	柯　璇
快乐外语	14	自然拼读		卢育珊
	15	Phonics	卓　恩	姜　萍
	16	小学英语写作	卓　恩	卢育珊
	17	自信演讲课	王小燕	李　菁
	18	PLSC中学英语	卢思欣、黎　莲	廖绿雅

续 表

课程类别	序号	课程名称	授课教师	指导教师
军事文化	19	军事人物赏鉴课	许江犁	古东峰
	20	大国兵器	李　博	郝建国
	21	评说历史人物	许江犁	刘亚兰
科技创新	22	3D打印	蔡　琪	谢文静
	23	无人机		蔡高绍
	24	模拟飞行		黄梅花
	25	虚拟机器人	谌庆盼	钟慧峰
	26	电脑创意绘画	黄玉琳	胡红英
	27	计算机应用与维护	周卫华	侯明川
	28	科学探究	易和平	刘月香
	29	创意制作（创客）	田　圳	钟秋菊
	30	实体机器人	何博贤	那光磊
体育特长	31	游泳乙组	李晓霞	麦明均
	32	游泳甲组	陈　茜	廖瑞干
	33	游泳初中组	李晓霞	杨　燕
	34	甲组足球	Wagner	梁　毅
	35	初中组足球	Adri	张旭辉
	36	乙组足球	Leandro	马健飞
	37	丙组足球	Adri	徐　科、薛晶瑜
	38	定向越野	梁秋草	李小菊
	39	田径中学	张　宇	陈增怀、张　宋、李　灿
	40	篮球小学乙组	杨　逸	王　鹏
	41	篮球小学甲组	徐　业	苏　帅
	42	小学女篮	刘林峰	朱俊标
	43	初中篮球		尹　力
	44	初中女篮		钟剑杨
	45	小学田径		张　琳、黄键启、潘克华
	46	小学跆拳道	刘文聪	高　妍
	47	中学跆拳道	刘文聪	刘文展
	48	乒乓球甲组	崔添添	赵瑞光
	49	乒乓球乙组	崔添添	余吴胜

续表

课程类别	序号	课程名称	授课教师	指导教师
体育特长	50	武术	邓俊毅	徐　科
	51	羽毛球1	谭　毅	张晓娟
	52	羽毛球2	谭　毅	张　华
	53	高尔夫球	王韩羽	徐　科
	54	网球提高（八年级）	河　江	李文刚
	55	击剑	关复耀	李小菊
音乐表演	56	儿童舞蹈	宁茜茜	李　鹏
	57	管乐	董　文	陈晓军
	58	竖笛（小学）	吴木生	蒋英豪、刘亚萍
	59	口风琴	吕　夏	田　媛
	60	古筝	王凯林	陈碧英
	61	大提琴	刘文冲	于　明
	62	合唱1	肖志娟	孙运辉、张婧雯
	63	合唱2	王　红	李洁琼、李　博、焦　瑾
	64	表演唱	刘少康	吴西影
	65	Hiphop舞蹈社团	叶秋欣	李存真
美术设计	66	壁画		薛丽娜
	67	彩墨画		巫银霞
	68	创意水墨画		巫银霞
	69	创意手工		司文灏
	70	动漫创作		孙　超
	71	软陶		李春霞
	72	创意黏土	王开红	马雪姣
	73	面塑	王　奇	李春霞
	74	美术中考	张　斌	李维斯
	75	布艺	林小红、陈紫芳	陈巧芬
生活制作	76	小学蔬菜种植	张会华	甘智红
	77	小学烘焙	王莉莎	余旭红
社会服务	78	蓝笔杆记者站	余辰辉	黄清萍
	79	橙果果礼仪导游队	陈　倩	李　炫
	80	小百灵广播社	何　滔	李少锋、伍敏怡
	81	雄姿国旗班		余吴胜

模块二：龙岗区实验学校“四点半活动”年级课程设置一览表

（52门课程）（供年级参考）

序号	课程名称	授课教师	教学对象	授课时间	授课地点
1	快乐故事绘本		二年级		
2	汉字故事		二年级		
3	讲故事		二年级		
4	写汉字		二年级		
5	迪士尼英语		二年级		
6	读故事		三年级		
7	走进中国人物		三年级		
8	数学思维训练		三年级		
9	趣味数学		三年级		
10	洪恩Gogo学英语		三年级		
11	写故事		四年级		
12	唐诗诵读		四年级		
13	相声里的语言艺术		四年级		
14	数学思维训练		四年级		
15	英语视听说		四年级		
16	英语小世界		四年级		
17	写好钢笔字		五年级		
18	经典宋词赏析		五年级		
19	品读创编儿童诗		五年级		
20	数学思维训练		五年级		
21	色拉英语		五年级		
22	与古诗对话		六年级		
23	走进名著		六年级		
24	趣味语文		六年级		
25	数学思维训练		六年级		
26	英语900句		六年级		
27	中学生怎样学习更有效		七、八年级		
28	逻辑推理		七、八年级		
29	数学史趣事		七、八年级		
30	听故事，学逻辑		七、八年级		
31	英文广告欣赏		七、八年级		
32	以案说法		七、八年级		

续表

序号	课程名称	授课教师	教学对象	授课时间	授课地点
33	快乐学成语		七、八年级		
34	《红楼梦》之“金陵十二钗”		七、八年级		
35	辩论入门		七、八年级		
36	走进诗歌，感受生活		七、八年级		
37	生活语文——广告词的赏析与写作		七、八年级		
38	Food For Your Ears——英语经典歌曲欣赏		七、八年级		
39	民俗溯源		七、八年级		
40	珍爱生命，远离毒品		七、八年级		
41	生活中的统筹方法		七、八年级		
42	学习安全知识，守护生命家园		七、八年级		
43	热爱自然，善待生命		七、八年级		
44	绒线编织		七、八年级		
45	地球和宇宙的水		七、八年级		
46	心理趣味活动		七、八年级		
47	生物趣味小制作		七、八年级		
48	Hollywood电脑动画欣赏		七、八年级		
49	云技术简介		七、八年级		
50	趣味生物实验		七、八年级		
51	趣味物理实验		七、八年级		
52	趣味化学实验		九年级		

五、活动组织

（一）本校教师申报项目

2017年1月11日前，课程负责人初步安排校级课程的校内授课与指导教师，2017年春季开学的预备周，学校科创艺体中心组织授课教师根据自己的特长、兴趣和能力，确定本学期拟开设的课程和项目。包括：课程名称和特点、招生要求和人数、活动时间和地点等。拟开设的校级课程和项目经过学校科创艺体中心统筹后，在学校大厅里和校内网页上进行公示。

（二）选聘校外师资授课

针对本学校教师不能开设的课程，以向第三方购买服务的方式，聘任具备良好职业道德和专业素养的相关专业人员或团队，参与或协助学校开展“四点半活动”。

（1）符合开展活动需求的高校教师、具有合法资质的民办教育机构教师。

（2）体育俱乐部、少年宫、文化馆、科技馆等社会组织、校外机构教练员及教师、社会体育指导员等。

（3）各领域具有专业特长的各类人才，如科学家、运动员、教练员、艺术家、能工巧匠、民间艺人等。

（4）其他符合条件的社会人士、志愿者等。

（三）学生自主选课

开学第二周，学生根据自己的喜好，在学校“四点半活动”信息网页上报名，报名结束就进行编班，稍做调整后，第三周开始活动；一个学期结束后，学生可以申请调整活动小组和项目。

（四）年级课程确定

在学校科创艺体中心指导下，学科主任、年级主任设计年级活动课程，安排年级授课教师，组织非校级的学生选课。开学第五周，年级活动课程开课。

六、活动管理

（一）做到“四定四有”

为保证学生“四点半活动”质量，我们努力做到：定项目、定场地、定时间、定教师；有活动计划（教案），有活动经费，有活动设备，有活动职责。项目教师负责学生活动的专业指导，课程负责人负责校级活动教师的管理，年级主任负责年级学生活动的综合管理，科创艺体中心负责全校活动的实施和评价。

（二）规范经费使用

使用“四点半活动”的经费必须符合财经政策，对聘任校内外教师补助、购买活动设备设施等做出明确要求，形成：课程负责人项目经费申报—主管部门（科创艺体中心）审查—学校财经委员会审核把关—校长审批—主管财经负责人签合同—课程负责人和年级主任组织实施（购买物品或聘用教师补助）—课程负责人和保管室验收（设备登记）—使用人应用等程序，做到专款专用。

七、制度纪律

建立严密的管理制度，明确责任分工，确保“四点半活动”正常开放、有序开放，发挥社会效益。具体管理制度由各课程负责人根据课程特点制定相应的管理措施，确保此活动安全有序地开展。

八、监护管理措施

（1）学校实行封闭式管理，全体学生，无特殊情况一律不准外出。如确有急事需要外出，必须经值班教师批准。

（2）上课期间，学校实行点名制度。学校要求，值班教师在上课前，必须先点名，发现有学生缺课，必须查明原因。对于请假的学生，必须认真核查，值班教师进行登记。

（3）在课下，为了保障同学们的安全，学校专门安排安保人员值勤，及时制止学生追逐打闹等不安全行为。

（4）学校领导轮流值班，学校保安值班务必认真负责，防止外来人员进入，杜绝一切安全隐患。

“四点半活动”按照贴近学生、贴近实际、贴近生活原则开展教育活动，开展思想教育、兴趣小组等各项丰富多彩的活动，重在普及知识、激发兴趣、陶冶情操，促进学生健康快乐成长，让“四点半活动”成为提升学生核心素养，“让孩子开心、让家长满意、让领导放心”的创新活动。

九、未尽事宜由学校“四点半活动”领导小组解释

龙岗区实验学校

2016年12月26日

关于龙岗区实验学校“四点半活动”的工作方案推进时间表

序号	日期	内容	责任人	协办人
1	2016年12月29日前	完成《龙岗区实验学校“四点半活动”的工作方案（讨论稿）》	魏国良	朱胜华、赵　查
2	2016年12月30日	党政联席会讨论《工作方案》	丁　峰	班子成员
3	2017年1月4日前	校级课程负责人研讨课程设置	朱胜华	赵　查
4	2017年1月9日前	将《工作方案》的正式版交科创艺体中心	朱胜华	赵　查
5	2017年1月11日前	课程负责人安排校内授课教师	刘美娟	李伟明、邱　怡
6	2017年2月13日前	校级课程外聘教师考核	邱　怡	余旭方、罗　新
7	2017年2月17日前	校级课程学生选课编班	李伟明	张军艳、李春霞
8	2017年2月27日	校级课程正式开课	刘美娟	课程负责人 学科主任 年级主任
9	2017年3月10日前	年级课程选课编班	刘美娟	年级主任
10	2017年3月20日	年级课程正式开课	刘美娟	年级主任

“四点半活动”课程合同范本

合同编号：________________________

机构名称：________________________

签订地点：广东省深圳市龙岗区实验学校

签订日期：________年______月______日

龙岗区实验学校发展中心

填写说明

仔细阅读协议内容，按要求填写；

合同编号由龙岗区实验学校发展中心统一填写；

付款账户必须为对公账户，使用个人账户无法付款；

开户行信息必须精确到开户支行，否则无法付款；

本合同最终解释权在龙岗区实验学校发展中心，请勿改动合同条款，如填写时有疑问请咨询我处。

甲方：____________________（以下简称甲方）

地址：__________________________________

邮编：__________________________________

联系电话：______________________________

乙方：____________________（以下简称乙方）

联系电话：______________________________

依据《中华人民共和国合同法》的规定，甲、乙双方就甲方委托乙方在甲方校内组织社团活动等事宜，在平等互利的基础上，签订本合同，双方共同遵守。

服务内容：

序号	课程名称	授课时间	课时数量	机构授课教师	学校指导教师	每门课费用
合计费用（元）		（大写）			（小写）	

备注：本合同内约定的服务内容为计划内容，实际课时数量及费用以结算清单为准。

付款方式

协议签订后7日内，首期支付50%的金额；下半年在每门“四点半活动”课程完成验收后支付余额。

乙方支付信息：（支付账户必须为对公账户，请写清楚开户银行信息！）

机构名称	
对公账号	
开户行	

双方责任

1. 甲方责任：

甲方负责准备与采购建设社团时所必需的仪器设备（不包括耗材），购买时可向乙方咨询市场价格、购买渠道等信息。

甲方需对校园内进行社团活动的学生的人身安全负责，开放课程供学生自由选课，组织课程遴选，对符合相关要求的，则同意乙方开设社团。

甲方有权利向乙方询问参与社团活动的学生的出勤情况，亦有权按自己的管理制度或办法考勤社团的教师。

甲方若因期中考试、期末考试、节假日或与学校其他重大活动冲突等因素需要暂停活动，需提前1天发放停课通知。

若甲方对某教师的教学服务不满意，有权要求乙方及时更换教师，乙方应在一周内回应甲方，并及时提供新的教师简历供甲方挑选。若甲方对乙方新推荐的教师仍不满意，或乙方提供不了新的教师供甲方挑选，甲方有权停办该社团并停止支付该社团剩余课时的费用。

甲方承诺向乙方提供本合同内建设社团活动时所需的场地和桌椅等必备设施。

甲方需与乙方共同督促本合同内规定的社团活动的有关教师，将课程体系形成相关电子档，如需印刷成纸质教材，则由甲方负责印刷等相关事宜，版权归甲方所有。

在本合同约定的时间内，如乙方需在甲方校内组织才艺类比赛或者才艺类展示活动，甲方需协助提供场地及相关设备。

2. 乙方责任：

乙方尽可能多地收集及整理课程信息与教师简历给甲方，供甲方在开办社团活动时挑选课程与教师，并按照要求参加甲方举行的课程遴选。

乙方承诺为甲方社团中优秀的学生提供参加比赛、演出、会演等才艺展示的机会。

乙方向甲方推荐的教师并非是在乙方任职或接受乙方聘请的教师，也没有向这些教师收取任何的中介费用，因此乙方不会干涉这些教师的正常教学活动，也不应承担这些教师应尽的责任。但乙方会协助甲方一起来加强对这些教师的管理，并及时向这些教师传达甲方的相关规定和意见。

乙方有义务在接到甲方更换教师的要求时，应及时提供新的教师简历给甲方，以供甲方挑选。

如乙方有必要将甲方在校学生带离校园参加比赛、演出等活动，必须提前5个工作日向甲方提出相关申请，在甲方同意后，乙方与学生家长取得联系，方可将学生带离校园；在乙方带学生离校期间，乙方有责任保障学生的安全，甲方可安排教师随行。

乙方承诺协助甲方督促社团教师做好学生考勤工作。在出现学生缺勤情况时应及时联系学生班主任，问明学生去向，以确保学生安全。

乙方承诺协助甲方完成对应“四点半活动”课程的校本教材编写。

乙方承诺协助甲方督促社团教师每节课按要求认真填写好社团管理平台中的“社团风采”一项，记录学生上课情况，学期课程结束后需向甲方提供相应课程活动资料。

除非遇到政府政策变更、自然灾害等不可抗力，否则乙方需保证本合同所约定的课时数量。

乙方不得在学校以及授课时间，向学生作任何形式的商业宣传。

乙方教师必须按时到达学校授课，若因病或其他事情请假，需提前安排好代课教师，并向特色发展处申报备案，不得空堂！若出现迟到现象，则予以相应扣款处罚。

乙方教师如因个人原因无法继续担任教学工作，应指派甲方面试合格的教师长期接任，不得频繁更换授课教师。

违约责任：

乙方未能积极协助甲方，违反本合同约定的责任或义务，甲方可向乙方提出书面提醒或警告，如甲方在书面提醒或警告后乙方仍不能履约，则甲方有权解除本合同。

甲方未按合同要求的时间支付课时费用，则乙方有权终止本合同，并保留向甲方继续追偿的权利。

其他违约责任，在合同中有所约定的，按照合同约定执行；没有约定的，按照《中华人民共和国合同法》的有关规定执行。

合同经双方签字后，如果合同任一方中途单方面终止执行合同的内容，属违约行为，由此给守约方造成的一切经济损失由违约方承担。

争议解决方式

在履行本协议过程中产生的任何争议，双方能友好解决的应协商解决，将损失降到最低，双方协商不成的，双方均可向所在地人民法院提起诉讼。

本协议的签订、解释、变更、履行及争议的解决等均适用中华人民共和国现行的法律。

其他

本协议未尽事宜，双方通过协商或签订补充协议来解决。

在履行合同过程中，经双方签字认可的函件、电子数据、会议纪要等均可作为本协议的组成部分。

本合同自双方签字盖章之日起生效，一式叁份（甲方执贰份、乙方执壹份），与协议的附件等一起具有同等法律效力。

甲方（盖章）：深圳市龙岗区实验学校　　　　乙方（盖章）：________

授权代表签字：________　　　　授权代表签字：________

日期：2018年____月____日　　　　日期：2018年____月____日

第二章　实用教学计划

马不停蹄奔质量

（2013～2014学年度第二学期教学处工作计划）

一、指导思想

认真学习并贯彻执行校长在《学校工作计划》中的要求，着力质量提升，着重课改，着眼师生发展。在学校稳中求进的总方针指引下，坚持以人为本，按教学规律办事，为实施高效的办学管理模式而尽其谋，竭其力，尽其能，效其忠。

二、工作任务

（1）坚持抓好质量目标监控。

（2）课改与新的教学创新点。

（3）创科组品牌，树教师榜样。

（4）搞好教学服务的“五室一馆”。

（5）常规检查和传统教学活动。

（6）学生俱乐部活动和特长展示。

三、工作措施

（一）完善质量目标监控体系

1. 明确教学质量结果目标

（1）教学质量目标

① 九年级在2014年6月全市统考中，年级学科总体成绩600分以上优秀率为25%以上，500分以上良好率为70%以上，400分以上合格率为95%以上，350分以下低分率为零，标准总平均分在530分以上或总体成绩稳在区前3位。

② 七、八年级：学年度区统考综合成绩（优良率、合格率、平均分）稳定在区直属学校前3位（或优良率60%以上，合格率90%以上）。

③ 五、六年级：学年度统一调研考试综合成绩（优良率、合格率、平均分）稳定在区直属学校前3位（或优良率为60%以上，合格率为95%以上）。

④ 三、四年级：学年度统一调研考试综合成绩（优良率、合格率、平均分）稳定

在区直属学校前3位（或优良率为80%以上，合格率为95%以上）。

⑤ 一、二年级：学年度统一调研考试综合成绩（优良率、合格率、平均分）稳定在区直属学校前3位（或优良率为90%以上，合格率为95%以上）。

（2）学科竞赛目标

师生个人或团体参加学科竞赛，区级应获一等奖，市级应获二等奖以上，国家、省级应获奖。

（3）各年级学生身体素质达标情况单列。

2. 抓实教学质量目标过程监控

本学期重新启动《龙岗区实验学校教学质量监控行动方案（A）》，配合区教研室的学力学情调研和专项素质抽查，强化教学质量的过程管理。

（1）目标是促进学生学业发展，促进班级均衡发展，促进教师专业发展。

（2）特点是“从起点看进步”“从所教班级学生标准总分位置进退总值的评价打造以班主任为轴心的班级教学质量监控实体”“从最后一名学生抓起”。

（3）内容是运用月学力测试这一杠杆，将三至九年级学生报告期与基期成绩进行比较，对进步班级给予精神和物质奖励，对退步大的班级实行“教学质量分析报告”制。为体现公平、公正原则，月学力测试试题由科长负责、采取联考、委托命题、题库选题，备课组教师各自命题后合成等方式运作。监考、评卷、登分、录入、分析由级长组织实施。期末测试由教学处统一组织，并对年级总体成绩、各备课组总体成绩与班级总体成绩做出是否达标的分析评价，并与评先、评优、职称聘任挂钩。

（4）难点是问题学生周周清。任课教师将“每天课前无预习，课中不认真，课后不做作业，周周测不达标”的问题学生名单于每周五上午报给班主任，由班主任汇总后报级长张榜公布并通知学生家长来校接学生回家，由音、体、美老师负责执行周周清。年级领导小组成员轮流参与。

（二）举力推进课堂教学改革

在教学理论的指导下举全校之力，用余下一年半的时间构建果向明校长的“三为主教学模式”，操作方法如下：

1. 以教师为主导的操作点：重在导思想、导方法

（1）要为考试学科每位教师在开学前两周购买《课程标准》《学业标准》《考试说明》；同年级本学科的多本教材；近几年本学科、本年级的省、市、区考题；同年级本学科的多本练习册。

教师下题海、自研试题，每学年第一学期开学前一周，教师对考试科目进行一次集中演练。按照教材内容结合课程标准设计“三为主学讲练”（以备课组为单位，集教案与学案、笔记与作业、测试与复习巩固于一体，供师生共用），做好收集资料、信息、体验考点的准备。

（2）备课组内部分工，教师自主梳理教材，分章节明确主备课人和审核人，主备课人提前一周提供“三为主学讲练”交备课组长审核（即备好周前学案稿）。

（3）组长初审后，至少提前两天将“三为主学讲练”发给组员，在每周一次的备课组教研活动日集体审稿。

（4）上课前一天将“三为主学讲练”发给学生自主预习。

（5）教师写课后反思，编写《错题集》，确定复习课教学的重点和难点。

2. 以学生为主体的操作点

（1）学生先一天拿到“三为主学讲练”文本后，先根据内容按“自觉、自读、自练、自评、自纠、自问”的“六自”原则自主阅读课本，独立完成基础题，再做提高题。如果有问题请做好标记。

（2）第二天上课开始，教师导入后，以“四人互助学习小组”为单位合作学习交流，教师及时给有困难的小组和学生讲解。

（3）教师及时掌握课堂信息，确定在课堂内应该针对什么问题而进行集体讲解。

3. 以训练为主线的操作点

（1）课堂上为检验合作学习交流效果，可随机从每个小组取同号学生将“三为主学讲练”上的题目到黑板上演练（或投影到屏幕上），给予针对性捆绑式评价。

（2）四至九年级考试科目的教师集体研究下一周“三为主学讲练”文本。七年级数学每周二后两节课；八、九年级数学、物理每周二后两节课，由年级备课组按考试题型、题量测试上周“三为主学讲练”文本内容。年级整合家庭与社区资源，每周五后两节课对学困生实行周周清（重点是：清态度、清习惯、清方法）。

（三）学科品牌与榜样教师双驱动

1. 打造学科品牌

（1）以《教师工作手册》为载体，规范学科资源的管理与使用，学校提供存放各学科组资料的场地与专柜，各学科组将教学资源按学年度分类归档并安排专人负责管理。

（2）科组事务性会议重在压缩时间，提高效率，学科学术研讨会议重在给足时间，注重过程。如：学术研讨会每月一次，充分发挥校内外名师、骨干教师、学科带头人的作用，以经验交流、专题讲座、学术论坛、研讨或课例点评等形式，要求科组全员参加，并邀请教学、科研部门相关人员参加。

（3）科长要扎实开展好每两周一次的校内研讨课、示范课等“实验好课堂”教学活动，让教师主动参与、相互学习，共同提高教学水平，促进教学能力和质量的提高，把教研活动与教学常规检查相结合，以检评为载体，充分调动教师积极性，使广大教师在活动中提升教学水平，提高教学质量，促进专业成长。

（4）注重培养各年级优秀生源，支持年级组利用各种平台资源，制订学生个性发展规划，定时间、定地点、定导师，逐步培养一支勤读书、勤思考的优生队伍。

（5）继续抓好体育（游泳、乒乓球、跆拳道）；艺术（管乐、合唱、舞蹈、书法、绘画）；语文（高质量阅读）；数学（小步训练、六类课型）等，创学科品牌。

2. 树立榜样教师

（1）榜样教师的“十个基本条件”：①每学期主持研究一个教学小课题；②每年度

撰写一篇教育教学论文；③每学期设计一节优质课《学讲练》含课件；④每学期上一节有学术研讨示范价值的公开课；⑤每月制作一份质检试卷；⑥每学期组织一个学生能力型课题学习；⑦推广一项刊登在本专业学术刊物上的研究成果；⑧每学期写教学反思不少于8篇；⑨参加或指导青年教师在区级以上比赛获一等奖；⑩学科教学成绩在年级领先。

（2）榜样教师的评定：由个人申报、备课组推荐、学科组考核、教学处组织评审、学校备案。

（3）榜样教师的待遇：政治荣誉上享有评先评优评聘职称的优先权，经济上增加一定的绩效报酬。

（四）优化“五室一馆”服务

1. 完善责任体系

将“五室一馆”（教务室、文印室、实验室、电教室、体育器材室、图书馆）的管理责任分配到人，发挥教育功能，降低教学用品的使用成本，提高馆室的使用率。

2. 服务督查并举

“五室一馆”工作人员的职责是为教学服务，要坚持“服务与督查并举”的原则，将馆室使用情况及时予以登记成册，每周一次反馈给教学处。

3. 开发教学资源

图书馆长协助年级组长发动学生捐图书给班级图书架和图书漂流站，上好阅读课，生生交流，班班交流，级级交流，为学生广泛阅读创造有利条件。电教、实验室、文体中心、体育器材室等功能室要全面体现为师生服务的宗旨。

4. 试行首问首办责任制

接受一线教师询问的首位工作人员称为首问责任人，首问责任人必须与一线教师保持有效沟通，并及时为之服务。

（五）教学常规与传统活动相促进

（1）严格执行区教研室关于教学常规的规章制度，执行《教师工作手册》反馈制度，高质量完成教研室教研视导的各项要求。考查科目实行手写教学设计或“三为主学讲练”文本（二选一），考试科目实行“三为主学讲练”文本。依照《小学生减负十条规定》，四至六年级在课堂内完成“三为主学讲练”书面作业。

（2）每月不定时抽查各年级对教学常规的执行情况，安排专人检查教师岗位职责执行情况，有记录、有反馈、有总结，实行教学事故问责制。

（3）启动“实验好课堂”一课两上两评活动，打造高质量课堂，规范课堂教学，坚持“以学生为主体、以教师为主导、以训练（思维）为主线”，实现“三为主”思维训练，课堂要优化教学过程，优化教学方法，优化师生关系，实现“三优化”，推广在课改中业绩卓著的榜样教师的成功经验。

（4）没有备课而上课是教学事故。要严把备课关，深入开展集体备课，努力提高备课质量，加大对备课过程的督查力度。如：继续执行《学科教学常规细则》，对备、教、批、辅、考、观、议课每一个环节要明确，可操作、可考核。每学年度各科组要评选执行教学常规的模范教师，形成心齐、气顺、风正、劲足劲的工作氛围，从而达到非中考年级综合成绩稳定在区直属学校前三位的教学质量目标。

（5）本学期进一步拓展第十四届语文周活动、第十四届科技节活动。

（六）创新学生俱乐部育特长

现代教育改革的核心是强调个性化教学，促进学生全面发展，让学生学有所长、张扬个性、展示才华。本学期继续在音乐、美术、体育、信息技术等学科实施《龙岗区实验学校学生特长认定考核办法》；在年级实行普及性特长训练的同时，重点抓好校级39个俱乐部的活动，继续完善校级“三团七社十队”，为高一级学校输送有特长的优秀学生。

（1）“三团”：管乐团、合唱团、舞蹈团。

（2）“七社”：书法社、文学社、陶艺社、摄影社、电脑绘画社、七巧板智力社、象棋社。

（3）“十队”：田径队、足球队、游泳队、乒乓球队、跆拳道队、健美操队、篮球队、小提琴队、大提琴队、古筝队。

龙岗区实验学校教学处工作行事历

（2013～2014学年度第二学期）

周次	日期	主要工作	责任人
1	2月16日～2月22日	1. 正式上课	全体教师
		2. 拟订计划	魏国良
		3. 插班生验证、分班	黄梅花
		4. 毕业班工作研究、第一次联考	刘德辉、刘美娟、张云鑫
		5. 西宁市四校数学骨干教师跟岗带教	魏国良
2	2月23日～3月1日	1. 教学常规检查及反馈	罗　新
		2. 图书馆开放	刘淑英
		3. 第二课堂开课	黄梅花
		4. 四至九年级数学自学竞赛评奖	黄梅花、罗　新
		5. 2013年秋期末考试质量分析；检查级组、科组、备课组教学工作计划	魏国良、黄梅花、罗　新、张云鑫
3	3月2日～3月8日	1. 检查上学期各学科档案资料	罗　新、黄梅花
		2. 检查《教师工作手册》	罗　新
		3. 实验仪器、药品秋季预定	魏国良
4	3月9日～3月15日	1. 上报2014届毕业生名册	黄梅花
		2. 九年级学生问卷调查	罗　新、魏国良
5	3月16日～3月22日	1. 三至八年级第一次学力学情调研	级　长
		2. 6周岁儿童预报名工作	黄梅花

续表

周次	日期	主要工作	责任人
6	3月23日～3月29日	1.“实验好课堂”教研活动	罗　新
		2. 学力学情调研质量分析	魏国良
7	3月30日～4月5日	1. 2014年秋季教材预订	魏国良
		2. 学生问卷调查	罗　新、谢　军
8	4月6日～4月12日	第十四届语文周	黄梅花
9	4月13日～4月19日	1. 2014年中考报名（以上级通知为准）	黄梅花
		2. 七年级综合实践活动课	朱际生
10	4月20日～4月26日	1. 期中复习、课改考试学科工作研讨	科　长、备课组长
		2. 八年级综合实践活动课	隆春晖
11	4月27日～5月3日	期中学力学情调研	级　长
12	5月4日～5月10日	第十四届科技节	魏国良、李德良
13	5月11日～5月17日	1. 中考网上填报志愿	张云鑫
		2. 2014年秋季一、七年级学位申报验证工作	黄梅花、郭辉娟
14	5月18日～5月24日	学习成绩进步班班主任经验交流	罗　新、魏国良
15	5月25日～5月31日	学生作业抽查	黄梅花
16	6月1日～6月7日	1. 六年级学生问卷调查	罗　新、谢　军
		2. 非统考科目考查	黄梅花
17	6月8日～6月14日	1. 2014中考冲刺工作	张云鑫
		2. 统考科目教学进度验收	罗　新
18	6月15日～6月21日	1. 2014年中考	果向明、魏国良
		2. 第二课堂验收	黄梅花
19	6月22日～6月28日	1. 期末复习	级长科长
		2. 验收教学处档案资料	罗　新、彭善计
20	6月29日～7月5日	期末复习、考试	魏国良、罗　新
21	7月6日～7月12日	期末复习、考试	魏国良、罗　新
22	7月13日	暑假开始	

抓思想　讲效率　重方法

（龙岗区实验学校九年级2008～2009学年第一学期工作计划）

在新的学年度，九年级工作的总思路是：在学校党总支和行政的领导下，以科学发展观为指针，围绕校长的工作报告的战略部署，贯彻“三全育人，三为主教学”的方针，民主治级、依法治级、科研兴级，千方百计把班风、学风、考风、级风等“五风”建设好，提高中考600分以上优秀率，500分以上良好率，400分以上合格率及平均分，降低350分以下低控率，既考好又留好，600分以上优生留读率力争超过57.5%，为龙岗区实验学校新的领导班子的新三年创业再立新功。

本学期，主要抓好如下工作。

一、认清现状，增强信心，明确中考目标

1. 学生现状

（1）学生数量。本届学生于2006年9月升入初中，将于2009年6月参加深圳市中考，现有10个行政班，均按男女平行分班，508人中，男生265人，女生243人，其中常住户口643人，暂住户口45人。

（2）学生质量：①思想道德方面。本届学生大多数行为规范，举止文明，好学上进。敢于违反校纪校规的有1人，完全不想读书的4人，其中干扰他人读书的有2人，想读书而学能欠缺的有3人；②学习成绩方面如下面的表格。

七、八年级四次期末区调研考试成绩综合统计预测：

	600分以上	500～599分	400～499分	350分以下
段内	155人	157人	108人	38人
累计	155人	312人	420人	
比例	30.5%	61.4%	82.7%	7.5%

学科统计情况如下（以原始分计算）：

学科	A以上（80分以上）		平均分	不及格人数
语文	147人	28.9%	73.2	58人
数学	197人	38.8%	72.5	111人
英语	103人	20.3%	59.4	251人
科学	169人	33.3%	70.1	137人
历社	249人	49%	77.3	56人

2. 教师配备

学校统一配给九年级的教师共42人，其中：语文（7人）：隆春晖、张聪菊、陈逸群、邓晓丽、杨舟瑜、邱杰、崔友初；数学（8人）：魏国良、罗新、谢晓青、余孟华、廖利华、何启年、陈光祥、闫娟；英语（7人）：董燕芬、邹秀娟、赵丽君、刘虹、李咏秋、彭丽萍、周莉；科学（7人）：范炜、陈振中、李利梅、朱文俊、杨明创、欧阳钰、肖永珍；历社（6人）：张军艳、冯芬、艾溪云、彭达友、孙金凤、唐艳春；体育（5人）：向征、张晓娟、潘克华、唐晓艳、张旭辉；美术（1人）：薛丽娜；音乐（1人）：吴西影。

第一次任教初中毕业班的有7位教师，其余都是任教毕业班两次及以上的教师，具有信心大、责任心强、水平高、经验足、有冲劲的优势。

3. 明确中考质量目标

学校下达给九年级的中考总体质量指标是：

	800分以上	700～799分	600～699分	500～599分	400～499分	351～399分	350分以下
段内	10人	20人	97人	229人	127人	25人	0
累计	10人	30人	127人	356人	483人	25人	0
比例	1.97%	5.9%	25%以上	70%以上	95%以上	/	0

所有指标超过省一级学校中考质量指标要求。学科要求：所有学科均居于全区前两名，其中语文、历社、英语争创市区优势学科，进入市前三甲，数学、科学要求新的突破，稳住区前二名。

将学校下达的指标分解到班，落实到人：

班级		800分以上	700～799分	600～699分	500～599分	400～499分	350分以下	责任人
九（1）班（51人）	段内	1	4	8	22	14	0	隆春晖
	累计	1	5	13	35	49		
	比例	1.96%	9.8%	25.5%	68.6%	96.1%		
九（2）班（51人）	段内	2	2	8	23	12	0	邹秀娟
	累计	2	4	12	35	47		
	比例	3.92%	7.8%	23.5%	68.6%	92.2%		
九（3）班（50人）	段内	1	3	8	23	12	0	赵丽君
	累计	1	4	12	35	47		
	比例	2%	8%	24%	70%	94%		
九（4）班（50人）	段内	1	2	9	23	12	0	彭达友
	累计	1	3	12	35	47		
	比例	2%	6%	24%	70%	94%		
九（5）班（51人）	段内	1	1	11	22	12	0	朱文俊
	累计	1	2	13	35	47		
	比例	1.96%	3.9%	25.5%	68.6%	92.2%		
九（6）班（51人）	段内		3	10	23	12	0	廖利华
	累计		3	13	36	48		
	比例		5.9%	25.5%	70.6%	94.1%		
九（7）班（51人）	段内	1	2	10	23	12	0	崔友初
	累计	1	3	13	36	48		
	比例	1.96%	5.9%	25.5%	70.6%	94.1%		

续 表

班级		800分以上	700～799分	600～699分	500～599分	400～499分	350分以下	责任人
九（8）班（51人）	段内	1	2	10	22	12	0	陈光祥
	累计	1	3	13	35	47		
	比例	1.96%	5.9%	25.5%	68.6%	92.2%		
九（9）班（51人）	段内	1	2	10	22	13	0	唐艳春
	累计	1	3	13	35	48		
	比例	1.96%	5.9%	25.5%	68.6%	94.1%		
九（10）班（51人）	段内	1	2	10	23	13	0	肖永珍
	累计	1	3	13	36	49		
	比例	1.96%	5.9%	25.5%	70.6%	96.1%		

学校将制定《2009年中考优秀生源留读奖励方案》，考核评价以上指标的落实情况，并与评先、评优、职称聘任等挂钩。

二、优化教师，整合资源，为实现中考目标提供保证

中考作为一项系统工程，受许多因素的制约，在生源整体素质不高，现状既定的条件下，影响中考目标实现的重要因素是教师。因此，优化教师资源，形成整体合力，增加中考有效分是首先要突破的课题。我们要树立敬业爱岗的精神，抓严、抓细、抓准、抓实，以准时到位为切入点，打造九年级教师“四个三”的基本模式：①思想上“三自”：自我教育、自主钻研、自觉实施素质教育；②师德上“三高”：品德高尚、修养高深、仪表高雅；③事业上“三爱”：爱教育、爱学校、爱学生；④教学上“三新”：观念新、教法新、成果新。

宏观协调，微观指导，开好“五个会”，整体推进年级工作：

（1）每周一中午12：10领导小组成员工作例会，地点为教师餐厅（主持人：魏国良）。

（2）每周有一次固定时间的备课组成员会：共同审核主备课人编写的“三为主学讲稿”或教案，研究教材的重点、难点、疑点、热点、考点，统一教学进度，探求符合学生学习程度的教法（主持人：备课组长；督查人：邓晓丽）。

（3）每周有一次备课组长交流会（邓晓丽副主任负责）：由备课组长提交下一周的“三为主学讲稿”或对教案进行验收。周五放学前由科任教师将修订好的“三为主学讲稿”发给学生。研究“同备周前课、同唱一首歌、同研百套题、同打游击战”的有效的操作方法。

（4）每周有一次班主任联系会（余孟华级长负责）。通报学生思想动态，了解现状，找出问题，分析原因，研究对策，不断完善“班务日报情况真、四人小组兵教兵、

每周测试抓落实、边缘学生有人盯”的操作模式。

（5）每次学力学情测试后的年级教学质量分析会及家长联系会，从年级总体、班级总体、备课组总体、教师个人四个维度，结合中考的五个基本指标，分析现状、原因，研究对策。

三、强化质量意识，改进教学方法，提高每节课的含金量

教学方法既指教师的教法，又指学生的学法，课堂教学是素质教育的主渠道，又是中考的主战场，还是教师的教与学最佳结合点，只有以“三为主学讲稿”为载体优化两者，双管齐下才能真正提高教和学的效率和质量。我们要求：

1. 研读三本书

（1）《新课程标准》。

（2）《深圳市中考考试说明》。

（3）教材。做到考教合一，既不盲目拔高、追难，又不降低要求，掌握一个“度”。

2. 研练三类题

（1）近几年深圳市及全国各省市中考真题。

（2）深圳中考复习书和各区的模拟题。

（3）教材上的重点变式题。

3. 严守三原则

（1）“重基础，练学能”。中考题80%是基础题，侧重考学生的情商，因此，要求师生重视基础，按知识点、考点的分布，点点到位，人人过关。

（2）“讲练结合”。讲与练是师生互动模式的表现形式，在“三为主学讲稿”的背景下，只有教师精讲和学生善练的有机结合，才会奏出最美妙的乐章。在操作“三为主学讲稿”时，应具有“三性”：启发性、针对性、推进性。精心设计课堂兴奋点，激活学生思维，既反对满堂灌，又反对满堂练。要形成高效率的教学模式，需要教师在研究状态下工作。为此，应在全年级推广“四人合作小组管理法”“数学分点小步限时演练法”“英语快速阅读理解实验”“作文范例指导实验”。激励九年级教师针对学生的特点，进行教学创新，形成特色，创出名牌。

（3）“不抢不让”。时间是常量，如何科学安排各科练习的时量，是推进整体，协调教师，关注“木桶效应”及其“爱好偏科效应”的支点。要求教师根据深圳市中考命题的特点，精选、精编“三为主学讲稿”，要求学生在限定的时间内，准确、快速地完成，反对滥发练习题。限定时间指课程表上的时间和课外作业的时间，注重语文、英语、历社的积累效应，以“记忆革命”为突破口，做到节节清、天天清、周周清。

每班每周课时量（分钟）

学科	语文	数学	英语	科学	历社	体育	美术	音乐
主课时	240	240	240	240	200	120	40	40
自习课	80+20	80	80+20	80	40			
总计（分钟）	320+20	320	320+20	320	240	120	40	40
每日作业时量	30	40	30	40	20			

4. 落实三招

（1）教师“同研百套题”。以备课组为单位，搜集近几年全国各省市中考题一百套，个人演练，教学处抽查。（备课组长负责）

（2）家长志愿者进课堂。班主任对学生家长进行编排，使每天至少有一位学生家长志愿者深入课堂听课，了解教情、学情，协助教师做好学生的思想工作。（班主任负责）

（3）问题学生周周清。任课教师将“每天课前无预习，课中不认真，课后不做作业，周周测不达标”的问题学生名单于周五上午报给班主任，由班主任汇总后报级长张榜公布并通知学生家长来校接学生回家，由音、体、美教师负责执行周周清，年级领导小组成员轮流参与。（余孟华、潘克华负责）

5. 提出三方法

为了务实基础，培养能力，使教与学实现有机的统一，提高学习效率，我们要重视做好学生学习方法的指导：

（1）每天要给学生下达记忆任务并验收，对复习过的知识点，一定要先理解，后记忆。如数学、科学的公式、定理、解题思路；文科的原理、概念、单词、短语都必须理解和记忆。

（2）做到考后、练后一百分，凡是做过的、考过的并且错过的题，每人准备一本《错题集》，分析错误的原因，理解、吃透，以增强解决问题的能力。

（3）做好知识点的“滚动式”复习与归纳，重要考点天天见，实行“课前5分钟15小题练兵法”。

6. 推进三类人

我们已将学生按性别、按成绩均衡分班，班主任要将学生按性别、按成绩均衡分组，每个小组确定1、2、3、4号，稳住1号考600分以上，培养2号冲600分，3号冲500分，4号冲400分。对同班不同层次的学生因材施教，使之在不同的起点上各自有所提高。年级重点推进以下三类学生：

（1）冲600分边缘生：确定150名600分边缘生，组成“游击战”第二纵队，对他们进行培优。培优的方式是“弱科补强”，鼓励他们补弱科求发展，勇夺高分，方法是以“游击战术”辅导解决偏科的问题。

（2）冲500分边缘生：确定100名500分边缘生，组成“游击战”第三纵队，重在夯实基础。

（3）冲400分边缘生：400分以上是区教育局评价指标，这部分学生主要分布在3号、4号，在课堂内要给予足够的关注，让他们多写、多说，既要促进他们的弱科，又要提升他们的总成绩。确定年级356名之后的152名学生，组成“游击战”第四纵队，重在端正态度，纠正习惯，注入动力，训练基础。第四纵队包含了350分以下的低控生：根据预测，有350分以下38人，这是我们工作的难点，要动员家长、社区一切力量对年级倒数50位学生进行强化训练，再创350分以下低控率为零的纪录。

四、坚持以人为本，尊重学生主体，点燃学生求知之火

内因是变化的根据，外因是变化的条件。九年级备考工作的内因是学生，只有解决了学生的心理问题，调动了学生的主动性、积极性，年级工作的各项措施才会产生效益，教师的要求才会变成学生的自觉行动，真正达到“自我教育，自我管理，自主学习，自求发展”的境界。为此，本学期要在学生中做好如下工作。

1. 构建三机制

（1）综合评价全员导师制：据预测，全年级400分以下的有88人，各班要将这些学生分配给任课教师，责任到人，对学生综合评价进行有效操作。

（2）每日巡视制：班级建立“班务日报表”的同时，中考领导小组核心成员每天派专人巡视年级教育教学实情，及时发现问题，解决问题。如有重大问题，报领导小组处理。

周一	周二	周三	周四	周五
魏国良	罗新	邓晓丽	杨舟瑜	余孟华

（3）榜样激励制：定期表彰年级之星，学科之星、进步之星、以榜样引领全体，弘扬勤奋钻研、不畏艰难、积极上进的精神。

2. 组建三队伍

（1）学生干部队伍：年级组建学生会、团总支，班级组建班委会、团支部，并任命科代表、四人小组长。明确职责，带领同学进步。

（2）家长代表队伍：每班推荐不同层次的学生家长代表5名，从中产生家长委员会常务委员11名，聘任年级常委主任1名，每班1名常委兼班级家委会主任，定期讨论年级的家长工作，构造家庭教育交流平台，优化家访方式，由家长常委会主持“边缘学生游击战”的具体工作，促进年级教育教学质量的稳步提高。

（3）社会名人队伍：搜集我校毕业的名学生、校友，社会各行各业的专家、学者、对社会进步有特殊贡献的人才的信息，建立联系，邀请他们不定期给学生做报告、与学生进行经验交流等，为学生人生规划提供优秀的参照者。

3. 开展三活动

（1）常规教育活动：根据学生处、校团委的安排，结合九年级特点，围绕“中考奥林匹克”设计教育活动。

（2）文艺活动：每次级会、班会，学生要放声歌唱，用歌声鼓舞斗志，激发爱学习

的情感。班会课时，各班可互派代表到兄弟班观摩。同时，抓好艺术特长生培养。

（3）体育活动：体育课要根据中考必考和选考项目进行标准化训练，抓安全、抓活动、抓效果，应设计多层次、多形式的体育竞赛活动，训练体育特长生，促进学生身心健康发展，使学生的知识与体能同步增长。

附

九年级教育教学工作行事历

周次	时间	行事历	责任人
第一周	9月1日～9月6日	1. 班级常规管理，家访	班主任
		2. 年级、班级学生干部队伍4人合作学习小组成立	级长、班主任
		3. 每班5名家长委员代表参加会议，选举产生11名常委	余孟华
第二周	9月7日～9月13日	1. 家访	班主任
		2. 九（1）班“家长志愿者进课堂”听课试点	隆春晖
		3. 第四纵队冲400分学生家长会（常委主持）	班主任、余孟华
第三周	9月14日～9月20日	1. 备课组互相听课	备课组长
		2. 家长志愿者进课堂听课	班主任
		3. 第四纵队冲400分学生辅导开始	班主任
		4. “问题学生周周清”启动	余孟华、潘克华
第四周	9月21日～9月27日	第四纵队学生跟踪	班主任、余孟华
第五周	9月28日～10月4日	1. 第一次学力学情测试	全体教师
		2. 国庆放假	
第六周	10月5日～10月11日	1. 第一次学力学情测试质量分析	余孟华
		2. 试卷讲评研讨课	备课组长
第七周	10月12日～10月18日	1. 九年级学生问卷调查	黄梅花
		2. 部分家长分层联系会	班主任
		3. 第二纵队冲600分学生家长会（常委主持）	班主任、余孟华
第八周	10月19日～10月23日	1. 校运会	潘克华
		2. 第二纵队冲600分学生辅导开始	班主任
第九周	10月26日～11月1日	备课组互相听课	备课组长
第十周	11月2日～11月8日	第二、第四纵队学生辅导跟踪与反馈	余孟华
第十一周	11月9日～11月15日	中段学力学情测试	全体教师
第十二周	11月16日～11月22日	1. 中段学力学情测试质量分析	余孟华、邓晓丽
		2. 家长会	余孟华

续表

周次	时间	行事历	责任人
第十三周	11月23日～11月29日	1.“三为主学讲稿”研讨及教学经验交流	备课组长
		2. 英语周	董艳芬
第十四周	11月30日～12月6日	各路纵队学生辅导跟踪与反馈	班主任、余孟华
第十五周	12月7日～12月13日	第三次学力学情测试	全体教师
第十六周	12月14日～12月20日	第三次学力学情质量分析	余孟华
第十七周	12月21日～12月27日	期末总复习，备课组互相听课	备课组长
第十八周	12月28日～1月3日	期末总复习	全体教师
第十九周	1月4日～1月10日	模拟考试	余孟华
第二十周	1月11日～1月17日	期末学力学情测试	教学处

注：每周一次备课组教研活动、每两周一次学科教研活动均按教学处安排执行。

同心同德备考　再创中考佳绩

（龙岗区实验学校2008～2009学年九年级第二学期工作计划）

在新的学期，九年级工作的总体构想是：在学校党总支和行政的领导下，依照校长的工作报告的战略要求，以科学发展之为、谋优质发展之位，“干”字当头，肯干、能干、善干、实干，切实落实备考策略，以“落实”的行动性“服务”于学生的中考升学，进一步提高人民群众对我校中考升学率的满意度，既考好又留好，为学校的新发展再创新贡献。

一、回顾上期，增强信心

回顾第一学期的工作，九年级取得的主要成绩有以下几点。

1. 师生的精神面貌可嘉，形成了“勤教勤学，奋发向上”的良好级风

年级工作小组坚决贯彻执行了“三全育人，三为主教学”的方针。在42位教师中，开展了师德教育和职业道德教育，教师的敬业奉献精神普遍提高，并涌现出一批敬业爱岗、无私奉献、业绩优良的积极分子，教师的向心力和凝聚力大为增强；在学生中普遍开展了思想品德教育和学习品质教育，从而使学生的纪律状况和行为规范普遍提高，勤学守纪蔚然成风。所有这些，都为建立良好的教风、学风和级风，为同心同德备考，打下了坚实的思想基础。

2. 加强和改善年级的内部管理，初步建立了具有自我特色的运行机制

九年级以系统论、信息论、控制论等新兴学科的理论为指导，以校长的工作要求为规范，从年级的实际出发，重在构建“以班主任为轴心的班科联系制，以备课组长为核心的集体备课制和以家委会主任委员为代表的家长协作制”。这一运行机制的主要特色：一是相信和依靠全级教师，充分调动各方面的积极性，立足于调动人的内在的积极因素；二是以班主任工作为行政班的轴心，凝聚了科任教师、学生、家长的合力，在完善“班务日报情况真，四人小组兵教兵”的同时，强力推进了“家长志愿者进课堂，问题学生周周清，临界学生游击战”三项具体工作，对第二纵队弱科学生和第四纵队学困学生有一定的帮助；三是备课组长作为年级学科的核心领军人物，带领全组同仁“同备周前课，同唱一首歌，同研百套题，同盯弱科生，同打游击战”，积累了一定的经验。

3. 强化了备考管理，促进了教学质量达标

2009年1月，区教育局教研室对全区九年级进行了一次规范的、带模拟性的调研考试，成绩数据显示我校有赶超的空间、机遇和实力。

（1）年级总体成绩居全区第二，如下表：

	600分以上（优秀率）	500分以上（良好率）	400分以上（及格率）	350分以下（低控率）
实验学校	30.02%	67.40%	93.44%	2.19%
对比学校	31.34%	69.61%	95.25%	0.95%
比较数据	–1.32%	–2.21%	–1.81%	1.24%

（2）备课组成绩：

	语文	数学	英语	科学	历社
全区位置	第二	第一	第二	第五	第二

二、分析问题，查找原因

问题一：平行班级发展欠平衡

年级前30名学生分布变化

	九（1）班	九（2）班	九（3）班	九（4）班	九（5）班	九（6）班	九（7）班	九（8）班	九（9）班	九（10）班
基期（分班）	5	3	2	3	2	3	3	3	3	3
报告期（区考）	6	3	2	3	1	2	3	2	3	5

600分以上人数分布变化

	九（1）班	九（2）班	九（3）班	九（4）班	九（5）班	九（6）班	九（7）班	九（8）班	九（9）班	九（10）班
基期（分班）	15	15	15	15	15	16	16	16	16	16
报告期（区考）	17	12	19	17	13	18	12	18	13	13

350分以下人数分布变化

	九（1）班	九（2）班	九（3）班	九（4）班	九（5）班	九（6）班	九（7）班	九（8）班	九（9）班	九（10）班
基期（分班）	4	4	4	4	4	4	4	4	3	3
报告期（区考）	1	2	4	0	3	0	2	1	2	2

问题二：备课组之间发展欠平衡

2009年1月区调研考数据显示，我校数学组居全区第一，而科学组居全区第五，科学成了年级总体的短板而又最具上升空间的学科。

问题三：备课组内部教师之间发展欠平衡

将2008年8月基期（分班）成绩统计表与2009年1月报告期（区考）成绩统计表进行比较，从原始平均分、优良率、及格率，600分以上人数，350分以下人数的指标分析，这种不平衡表现更加明显。

问题四：家长对子女成才、升学的期望值、关注度欠平衡

综合以上问题，透过数据现象看本质，有以下原因供思考：

原因一："教改的问题主要是教员的问题"。在教师配备上，举全校之力将备考主力教师配在九年级力度不够，资源相对分散，备课组总体战斗力减弱，导致班级之间、备课组之间欠平衡现象出现。

原因二：对学校决策，年级工作小组有布置、有安排，但个别班组执行欠力度，有些自满懈怠情绪。而心理沟通、督促检查、反馈整改工作没有及时跟上，导致好的措施落实欠佳。

原因三：学生思想工作力度不够，个别家长配合不到位，分散老教师教学教研的精力和时间。

三、探究对策，追求卓越

对策一：成立并完善中考工作领导小组和工作小组，加强对中考工作的宏观指导和微观操作

1. 领导小组

组长：果向明

副组长：刘小毛、刘德辉、孙来信、魏国良

组员：朱胜华、刘宁、刘美娟、周莉、蔡丽君、黄梅花、向征洪、江苏、余孟华

职责：对九年级备考进行宏观决策，深入九年级解决实际困难，定期做出评估报告。

2. 工作小组

组长：魏国良

副组长：余孟华、罗新

成员：10位班主任、6位备课组长、陈振中

职责：执行宏观决策，进行实际而有效的微观操作，发现并清除影响中考备考的问题，力争各项成绩指标达标。

对策二：咬定教学质量目标不动摇

1. 考好

中考600分以上优秀率25%以上，500分以上良好率70%以上，400分以上合格率95%以上，350分以下低控率为零。800分以上高分学生人数有新突破。

2. 留好

600分以上优生留读率超过57.5%。

将以上目标指标分解到班、落实到人，依照第一学期的计划表进行班级总体和备课组总体的结果考核与评价。

对策三：加强思想工作充分调动学生的主动性和积极性

1. 认真动员，鼓舞士气

一是充分利用班会和年级学生大会，认真摆事实、讲道理，加强理想前提教育，提高学生对中考的认识。

二是强化学生的高中目标意识、拼搏意识和竞争意识，激发他们的进取热情。九年级二期是关键的一期，必须做出非同寻常的努力，才能迎接挑战，既要敢于拼搏，有吃苦精神，又要放眼全区、全市，勇于同强者较量。

三是采用本校往届毕业生的典型事例，通过分析对比，增强学生的信心。

2. 树立典型、以点带面

一是学习勤奋、各科成绩优良者；二是某一学科拔尖者；三是进步显著者。每类选出一至两位学生在主题班会或全级大会上介绍自己的学习经验和体会，主要谈自己的理想抱负，科学安排时间，提高学习效率的方法，以及扬长攻短的措施。

对策四：严格管理，确保备考工作的有效实施

（1）加强教师常规教学管理，统一全级教师的认识和行动，不懈怠、不停步，使大家心往中考想，劲往备考使，形成合力，推动年级各项工作优质、高效完成。

一是班主任每周一次的碰头会，目的是通报学生思想与学习动态，交流管理经验，研究行动方案，及时发现问题、解决问题。

二是备课组每周一次的备课会，目的是研究教材教学的重点、难点、疑点、热点，以及教学方法、教学进度、质量情况等，继续完善并推广“四人合作小组管理法”“数学分点小步限时演练法”“英语快速阅读理解实验”“作文范例指导实验”“考后满分《错题集》”“课前5分钟15小题练兵法”“线性与非线性复习结合法”，积极探究适合我校九年级的教学方法和“三为主教学模式”，参照数学组的经验，全面推进“三为主学讲稿”，先学后教，先写后说，当堂训练，努力实现课堂教学的最优化。此外，还要成立一个中考复习智囊团。由学科组长牵头，2～3名初中骨干教师参与，每两周听一节课，参加一次九年级备课会，跟九年级教师共同研究备考复习中存在的问题，提出合理

有效的改进措施。

三是全级教师每两周一次年级工作专题研讨会（或班科联系会），就学生的思想情况和行动表现、教学存在的各种问题，学科之间的协调以及下一步的工作重点，进行认真的讨论和研究，以明确认识、统一行动，加强工作的针对性。

（2）加强学生的学习常规管理，做到“抓早、抓紧、抓细、抓实”，优化学生的生活和学习习惯，构建浓厚的备考氛围。

一是利用综合考核评价，继续操作“班务日报表”的加减分功能，就日常行为方面向学生提出明确的、具体的要求，清楚地表明我们提倡什么、反对什么，继续试行“问题学生周周清”制度。

二是调整学生干部队伍，优化年级学生会、团总支、班级班委会、团支部、科代表、四人小组长，在级长或班主任的指导下，实行年级、班级两级学生干部轮流值日制度，对全级或本班各方面的表现情况进行严格的检查和督促，发现问题及时解决。

三是组织学生进行体能训练，做到动静分明、张弛有度、大课间时间统一进行跑步训练。

四是指导学生科学安排时间，充分利用好下午18：00～21：00，周六、周日由自己支配的这段时间，着力提升弱科成绩，巩固强科成绩，提高时间的利用效率。

五是提倡良好的人际关系，但反对男女生交往过密，控制早恋行为，净化校园环境，避免分散精力。

六是每月召开一次全级学生大会（或家长大会），对前一个阶段的情况进行客观总结，提出下一阶段的要求，指导学习找家教方法，启动新一轮“家长志愿者进课堂”活动。

（3）加强计划管理，克服备考工作的随意性和盲目性，做到指导思想明确，阶段内涵清晰，备考措施落实，目标定位准确。

一是分四个阶段推进，在新课结束后，第一阶段是系统复习，夯实基础。按《考试说明》要求，划分知识单元从考点透视、考题分析、考题训练三方面切入，全面系统扫清边角，扎扎实实帮助学生打好基础；第二阶段是重点专题复习，热点专项训练，根据知识板块和题型之间的联系，从题型归纳、题型分析、题型训练三方面切入，帮助学生梳理知识脉络，形成“知识树”，掌握解题技巧；第三阶段是模拟训练、强化能力。严格按照中考的题型、题量和时间分配，每天下午进行强化训练，第二天上午进行讲评，以巩固基础，增强得分能力，查缺补漏；第四阶段是学生消化、老师点拨，重在解疑答难，分析考情，定向导航。让学生带着稳定的情绪进入考场，以最佳竞技状态取得中考优异成绩。

二是打好五个战役。三月、四月各进行一次阶段性月考，五月、六月进行一次联考和两次模拟考，每次考试都要按中考的要求来进行，做到认真组织，严格监考、评卷，科学讲评，锻炼学生的应试能力和心理素质。

（4）加强分层管理，分类推进。在坚持“游击战”的同时，组织“阵地战”“歼灭战”。坚持面向全体学生，因材施教，使之在不同的起点上各自有所提高。

一是年级前30名（第一纵队）冲700分以上的尖子生，对他们进行“培优”，鼓励他们“扬长”，勇夺高分。这类学生在平行班往往有“吃不饱”的感觉，因此，我们“培优”的方式主要是指导学习方法，并选定一些灵活性稍大的题目给他们做，科任教师利用自习课的部分时间以“答问”的形式进行辅导，同时，每周一、二、三、五的八、九节课安排中考金牌教师轮流对他们进行专题辅导。

二是年级冲600分段内（第二纵队）的优秀生培养对象。这部分学生总分可以，但弱科明显，成了制约他们中考上600分的重要原因，这部分学生的范围是：班级人数×25%的值为基准线，上5人、下10人，每班15人，除坚持晚上、周六、周日“游击战”外，年级要组织“阵地战”“歼灭战”，对这类学生进行“弱科补强”，促使他们平衡取胜，“弱科补强”要做到七定：定时间（周一、三第八、九节补科学、英语，周二、四第八、九节补数学、语文）；定地点（二楼每科一间固定教室）；定学生（每班15名600分段内学生的弱科单科者约5人）；定老师（中考名师专职与兼职相结合）；定内容（基础与提高相结合）；定目标（总分进入600分以上）；定计划（要有周密详细的辅导计划，校内校外相结合）。

三是年级冲400分段内（第四纵队）的学困生。这部分学生由于种种原因，总分较低，基础薄弱，若不关注，很容易成为350分以下者。这部分学生的范围是：班级人数×70%的值为基准，线上3人及以下的人数，每班约18人，这部分学生对区教育局的“平均分、合格率、低控率”等中考评价指标影响极大，各班主任、科任教师要给予充分关注，动员家长严加管教，强力推进成建制地在晚上、周六、周日“游击战”，发挥社区辅导机构的补充作用，顶住他们的成绩，不能下滑，力求有所提升、团结一心往前挤。

对策五：优化教学方法，提高教和学的效率

（1）研读三本书：教师通过研读《课标》把握复习方向；研读《考试说明》了解命题趋势；研读教材追本求源，掌握复习的广度与深度。通过调查摸清学生知识点掌握情况，制订从形式到内容，从常规到专题，从教法到学法的切实可行的复习计划。

（2）研读三类题：近三年深圳市及各省市的中考题，运用非线性复习法每周至少练一套，要求学生熟悉题型，掌握解题思路和解题技巧；深圳市中考复习书和六区的模拟题；教材上的重点可变式题。

（3）严守三原则：

一是“重基础，练学能”。中考题80%是基础题，侧重考学生的EQ。因此，要求师生重视基础，按知识点、考点的分布进行“小步题组教学”，推广“课前5分钟15小题练兵法”，点点到位、人人过关，提高解题能力。

二是“练讲结合”。我们要选用典型的、有代表性题目按“1+3+1”的模式编拟，即一道例题，三道同类练习，一道综合提高，促进学生举一反三、触类旁通。同时作业题要精选，做到“适量”和“适度”，反对盲目的“题海战术”，反对钻偏题和怪题，以保证学生有足够的时间对学过的内容进行消化吸收，避免使他们疲于应付各科过分繁多的练习，造成“高投入、低产出”的被动局面。

三是“不抢不让”。各科教师要有全局意识，理解“木桶效应”和“爱好偏科效应”，应在年级的统一协调下安排好教学时间，不抢不让，督促学生在限定的时间内准确、快速完成精选精编的“三为主学讲稿”。

限定时间指课表上的时间和课外作业的时间，注重语文、英语、历社的积累效应，以“记忆革命”为突破口，做到节节清、天天清、周周清。

每班每周课时量分配（分钟）

学科	语文	数学	英语	科学	历社	体育	美术	音乐
主课时	240	240	240	240	200	120	40	40
自习课	80+20	80	80+20	80	80	10×5		
总计	320+20	320	320+20	320	280	120+10×5	40	40
每日作业时量	30	40	30	40+20	20			

九年级第二学期行事历

（2009年2月～7月）

周次	日期	主要工作	责任人
1	2月11日～2月14日	本学期年级、班级、备课组计划	各相关责任人
2	2月15日～2月21日	年级教师大会、学生大会	魏国良、余孟华
3	2月22日～2月28日	家长动员会，各班边缘生走访开始	班主任
4	3月1日～3月7日	结束新课，第一次质量检测	余孟华
5	3月8日～3月14日	班科联系会，学生大会，第一轮复习	余孟华
6	3月15日～3月21日	体育第一次测试，班级家长会	向征、潘克华、班主任
7	3月22日～3月28日	备课组听课活动	备课组长
8	3月29日～4月4日	备课组听课活动	备课组长
9	4月5日～4月11日	体育第二次模拟测试	向征、潘克华、班主任
10	4月12日～4月18日	体育中考测试（以上级文件安排为准），第一轮复习检测（期中考试）	领导小组
11	4月19日～4月25日	质量分析会，班科分析，第二轮复习	班主任
12	4月26日～5月2日	毕业生综合评定（以上级文件安排为准），质量分析会，班科分析	领导小组
13	5月3日～5月9日	类型学生家长会，备课组听课	班主任、备课组长
14	5月10日～5月16日	第一次模拟考试及质量分析	余孟华
15	5月17日～5月23日	备课组听课	备课组长

续表

周次	日期	主要工作	责任人
16	5月24日～5月30日	第二次模拟考试及质量分析	余孟华
17	5月31日～6月6日	英语口语测试（以上级安排为准）	李咏秋、班主任
18	6月7日～6月13日	第三次模拟考试，查漏补缺，心理辅导	余孟华
19	6月14日～6月19日	收集信息综合练习，自主复习，考前培训	魏国良、余孟华
	6月20日～6月21日	中考	领导小组
20	6月22日～6月27日	毕业典礼策划	刘虹
21	6月28日～7月4日	毕业典礼策划	刘虹
22	7月5日～7月11日	毕业典礼（暂定）	魏国良、余孟华、刘虹

九年级中考冲刺阶段十项拓展工作

序号	时间	工作事项	工作要求	主办人	协办人
1	3月上旬	《2009届中考完成教学质量目标奖励方案》	起草方案，并送校长、主管副校长审阅之后，发给班主任、备课组长	魏国良	余孟华
2	3月	备课组复习计划	将6个备课组的复习计划审阅并装订成小册子	罗　新	备课组长
3	本学期	同唱一首歌	从4月份起，每周每学科安排2人执教同一内容进行研讨交流	罗　新	备课组长
4	总复习期间	与市名校联考	沟通信息	魏国良	罗　新
5	3月起	600分边缘生推进工作	周一、三英语、科学；周二、四语文、数学，定时、定点、定员	余孟华	班主任、有关老师
6	4月起	班科联系会	每周至少一次，针对800分、700分、600分、500分、400分段内边缘生，提高重叠率，形成合力，提高中考有效分	余孟华	班主任
7	5月10日前	七、八年级中考命题推荐人学术交流活动	进入九年级课堂观复习课至少一节，推出2009年考点预测及模拟题	魏国良	五科科长 备课组长
8	5月10日前	《近三年各科题型、考点、分值细目表》	将2006年、2007年、2008年三年各科的中考题型、考点、分值列细目表，预测2009年，并装订成册	罗　新	备课组长
9	5月20日前	邀请市、区教研员，市、区名师来校指导	分学科进行	魏国良	余孟华、备课组长
10	5月20日前	每人制作一套模拟试题	按中考题型、题量、分值，注明命题人，中考后进行评奖	罗　新	备课组长

第三章　精品考务方案

2014年中考英语听说考试考务工作方案

一、领导小组

组长：果向明

副组长：刘德辉、孙来信

区巡视员：周雅丽

区巡考员：欧阳海红、张景莛

二、工作小组

主考：果向明

考务主任：魏国良、罗新

考务主任助理：黄梅花、张云鑫

成员：向征、周莉、张妙先、吴波、黄映、袁裕中、李炫、董燕芬、李德良、张祥艳

三、考务办公室

三楼会议室

四、基本数据

本考场序号为2，考场编号为0702，考场名称为：龙岗区实验学校。试室编号为070201、070202，每试室可安排考生28人，考务工作人员共49人，另加保安，考生分布如下：

学校	人数	领队
龙岗实验学校	537	张云鑫
平安里学校	269	李　瑛
兰著学校	156	钟思娥
五联崇和学校	12	
龙盛学校	6	
龙联学校	10	张　弛
合计	990	

五、时间安排

（1）考试时间：2014年5月17日至18日（周六、日）

（2）考务工作人员培训会：

时间：5月15日（周四）下午16：30

地点：三楼会议室

参加人：13个小组的组长、组员及参加考试学校的领队

（3）考务工作人员餐后签到时间：每天上午7：30，下午13：30，要求提前10分钟到岗。签到地点：二楼学生餐厅。

（4）考生入场时间：

① 考生做到“二提前”：第一场次进入考场时间为7：45，开考时间8：30，提前30分钟进入备考室，提前15分钟进入试室。

② 参加每一时段第一场次（即场次号为第1、8、15、22场）考试的考生直接进入备考室。

③ 安排在同一时段考试的考生分两批进场。

④ 考场必须采取措施，加强对考生的组织管理，维护好考场秩序，保证第一批的每场考试不受第二批考生入场的影响。要防止第一批考生因迟到而混同第二批考生进入考场。

⑤ 每批第1场开考前15分钟（即上午第一批8：15分、第二批10：15，下午第一批14：15分、第二批16：15分）开始，禁止当批迟到的考生进入考场。

⑥ 迟到或缺考考生不得另行安排重考。

六、考试地点

龙岗区实验学校综合楼五楼电脑室（1、2）

七、工作任务分工

（一）宣传接待组

组长：向征

组员：陈宏高、吴姗姗

职责：

（1）电子屏标语撰写（深圳市2014年中考英语听说考试　沉着冷静，考出成绩，考出水平　祝考生考试成功）制作“深圳市中考英语听说考试考务办公室”小横幅挂在三楼会议室。

（2）听说考试期间的值班工作。

（3）外来车辆指引。

（4）外校领队及教师休息场地（一楼接待室）布置，并准备茶水、开电视、摆放部

分报纸、刊物（吴姗姗）。

（5）考试完毕后，学生离校引导。

（6）考务工作人员上下班车辆的安排。

（7）应急车辆的调配。

（二）考场布置组

组长：黄梅花、张云鑫

副组长：谢军

组员：李德良、彭善计、韩庆国、蔡美雪、李梦、余旭红

职责：

（1）喷绘《试室分布图》《考生守则》《考试时间表》。用红纸写考生进场的特别提示、路标、计算机试室封条（每次前、后门各一张：16日下午、17日中午、下午，18日中午、下午各封一次）（余旭红、彭善计、李梦）。

（2）距试室周围30米设置警戒线（保安）。

（3）标识考生休息室、候考室、备考室（1）（2）、试室（1）（2）（蔡美雪）。

（4）发放考生用的草稿纸、发放工作人员卡、工作人员签到（蔡美雪）。

（5）根据试室可容纳考生人数，在试室和对应备考室编排座位号，要求考生在试室内的座位号与在备考室的座位号相同（李德良）。

（三）资料信息组

组长：罗新

组员：郭辉娟、袁裕中、童文芳

职责：

（1）发放与收集市招考办的

附件1《深圳市2014年中考英语听说考试违纪考生登记表》

附件3《深圳市2014年中考英语听说考试考场记录表》

附件4《深圳市2014年英语听说考试异常情况登记表》

附件5《深圳市2014年英语听说考试考场记录汇总表》

（2）整理"数据盘"和《考场总结》上交基教科。

（3）通知本考场有考生的学校领队参加考务培训会，并印发培训会的附件1～5共10份。

（四）考生入场管理组

组长：黄映

原教室	地点	管理员			
二楼报告厅（考生休息室）	综合楼二楼	汪敏	韩庆国	尹力	陈宏高

职责：

（1）在校门口检查考生的准考证和身份证（或其他合法有效证件），严禁携带手机

等通信工具和电子设备等违禁物品进入考场。如有携带，由学生所在校的领队保管，务必用信封装好存放在考场指定的领队休息室。

（2）控制考生入场时间。

（3）根据考生参加考试的时段、场次及试室，组织引导考生进入候考室或相应的备考室，要求考生在行进中要保持安静。

（4）组织引领第1、8、15、22场考生，直接进入备考室。

（5）使用一个金属检测仪，在校门口检测手机等电子产品。

（五）候考室管理员组

组长：张祥艳

原教室	地点	管理员					
四楼演播厅（候考室）	综合楼四楼	刘荣莉	黄爱华	曾志生	肖玟灼	江佳新	贺丽娜

职责：

（1）开考前60分钟，组织学生候考并维持候考室纪律。

（2）指引考生按照试室集中候考，每一个试室的考生由一位管理员带领进入相应的备考室，另外两名管理员始终一前一后组织学生候考。

（3）提前30分钟引导考生进入相应的备考室。把考生交给备考室的导考员后，回到候考室组织下一场次考生候考。

（4）本批次结束后组织休息室考生进入候考室候考。

（5）若遇暴雨、暴晒时启用二楼报告厅，供考生休息，抽排两人维持秩序。

（六）备考室导考员管理组

组长：李德良

备考室	原教室	地点	导考员		
			甲	乙	丙
备考室（1）	科学室7	综合楼四楼	龙　鹏	杨良辉	张瑞媚
备考室（2）	科学室8	综合楼四楼	梁　刚	彭红华	向　玲

职责：

（1）甲导考员安排考生在备考室按座位号就座（考生准考证及其他表格上没有安排座位号），并清点人数；乙导考员在入口处使用金属检测仪检测考生是否携带了手机及电子产品。

（2）考生就座后，甲导考员必须向学生强调备考室的座位号就是进入试室后学生的座位号，播放《考前的话》，乙导考员验核考生的准考证是否和本人相符，并再次核对考生是否应参加该时间、该场次的考试，确认无误后，要求考生在《试室场次签名表》上签名。

（3）乙导考员统计该场次缺考考生名单，并将考生签到表交给试室甲监考员。

（4）每场次开考前15分钟，乙导考员带考生进入相应试室，准备考试。

（5）乙导考员回到备考室，准备组织引导参加下一场次考试的考生进入试室。

（6）考试临近终了时，丙导考员（可由考务员兼任）应在相应的试室外等候，等考试结束后，及时把考生带离考场。然后回到试室引导下一场次考试的考生离开考场。

（7）乙导考员引导考生进入试室的路线与丙导考员带领考生离开考场的路线必须错开，不能让同一时段已经考试和没有考试的考生接触交流。

尤其要注意参加每个时段（午）第一批第一场（即第1、8、15、22场次）考试的考生，考试结束后不得与参加本批第四场（分别对应第4、11、18、25场次）考试的考生接触。

（七）试室监考员管理组

组长：李炫

考室	原教室	地点	监考员			
			甲	乙	丙	丁（备）
第一试室	电脑室1	综合楼五楼	黄　河	陈爱欣	钟秋菊	钟慧锋
第二试室	电脑室2	综合楼五楼	袁　珂	曾妙文	苟　鹏	张青海

职责：

（1）开考前15分钟，考生进入试室后，甲监考员指引考生入座，维护试室秩序并发放稿纸，并根据备考室提供的试室场次签名表统计该场次缺考考生名单，由甲、乙监考员在考生名单核对表上签名，填写相关表格。凡不按规定场次参加考试的考生均做缺考处理，缺考考生不得参加其他场次的考试。乙、丙监考员负责指导学生输入考生号，检查考生在电脑上的照片和本人是否相符，并指导考生测试设备、试音，设备测试正常后，让学生迅速点击“测试完成”按钮，等待考试开始。

（2）考生测试电脑设备过程中出现问题，由于时间关系监考人员不要调试故障设备，请立即起用备用机，并对有故障的设备做好登记，及时汇报系统控制组。

（3）考试正式开始后，甲、乙、丙监考员分工负责，密切注意考试异常情况，如发生异常，立即报告系统控制组。

（4）考试结束后，甲监考员收回稿纸，乙、丙监考员在确认学生机器的屏幕出现下一场考试输入考生号的登录界面后，才指引考生离开试室，把考生交给在试室外等候的丙导考员。

（5）每场考试结束，甲监考员立即将《考场记录登记表》和《异常考生登记表》交给系统控制组。

（八）电脑系统控制组

组长：袁裕中

组员：钟秋菊、苟鹏、钟慧锋、张青海

职责：

（1）由系统管理员组成，人数为服务器数+1，其中1人为系统控制组负责人。

（2）考试前检查落实计算机及网络环境正常使用情况。

（3）每天上午或下午第一场考试前半小时，领取试题光盘。

（4）每套试题启用前30～40分钟之间，通过主考和考务主任手机接收市招考办发出的试题密码，并由考务主任告知系统控制组负责人，将试题装入考试服务器，输入试题密码，导入本场次考试的考生信息表，并设置考试服务端为“允许登录状态”。

如果试题启用前半小时，各考场系统控制组负责人还未收到试题密码信息，考务主任应立即与市招考办联系。

（5）考试开始，当服务器端的考生状态为“等待开始”，系统操作员启动“开始考试”指令按钮，考生开始考试。

（6）每场考试结束后，系统管理员根据考试服务器监控到的信息与甲监考员交来的考场登记表和异常情况登记表进行核对并签名。

（7）考试结束，当服务器端的考生状态为“考试结束”并在考生号左边的指示灯熄灭后，系统操作员启动“考试结束”指令按钮，对本场考生的答案进行打包，如果服务器端某位考生出现“上传答案”状态，必须将该生的答案用手工方式拷贝到服务器端的“异常考生”目录下。

（8）每天上午考试结束后，将试题光盘交保密员放考场保密室保管。

（9）每天下午的考试结束后，将考生答案导出（或者直接拷贝）到移动硬盘，连同试题光盘密封后交保密室。

（10）系统控制组负责人填写《考场记录汇总表》，并在《考场记录表》和《偶发事件登记表》上签名。

（11）严格按程序操作，若有异常情况，必须第一时间内请示考务主任或主考。

（九）保密保卫联络组

组长：吴波

组员：蒋英豪、张远其、保安

职责：

（1）按保密局要求工作。

（2）5月17日、18日早上7：00前到龙城高中保密室（行政楼三楼）领取试题光盘。当天考完最后一场后，将装有移动硬盘与试题光盘的招考办专用信封送往龙城高级中学保密室（与领取的地点相同），领取试题光盘的人员，必须持有单位介绍信。

（3）负责考场的安全保卫，大门、楼梯口、考生候考室的值班，做好不同批次考生的分离工作，候考区内禁止任何人使用通信工具，防止考生串通作弊等行为的发生。

（4）负责候考室、备考室、试室及考务办公室的工作联系。

（5）考试期间，禁止与考试无关的人员进入校园。

（6）考试结束后，将警戒线、标识、展板清理干净。

（十）后勤保障组

组长：张妙先

组员：黄爱芹、向玲（兼）、徐小芝

职责：

（1）负责考场物品的采购。

（2）负责中考听说考务工作人员及休息室所需的茶水、用具、交通、考务工作人员在5月17日、18日的早餐、午餐准备及简单的医护工作等。

（3）确保供电正常（与供电局沟通好）。

（4）与公安、交警、供电、水务、环保、卫生、防疫、消防、城管、电信等职能部门联系，保证考务顺畅。

（5）负责考生休息室、候考室、备考室（1、2）、试室（1、2）开门、关门（上午7：00开门，下午13：00开门）。

（6）考场消毒工作（含候考室、备考室、试室消毒）。

（7）发放考场工作人员劳务费。

（十一）考生培训组

组长：张云鑫

组员：参加中考英语听说考试学校的领队、九年级班主任和英语教师

职责：

（1）发放学生准考证，弄清序号、时段号、时段名称、批号、进入考场时间，开考时间，使用的试题编号。

（2）考前组织考生学习《考前的话》《中考英语听说考试考生守则》《英语听说考试考生操作程序》。

（3）要求考生入场时必须带准考证、身份证（或其他合法有效证件），依时入场，严禁带手机、电子工具入场。一经查出携带手机、电子工具入场者，将上报上级部门处理。

（4）学生可带黑色笔入试室，配有草稿纸供书写。

（5）告诉考生考前戴上耳机后不要放下，确保录音效果。

（6）每批次考试结束，考生须经电脑系统控制组长同意，方可离开试室。

（十二）听说试室电脑系统验收组

组长：董燕芬

组员：七至九年级英语教师

职责：

（1）根据英语听说考试学生操作程序，检测五楼电脑室（1）（2）设备状况。

（2）做好验收情况登记并签名，在5月16日前完成系统验收工作。

（十三）听说考试督查组

组长：周莉

职责：

（1）认真学习、理解市教育局招考办的有关文件。

（2）对12个工作组的工作职责执行情况进行监督与评估，及时通报信息，力求万无一失。

2014年中考（初二学业水平考试）考务工作手册

一、深圳市2014年中考（初二学业水平考试）龙岗区实验学校考场考务工作方案

根据龙岗区教育局《关于做好2014年中考文化科考试工作的通知》，并对照《深圳市中考考场设置标准》的要求，结合我校实际，为做好今年的中考考务工作，现制定本考务工作方案。

（一）领导小组

挂点局领导：臧动

组长：果向明

副组长：刘德辉、孙来信

（二）工作小组

主考：果向明

副主考：新亚洲学校副校长樊天宝
福安学校团委书记李芳芳

市巡考员：丽湖中学郑苑飞主任
坪山新区教育科社管组负责人蔡增雄

区巡考员：周雅丽

考务主任：魏国良

考务主任助理：黄梅花、罗新、张云鑫

成员：刘美娟、郝建国、向征、周莉、张妙先、李伟明、余旭、方吴波、邓晓丽、袁裕中、隆春晖、朱际生

序号	单位	负责人
1	区保密局	李万忠
2	新城派出所	彭思明
3	交警龙城中队	程　剑
4	龙城供电所	高　峰
5	区环保局	陈　果

续 表

序号	单位	负责人
6	区人民医院	王合金
7	区城管局	陈志明
8	区食品安全	曹雪峰
9	区水务局	肖汉清
10	区电信局	赖裕中

（三）考务办公室地点：二楼学生大餐厅

考务办公室主任：魏国良

（四）2014年中考基本数据

本考场序号为2，考场名称为“龙岗区实验学校”。考生人数为990人，试室33+1个（包括1间备用试室），每个试室可容纳考生30人；监考人员70人（其中新亚洲学校23人，福安学校25人，天成学校22人）。考务工作人员48人，另加保安。

（五）2014年初二学业水平考试基本数据

本考场序号为2，考场名称为“龙岗区实验学校”。考生人数为1529人，试室51+1个（包括1间备用试室），每个试室可容纳考生30人；监考人员104人（其中兰著学校23人，福安学校29人，区实验学校52人）。考务工作人员48人，另加保安。

（六）考生人数分布

学校代码	学校	中考人数	初二学业水平考试人数
0704	龙岗区实验学校	537人	577人
0748	龙岗区五联崇和学校	12人	105人
0705	龙岗区平安里学校	266人	298人
0751	龙岗区龙盛学校	15人	99人
0747	龙岗区龙联学校	10人	114人
0703	龙岗区兰著学校	150人	336人
合计		990人	1529人

（七）2014年中考时间安排

（1）2014年中考考试时间：2014年6月21日至22日（周六，周日）。

（2）中考监考员及工作人员培训会：

会议时间：6月20日（周五）上午9：00～11：30

会议地点：

① 上午9：00～10：30在二楼学生餐厅，监考员培训会。

② 上午10：30～11：30监考员布置试室，由第二工作组组织验收，下午14：30～15：30，考生看考场（找准试室，找对座位）。

会议内容：

① 介绍与会领导及主考，副主考，市、区巡考员，工作职责及分工。

② 监考员守则等文件的学习与培训。

③ 作息时间及生活安排。

④ 试室布置及监考员分工，封试室。

（3）2014年中考考试科目及时间：

时间科目 / 日期	上午（北京时间）	下午（北京时间）
6月21日（星期六）	语文9：00～10：40	英语15：00～16：30
6月22日（星期日）	数学9：00～10：30	科学14：00～16：00
		历史与社会17：00～18：00

（八）2014年初二学业水平考试时间安排

（1）初二学业水平考试时间：2014年6月23日（周一）下午15：00～16：00。

（2）初二学业水平考试监考员及工作人员培训会：

会议时间：6月23日（周一）上午9：00～11：30

会议地点：

① 上午9：00～10：30在二楼学生餐厅，监考员培训会。

② 上午10：30～11：30监考员布置试室，由第二工作组组织验收，下午14：30～15：30，考生看考场（找准试室，找对座位）。

会议内容：

① 介绍与会领导及主考，副主考，市、区巡考员，工作职责及分工。

② 监考员守则等文件的学习与培训。

③ 作息时间及生活安排。

④ 试室布置及监考员分工，封试室。

（3）初二学业水平考试科目及时间：

时间科目 / 日期	下午（北京时间）
6月23日（星期一）	生物与地理（合卷）15：00～16：00

（九）考场鸣钟信号说明

考场必须使用“考试指令系统”鸣钟（也安排人工司铃备用），考试用的时钟，在考试前对准北京时间，考场鸣钟信号如下：

（1）预备钟（语文开考前30分钟，其他科考前20分钟）每次3短声，连打5次。

（2）考试开始，每次2短声，连打5次。

（3）考试结束，每次1短声，连打5次。

（十）2014年中考考场作息时间

6月21日（星期六）上午

8：00考生进入考场

8：00主考、副主考、巡考、考务主任及考场工作人员签到

8：05监考员到考务办公室签到

8：15监考员领取试卷

8：20监考员到位并检查试室情况

8：25考生进入试室

8：30预备铃

9：00～10：40语文考试

10：50～11：20试室清洁

11：30中餐

6月21日（星期六）下午

14：00考生进入考场

14：00主考、副主考、巡考、考务主任及考场工作人员签到

14：10监考员到考务办公室签到

14：15监考员领取试卷

14：20监考员到位并检查试室情况

14：25考生进入试室

14：40预备铃

15：00～16：30英语考试

16：50～17：10试室清洁

6月22日（星期日）上午

8：00考生进入考场

8：00主考、副主考、巡考、考务主任及考场工作人员签到

8：20监考员到考务办公室签到

8：25监考员领取试卷

8：30监考员到位并检查试室情况

8：35考生进入试室

8：40预备铃

9：00～10：30数学考试

10：40～11：10试室清洁

11：30中餐

6月22日（星期日）下午
13：00考生进入考场
13：00主考、副主考、巡考、考务主任及考场工作人员签到
13：20监考员到考务办公室签到
13：25监考员领取试卷
13：30监考员到位并检查试室情况
13：35考生进入试室
13：40预备铃
14：00 ~ 16：00科学考试
16：00 ~ 16：35中场休息
16：40考生进入考场
16：50预备铃
17：00 ~ 18：00历史与社会考试
18：00 ~ 18：30试室清洁

（十一）初二学业水平考试考场作息时间

6月23日（星期一）下午
13：50主考、副主考、巡考、考务主任及考场工作人员签到
14：00监考员到考务办公室签到
14：10监考员领取试卷
14：20监考员到位并检查试室情况
14：25考生进入试室
14：40预备铃
15：00 ~ 16：00生物与地理考试
16：20 ~ 17：00试室清洁

（十二）试室座位安排示意图

进门 → 讲台				
1	12	13	24	25
2	11	14	23	26
3	10	15	22	27
4	9	16	21	28
5	8	17	20	29
6	7	18	19	30

（十三）2014年中考考场试室分布图
（十四）2014年初二学业水平考试考场试室分布图
（十五）2014年中考监考员一览表
（十六）2014年初二学业水平考试监考员安排表

二、工作小组任务分工及职责

（一）考场布置及用品准备组

组长：黄梅花

副组长：余旭方、谢军

成员及职责：

序号	责任人	工作内容及要求	完成时间	备注
1	谢　军 童文芳	（1）人工播音备用。 （2）通知外校监考员领队，市、区巡考员于6月20日上午9：00参加考务培训会。 （3）通知所有考生的学校领队于6月20日下午15：00带学生看考场、看试室	6月19日	播放内容见通知
2	谢　军 童文芳 蔡美雪 李　梦 伍小荣 郭辉娟	（1）准备好考务培训材料：中考34份，水平考试52份（方框、糨糊、刷子、墨水、3支白色粉笔、剪刀、戒刀、刨笔刀、红色签字笔、5支2B铅笔、橡皮擦、试室钥匙、祛风油等）。 （2）准备好草稿纸、监考员签到表、试题签领表、试题回收表、草稿纸的密封纸。 （3）准备并贴好试室门牌的张贴内容（考生名单、座位号、座位表、试室号）。 （4）指导监考员按座位号剪开，对照试室座位表，将试室台角号贴于对应课桌左上角。 （5）制作监考证。 （6）打印学生准考证。 （7）培训会前组织填写《深圳市2014年中考监考员责任书》	6月20日上午9：00前	中考准考证交张云鑫级长，水平考试准考证交隆春晖级长
3	韩庆国 孙　超	（1）制作考场公告栏（领导小组、工作小组、试室分布图、考生守则、考试科目时间表、鸣钟信号说明、违纪处罚规定、考风考纪举报电话、电子投诉信箱），喷绘后粘贴在展板上（校门旁），设置举报信箱。 （2）大门口告示："考生不准带手机、电子手表、计算器进场，工作人员进场请关手机"	6月20日上午9：00前	放大喷绘
4	彭善计	（1）安排各处警示牌、路标、提醒标志的位置和内容。 （2）监考员培训会议会场布置：台标（第几试室、监考员姓名）	6月20日上午9：00前	
5	余旭方	《电子监控工作及记录表》《监考员工作表现鉴定表》《考场工作评价表》的发放、收集、整理上报工作	6月21日～6月23日	依照深招办文件［2014］150号

（二）网络控制组

组长：袁裕中

成员：苟鹏、钟慧峰、吴西影

责任人	工作内容及要求	完成时间	备注
苟　鹏 钟慧峰 吴西影	（1）布置二楼考务办公室，准备投影、光盘设备、电脑、音响、话筒等。 （2）考试统一指令播放系统的操作，《考前的话》，《考生须知》。 （3）人工司铃准备。 （4）网上通信指挥系统的操作。 （5）启用电子监控系统，执行网上巡考报告，保留考场试室录像半年以上。 （6）电子监控室的茶水、报纸服务工作	6月20日上午9：00前	依照三份文件深招办［2014］148号 深招办［2014］147号 ［2014］151号

（三）试室内布置验收、楼层值班、试卷分发查验组

组长：罗新（中考32个试室验收、巡视、查验）

副组长：邓晓丽（初二学业水平测试52个试室验收、巡视、查验）

成员及职责：

（1）试室内布置

成员：朱际生、黄清萍、俞青松、古东峰、赵东梅、李炫、李艳红

序号	工作内容及要求	完成时间	备注
1	6月19日下午13：55组织、指导1、2、3、4、5、6、7年级有关班主任做好试室环境的布置工作	6月19日下午放学前	每层楼配有一位验收人员，验收员与班主任签《验收单》，验收没合格的班主任不得离校
2	将教室的电扇、日光灯擦洗干净，将教室四周墙壁张贴的资料进行清理，不得留有任何字迹。在黑板上书写4条考试指导语	6月19日下午	4条考试指导语见市招考办《考务手册》P11第5条
3	检查本班桌椅桌面是否平整，如有损坏，及时调换。并清洗台凳，桌面上的字迹要去掉	6月19日前	
4	将教室打扫干净，每个教室30名考生，必须单人、单桌、单行，按5竖×6横（必须按此规则摆放）的方式摆放好，调转课桌方向。前后、左右必须保持80厘米以上的距离。验收组于6月19日下午15：00组织检查验收	6月19日下午	1. 给监考员前后各备一套桌椅 2. 在每间试室门口摆两张课桌，以便学生放违禁用品
5	调整黑板上方壁钟，并校准北京时间	6月19日前	挂钟更换新电池
6	由黄爱芹统一管理试室钥匙	6月19日下午开始	黄爱芹负责考前开门、考后关门

（2）2014年中考试室内验收

楼层	试室	验收员	负责人
一栋2楼	第070201至070204试室	刘淑英	罗　新
一栋3楼	第070205至070208试室	蔡美雪	
一栋4楼	第070209至070212试室	伍小荣	
一栋5楼	第070213至070216试室	张　燕	
一栋6楼	第070217至070220试室	陈大白	
二栋6楼	第070221至070224试室	舒　俊	
二栋5楼	第070225至070228试室	童文芳	
二栋4楼	第070229至070232试室	余旭红	
二栋3楼	第070233至070234试室（070234为备用室）	潘　飞	

（3）初二学业水平考试试室内验收

楼层	试室	验收员	负责人
一栋2楼	第070201至070204试室	刘淑英	邓晓丽
一栋3楼	第070205至070208试室	蔡美雪	
一栋4楼	第070209至070212试室	伍小荣	
一栋5楼	第070213至070216试室	张　燕	
一栋6楼	第070217至070220试室	陈大白	
二栋6楼	第070221至070224试室	黄立先	
二栋5楼	第070225至070228试室	童文芳	
二栋4楼	第070229至070232试室	余旭红	
二栋3楼	第070233至070236试室	潘　飞	
二栋2楼	第070237至070240试室	沈小玲	
三栋6楼	第070241至070244试室	陈宏高	
三栋5楼	第070245至070248试室	吴姗姗	
三栋4楼	第070249至070251试室（070252为备用室）	杨　莹	

以上人员在考前负责所管试室，指导布置并验收。

（4）试卷分发

① 每场考试前接受保密员领来的试卷并按照相应试室分发给监考员，并由监考员签名。

② 每场考试完毕后，到考务办公室查验每袋答题卡、每袋试卷、每捆草稿纸，查清有无错、漏、反等违规情况，并予以记录、纠正。签验收单后交考场领导查验。

（5）楼层值班：试卷验收员在每科考前30分钟，到相关楼层值班，维持考生进入试室的秩序；考后5分钟离开，到考务办公室三查——①答题卡袋，②试卷袋，③草稿纸。

（四）宣传接待组

顾问：孙来信

组长：向征

成员：陈宏高

序号	工作内容及要求	完成时间	备注
1	安排五辆车：一辆大巴接送外派龙城初中监考人员25人；一辆接送外派福安学校监考人员21人；一辆中巴接送考场工作人员；一辆车取送试卷；一辆车为市、区派来的巡考员服务并安排其吃住	6月20日～6月23日	龙初领队：隆春晖 福安领队：朱际生
2	搬一讲台到校门宣传栏旁，并贴上“考生询问处”标志，做好考生咨询服务工作，派一人值日	6月20日下午4：30	
3	接待外校来的监考教师、媒体记者及市、区巡视领导	6月20日～6月23日	
4	接待外校考生的领队，安排在综合楼一楼接待室休息；安排六所学校的考生的候考休息室，并于6月20日下午15：00看考场时告知领队	6月20日～6月23日	
5	值班电话及值班人安排，及时传达上级有关指示给主考	6月20日～6月23日	
6	布置监考员午间休息室（二楼报告厅），提前备好钥匙、空调	6月19日下午前	
7	标语及横幅的制作、悬挂，及时提醒总务处完成		
8	制作“龙岗实验学校考场车辆通行证”盖上公章，发给有关车辆		
9	在电子屏上写上：“加油！你一定能考出理想的成绩！”“自信！你正走向成功！”“沉着、冷静，考出成绩，考出水平”等标语		

标语内容	位置
（1）深圳市2014年中考（初二学业水平考试） 龙岗区实验学校考场监考员培训会议	二楼餐厅中央（横）
（2）深圳市2014年中考（初二学业水平考试） 龙岗区实验学校考场	综合楼四楼中央（横）
（3）考务办公室	二楼餐厅大门（横）

其他标语自定。

（五）考生入场、候考、退场及应急外联管理组

组长：刘宁

成员：张远其、保安

职责：

（1）6月20日下午14：30，引导所有考生看考场。

（2）6月21日、22日每天上午7：00、下午13：00到岗值班，6月23日下午13：00到岗值班，把好校门第一关，查验考生准考证、身份证。

（3）使用金属控测仪，指导学生将禁带的手机等电子通信物品放在领队手上，考场学校不承担保管责任。

（4）引导考生进入候考区，进入候考休息室，维护秩序。

（5）监考员凭监考员证、工作人员证入考场，绝对禁止闲杂人员入考场。

（6）做好防烈日、防暴雨、防台风、防暑降温、防事故等应急工作。

（7）准备雨伞8个，毛巾20条。

（8）联络政府职能部门派来的工作人员，为考生服务。

（9）应急预案（一）的执行工作。20日、21日、22日晚上对所有试室进行紫外线消毒并做好消毒记录。

（10）设立送考学校接送考生车辆停放处，并予以现场指挥车辆停放，没有《通行证》的车辆不准进考场。

（六）安全保卫保密组

组长：李伟明、吴波

副组长：蒋英豪

成员：俞青松、张远其、保安

序号	工作内容及要求	完成时间	备注
1	考场内划分离试室30米以上的警戒线（警戒线上挂出“考生不准带手机、电子手表、计算机器进场，工作人员进场请关手机”的告示），并设置警示牌，严格把守进入考场各入口，绝对控制闲杂人员进入考场	6月19日～6月20日	门卫要分清巡考、送试卷、领导视察车辆
2	保密员按要求领送试卷，准备一个铁箱（带两把锁）放试卷，一个铁锤子，试卷车辆配灭火器一个		吴波、俞青松、蒋英豪
3	考试期间，一楼安排四位保安守楼梯口，没有佩戴工作卡的人员不准走进考试区域；执行《九年级学生安全方案》	6月19日～6月20日	校园周边安全负责人：李伟明

续表

<table>
<tr><th>序号</th><th>工作内容及要求</th><th>完成时间</th><th>备注</th></tr>
<tr><td>4</td><td>考试期间楼层值班安排：
每科开考前30分钟到楼层值班，考试结束前5分钟离开，到考务办公室查验。
<table>
<tr><th>楼层</th><th>值班人</th></tr>
<tr><td>一栋2楼</td><td>刘淑英</td></tr>
<tr><td>一栋3楼</td><td>蔡美雪</td></tr>
<tr><td>一栋4楼</td><td>伍小荣</td></tr>
<tr><td>一栋5楼</td><td>张　燕</td></tr>
<tr><td>一栋6楼</td><td>陈大白</td></tr>
<tr><td>二栋6楼</td><td>黄立先</td></tr>
<tr><td>二栋5楼</td><td>童文芳</td></tr>
<tr><td>二栋4楼</td><td>余旭红</td></tr>
<tr><td>二栋3楼</td><td>潘　飞</td></tr>
<tr><td>二栋2楼</td><td>沈小玲</td></tr>
<tr><td>三栋6楼</td><td>陈宏高</td></tr>
<tr><td>三栋5楼</td><td>吴姗姗</td></tr>
<tr><td>三栋4楼</td><td>杨　莹</td></tr>
</table></td><td>6月20日～6月23日</td><td>中考和水平考试期间，检查楼层值班员、考生安全总巡查人：李伟明</td></tr>
</table>

（七）后勤保障组

组长：张妙先

成员：黄爱芹、徐小芝、叶亿春

（1）餐厅工作

<table>
<tr><th>序号</th><th>工作内容及要求</th><th>完成时间</th></tr>
<tr><td>1</td><td>做好中考期间考场工作人员早餐、中餐。提前将菜谱交主考审批，一定保证安全、卫生、质量</td><td>6月20日上午10点前</td></tr>
<tr><td>2</td><td>做好全面消毒工作，餐厅全体人员提前一周建立健康档案，不能随意外出</td><td>6月17日～6月23日</td></tr>
<tr><td>3</td><td>中考期间按时开餐，做好就餐服务工作</td><td>6月17日～6月23日</td></tr>
<tr><td>4</td><td>根据叶局长指示，备些绿豆汤、西瓜、咖啡给监考员降暑提神用，备些凉茶给考生用</td><td>6月21日～6月23日</td></tr>
<tr><td colspan="3">6月20日～6月22日早餐开餐时间为7：00，中餐开餐时间：11：30，就餐人数：118人（监考员70人+48人=118人）</td></tr>
</table>

（2）后勤保障

序号	工作内容及要求	完成时间
1	做好中考期间试室开门、关门工作	6月20日～6月23日
2	每考完一场都要保持教学楼各试室、走廊、楼梯及外部环境的卫生	6月20日～6月23日
3	（1）每层楼各放一台饮水机，并配备两桶饮用水 （2）每层楼放一条一次性水杯	6月20日上午
4	（1）对所有试室的电源开关、日光灯、电扇、饮水机、门窗的使用及安全进行检查 （2）检查各试室有无电子时钟，没有的要及时补装，配备新电池装在试室正前方并调好北京时间	6月20日上午11：30
5	搬两台柜式饮水机到教学楼一楼架空层，领用一次性水杯两条，置两桶饮用水备用，并设立“茶水供应处”标志	6月20日～6月23日
6	指导餐厅做好中考期间监考员早餐、中餐，并与餐厅进行费用结算	6月21日～6月23日
7	考场环境布置：综合楼横幅（深圳市2014年中考龙岗区实验学校考场）	6月20日早上9：00前
8	监考员培训会议会场布置：二楼学生大餐厅主席台正上方横幅“深圳市2014年中考龙岗区实验学校考场监考员培训会议”、音响、投影、矿泉水6箱	6月19日下午14：00前
9	每一场考试开考前40分钟送矿泉水6箱放置考务办公室，供监考员饮用	6月20日～6月23日
10	发放监考员及工作人员劳务费	分两次发 6月22日下午 6月23日下午

（3）医务室工作

负责人	工作内容及要求	完成时间
叶亿春 陈惠旋	（1）给备用室提供常用药物用品急救备用箱。 （2）在医务室待命。 （3）与区人民医院派来的医疗救护车联络、在考场待命。 （4）与卫生防疫部门联络，做好餐厅食品的防疫化验检验工作	6月20日～6月23日

（八）考生培训送考组

总指挥：刘德辉

副总指挥：刘美娟、郝建国

组长：张云鑫、隆春晖

成员：八、九年级班主任，谢燕，吴文婷，外校考生领队

职责：

（1）切实为考生做好服务工作。

（2）对考生进行考前心理辅导。

（3）指导学生填写《诚信考试承诺书》，组织考生学习《考生须知》《考生守则》和《违纪考生处罚规定》（深圳招考网上可下载），进行考风考纪教育。

（4）要求考生每人备一个小的透明的塑料文具袋，内装：准考证、身份证、2支黑色字迹的钢笔或签字笔，2支2B铅笔、一块橡皮擦、直尺、圆规、三角板、量角器、小剪刀。

（5）严禁携带手机等通信工具、电子设备、涂改液、修正带及资料等违禁物品进考场。

（6）执行《九年级学生安全方案》和《九年级送考方案》［见工作预案（二）（三）］（八年级参照执行）。

（九）外派监考员管理组

A组组长：隆春晖（龙城初中）

B组组长：朱际生（福安学校）

职责：

（1）一切行动听指挥，履行监考员职责，填写《学校外派监考员承诺书》。

（2）统一着装，精神饱满、外树实验人的形象。

（3）组织外派监考教师学习《监考员守则》《监考员的任务和职责》《考试统一指令》《违纪考生处罚规定》《违纪工作人员处罚规定》。

（4）与校办协商车辆接送的时间、地点。

（5）自行与龙城初中考场联系，按时参加考务培训。

（6）6月18日下午14：45，赴龙初、福安参加中考监考的教师在本校二楼报告厅培训。负责人：隆春晖，朱际生。

（十）中考试卷评卷组

组长：周莉

副组长：邓晓丽

成员：陈逸群、陈敏、何孟军、孔令音、池晓欢、李业政、宋瑛

职责：

（1）按时参加评卷：6月____日上午8：00前报到，6月____日至6月____日共计3天评卷。地点：红岭中学高中部评卷场（语文____号报告厅；英语____号报告厅）；南头中学评卷场（科学一楼报告厅；历社二楼报告厅；数学考务办公室）。

（2）组织学习《评卷教师守则》。

（3）保持良好精神风貌，外树实验人形象。

（4）自行与校办协商车辆接送的时间、地点。

（十一）督查组

组长：罗新、周莉

序号	工作内容及要求	完成时间
1	上深圳中考网认真学习省、市、区有关2014年中考（初二学业水平考试）的文件、政策	6月19日～6月23日
2	深入考生、家长、毕业班教师和监考员之中，了解他们的需求，及时反馈给考务主任，热心提供服务	6月19日～6月23日
3	全程督查中考考场各个工作组执行任务的进度、标准，及时反馈给主考及考务主任	6月18日～6月23日
4	对中考考场“考试统一指令播放系统”和“网上通讯指挥系统”，组织验收并签名，确认每个试室的广播效果好	6月20日前
5	把握考场内外动态，确保中考操作过程公平、公正、公开，对照《中考偶发事件处理预案》，如有异常情况，立即报主考进行处理	6月19日～6月23日
6	（1）每场开考30分钟后，统计各试室缺考人数并汇总，报主考签名后，交袁裕中统一网上汇报给市教育局。 （2）当天考试结束时，将《深圳市2014年中考考场日报表》交副主考填写后，送主考签名，另加市巡考员《巡考记录表》交保密员连同试卷交区教育局收齐，统一经评卷场转交市招考办	6月19日～6月23日

三、考务工作预案

（一）深圳市2014年中考龙岗实验学校考场应急处置预案

根据市招考办有关精神和要求，为确保2014年中考工作顺利进行，深圳市龙岗实验学校根据考场实际，特制定以下应急处置预案。

1. 试卷保密

试卷运送取得龙岗区公安分局的支持，由区公安分局配警车一部、干警1名，考场保密员3名参与试卷押运。

2. 考务

（1）预防考生带走试卷、答题卡的事件发生，考试结束前2分钟，关闭试室后门；考试结束铃响，由甲监考员到每个考生的桌面上逐个验收试卷和答题卡，乙监考员站在讲台观察全试室，维持秩序。检查试卷、答题卡、答题卷份数无误后，才能让考生携带自己的文具有秩序地离开试室。

（2）机动监考员：本考场安排6名机动监考员。若监考员因突发情况（生病、家里急事等）不能正常监考，考务办公室立即调用机动监考员替补，保证考试正常进行。

（3）启用备用试卷、答题卡。在发卷前监考员应清点核对试卷、答题卡份数。若出现份数不足或字迹模糊、损坏等。其中一位监考员立即报告楼层值班员，楼层值班员立即汇报考场主考、副主考或考务主任，由主考在第一时间向市招办请示，启用备用试卷、答题卡。

（4）启用备用答题卡袋、封条。若监考员忘记把《考场记录》放入答题卡袋内就已贴好封条，或将答题卡装入试卷袋，应立即报告主考，由主考第一时间向市招办请示启用密封条，打开已密封的试卷袋，将《考场记录》放入答题卡袋内或取出答题卡袋，并重新密封。

（5）预防试室门不能及时打开。楼层管理员第一时间用备用钥匙（考前已备好）打开试室门，保证考试顺利进行。

3. 交通

（1）设立人工疏导中心。与有关部门联系在爱心路和和兴路交叉路口加派交警，进行人工疏导交通和处理突发事件。

（2）设立中考专用车辆通行证和专用车辆停放处。中考期间家长接送考生车辆很多，为了保证中考用车和考场考试正常进行：

①本考场印刷中考期间“龙岗实验学校考场车辆通行证”发至与考场工作有关部门，凭“通行证”进出考场。

②设立送考学校接送考生车辆停放处。

4. 后勤

（1）为保证考场后勤的正常工作，安排各方面的专业人员值班，保证及时排除故障。

（2）课桌椅按标准配备多余10%机动应急，放在每间试室后的小房间里。

（3）门锁、开关、灯管、风扇等物件，准备足够数量的备用品，保证出现故障能及时更换。

（4）试室的钥匙，每个试室工具箱配有本试室钥匙，同时，按规定每楼层管理员统一保管一套备用的本楼层所有试室钥匙，保证能及时打开试室门锁。

（5）供水、供电方面，已与相关专业部门联系，要求他们派人员值班，保证工作落实。

（6）本考场与卫生防疫市场监管局部门联系，严格执行正常卫生检疫制度。

5. 医护

考场配有救护车一辆、医生1人，护士2人。

（二）2014年中考龙岗实验学校九年级学生安全方案

为了确保本届九年级学生能够安全顺利地参加完中考，学校特制定以下安全方案：

（1）6月18日由年级发放《致家长的一封信》。在信中提醒家长中考考试的时间以及需要注意的事项，19日收取回执。

（2）从6月17日开始，班主任针对本班情况与重点生的家长进行联系和沟通，必要时上门家访。班主任打电话告知家长或亲自把《致家长的一封信》送到家长手中，说明考试的时间和规定，并要求这些家长每场考试都要按时接送考生。

（3）6月19日最后一节课，各班认真对学生进行诚信考试及安全教育，并在《诚信考试承诺书》上签名。

（4）中考期间，每场考试结束后，安全办在学校周围安排保安人员值班，确保学生安全回家。

（5）不允许学生提前交卷，外校提前交卷的考生由保卫组派保安直接送到篮球馆集中管理，同时由安全办派人对学校周围进行巡逻，防止有学生翻墙出校。

（6）年级长在每场考试结束前30分钟分别在校园内及大门口巡视，尤其是6月22日下午15：30在校门口把关，以防问题学生避开家长、趁机溜走并结帮斗殴。班主任和年级长在校门口亲自把这些注重生送到家长手上。

（7）6月22日下午中考结束后，安全办安排全体保安在学校周围各个路口值班、巡视，及时发现问题，排除隐患，杜绝不安全事件的发生。请各位保安明确自己的职责，保持通信畅通，按时到指定的值班地点，密切注意学生的异常动向，发现问题及时制止，并第一时间打电话到学校办公室。

（8）全体九年级教师在安全送走学生后，于22日下午14：30在校门口集中后活动。

（三）2014年中考龙岗实验学校九年级送考方案

为了使本届九年级学生能够顺利进行中考，年级制定如下方案：

1. 考前要求（6月17日～6月19日）

（1）年级和班主任重点检查学生仪容仪表，要求人人过关。

（2）6月19日下午最后一节课，班主任到班对学生进行考风考纪教育、诚信教育和签《诚信考试承诺书》，并对考前准备做详细明确的要求和检查，验收文具袋。

（3）6月19日前后，年级在教学楼教室外的宣传板上写上鼓励学生的激励语。

（4）6月20日下午14：30～15：30班主任指挥学生到本班教室集中后看考场，找准试室，找准座位，模拟中考行进路线走一次。

2. 候考要求（6月21日～6月22日）

（1）到音乐厅候考，划分各班候考区域。

（2）要求每场考前60分钟到指定的候考区域集中，班主任清点学生人数、分发准考证。对没有按时到班的学生，班主任要及时与家长取得联系，确保无一考生迟到。

（3）考前各班再一次强调考风考纪，杜绝带手机等电子工具的违纪事件发生，学生所带文具袋和饮料瓶必须是透明的。科任教师在本学科考前提前到位，做考前最后提醒，和班主任一起做好考生入场准备工作。

（4）各班主任根据本班的实际为学生购买巧克力、旺旺饼等小食品来舒缓学生的紧张情绪、减轻考试压力，使学生能够精神愉快，轻装上阵。

3. 送考要求

班主任在检查完毕本班学生人数、准考证、身份证及考试文具袋，确定一切准备就绪后，带领本班学生排成两列整齐地从二楼走廊进入考场。随科教师、班主任和年级长在走廊两边列队欢送，给学生加油鼓劲。

4. 考试期间要求（6月21日～6月22日）

班主任要求考生每考完一科后回本班候考区域集中（科学考完除外，在考场外等候下场考试），收回准考证并对下一场考试做一个简单的要求。

5. 考试结束后要求（6月22日下午16：00）

最后一场考试完毕后，班主任要提醒学生带好身份证、准考证及考试文具袋，妥善保管好自己的准考证，以便查分和高中报名时用，强调在家期间的安全。

6. 需要学校配合准备的事项

（1）在教学楼到考场的通道两边布置鲜花或盆景，营造良好的迎考气氛。

（2）在每间试室门口放两张课桌，以便学生放违禁用品。

（3）总务处准备一些巧克力、旺旺饼、饮水机放在音乐厅鼓舞士气。

（4）在各科备考期间，由苟鹏同志准备并打开音乐厅电教平台供科任教师和班主任考前指导。

（5）电子屏显示标题为“加油！你一定能考出最好成绩！”“自信！你正走向成功！”的标语。

监考用品清单

序号	名称	单位	数量	备注
1	红色方框	个	1	
2	糨糊	瓶	1	
3	刷子	支	1	
4	戒刀	把	1	
5	黑色墨水	瓶	1	
6	白色粉笔	支	2	
7	剪刀	把	1	
8	红色签字笔	支	1	
9	2B铅笔	支	5	
10	橡皮擦	块	1	
11	祛风油	瓶	1	
12	刨笔刀	把	1	
13	纸巾	包	1	
14	中考试室考生台角号	张	1	由监考员剪开，贴于对应座位左上角
15	考生名单座位表（带照片）	张	2	一份供监考员核对本试室考生，一份贴在试室门口
16	封条	条	8	前后门的封条，每一场都要封
17	包封纸	张	5	废卷及草稿纸的包封纸，每一场都要封

续 表

序号	名称	单位	数量	备注
18	草稿纸	捆	5	每一卷都是35张，每一场一卷，每张盖有公章
19	监考员工作手册	份	2	
20	监考员责任书	份	2	
21	试室钥匙	把	2	
22	验卷自查单	份	5	每一科都要填写

附件二

监考员在试室内验卷自查单（红笔填）

试室：______ 科目：__________ 2014年6月______日______午______至______

项目（自查后，将已做好的项目在括号内用红笔打√）		备注（有此情况才填）
答题卡	① 份数（_）（有效30份）、顺序（_）（小号在上，大号在下）。 ② 姓名、考生号、试室号、座位号用黑色笔写（_）；提醒考生不要填涂“缺考标记”（_）。 ③ 缺考卡贴上条形码（_）；［红笔填考场考生姓名、考生号、试室号、座位号（_）；非选择题答题区域内写上“缺考”字样（_）、放在相应位置（_）］；再用2B铅笔填涂“缺考标记”（ ）。 ④ 空白答题卡用红笔在非选择题答题区域写“空白”字样（_）（放到最后） ⑤ 作废卡［红笔在非选择题区域写“作废”字样（_），小心撕掉考生条形码（_）、装入试卷袋内（_），不是答题卡袋（_）］	《考场记录表》：考生条形码粘贴错误，不必更换答题卡，监考员在“考场记事”栏登记错误情况，由评卷场处理
答题卡袋	相应内容填写（_）（含缺考考生的考生号、座位号等，用红笔填写）；每个答题卡袋装有30张答题卡（_），一张《考场记录表》（_）	
考场记录表	按相关内容填写（_）装入答题卡袋内（_）	
试卷	① 份数足够（_）（32份） ② 装入试卷袋（_） ③ 试卷袋封面写上考场名称、试室、科目（_）	
草稿纸	封好（ ）、包装纸上写上考场名称、试室、科目（_）	
密封	在试室内两位监考员注视下密封答题卡袋（_）	

监考员签名：____________、____________ 楼层管理员签名：________

2014年中考英语听说考试考务工作方案

龙岗区实验学校考场，是在市、区各级领导的关心指导下建设的考场。在主考果向明校长的领导下，指挥得力，加上监考员、巡考员、考务员的共同努力，考试工作进展顺利，获得了圆满成功，现将有关工作总结汇报。

一、基本情况

1. 2014年中考

龙岗区实验学校考场有考生990人，其中区实验学校537人，平安里学校266人，兰著学校150人，五联崇和学校12人，龙盛学校15人，龙联学校10人。

2. 2014年初二学业水平考试

龙岗区实验学校考场有考生1529人，其中区实验学校577人，平安里学校298人，兰著学校336人，五联崇和学校105人，龙盛学校99人，龙联学校114人。

有6个考生休息室、一个考务办公室、一个网络监控室、广播室、医务室、送考领队休息室。有考务工作人员48人，分别有监考员70人和104人，3天考试中，缺考学生每场12人次，初二学业水平考试缺考有21人次。监考员工作中没有发生重大责任事件，考生没有重大违纪记录。考务工作得到了市、区巡考员，区教育局领导的高度评价。

二、经验体会

1. 认真学习，统一认识

（1）参加了市招考办、区基教科主持的考务培训会，认真研读了市招办6个主要文件和10个主要材料，网上巡考指挥系统的通知及手机短信。

（2）组织校行政班子召开了两次专题会议，召集送考学校负责人开了考生须知专项培训会，统一认识，拟定了考场《考务工作手册》和《监考员工作手册》A本、B本。

2. 组建机构，加强领导

（1）成立了考场领导小组，由果向明校长任组长。

（2）组建了考场工作小组10个，设有考场布置及用品准备组；网络监控组；教室布置及楼层值班、试卷分发、验收查验组；宣传接待组；考生入场候考退场及应急外联管理组；保卫保密组；后勤保障组；考生培训组；外派监考员管理组；督查组。

3. 抓住重点，强化培训

（1）“5+1”培训有特色。培训时采用5个步骤：①引入并提出问题；②监考员自学监考员工作手册；③两人小组交流讨论；④考务主任解读工作要点；⑤主考、副主考、巡视员对监考员现场考核，并予以奖励。此外，还进行了监考员笔试，全部成绩均优秀。

考前组织监考员进入试室实地现场操作培训。目的是四个了解：了解岗位、了解程序、了解职责、了解偶发事件处理办法。

（2）电脑网络、广播系统控制是重点，我们认真学习了电脑系统网上巡考及广播系统的两个文件，同时在周五上午布置试室时，由班主任和学生代表进行了试听检测，提前发现问题，及时予以了解决。

4. 统一指令，督查操作

（1）严格执行了市教育局招考办编制的《考务工作手册》及有关通知，规范了流程。

（2）考生导入组验准考证、验身份证，认真仔细，有效控制了事故的发生和形成。

5. 关注细节，及时反馈

（1）各工作组将准备工作做细做实，按市招办要求布置试室，验收了两次。作为中考考场，尽力控制了异常情况发生。凡事先向区基教科、市招考办请示汇报，一切按规定指令执行。

（2）角色分段、试室内验卷自查制。考试结束时，将监考员甲、乙角色在试室内的主要工作项目分为六个项目，逐项自查验卷，确保工作无差错，这是单位时间内的过程管理，精细操作。

6. 关心考生，服务考生

（1）时间上，严格按时间表进考场入试室。

（2）空间上，给考生安排了五个休息室。

（3）保障上，有考生的地方就摆放了纯净水，配备了空调、电风扇等，防暑工作准备充分，落到了实处。

7. 通力协作，和谐安宁

（1）后勤保障供水、供电，提供外联环保、交警、公安、卫生、电信网络等服务。

（2）医务、保安在考场值班，井然有序。

三、思考与建议

2014年中考于21日、22日两天进行，23号上午插入一个初二学业水平考试的考务培训，是因为监考员换人换岗了。能否考虑中考监考员不换岗，从而减少培训时间，减轻监考员和工作人员的辛劳。

第二篇 让论文报告为课堂教学寻新招

第一章　学习考察报告

教的智慧　学的聪明
——赴上海教育考察报告

2009年12月6日至12月13日，龙岗区公办初中教导主任一行17人，在区进修学校李春勇教师的带领下飞赴上海，接受为期8天的集中培训，培训时间短，项目多，任务重，但是带给我们的收获大。此次学习考察培训，让我们进一步开阔了视野，拓展了思路，真正体会到了龙岗教育由农村教育转向城市教育，升级为现代化教育，接轨国际化教育的紧迫性和艰巨性。

一、主要教育体验

为提高我区教导主任的整体素质，准确把握新形势下基础教育发展面临的新形势和新要求，拓展知识面，提高执行力，扎实有效地开展教导处工作。区教师进修学校与上海市教科院从专业的角度给我们精心设计了丰盛的教育体验课程套餐。

1. 考察的学校有

普陀区真如中学、中远实验学校、兴陇中学、晋元附校这四所学校。

2. 观课评课4节

《直角三角形的性质（1）》《致橡树》《青春多美好——心理健康课》《轨迹（2）》。

3. 考察主要方式

听取学校领导的情况介绍，与学校有关人员互动交流，观课评课，实地参观。

4. 听报告8场

（1）上海市教科院原副院长顾冷沅的《从规划到行动——上海市教师队伍建设的近期回顾》。

（2）真如中学肖建民主任的《基于“教师实践性知识”拓展的校本培训课程开发与实践研究》。

（3）华东师大课程研究所王斌教授的《教师评价：绩效管理与专业发展》。

（4）静安教育学院张扬院长的《校本研修》。

（5）七一中学金英芳主任的《赢在管理——教导主任工作思路与思路趋势》。

（6）市西初级中学汪皓俊副校长的《如何当好教导主任》。

（7）兴陇中学傅冠峰校长的《学校教学管理策略》。

（8）浦东教育学院院长顾志跃研究员的《建立教学质量监测机制，为学校教学导航》。

二、主要教育印象

印象之一——校长：专家型

一个好校长就是一所好学校，这是教育的人治观。一个优秀校长带领行政班子和教师队伍所形成的学校物质文化，精神文化是学生成长的重要教育资源。这是教育的法治观。我们参观的四所学校之所以有较好的办学声誉，跻身于上海市的名校之列，与他们都拥有一位专家型校长是分不开的。上海市在全国率先改革了教育上的行政体制，实行校长“职级制”，取消处级、科级等行政级别，引导校长们节省在仕途上耗费的时间和精力，回到原点，静下心来教书，潜下心来育人。四位校长均亲自上课，直接带动了行政一班人均根据职称聘任岗位，对应上自己的专业课，与教师们共同下水，共担责任，共进退。上课效果好才有资格当行政干部，这是学校铁律，如真如中学的教学副校长汪佳敏，专业水平高，学科意识强，承担了高三毕业班的语文课，还在初中带一个班的语文课，兼普陀区语文学科带头人，负责中学语文名师工作室工作。工作充满激情，教学成绩领先，深深影响了教师们，不断地提升他们的学术团队水平，这是上海教育城市化、现代化的一个共同特征。每一次座谈交流中我们深深感受到，他们对教育工作无比热爱，把教育作为自己的专业与事业，用心去做，将自己对教育工作的理解和先进的办学理念转化为教育实践，创造出富有个性的办学特色。他们简约的外表，渊博的知识，平和的心态，国际化视野让我们感受了学者风范。

印象之二——课程：多元化

课程是实现学校教育目标的有效载体，除国家课程，地方课程外，校本课程在一定意义上决定了一所学校学生的素质结构。上海市“二期”课改进入后期，课程设置与开发相对成熟，为满足不同层次学生的“多元智能”发展的需要，依照国家的政策和法规，为学生构建了多元化的校本课程体系，帮助学生形成良好的生活习惯、行为习惯、学习习惯，提升生命品位，深化家国情怀，初具国际视野。如上海市静安区市西初级中学要求教师人人有项目（带一门校本选修课），学生天天有活动（选修活动），完善“人与自然，人与社会，人与自我”等三大类课程体系，追求内涵发展，有8名学生以上申报的课程，学校就一定聘请教师开课。（参见下表）：

课程类别	部分涉及学科	课程科目
文科类课程	语文、英语、历史、政治	SBS、阳光文学社、对联趣谈、English Drama、甲骨文觅趣、俄罗斯风情、跟着诗歌过节日、动漫日语秀、朗读
理科类课程	数学、物理、化学、生物、信息、地理、科学	奥数思维、视频制作、机器人、我有我创意、物理竞赛、生活中的化学、环境保护、网页制作、我们的世界、国际市场、Photoshop等
艺术类	美术、音乐、英语、体育	纸艺、合唱、民乐、创意画、素描、色彩、十字锈、美仪训练营、陶艺、茶艺、串珠艺术、兰花种植等
体育与健康类课程	体育、卫生	篮球、乒乓球、韵律健美操、中国象棋、红十字会、卫生保健、奥运知识ABC、棋类、心理指导
综合活动与主题教育类课程		学校文化活动（科技节、艺术节、体育节、义卖等）、团队活动（团课、自主创新、十分钟队会、社区志愿者活动等）、学校日常管理及仪式教育（主题班会、主题教育、班级执勤、每周升旗仪式、少年军校、毕业典礼、换红领巾仪式、十四岁生日等），学校专题教育（安全教育及疏散演习、健康生活技能、环境教育、国防教育及时事政治教育等）

印象之三——管理：精细化

上海人精明，这是众所周知的事情。在教学常规管理上他们也有精细的管理机制。

备课：分为三次备课，形成教案学案。第一次备课是：摆进自我，教材解读（总体目录，全册讲评，单元解读，以课时为单位解读），不看参考书，全凭个人见解；第二次备课是：广泛涉猎参考书（含不同版本教材、资料），从文献中获取“道”与“技”（我有他有，我无他有，我有他无）；第三次备课是：边教边改，在设计与操作的不同细节中自我反思，同伴互助，专业引领。每个备课组每周都有固定的时间进行集体备课，每周每位主备课人轮流主讲，实现教学资源的优化与共享。

上课：他们认为，上课要适合学生的最近发展区，教与学要形成合作共同体，要让学生在课堂获得成功的心理体验，还要关注学困生。他们建有微格教室，观课的人与学生分离，用现代电子技术将课堂全程录下，切片分析每一个细节，专家会诊后，由上课教师再上一次课，再进行鉴定，有力地推进了课堂教学效率的提高。

作业布置与批阅：作业从哪里来？量为多少适宜？如何批阅？他们都在专业化地研究。他们研究作业的处理方式与布置作业的时机，他们将作业问题进行归类，使师生均有《错题集》，他们还提出了“作业务必在批改后全对”的要求，实现“堂堂清，天天清，周周清”的目标，让作业成为课堂教学的巩固与延伸。

辅导：课内课外辅导谁？辅导什么？怎么辅导？他们有类似于医生给病人诊断的“病历本”，对学困生的状况了如指掌，年级收集整理转化学困生的成功案例印发给教师们参考，以年级为单位设有补差班，每班倒数几名集中补基础，以学习广场的形式重点进行辅导，确保合格率达标。

考试与评价：学校设有命题专家小组，每月一次考试评价，区内期中期末共两次大型统考，将学生成绩分到年级，到班、到学科、到教师个人，并与绩效工资挂钩。提出了“试卷务必在讲评后满分”的要求，每个学期教师的工作业绩均存于本校教师业务档案袋，专人专室，规范管理，引导教师为学校发展建功立业。

印象之四——课堂：求有效

“严格、严谨”“民主、宽容”“实在、求实”是上海教师教风的关键词，根据二期课改的要求，上海市教科院提出了“学科教学知识”的新概念，英文为Pedagogical Content Knowledge，简称PCK，PCK是学科教学的统领性概念，其外延为：①学科内容的知识；②教学目的的知识，即特定知识内容的学与教；③学生理解的知识（易理解或误解的知识）；④内容组织的知识，即来龙（生长点）去脉（应用）；⑤教学策略的知识（样例、活动、类比、解释等）；⑥效果反馈的知识。这种专业化的构建过程，达成了聚焦课堂的共识。他们认为课堂的热闹，只是肤浅与浅薄的表现。在我们所观的四节课中，PCK确已融入课堂操作，如真如中学《直角三角形的性质（1）》：首先，教师设计了三道填空题：

在Rt$\triangle ABC$中，$\angle C=90°$

（1）若$\angle A=30°$，则$\angle B=$__________

（2）若$\angle B=48°$，则$\angle A=$__________

（3）若$\angle A=x°$，则$\angle B=$__________

很自然地引导学生发现直角三角形性质定理1：直角三角形的两个锐角互余。

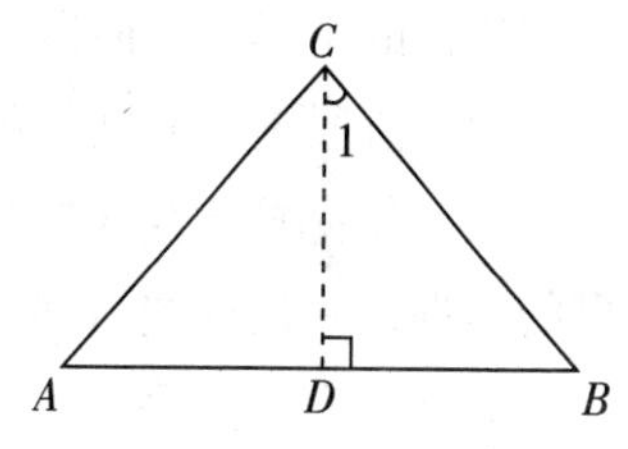

用符合语言表示：如右图所示，在$\triangle ABC$中，$\angle C=90°$ $\therefore \angle A+\angle B=90°$，其次推出例题：在$\triangle ABC$中，$\angle ACB=90°$，$CD$是斜边$AB$上的高，思考：图中有几个锐角？有什么关系？

试证明$\angle 1=\angle B$。

其三，在上述条件下进行变式，若$\angle B=45°$有哪些结论？教师教得如此有智慧，层层推进，学生学得聪明，自然发现了“直角三角形斜边上的中线等于斜边的一半”。

上海教师站得高，看得远，对新崛起的洋思中学、东庐中学、杜郎口中学的教改成功经验也有深入研讨与借鉴，对曾经名声很大的上海育才中学的现状也有经验总结。总之，在课堂教学求有效之路上，他们在高平台上求索。

印象之五——课题：解问题

科研课题，一度成为面子工程、政绩工程，花点钱，请位专家教授做个报告，挂靠个什么国家级课题，其实什么问题也解决不了，相反，还要添忙、添乱。上海的校长们认为：学校的提升和发展靠科研，以科研为先导，培养教师的科研意识，激活教师教研的积极性。把科研的思路贯穿于教学工作之中，归纳问题，设定一个大课题整合小课题，使之网络化，人人可参与，从而带动学校科研整体迈向新的平台。如真如中学的市级课题“基于‘教师实践性知识’拓展的校本培训课程开必与实施研究”，整体上提升了教师的教学水平与能力。又如引导教师读书，李海林教授归纳了“教师问题式读书五步法”：①在身边找问题；②带着问题读书；③获得观点，立场与方法；④拟定行动方案；⑤在行动中改善，解决相关问题。再如李海林教授提出的“教师写作六步法”：①我遇到了什么问题（观察到了什么）；②对问题的分析（找原因），此时需要理论的介入，理论分析不要照搬，不要复述，不要将理论写进文章，只用理论观点分析；③根据我对这个问题的认识，我采取了这些步骤；④我这样做了，发生了什么变化？⑤变化的原因；⑥自古以来，没有解决全部问题的方法，只有还有待进一步解决的问题。

科研以解决问题为核心而展开，把课题研究做成产品开发，真正成为学校发展的内在驱动力。

印象之六——研修：校本化

从教研，校本教研到校本研修，研修的内涵逐步扩大：①从技术熟练取向到文化生态取向；②从研究教材教法到全面研究学生、教师的行为；③从重在组织活动到重在培育研究状态；④从关注狭隘经验到关注理念更新和文化再造。研修的途径多样化：①教研组研修；②年级组研修；③项目组研修；④对话式研修；⑤自习式研修。

研修的主体分三阶段三层次，简称“三・三制”。

第一阶段——职初教师：教育教学经验的积累阶段。

1～3年完成由生手到熟手的研修，关键在师德和技能。不在通识的理念培训，而在事的培训；不是后端培训，而是前端培训；不是做学院式培训，而是做田野培训。

4～6年完成熟手到里手的研修。

7～9年完成特长教师到骨干教师的研修。

第二阶段——骨干教师：教育教学经验的归纳提升阶段。

10～12年：教学成绩市、区名列前茅。

13～15年：辅导学生竞赛获奖，个人竞赛进入市级以上获奖圈。

16～18年：课题及论文质量高，成果在省内有影响。

第三阶段——卓越教师。进入行业内全国前15%之内，传播教育教学思想与方法的阶段。

第一层次：师德研修。重在职业激情的激发，职业生涯发展与学校远景发展结合，将事务性工作与专业发展结合，让教师基于专业发展的人生追求，有职业幸福感。核心是将职业激情转化为职业理性与追求。

第二层次：教学技能研修。对备课、上课、批改作业、辅导、考试与评价的每一个环节进行操作性培训，务求实效。

第三层次：班主任工作研修。主要是通过案例对班级组织常规管理，班级学习常规管理，班级生活常规管理，班级信息常规管理等进行全面而有效的操作训练。

印象之七——评价：重绩效

教师评价是教育评价领域的重要组成部分，与学校评价、课程评价、学生评价一样，直接关系到学校的办学质量和教师的专业发展，“百年大计、教育为本；教育大计，教师为本”。长期以来，我国对教师评价的系统研究一直比较薄弱，历次课程改革往往较多地关注学生评价和课程评价的研究，较少关注教师评价的研究。

华东师大王斌华教授提出了“奖惩性教师评价制度与发展性教师评价制度”。归纳了“绩效考评法，末尾淘汰制，教学档案袋评价法，课堂听课评价法，微格教学评价法，校长同事评价法，目标合同评价法，自我评价法”这八种评价法。

绩效考评法是上海的学校广泛使用的方法。它包括两个方面：第一，对教师工作结果（任务绩效）的考评。涉及出勤率、教学时数、班级数、学生数、学生成绩、辅导竞赛、发表论文的篇数等，可以量化评价。第二，对教师工作表现（周边绩效）的考评，涉及工作是否敬业、态度是否认真、是否有责任心、是否关心集体、是否助人为乐、人际关系状况等，属于非量化评价，由评价者主观判断，以问卷形式收集信息。

绩效考评中，是效率优先，兼顾公平还是公平优先，兼顾效率。上海的学校选择了前者。如上海市兴陇中学的绩效工资按7：3进行分配，70%用于岗位津贴和课时津贴，30%用于奖励（见下表）。

绩效工资按照区里的统一规定，由岗位津贴、工作量（课时）津贴、绩效奖励三个项目组成。

<table>
<tr><th colspan="7">绩效工资</th></tr>
<tr><td colspan="2">基础性
（占绩效工资总量70%）</td><td colspan="5">奖励性
（占绩效工资总量30%）</td></tr>
<tr><td>岗位津贴</td><td>工作量（课时）津贴</td><td>基本奖</td><td>骨干教师奖</td><td>超工作量（课时）补贴</td><td>考核奖</td><td>教育教学成果奖</td></tr>
<tr><td>全市统一标准</td><td>全区统一标准</td><td colspan="2">全区统一标准</td><td colspan="3">学校考核发放</td></tr>
</table>

他们从2009年1月起开始执行，基本上消除了拿钱不干活的现象，有效治理懒人，使教学一线的教师们心情进一步舒畅，学校教育呈现勃勃生机。

教学合一：讲效率，重效果的教学改革创新之路

——深圳市龙岗区实验学校赴东庐中学考察小组的考察报告

为进一步巩固我校的素质教育成果，办人民满意的实验学校，以新一轮课程改革促

进我校教育教学质量的大提升、大发展。受果向明校长委托，龙岗区实验学校部分行政人员、教研组长、备课组长、骨干教师一行12人组成的考察小组于2008年4月23日至27日前往东庐中学，采取听课、找教师与学生座谈，找社会人士访谈，看现实成果等方式进行学习考察，现将考察调研的情况汇报如下。

一、到东庐，知什么

东庐中学坐落在百里秦淮源头的东庐山下，风光旖旎的中山湖畔，地处南京市溧水区永阳镇，距县城15分钟车程，距南京市1.5小时车程。东庐中学现有教学班20个，教职工76人，学生近千人，该校占地面积70余亩，建筑面积1万多平方米，有一栋普通的教学楼，一栋陈旧的教研组办公楼，一个小型接待室，300m环形塑胶运动场，乒乓球场，篮球场，餐厅，学生宿舍。

东庐中学原是一所基础薄弱的农村初中，曾长期面临师资水平差，生源质量差，硬件设施差，教育观念落后等诸多困难，也曾在片面追求升学率的怪圈中苦苦挣扎却每每以失败告终，并因教育布局调整一度成为撤并对象，学校陷入信誉危机。教学恶性循环，学生越学越累，教师越教越苦。

为摆脱困境，谋求出路，陈康金校长和他的同仁自强不息，广泛取经，大胆探索，从1999年起，学习洋思中学先进的教改经验（先学后教，当堂训练），尝试进行以“讲学稿”为载体的“教学合一”（两案合一、两本合一、备研合一）的教学改革，探索出一条教育观念新、教学方法活、学生负担轻、教学质量高的教研新路。东庐中学真正实现了“六无”：①基本无辍学，学校学区内学生100%进入学校，三年来，除1人因年龄大，经劝说无效外出务工外，全部毕业。②无外流现象，学校改变了好学生外流到县中初中部上学的现象，全部留在本校直至毕业。骨干教师思想稳定，新来的教师以能到这所学校任教为荣。③无快慢班，学校严格执行平行分班，平等地对待每一位学生。④无不开课程，学校所有学科开齐开足。⑤无加班加点，学校严格执行课程计划，不赶进度，扎扎实实、按部就班，从不违规补课。注重个体差异，强化教学辅导。⑥不买教辅书，不用练习册。学生根据学校提供的“讲学稿”预习、上课、作业。每一段时间，将“讲学稿”汇总成册，就是精选的复习资料。教师广泛涉猎教材以外的信息，为精编“讲学稿”，精选练习题提供了保证。东庐中学已连续五年学生的入学率、巩固率、考试的合格率和优秀率逐年提高。中考成绩已连续三年名列南京市前茅，学校先后获得《新世纪》全国少儿文学书画大赛“佳作集体奖”“全国中小学优秀美术作品大赛一等奖”“溧水区艺术月文艺会演三等奖”“溧水区中考综合评估一等奖”等荣誉，还被评为“江苏省科技竞赛活动先进集体”“溧水区德育先进学校”“溧水区理论学习与备课年活动优胜单位”“溧水区素质教育综合评估优胜单位”。2003年4月被确认为“江苏省示范初中”，9月获“南京市师德先进集体”，并与南京师大附中同获南京市“教育教学突出贡献奖”，受到了市政府的表彰，11月又被授予为“南京市基础教育课程改革实验基地”。随着学校知名度的日益提高，前往东庐中学观摩交流的教育单位络绎不绝，中央电视台、江苏电视台、南京电视台、《江苏教育》、《南京教育》、《扬子晚报》、《金陵晚报》对东庐中学的教育教学改革及所取得的成果均先后给予了报道。陈康金校长也于2003年被评为了“南京市名校长”，于2004年第20个教师节又被授予“全国优秀教育工作者”的光荣称号。

二、在东庐，学什么

东庐中学，作为一所乡镇初级中学，曾是准备撤并的薄弱学校，现在成为“国家级教育改革特色学校”“全国优质品牌学校”，敢与南师附中叫板。东庐中学取得成功的奥秘在哪里，确实值得我们深思、探究。概括起来有如下三个主要经验。

（一）有一个扎实的工作目标——教学成绩目标

东庐人树立了“为每一个孩子的成长负责”的理念，为本乡本土广大农村家庭的孩子跳“龙门”服务，让土地种出“金豆”来，让农家飞出金凤凰来。正是这种朴素又崇高的乡土情，鼓舞了士气，学校明确提出了每学期末以县（或市）统一试卷为准，教学成绩进入前八名的工作目标，并以《教学成果奖励制度》作为保障。

（二）磨炼了两支队伍——教师队伍和学生队伍

1. 教师队伍

当初，东庐中学在教学上较重视年级组建设而淡化了教研组与备课组建设，教学常规管理流于形式，致使本来整体师资力量不强的学校在教学中连吃败仗，领导与教师、教师与学生、学校与家长互相埋怨、指责，人际关系甚为紧张；多数教师的教育教学观念滞后，关注的只是学生眼前的成绩，而漠视学生非智力因素的培养和可持续发展的需求，管理不是向课堂要质量，而是通过延长师生在学校绝对时间的死办法，题海战术，加班加点，搞机械重复的劳动；许多教师上课满堂讲或满堂问，听说齐全，就是不让学生动手写，布置作业时张张嘴、挥挥笔，叫学生做买来的练习册，教师惰性由此而生，不会设计符合学生学情的练习题，不会命考试题更习以为常，学生负担却越来越重；教学、科研和师训不是“三位一体”，而是各自为战，互相游离，一些空洞的科研课题，置教学中的实际问题于不顾，一些无效的教师培训耗费大量的财力和精力。鉴于以上四个方面的问题，陈康金校长带领一班人重点抓了以下工作：

（1）教师队伍的师德考评：作为一名教师，东庐人认识到“师德不好是毒品”，会毒害青少年，为此，东庐中学将溧水区教师德育要求“十不准”细化为校本评分细则。

内容	评分细则
1. 不准有违背党和国家方针政策、法律法规的言行	违反此条，视情节扣20～50分，造成严重影响的另做处理
2. 不准参加赌博、迷信及各种非法活动	发现一次扣10分，再发现一次扣50分，并作行政处理
3. 不准侮辱、歧视、体罚和变相体罚学生	违反此条，除扣完50分外，并作行政处理
4. 不准单独留异性学生或私自带异性学生到宿舍等补课和辅导	违反此条，视情节和造成的影响，扣5～20分，造成严重后果的另作处理

续 表

内容	评分细则
5. 不准擅立项目或提高标准收费、擅自外出兼课、从事有偿家教和第二职业、擅自向学生推销各种报刊资料、教辅用具及其他用品	违反一次扣10分
6. 不准教学敷衍、上课不备课、作业不批改、考试不讲评	见《东庐中学教师教学常规管理考核办法》
7. 不准工作时间用电脑进行打牌、下棋、玩游戏、看影碟等与工作无关的活动	违反一次扣30分，三次（含）以上者除扣分外，另扣津贴300元
8. 不准不尊重学生和家长、接受家长吃请和向家长提出不正当要求	违反一次扣10分
9. 不准工作日中午饮酒、进课堂不将手机关闭或设为静音状态、在校园里吵架和抽烟	违反一次扣10分
10. 不准工作时间衣冠不整、言语粗俗、举止不雅	违反一次扣10分

此外，还有《东庐中学教职工考核奖惩实施办法》（共四大部分）保障教改顺利进行。

（2）教师队伍的专业发展："自我反思，同伴互助，专家引领"的校本教研，也难以解决师资水平不均衡的问题，运气不好的学生往往会成为低水平教师的实验品。为促进教师专业发展，东庐中学首先将行政管理为主的年级组办公转化为学术管理为主的教研组办公，同一学科的教师在同一办公室分年级备课组围坐，为学术研究提供了时间和空间的保证，对教师业务考核重在备课组整体成绩是否达标，引导敬业精神好、水平高、能力强的教师督促、帮助欠敬业精神、水平低、能力弱的教师，达到教学和谐发展；其次在数学科、化学科试行"教学合一"的讲学稿，因1999年中考中，数学、化学两科成绩一鸣惊人，于是"两案（教案学案）合一"，"两本（笔记本作业本）合一"，"备研（备课教研）合一"的"讲学稿"在全校推行，同时"停止周六、周日集体补课；取消竞赛辅导班；开展周周清"，师师专业互动进入了一个新的更高的层面。现在东庐中学无闲人，人人爱教书，个个能上课，连财务室的会计、出纳都在九年级各上一个班的物理课。其三，鼓励教师"自救式自培"，已有两人利用业余时间进修取得了研究生结业证，9人获本科文凭，26人本科在读。江苏省信息技术教育考核教师合格率达99%，在各级各类教师专业比赛中获奖者层出不穷。

2. 学生队伍

东庐中学的学生均来自本乡本土的农民子弟，为人朴实，但生活习惯、行为习惯、学习习惯欠佳，为适应改革的需要，避免教学与德育两张皮现象，全校一致，同心协力抓学生的学，学校撤政教处并入教学处成为教导处，教导处明确一名副主任抓德育工作，将过去抓校服、校卡、头发、指甲、黑板报、班会课等形式化的德育转化为抓学生学做人、学读书、会学习的实质化德育。东庐人做了如下工作。

（1）学生队伍的品德磨炼。为解决学生学习动力问题，在每年八月左右，东庐中学安排非考试科目教师，将学区范围内各小学六年级毕业生在东庐中学集中十天左右，进行入学教育，主要内容有学做中学广播体操，学唱《校园歌曲》，背诵名言警句，熟记中学生纪律规范要求，尤其是“讲学稿”的操作规则，进行平行分班知识水平测试，结业时向家长汇报入学教育成果，为进入初中学习和生活提前起步、早期结合，渡过了适应期。开学后，对于尚欠适应的学生实行“周周清”，具体做法是：每周五下午由任课教师将未认真完成讲学稿的学生名单5人左右报给班主任汇总，班主任确认后报给非考试科目的德育专干，将这些学生在周六、周日分级集训，主要是补态度、清习惯，部分任课教师也义务参加这项有意义的工作。

（2）学生队伍的学业发展。东庐人认为，每个人天生有学习的能力，但不一定天生有学习的兴趣和习惯。兴趣与习惯靠家长与教师的共同训练。他们研究发现学生喜欢分数但又不愿勤学，正如有人喜欢钱又不愿干活一样，所以才会有考试作弊的学生存在。为吸引学生对讲学稿的兴趣，七年级第一学期月考中，考题100%源于讲学稿文本，学考结合，鼓励学生想得高分、能得高分，必须自主看书、做题，合作探究，认真听课的习惯逐渐养成，以后每个学期的月考都有讲学稿上50%左右的原题，让学生从讲学稿上找到了成就感、快乐感和学习的幸福感。伴随着讲学稿上疑难问题的解决过程，学生心智走向成熟，学习能力充分发展，学业成绩不断提高。

（三）抓准了三个支点——课前准备、课内交流、课后反思

从“洋思”到“东庐”，向世人昭示了优质学校的形成机制。有不少人到过洋思，看到了“没有教不好的学生，让每一位家长满意”的标语，听到了“先学后教，当堂训练”的经验介绍，但深入思考洋思经验实质的人并不多。“先学”（什么时间学、学什么、怎么学），“后教”（什么时间教、教什么、怎么教），“当堂训练”（什么时间练、练什么、怎么练），这些深层次问题只有东庐人思考透了，并且有所创新，有所超越，根据学生认知规律和艾宾浩斯遗忘曲线，学生“先学”讲学稿，教师“后教”讲学稿，“当堂训练”讲学稿。

什么是讲学稿？东庐中学的“讲学稿”的内涵界定：“讲学稿”是集教案与学案、笔记与作业、测试与复习资料于一体的师生共用的教学文本，是将国家课程、地方课程充分整合后的校本课程，是“教学合一”的载体，是实施素质教育的产物。东庐中学举教研组、备课组学术力量，抓准了以下三个支点。

1. 课前准备

教师经历：下“题海”→ 集体编写讲学稿 → 个人提前备课 → 检查批改上交的讲学稿 → 个人课前最后一次调整教学文本。

（1）教师下“题海”。

每学期开学前一周，学校组织教研组长、备课组长赴南京书城，给每位教师购置多本教辅参考资料。

在东庐中学，每个教师都要下“题海”，教师下“题海”，是为了不让学生下“题海”。“讲学稿”从某种角度来说，其实是一份按照教材内容结合课标要求设计的学习提纲。它是结合学习目标将教材知识和相关题型进行整合，紧扣本节课的知识重点和难点，设计由浅入深、由易到难、多变灵活的各种题型。为了能编写出最具有典型性的、最能反映教学目标的习题，备课组的每位教师都要收集大量的资料、信息，并加以讨论、尝试、筛选、改编。教师有可能看到的习题，基本上都先做过了。一道题落到“讲学稿”上交到学生手里，要经过每位备课组的教师的审核。每个教师都要先做一遍，体会一下难度，让学生在没有教师指导的情况下，仅仅凭一张讲学稿、一本书，在预习的时候就能基本完成明天上课的内容。

（2）备课。

在东庐中学，每位教师都要经历这样的“备课”过程：

① 在寒暑假备课：每个学期放假前，学校提前公布下学期教师的工作岗位，便于在寒暑假教师了解学生，疏通教材，从纵横两方面把握知识体系。

② 主备课教师备课：根据下学期的工作岗位安排，教研组长会同备课组长将下学期教材的章节分工到人，明确主备课教师和审核人；主备课教师在开学前一周将有教学目标，教学重点、难点，教学程序等正规格式的“讲学稿”草稿交备课组长审核。

③ 备课组备课：备课组长初审“讲学稿”后至少提前一天将“讲学稿”草稿发给备课组组员；由备课组长召集组员集体审稿，提出修改意见；主备课教师按集体审稿的意见将“讲学稿”修改，交审核人审查后交付印刷。

④ 课前备课：上课前一天下午，由科代表将“讲学稿”领发给学生，任课教师对“讲学稿”再行阅读理解和补充，在上课前教师必须抽批部分“讲学稿”，了解学情，再结合本班学生在预习中发现的问题和备课组其他教师进行交流和讨论，尽可能多角度地发现学生在讲学稿中不同类型的解题思路以及出现的多种共性错误，商讨解决错误的不同方法、系统梳理上课的思路，找到最行之有效的教学方法，即课前备课，东庐人称课前“拉拉”。

学生经历：自读课本 → 结合讲学稿尝试课本习题 → 完成讲学稿上的学前准备，并尝试完成部分新知 → 上交讲学稿给科代表送给老师批阅 → 课前短时间的同学之间合作交流。

学生拿到讲学稿后，先根据讲学稿内容认真进行课本自主预习。所有的同学必须解决讲学稿中基础部分，然后可以做提高题，碰到生疏的解决不了的问题要做好标记，第二天与同学合作交流或向教师提问。学生在讲学稿的引导下的学，是一种自我研究、自我发现的学。在这一学习过程中，学生或多或少会经历“发现问题 → 提出问题 → 作出假设（猜想）→ 分析研究 → 获得结论”的科学认识过程，这使得学生能够在获得知识的同时，增强了自主学习能力，逐步提高自己的思维水平和研讨探究的能力。

2. 课内交流

<table>
<tr><td rowspan="2">学生活动</td><td colspan="5">发展学习阶段（交流感悟）</td></tr>
<tr><td>质疑　释疑</td><td>交流　讨论</td><td>积极　思维</td><td>寻求　结论</td><td>力求　突破</td></tr>
<tr><td rowspan="2">教师活动</td><td>辨疑　解难</td><td>启导　发现</td><td>启迪　思维</td><td>引导　迁移</td><td>鼓励　创新</td></tr>
<tr><td colspan="5">合作教学阶段（启发点拨）</td></tr>
</table>

从课前教学来看，实现学生的“学”与教师的“教”的整合是优化课堂教学的关键。教师在学生的“学”与教师的“教”的整合中处于主导地位。这就需要教师用智慧处理好四个关系：教师的“主导”作用和学生的“自主”发展；统一要求与因材施教；“教”的方式和学生的“学”的实际效果相统一；教师的“讲导”和学生的“学思”和谐进行。

用“讲学稿”的教学活动要求教师在教学中努力做到放手让学生自主学习（新知识放手让学生主动探究，课本放手让学生阅读，重点、难点和疑点放手让学生概括，提出的问题放手让学生思考解答，结论和中心内容等放手让学生概括，规律放手让学生寻找，知识结构体系放手让学生构建）：教学中让学生充分展示预习成果，暴露他的解题思维。

对学生而言，课堂学习时要适当做些方法、规律等方面的笔记，便于今后的复习时使用，学完一课后，还要在讲学稿的空白处写上学后记。

3. 课后反思

教师课后反思主要落实在备课组所有教师讨论本节课的心得体会，讨论成功与不完善的地方及学生中可能存在的问题，撰写《错题集》《课后记》。反思的主要内容为：讲学稿设计是否切合实际、行之有效；教学行为是否符合新的教学理念；教学方法是否能切实解决现实问题；教学效果是否达到预期目标等。反思的目的在于不断更新教学观念，改善教学行为，提升教学水平，逐步培养教师对自己的教学现象、教学问题的独立思考的能力，真正成为教学和教研的主人。反思的方式有：边教学边研究；将反思贯穿全过程；回顾自己的经历，注重对自己学习的反思；对已有认识发出质疑，用新的视角进行再思考；结合其他教师的教学优势及自己的不足进行反思。反思的形式是坚持每天撰写“教学后记”（可写在讲学稿上）并编写《错题集》。课后，教师在“讲学稿”的有关栏目或空白处填写“课后记”，用于下次集中备课小组交流，学生做错的题便成了复习教学的重点和难点。

学生课后，要求把讲学稿留白部分完成，格式不正确的纠正过来，错误的订正正确，还要在讲学稿相关栏目或空白处填写学习心得等。要求学生每隔一段时间，将各科讲学稿进行归类整理，装订成复习资料。

三、思东庐，怎么学

东庐中学以其辉煌的教学改革成果赢得了全国教育界同仁的钦佩，以讲学稿为载体的教学合一模式吸引了不少学校或地区纷纷效仿。思考东庐经验，结合我校实际，怎么学东庐，有以下建议供参考。

（一）深入理解我校的办学目标

2005年8月，果向明同志就任龙岗区实验学校校长，提出了“以学生的全面发展为本，办人民满意的学校”的目标。“全面发展”体现了素质教育的内核，“人民满意”展示了素质教育的成果。我校“四团六社八队”的成果显著。2006年、2007年连续两年中考成绩各项指标领先全区，挤入市第二名的行列，人民满意度日益提高。如何进一步创造条件让全体学生全面发展，像东庐中学一样，能年年巩固已有成果，不让一个学生掉队，这要求我们寻求可持续科学发展的操作点。

（二）将本校优势与东庐经验强强结合

我校是区直属学校，教学硬件设施优于东庐中学若干倍，我们有充满教育智慧的校长，有专业功底扎实的师资队伍，有见识广的学生队伍，有关注学校、富有闯劲的家长群体。我们工作虽然辛苦，但心情是愉快的。

教学上以“三为主教学”为载体。我们有明确的教学质量目标，整体成绩指标每学年均分解到年级、教研组、备课组、班，并进行年度教学成绩达标考核总结表彰；有月考及质量监控行动；有常规检查开放周；有同唱一首歌的教学研讨；评先评优聘任与教师教学业绩挂钩。我校已在资源整合、集体备课方面迈出了可喜的一步，如“语文阅读速写”“数学小步训练”“数学自学竞赛”“英语任务教学”创出了品牌。特别是班级教学质量调控机制已形成：班务日报表；四人合作学习小组；家长听课；班科联系会等，已构成了教学质量的保障体系。

东庐中学的核心经验是推进教研组学术管理，强化备课组集体备“讲学稿”，将教与学一起抓。构建了“备、学、教、批、辅、考、评”七个字的新的教学常规，并有专人进行考核，我校在没有晚自习、学生多、班额大的条件下，如何将我们的三为主教学优势与东庐的讲学稿为载体的“教学合一”强强结合，这是摆在我们面前的现实课题。

（三）坐着谈，不如起来行

果校长在2008年下学期《学校工作计划》中写道：结合东庐中学的经验打造“三为主教学”可操作的高效优质机制。

根据我校的实际情况，教学处的初步设想是——

第一阶段（2008年2月～3月）：宣传学习，提高认识。

印发有关《东庐中学讲学稿》文章；组织骨干教师听陈康金校长的经验报告（3月7日下午　音乐厅）；年级、学科交流心得体会。

第二阶段（2008年4月～5月）：实地考察、课堂观摩。

组织多批骨干教师赴东庐中学见习考察，到现场掌握第一手资料，因为百闻不如一见，百见不如体验，体验不如发现；重新修订《龙岗区实验学校教学常规管理实施细则》，为教师进行课堂教学改革创造良好的制度环境。

第三阶段（2008年6月起）：学科试点、自主创新。

实行学科试点申报制，并提供经费保障；完善我校“三为主教学”创新品牌。

1. 以教师为主导的操作点

重在导思想、导方法。

（1）要为试点学科每位教师在开学前两周购买《课程标准》《学业标准》《考试说明》；同年级本学科的多本教材；近几年本学科、本年级的省、市、区考题；同年级本学科的多本练习册。

教师下题海、自研试题，每学年第一学期开学前一周，试点科目教师进行一次集中演练。按照教材内容结合课程标准设计“三为主学、教、练”（集教案与学案、笔记与作业、测试与复习巩固于一体，师生共用），做好收集资料、信息、体验考点的准备。

（2）备课组内部分工，教师自主疏通教材，分章节明确主备课人和审核人，主备课人提前一周提供“三为主学、教、练”交备课组长审核（即备好周前教学稿）。

（3）组长初审后，至少提前两天将“三为主学、教、练”发给组员，在每周一次的备课组教研活动日集体审稿。

（4）上课前一天将“三为主学、教、练”发给学生。

（5）教师写课后反思，编写《错题集》，确定复习课教学的重点和难点。

2. 以学生为主体的操作点

（1）学生先一天拿到“三为主学、教、练”后，先根据内容按“自觉、自读、自练、自评、自纠、自问”的“六自”原则自主学习课本，独立完成基础题，再做提高题。如果有问题做好标记。

（2）第二天上课开始，教师引入后，以“四人互助学习小组”为单位合作学习交流，交流效果由学生将红卡或绿卡放在座位上示意，教师及时给红卡学生讲解。

（3）教师及时掌握课堂信息，确定在课堂内应该针对什么问题而进行集体讲解。

3. 以训练为主线的操作点

（1）课堂上为检验合作学习交流效果，可随机从每个小组抽取同号学生将“三为主学、教、练”上的题目到黑板上演练（或投影到屏幕上），给予针对性捆绑式评价。

（2）每周确定一节自习课测试上周所学所练文稿内容。整合家庭与社区资源，对学困生给予周周清（重点是：清态度、清习惯、清方法）。

走近美国加州基础教育

美国立国近两个半世纪，伴随清教徒移民美国而设立的哈佛大学有将近四个世纪历史，教育对美国的贡献比起美国政府要提早了140年。而奠定美国富强与安定的基石，还是靠着近四百年来一直影响并造就这个国家的教育制度与理念。

美国加州的基础教育为十二年，六年小学，二年初中，四年高中，完成十二年义务教育后再凭学业成绩及才艺，领导能力，社区服务记录，申请论文及推荐信等申请进入大学就读。

加州法律规定：小学一至三年级班额不超过30人，四至八年级班额不超过32人，九至十二年级班额不超过35人。

大多数的小学在四年级之前每个班级仅由一位教师任教，包括英文，数学，社会，科学，甚至体育。各科成绩好坏及表现要看这位教师对教学的投入与付出，而印象分数，包括上课参与讨论，表达能力，也由同一教师评价一切表现成果，重在学生良好习惯的养成教育。

到五年级以后，有些学区就开始有不同课程的专任教师，分工明确，课程由简入繁，学生也要学会应付不同教师的教学方式，包括考试，作业，报告，上课参与等的评价给分。

进入初中七、八年级阶段，学生须换不同的教室走班上课，选课制度从初中开始，而到了高中以后，每个学生根据自己的程度及兴趣，由年级学生顾问（通常每个年级至少有一名学生顾问）来协助设计高中四年级的课程安排。

表面看来，每个学生高中都是读完四年，修约二百二十个学分即可毕业，实际上选课、排课所造成学习上的差异，使得高中生在英文，数学，科学或历史上有一至三年的程度落差。

例如，通常华裔学生九年级数学读几何，10至12年级分别读代数Ⅱ，三角函数及微积分。但也有学生到12年级才开始读代数Ⅱ，在高中也就无法修到微积分程度的高等数学，而对申请大学的条件来讲，自然就落后许多。

初中阶段的课程是高中选课的基础，不论是本地出生的学生还是移民学生，初中阶段的英文是大量吸收英文单词及培养良好的阅读与写作能力，以期在进入高中以后，凭借较佳的单词及阅读理解基础，能够迅速吸收各个学科的知识，从而争取荣誉班Honor或进阶班AP的课程。

美国的学生家长特别关心孩子的教育，希望孩子有良好的阅读习惯，在八至十二岁的年龄，大约是小学二至六年级的阶段，许多家长利用假日陪孩子逛书店或上图书馆借书，全家人设定一天之中的固定阅读时间（通常在晚餐之后），孩子读的书家长也基本了解，以便在孩子读完书之后可以沟通讨论，设定家庭读书奖励制度，并准备多本字典以帮助孩子建立单词库。

对于阅读内容的取材保持很大的弹性，重点是在养成学习生活中的习惯，只要孩子喜欢看书，就无须担心会局限在某一类的读物，随着年龄增长与思想成熟，孩子自动会扩大他所阅读的范围。

八至十二岁奠定一个读书习惯，绝大多数的小读者一生都乐于与书为伍，对日后学校的功课，甚至对SAT考试大有帮助。

高中生在四年当中须修四年英语，四年数学，三年科学，三年外语，两年以上的历史才可能申请一所中等以上的大学。

对于新移民学生而言，学校所提供的ESL或ELD英语课程通常不列入正规英文学分计算之内，只有最高阶的ESL或ELD课程才可拿到申请大学所认可的英文学分。补救之道是利用暑期加快修课速度（六个星期读完一学年课程）或到社区学院（City College）去多修一年英文课，参加托福TOEFL考试得到六百分以上成绩，或参加SATⅡ的英文写作考试（English Writing）得到六百五十分以上的分数都可弥补高中英文学分不足的问题。

一个美国学生在加州，他会面临一连串的考试，包括CAT考试（从二年级考到十一年级），加州统一课程达标测验，十年级和十一年级在十月份的PSAT考试：从十年级以后开始一年有七次的SATⅠ考试及一年六次的SATⅡ考试，再加上每年五月份举办的十一及十二年级学生参加的AP进阶考试。

除此之外还加上托福考试，这些考试成绩不存于学校，而是由学区加密保管，每次考后在全学区给学生排名并通知家长（但不给学校排名次），学生成绩每次排名情况是升学的重要资料，等到能够顺利申请到大学时已是身经百战的“考试专家”。

一个学生在学业上的成功是由学生本人加上学校及家长三方面共同努力的结果。公立学校提供师资、教材，读书环境及设备全部免费，不晚修，不补课。家长则维持或激发学生读书的意愿，做一个良好的沟通者，了解学生的学习情绪及困难点，并设计安排在社区的学习（包括英文，数学，音乐，艺术，体育等）。家长的另一个重要工作是帮助学生设定学习方向（选择学校，科系，就业等），而学生本人则是成败的关键人物，倘若学生聪明但不愿学习新知识，生活态度马虎，不负责任，没有学会建立一个良好的行为准则（如道德观，礼貌教育，奉献精神等），也很难有好的学习效果。

美国大学在招收学生时不仅看重学生历次考试成绩及排名，还很注意个人特质，才华与领导能力，重视学生是否有一颗宽广包容的心，良好的道德标准，团队合作及服务精神。早在小学和初中阶段家长就帮助学生培养了这些品质与能力。家长认为：教育子女树立正确的学习态度及行为准则永远不会开始得太早，家庭教育是所有学习的第一步，塑造孩子的性格与生活态度，父母责无旁贷。倘若担心不知如何帮助子女升学教育跨出第一步，家长会求教于有经验及爱心的教育工作者，包括教师，校长，学生顾问，社工，青少年心理咨询专家，心理医生，青少年法律顾问等，他们都可以给家长一些灵感及经验。

教育三代可改变一个民族，可见教育对人们影响的深远，每一个孩子对家长、教师而言都是一个伟大的梦想，唯有运用正确的教育观念及适当的学习方法，才能培养孩子成为一个积极向上，负责有礼，乐于助人，在生活中充满热情与求知欲望的学生，这个伟大梦想的实现，也是为人父母，为人师一生中能给孩子最好的礼物。

追求卓越的北京教育

——赴北京教育考察报告

2003年12月10日至18日，深圳市教育局成人教育中心与北京教育学院联合承办了深圳市中小学校长任职资格培训班赴北京学习考察工作，我有幸作为一名学员随学习考察团到北京接受了一次教育观大洗礼，在“一听二看三说四思”的过程中，提高了认识，拓展了视野，明确了责任。

一、主要收获

1. 听了5场高档次的学术报告

我们听了北京师范大学教育管理学院副教授吴岩博士的《管理学的最新进展》，北京教育学院梅汝莉教授的《多元智能与教育策略》，北京教育学院乔自洁教授的《经济全球化与现代教育》，华东师范大学基础教育改革与发展研究室李政涛博士的《当代学校改革中的价值取向》和首都师范大学的蔺桂瑞教授的《心理健康与素质教育》。这5场学术报告多角度、多层次阐述了学校管理的理论与方法，并通过一些案例分析给人深刻的启迪。

2. 参观了5所高品位学校

北京光明小学、北京101中学、北京日坛中学、北京育才学校、北京第一实验小学以其先进的办学理念、办学模式、办学成果给人深刻的影响。

3. 听了3节优质课

北京市特级教师王欢老师的“作文教学”示范课，创设了题目“宝贝”的情景，从学生“说一说心情、议一议语言、猜一猜样子、看一看神态、悟一悟道理”，构建了师生互动、生生互动的鲜活的作文课堂，让人耳目一新。北京日坛中学的数学课，北京育才学校的科技课充分体现了新课程理念在课堂的实施过程。

4. 专访了3家学术机构

《数理天地》杂志社、中国科学院心理研究所对我校学科教学有过很大帮助，此次专访，汇报了学生竞赛培训和《自学辅导教学与学生创新能力培养》课题研究开展情况，得到了有益的指导。到中央教育科学研究所就活动课教学、校本课程、师生评价交换了看法，获取了学术信息，并就我校参与实验校进行了磋商。

二、主要认识

在学习考察期间，不断思考、对比，我深刻认识到：北京教育是面向新世纪的大教育，代表着全国基础教育改革与发展的方向，具有如下五个优势。

1. 人本管理优势

现代管理思想把人的因素放在第一位，重视处理人与人的关系，强调人的自觉性和自我实现精神，主张以人及人的积极性、主动性、创造性为管理的核心和动力。为了实现管理目标，一切管理工作必须以提高人的素质，强调人的积极性、主动性和创造性，做好人的工作为根本，这就是管理的“人本”理论。北京的学校管理充分运用人本管理，体现在以下三个方面。

（1）行政主管部门以校长为本。给学校以办学管理自主权，根据不同学校实际情况进行自主管理，行政主管部门制定评估指标和学校自创特色的指标对校长进行年度量化考核，其考核结果与对校长的奖励、聘任挂钩，促进了学校的规范、健康、快速发展。

（2）校长以师为本。北京学校提出要研究教师，要将过去的“匠师、艺师、儒师、哲师”培训为具有大智慧、大爱心、大境界的新型教师。鼓励教师建立自己的教育思想，支持教师进行教改实验，形成自己的教学风格，他们凭借在京城的地理位置优势，加大教育科研投入，强化校本教研，不断优化教师队伍。他们认为：教师即研究者，有一支好的教师队伍就能办好一所学校。采取校本培训方式，让名、优、特教师带徒弟，并纳入工作量给予报酬，按绩效给予奖励，同时给教师更多的关心、爱护、帮助。如北京101中学作为一所老校用这种方式顺利完成了老教师退休、新教师上岗的过渡工作。北京育才学校的“扬长管理”极大地促进了教师专业化发展。

（3）教师以生为本。如何处理教与学的矛盾，一直是困扰课堂教学改革的难题，满堂讲不对，满堂练也不对，从所听的3节课看，北京的教师真正把学生作为学习的主体，师生互动、生生互动，让课堂充满生命的活力。如光明小学在“我能行”教育中提出“学生在学校的生活中，学习是主要的任务，特别是当前，中考、高考依然存在，学业成绩更显得至关重要，如何在小学阶段帮助学生提高学业成绩，又让孩子保持浓厚的学习兴趣，从而为一生发展打好基础，成为教师探索学生成长的重点”。北京日坛中学提出服务学生的“近处安装”原则，将图书、电脑放在教室内，是以生为本的充分体现。

2. 多元模式优势

一场漫卷全国的基础教育课程改革正在实施，这种生机和活力在北京的学校中已有充分展示，它表明，人们不再以同一眼光看问题，同一思维想问题，而是从宏观到微观呈现出多元模式的勃勃生机。

（1）学校体制多元。北京教育政策宽松，打破了普通中学和职业学校、公立学校与私立学校的区分，发挥名校优势，走向综合型的集团化学校。北京101中学与周边房地产商以股份制形式办分校，获得了很好的社会和经济效益。北京日坛中学地处京城商务圈，争取政府给地，分三个校区办学，现有69个班，分西校区、东校区、新校区三个校区，有初中、高中、国际部、九年一贯制多种体制。

（2）课程设置多元。课程设置是学校教学的心脏，北京学校借助高校优势，进行了新课程改革，调查社会职场需求，以学科综合、学生发展为基点，以提高学生素质为核心，形成了必修课、选修课、活动课三大板块相结合的多元课程模式。如北京日坛中学初一每天上8节课，周二、四的第七节均为JIP数学、英语学法指导，周一、四、五第八节为JIP管理，周二第八节为教研活动，周三第八节为校选修课。

（3）教学模式多元。针对传统课堂教学“教条化、单一化”的弊端，北京学校尝试将“讲授、自学、探究、情景、情感、交际、合作、活动、训练、思维、多元智能”这11种教学模式进行反思与整合，形成了以学生个性张扬和自主探究为核心的多样不同的教学模式。如北京日坛中学初二数学、英语实行了“分层走班制”上课，并进行了双语教学实验。北京101中学的研究性学习以科技教育为切入点，取得了丰硕成果。

（4）师生评价多元。北京教育界流行建构主义与多元智能理论，尤其是美国哈佛大学教授加德纳于1983年创立的“多元智能理论”（每个人至少有语言、数理逻辑、音乐、身体运动、空间、人际关系、自我认识、自然观察八种智能）备受青睐。北京教育学院梅汝莉教授率先开办了多元智能实验校，北京光明小学大胆探索了多元评价。比如：改革了考试评价，在低年级实行“乐教、乐学、乐考”，增设了“我能行”智能展示，尝试了教师工作多主体评价方式，运用《学生成长手册》和《教师发展性评价手册》促进师生共同发展。

3. 个性教育优势

德国哲学家、数学家莱布尼茨曾经说过“世界上没有两片完全相同的树叶”。作为社会中的人也是如此，没有两个完全相同的人，每个人都有自己的个性特点。教师不应成为“园丁”，将完全不同的学生“修剪”成一个模样。教师应研究不同学生的不同个性特征并加以教育培养，使其个性得到满意的发展和张扬。如北京光明小学实施的“我能行”教育的核心就是让不同的孩子在个性发展中具有成功的体验，他们淡化了学年终的评“三好”而强化了年终的评“十佳”。少先队确定了六个可申报的项目，即：勤奋学习之星、遵守规则之星、体育锻炼之星、热爱劳动之星、爱护公物之星、社会实践之星，让每个孩子自主申报，都有获奖机会。北京101中学从初一到高三，不同年级校服款式、颜色不一样，北京日坛中学不同学段所做的广播操均不相同，这些创造性的操作，充分体现了北京学校重视学生的个性发展教育。

4. 文化品位优势

学校文化既是一种文化现象，又是一种新的管理模式，其基点是“人”，内容是“文化”，核心是“价值观”，形式是“舆论”，目标是“师生的发展”，包括物质文化、制度文化和精神文化，核心是精神文化，体现在文化观念、价值观念、生活观念等意识形态。

学校拥有高品位文化是教育走向自身的表现，使师生拥有了赖以存在和发展的精神家园。营造浓郁而温馨的文化氛围会使师生的身心得到适度的调节，生活内涵得到极大丰富，生命质量得到极大提升。北京学校在构建新型学校文化方面取得了显著成效。

（1）优化学校文化。在考察中，我们走进校园，校内园林优雅，小桥流水、亭榭阁台，让人陶冶性情。在物质文化建设上，学校舍得花钱，校园文化雕塑、文化窗口、名人雕塑、校电视台、校演艺厅、校图书馆、名诗名画装裱，反映出学校深厚的文化底蕴。校训、校歌、校刊、校艺术团、“教师沙龙”“教师俱乐部”体现了精神文化活力。如北京日坛中学的“两语、三名、四馆、五劳动、六观点、七学会”的德育工作更具文化品位（其中的三名即读30本名著、唱30首名曲、赏30幅名画）。如北京光明小学的“我能行”展厅，让人感受到了教育使命、学校精神、教育行动目标，学生文化、教师文化、人际关系准则、工作准则等学校文化的力量。

（2）共建社区文化。教育是一个复杂的社会系统，需要全社会的支持。学校只有与社区形成共同的文化建构取向，自身的改革与发展才有后劲。北京光明小学的体育文化节是学生、教师、家长三位一体的大型文化活动，有近7000人参加。艺术节也是三位一体分年级展示。北京日坛中学在大使馆区，借助外语优势，把国际部外语文化建设作为文化工程实施。

（3）开发网络文化。我们所到的学校都建有互联网千兆技术的校园网，堪称数字化校园。随着“网络”“信息高速公路”“信息港”“数字化”等字眼越来越常见，一种新的文化形态正冲击着学校，是拒斥还是直面网络，北京日坛中学用实践做了回答，他们在网络上安装设备净化网络，将电脑装在教室内、走廊上，供学生随时上网查找资料，充分发挥了网络文化的作用，进一步提升了学校文化品位。

5. 品牌特色优势

汽车是载人或物之工具，有不同品牌；商场，是销售商品之场所，有不同品牌；学校，是教书育人的场所，理应有自己的品牌。北京光明小学的“我能行”教育成了全国的教育品牌；北京101中学借鉴美国的“业余时间进行专业训练”模式，成立了排球俱乐部，承包给专业人员训练，艺术上，成立了施光南艺术团、一二·九合唱团并承包给专家训练，体育、艺术两张特色牌堪称北京一流；北京日坛中学的女子军乐团、钢鼓乐团、芭蕾舞团、管弦乐团多次赴海外表演；北京育才学校的民乐团、管乐团、合唱团、杂技团、舞蹈团在世界上都有一定影响。

三、主要思考

考察归来，对照北京学校教育分析、思考，深感责任重大。要想办一流名校，实现跨越式发展，有必要处理好以下十个关系。

1. 处理好硬件和软件的关系

深圳资金实力雄厚，创办的新学校如雨后春笋，量的扩张迅速，硬件设施可谓一流，但一所名校仅靠硬件还不够，还应有高品位的校园文化，高品位的课程，高品位的管理及教师队伍等软件，而这些建设需要过程，需要关注。

2. 集权与分权的关系

长期以来，主管部门认为学校是一级行政机构，习惯于给学校套行政级别，引导校长不是向学术化发展，而是朝着行政化努力，加上对校长办学业绩考核评价机制不健全，影响了名校的培育。学校内部套用行政管理模式，权力过分集中，不利于调动全体的积极性，制约学校发展速度。因此，可借鉴北京日坛中学“横向分权、纵向放权、纵横联动”的办法激活学校运行机制。

3. 揭短与扬长的关系

长期以来，人们以批评与自我批评这个揭短武器扼杀了人的自尊心、创造性，凡事不敢想、不敢做，只能唯唯诺诺，根据北京育才学校的经验，要多进行扬长管理，表扬教师、学生，使优势更优。

4. 内控与外联的关系

学校管理涉及内部环境，周边环境，外部环境三个环境。学校内部管理是基础，是前提，但不能控制得过细过死，要打开栏杆让马跑，要加强外联，充分利用学校外部教育资源，北京光明小学、北京育才学校、北京101中学的成功经验值得借鉴。

5. 管理与服务的关系

管理是用人、是协调、是服务，学校的管理者不应搞“官本位”，应树立为师生服务的意识，要倡导学校中人人是管理者的理念，有利于创设和谐的人际环境，开发每个人的潜能。

6. 引进与培养的关系

教育呼唤名师，学校需要名师，单纯靠引进不能从根本上解决问题，还需要学校换一个视角，发现身边的千里马，了解培养本校的名师，光明小学的“我能行”教育造就了一批名师就是最好的例证。

7. 过程与结果的关系

任何结果须经过一个过程才会形成，办一所名校是一系列优质的过程的积淀，因此要抓好过程教育与管理。北京日坛中学将教学成绩指标分解到各个校区，将责任前移，从起点看变化，产生了高升学率的结果。

8. 考试与应试的关系

根据中国选拔人才的国情，考试将持续相当长的时间，不在于考不考，而在于考什么，怎么考的问题，有考试就有应试，但不能将应试演绎成打压学生的毒鞭。要研究如何让学生乐学、乐考。光明小学对考试与评价的改革值得学习。

9. 一元与多元的关系

美国哈佛大学加德纳教授于1983年创立的多元智能理论告诉我们每个人至少有八种智能。但每个人的智能优势不尽相同。因此，对学生不能只看成绩，更不能对学生求全责备，要求学生人人是全才，要多研究、发现、培养学生的优势智能。

10. 特色与特长的关系

学校特色应该是一类具有某种特长学生的集合。足球智能优的学生集合就构成学校足球特色，舞蹈智能优的学生集合就构成学校舞蹈特色，由此类推，创建学校特色不要想当然，要从学校学生和教师的实际情况出发，构建学校特色与学生特长培育模式，从而为选修课，分层教学搭建平台。同时借鉴“成功教育”“理解教育”“行动教育”“我能行教育”“多元智能教育”“生本教育”“人格教育”“欣赏教育”等铸造学校教育品牌，形成领先的教育流派。

（本文评为校长任职资格培训班优秀论文市一等奖）

凝聚发展　强中求优

——赴香港教育考察报告

2009年3月16日至21日，龙岗区教师进修学校与香港教育研究交流中心联合承办了龙岗区部分学科带头人培养对象45人赴香港教育考察工作。我有幸作为一名学员随教育考察团到香港体验了中西文化结合点的香港的教育状况，在“听、看、说、思”的过程中，拓宽了视野，理清了思路，明确了责任。

一、主要见闻

1. 听了5场教育学术报告

我们听了福建中学校长林建华博士《“教学质量与学校特色”之如何提升教育品质，创建品牌学校》与《教育本质评价》；原香港教育署课程发展处总监，原香港教育学院副校长，现香港真道书院学术部主任彭敬慈博士《香港的课程改革》；培侨小学连文尝校长《建设学习型学校的经验及体会》；香港教育研究发展中心总监，香港创新学习研究中心研究员詹华军硕士《香港教育的成功经验与实践探索》等学术报告。报告多角度、多层次地介绍了香港教育的过去、现在及未来愿景，并解析了一些典型案例，给人启发，有效地避免了“盲人摸象”的考察。

2. 参观了3所优质学校

香港学校种类多元。①官立学校：占5%，教职工为公务员，学校支出全包。②津贴学校：占85%～85.8%，教职工薪酬全包，学校支出按班津贴，专款专用；以上两类学校均不收学费与杂费。③直接资助学校：占10%～15%，按学生人数予以津贴，同时可收取学费，类似于内地的国有民办学校。④私立学校（包括国际学校）：教职工薪酬与支出全源于收学费。我们参观的福建中学、真道书院均系直接津贴学校，培侨小学系津贴学校。这些学校均拥有法定的办学自主权，其办学理念、校本课程、校本教研、校本培训、师生发展模式真可谓一校一品牌，百花齐放，争奇斗艳，可以理解为香港政府与教育当局在家长为子女选择适合孩子发展的学校时，给家长提供了足够的选择机会，为“均衡教育”提供了一种“选择机会均衡”的可操作模式。

3. 听了5节课

我们听了福建中学刘飞教师在102课室的中文课；王文娟教师在202课室的英文课；张春苗教师在5楼科学实验室的科学课；黎蔓婷教师在102课室的地理课；刘艺波教师在302课室的数学课。这些课从不同学科、不同语言、不同操作的层面，展示了香港课堂教学改革的一些成果。

4. 专访了一所大学

根据《泰晤士报高等特刊》第四年公布的《世界大学排名榜》，香港大学名列第十八位，香港中文大学名列第三十八位，香港科技大学名列第五十三位，香港城市大学名列第一百四十九位，全港八所公立大学，以上四所均有出色表现。我们专访的香港理工大学在实践教学方面的成果展示，给我们耳目一新之感。

二、主要认识

在学习考察期间，结合在福建中学连续两天的跟踪学习，不断观察、思考、比较，我深刻认识到：香港教育是在国际教育平台上的现代大教育，它将西方的物竞天择式的自主选择与东方的忠孝仁义礼智信有机结合，演绎了一个独特的东方教育模式，概括起来，有以下五个特色。

1. 人本管理特色

现代管理学的核心思想是把人的因素放在第一位，重视处理人与人的关系，强调人的自觉性和自我实现精神，主张以人的积极性、主动性、创造性为管理的核心和动力。为了实现管理目标，一切管理工作必须以提高人的素质为前提，构建高效、简约的激励机制、约束机制、评价机制，以充分发掘人的积极性、主动性和创造性为根本，这就是管理的“人本”理论。福建中学的教育实践充分反映了这种“以人为本”的学校管理。

（1）办学机构以校长为本。香港教育当局充分尊重学校的法人主体地位，充分赋权于校长，充分相信校长只会决心把学校办好，而不会决心把学校办坏。校长的办学自主权体现在：运作弹性——办学自主度较高，可自行设计办学特色；课程设计——开办科目、选订教材、教辅编订，使用何种语言（英语、国语、粤语）可自行确定；资源运用——政府按学校自主招生学生人数拨款，学校向学生自主收费，学校可灵活运用收入；员工聘用——学校可以自定教职工人数及薪酬标准。为避免区域性学位垄断，政府规划建校时，至少有两所学校建在同一区域，形成自由竞争局面，供家长自由选择学校。教育行政主管当局只派校监，按照四大范畴（管理与组织，学与教，校风及学生支援，学生表现）和十四项评估指标对学校进行年度评估，引导学校规范健康、快速发展。

（2）校长以教师为本。香港现有小学教师23805人，中学教师26865人，师生比例为——小学1：19.1，中学1：18.0，小学每班学生上限37人，平均每班32.5人，中学每班学生上限40人，平均每班学生38.2人。班与教师比为——小学1：14，中学1：1.8。教师工作量：学校人人都上课，小学35分钟/节，平均每周授课32节；中学40分钟/节，平均每周授课29节。教师待遇与公务员挂钩。为激发教师潜能，福建中学倡导的学校精神是：尊重、信任、积极、刻意。在政策（policy），人物（people），课程（programme），过程（process），环境（environment）等实践中还权于教师，使教师具有教学与育人自主权。福建中学的“学习型组织”文化有五项修炼：自我超越（personal mastery），改善心智（mental paradigm shift），共同愿景（shared vision），团队学习（team learning），系统思考（systems thinking），这五项修炼的操作过程造就了一支高水准的教师团队，校方提供给我们的《教·学·研》（2008年12月第五期）与《数学教学汇编》两本书，反映了教师们的学术功底。

（3）教师以学生为本。我们所到之处，都有“学与教”的提法，这不是简单地将“教与学”倒过来，而是教育价值观的重塑。彭敬慈博士给我们介绍《香港的课程改革》时，将课程定义为：一系列经仔细策划的“学与教”活动。策划时充分考虑了“目标、内容、方法、评估”四大课程之要素，将“学”放在第一位，就是充分尊重学生的主体地位，以学生为本的体现，他们提出了“有效的学习经历”之说；①清楚、动听的“单向”知识传授是不够的；②应以一系列多样化的经历，发展三大范畴：思维、技巧、态度；③着重亲身体验（如分组活动，角色扮演，小研究，交流团）、发现，学生自我主导。福建中学在学与教范畴中，提出了“教学领先，发展性评估，成功教育，自主学习”的理念，提炼了“学生为本，学习策略，积极期望，成功机会，鼓励评价”的元素，参照模式有：作业、自主权、认可、分组、评估、时间等。校园管理有“五常法”：常组织、常整顿、常清洁、常规范、常自律。这一切操作都体现了学生“学习自主，行为自律，生活自理”的生本模式。因此，看到那些彬彬有礼、文明守纪、发奋求学的学生们，对香港教育的羡慕之情油然而生。

2. 两文三语特色

语言是人类交际的工具，中英并重，两文（英文、中文）三语（英语、国语、粤语）教学是一重大特色。福建中学从2000年起实行一校两制，分别设有“英语部”及“中文部”。2006～2007学年度，初中每个年级设六个班，其中三个班为“英文部”，全面贯彻小班教学的理念，英文班是以英文教授数学、科学、历史、地理、电脑、物理、化学、经济，要求学生掌握7269个单词（The 7269 words students must learn）。完全与国际教学接轨，让学生在香港就能享有发达地区的教育方式。在英文班，对中国语文、中国历史及中国文学科，均以普通话作为授课语言。

中文班里设有“跨学科英语学习科目”，并以英语授课，将历史、地理、科学及数学元素，融入这门课中。

在推行“两文三语”过程中福建中学采取的策略是：

（1）初中小班教学，每个年级三个英文班，三个中文班。

（2）设有英语活动周和普通话活动周。

（3）每一循环周有一天英语日及一天普通话日。

（4）设有普通话课程培训。

（5）重要庆典采用普通话。

（6）聘请国内普通话教师访校，为教师及学生进行“快速阅读”及“快速写作”等专业培训。

（7）对教师进行英语培训。

（8）聘请外籍教师授课。

（9）组织英国游学团。

（10）牛津剑桥英语夏令营活动。

（11）招聘并加强英语教师师资。

（12）中文英文教师语文达标考核。

3. 多元智能特色

香港教育界持续流行建构主义与多元智能理论，美国哈佛大学教授加德纳（Howard Gardner）于1983年创立的“多元智能”理论（每个人至少有语言能力，数理逻辑，音乐律动，身体运动，视觉空间，人际关系，自我反省，自然观察这八种智能），这一理论备受青睐，言必称多元智能成了一种时尚。

福建中学更是深入研究了“多元智能”理论，采取了如下策略。

（1）课程设置方面：中一至中七共开设了38门课程。其中有中文、中阅、英文、R&S、SBA、ORALCCE（CMI—英）、数学、附数、纯数、数统、综合科学、CCE（科学—英）、物理、化学、生物、通识、经公、生活教育、体育、音乐、美术、家政、话剧、普通话、历史CCE（历史—英）、中史、地理、CCE（地理—英）、经济、商业、会计、企业概论、电脑、文学、自修课、周会等。

（2）课外活动设置方面：福建中学要求学生“一生一体艺”，设有学术类13个组，兴趣类14个组，艺术类29个组，体育类11个组，服务类14个组，活动时间分为午间和下午两个时段，场地使用率高，教师除上文化课外，每人至少兼带一个课外活动小组。只要学生有需要选报的项目，学校就招教师教他们，同时，家长需缴纳一定的学费和材料费。

（3）推行多元智能模范生奖励计划：目标是发展学生多元智能，培养学生多元兴趣及才能，发挥学生潜能，实现“全人教育”。福建中学设置的奖项是：获书签数目30张得铜奖，70张得银奖，120张得金奖，180张得钻石奖。获得书签的范围包括专注学习，思维创意，领袖才能，音乐才能，语言运用，数学逻辑，人际沟通，自我反省，欣赏大自然，体能律动，空间认知11个范围，每个范围都有取得书签的方法和附加条件。

由于多元智能理论有了操作点，可以激励孩子们发展自己的优势，特长生不断涌现。全国华罗庚金杯少年数学邀请赛在福建中学有了优质的土壤，造就了一批批数学高手，可见奖励多元智能模范的累累硕果。

4. 数字化校园特色

香港的政治民主化、法制化、经济自由化、技术现代化背景给学校以深刻的影响，以科技创意为主的数字化校园大大提升了学校管理，教学的水平与效率。福建中学等学校在以下方面拓展了信息技术的应用范围。

（1）电脑资讯化管理：学生成绩表随时可查阅，并能立即打印某学生往年历次考试的成绩，并与学籍管理一体化，学生的表现评价一目了然。教职员与学生考勤系统与八达通卡联网，教职工上班、学生上学刷卡，中途请假离校刷卡，全面、准确记录了行动轨迹，便于学校管理层进行个案分析。

（2）沟通快捷：学校教师内联网（ICQ/E-mail）实现了电子无纸化办公，公告、通知、教学设计、课件等通过内联网快速传阅，实现了教学资源共享，建立了家校通平台，家长短讯提升了沟通速度。

（3）课堂数字化装备：根据近处安装原则，课室装有电脑、实物投影仪、液晶体投射器，有利于提高教学效率。

（4）特别室装备完善：有电脑室、语言室、多媒体教学室。

（5）校园电视台。

（6）校园广播系统。

5. 全面训辅特色

教育就是培养习惯，包括生活习惯、行为习惯、学习习惯。一个有成就的人离不开好习惯的养成。福建中学为实现培养目标，造就一批优才、英才，在训辅工作上成立了训辅组，提出了“关心为本，训辅合一，纯朴校风，融合有序”的理念，制订了以下整体目标：营造以人为本、互相尊重、融洽有序的校园文化；团结教师、社工、家长力量，全面辅导学生成长；实践训辅整合理念，培养学生自尊、自律、自决、内省的品格；推行全面品德教育，培养学生积极的人生观；推行民族意识教育、培养学生爱国情操；培养学生的公民素质，关心时事、热心服务；培养学生的多元智能；培养浓厚的师生情谊。具体操作策略及分工如下。

（1）分年级管理工作——学校对班风建设的要求是：了解班况，个别面谈，联系家长；建立班干事核心；订立班规；提出要求一抓到底。

级长的工作职责是领导班主任履行班主任职责，统筹与策划年级活动。设了级训导一职，协助班主任、科任处理问题学生规范行为习惯；设了级辅导一职，统筹学生人生规划指引。

班干事会设有正班长、副班长、学术干事、总务干事、文体干事、宣传（出版）干事，环保先锋、IT协作员、多元智能大使、爱心小天使。班干事会下设社代表，派报，膳食，组长，科代表若干。每个学生都有一份服务性的社会工作，以培养其沟通人际能力。

（2）训育工作——学校订有宗旨、目标、信念、原则，重在学生管理，要求是：团队精神，多层支援，生活教育，培养自律，学生参与，共建校誉，明确分工，协力共进，联系家长，积极跟进。对于学生在课室的管理，处罚程序，男女生着装规定，教师值班，学生品行评估都有明确的可操作点。

（3）辅导工作——福建中学教师团队认为，教育的工作应在全面发展的基础上，引导他们尽量发挥潜能，学习各种社交认可的技巧，明辨是非，培养正确的价值观，适应社会经济的转变，并对投入实际生活，有更好的准备。

辅导重在个案分析，对学生的学习问题，行为问题，家庭（环境）问题，情绪（心理）问题，健康（生理）问题，社交（发展）问题分类进行诊断，及时跟进，进行辅导。每位教师都有明确的辅导对象，并纳入教师评估。同时引进社会工作者进校园，先辅后训，采取“伴我启航，三不计划，成长的天空，亲子调和工作坊，小组辅导，辅导教师制度，共创成长路，学问天地”等形式，引领学生发展。

三、主要思考

从主要见闻到主要认识，令人不得不思考香港教育的魅力源于何处。香港特殊历史与古老中国的儒家思想土壤结合，才有这东方之珠。因为从福建中学礼堂的宣传条幅上“师生关怀为仁，同学互助为义，以人为本为礼，多元培养为智”这四句话，我们可以感受到这种东西方文化结合的神奇力量，造就了独特的东方教育模式。

董建华特首为福建中学所题“求真择善”，既是肯定，又是期望。的确，香港是教育家在办教育，校长及其团队的教育情怀、教育理想、教育奉献精神值得我们学习。

当然，港深体制不同，学制不同，理念与方法不同，各有优长，互相取长补短的地方不少，但要坚持因地、因时、因校、因师、因生制宜的原则，可思考并处理好以下十大关系：

（1）硬件建设与软件建设的关系。

（2）区域垄断与竞争的关系。

（3）集权与分权的关系。

（4）管理与服务的关系。

（5）均衡与选择的关系。

（6）引进与培养的关系。

（7）教学与学教的关系。

（8）结果与过程的关系。

（9）考试与评估的关系。

（10）特长与特色的关系。

（本文发表于《深圳侨报》2009 年 7 月 1 日）

做有使命感的奔跑者
——赴龙岗区外国语学校跟岗实践报告

2016年3月21日～3月30日，根据深圳市中小学校长培训中心的安排，由龙岗区坂田科技城外国语学校林海平校长带队，魏国良副校长、何小花副校长一行三人，赴龙岗区外国语学校跟岗实践。跟岗期间，我们深入课堂观课，参与备课组、学科组议课。参加年级活动，观摩淑女节活动、游学汇报活动。个别访谈教师、学生、家长、学校行政干部等。全面了解到龙岗区外国语学校办学时间虽短，但一直在教育教学实践的路上奔跑，成果经验纷呈：学校深化美好教育实践，全力打造“六园一校”（美丽花园、温馨家园、书香墨园、数字校园、快乐学园、成长乐园、让学生有美好记忆的学校），学校高品质发展再上了新台阶。学校为龙岗区唯一获选深圳市首批教育科研基地学校，并荣获深圳市首批“四点半活动”试点学校、深圳市中小学生综合素养试点学校、粤港姊妹学校。同时，学校还与北京史家胡同小学、英国理查德赫仕学校缔结为姊妹学校，并先后获得全国作文教学先进单位、广东省国际教育基地、深圳市广播体操标兵学校等荣誉称号。

1. 课程改革提升新质量

“玉兰花”课程改革在时间、空间、学科、班级四个方面实现“四个突破”，更具综合性、选择性、开放性和系统性。美思、美和、美雅、美健、美德、美慧，6个花瓣，6个课程群，每个类别都有多门课程及社团，为学生提供多元化的学习平台和充足的个性发展空间。

2. 教师发展取得新突破

邹莹教师获得第七届全国中小学音乐教师基本功大赛小学组全能一等奖；刘洋教师获龙岗区“年度教师”提名奖。全校教师荣获区级以上奖项一百多人次，其中获市级以上奖项三十多人次，教师团队精湛的育人艺术成为龙外最闪亮的名片。

3. 国际教育呈现新局面

深入开展国际化教育，营造浓厚的英语文化氛围、策划开展多彩英语活动、扎实推进英语课程改革、高效上好外教口语课程，逐步形成具有龙外特色的国际化教育体系。国际交流与合作也日趋频繁，接待英国、美国、加拿大、中国香港等地的访问团来校参观交流。

4. 美好学子得到新成长

学生参加各类比赛获奖131人次，其中获市级以上奖项83人次。学校健美操队在全国啦啦操城市挑战赛中获小学花球第一名，在广东省健美操锦标赛中获最佳人气奖；周智等同学获广东省地理奥林匹克竞赛一等奖；欧阳钰、温馨同学在广东省运动会跳水比赛中分获第一名和第三名；郑钧元、杨家悦获广东省健美操锦标赛男子单人第一名、广东省健美操锦标赛混合双人操第一名。

5. 多彩活动开创新内容

学校历时半年精心准备的“天下风光在读书”经典诗文朗诵会在龙岗区文化中心大剧院隆重上演，此台演出是2015年深圳市读书月活动的重头戏，把课本经典搬上舞台，演绎出别样的精彩，在社会各界赢得了极大的美誉。

6. 教学研讨促进新发展

先后承办杭州和龙岗两地名师“同课异构”教学研讨峰会、“大问题教学”课例精品展示会、河北省骨干教师团观摩考察等活动50多次，促进不同地区、不同学校的经验交流，更为龙外教师创造了良好的学习机会，进一步开阔了教育视野。

7. 辐射交流树立新标杆

市人大常委会主任丘海等领导来校考察调研；高规格承办佛山、龙岗两地督导工作交流座谈会和龙岗区、北京东城区战略联盟签约会；接待参观考察的各地学校80多所。在辐射交流中，共享教育美好，碰撞教育火花，实现教育互补，为提升龙岗甚至全市的教育品质做出了新贡献。

经过深入调研、分析，龙外的办学经验可以归纳如下：

经验一：推进课程改革，提升教学质量

一是构建“玉兰花”校本课程体系。开发《一周不上课》系列开学课程；编印《快乐国学》教材；编写《美好启航，走向世界》国际理解教材，该教材被评为深圳市首批好课程；开设击剑、高尔夫、跆拳道、国际象棋等49门社团课程；组建管乐、健美操队等19支校训队；组织越剧名家、国粹京剧、“创客”教学进校园活动。

二是推进“五I”美好教学。引导教师在课堂中巧妙渗透信息（information）、兴趣（interest）、质疑（inquiry）、方法（idea）和智慧（intelligence）五个要素。

三是优化教学手段。尝试PD技术与教学相结合模式，研究现代教育技术在教学中应用的利与弊，扬长避短，优化组合，求得信息技术与学科教学的整合利用，达到用网络来支撑教学的目的。

四是重视教学观察。定期开展班级科任教师座谈会、质量分析会，针对教学管理中存在的问题进行总结分析，及时调整和改变教学策略，并根据学校教学预警机制，对教学质量进行密切关注及有效跟进。

五是强化教学常规。完善年级组、教研组双重分层管理的教学管理模式；加强常规检查，通过每日课堂巡查、每周集体备课检查、每月常规检查、每两月学校复查的形式及时反馈问题，促进教学反思。

六是推进教学研究。组织以听课评课、专题讨论、学术研究为主的多元化活动形式，举办《课堂调控及组织教学的方法与策略》等专题讲座十余次；认真落实集体备课；抓好“四类”公开课，实现人人都上公开课；承办杭州、龙岗两地名师“同课异构”教学研讨峰会等各级教研活动8次。本学年，学校教学质量优秀，获得区教研室2015～2017学年免考资格。

七是完善评价体系。优化学生综合素养评价，增加国学积累、朗读与表达、英语口语等项目测评；继续开展一年级期末“乐考”活动。

经验二：实施“三轮驱动”，推进教师发展

一是搭建平台，引领美好成长。推进师徒结对“五个一”工程，即研读一本好书、跟随一位大师、撰写一篇反思、指教一堂公开课、出一份试题或策划一次活动，结成23对师徒对子，帮助新老师快速提升；开展“龙外名师团”校本培训，邀请本校的廖斌、刘伟、李细林、涂丹妮、张芳、何平、罗新婷、章乔石八位名师，专门面向工作未满三年的青年教师开展基本技能与基本策略的校本培训；开展“龙外教师讲坛”，邀请世界学堂联盟秘书长、端然教育创始人包祥老师，大夏书系策划编辑、《教师月刊》首席记者朱永通老师，全国著名语文特级教师赵群筠老师来校讲座累计5场，同时，朱永通老师还深入课堂，给老师们提供具体的教学帮助；通过“走出去”的方式促进全体教师素质提高，教师外出北京、广州、南京、珠海、桂林、佛山、河源等地学习交流20余人次；开展《美好教育报》“月度教师”评选，激发教师工作自主性，促进教师个性发展。

二是营造氛围，提高教育境界。教育教学叙事写作增添新内容，“定义龙外教师”写作活动促使教师寻找身边教师的“美好密码”，融入自己的独立思考，深层次地表达自己对“龙外教师”的美好向往；提升教师专业阅读与写作能力，全体教师共读郭思乐著《教育走向生本》、佐藤学著《静悄悄的革命》、朱永通著《做幸福的好教师》三本书，做好教师大会读书分享；高质量编发《美好教育报》《美好视野》，专版刊登老师们的优秀文章，本学期共有9位老师的文章在《美好教育报》上发表。

三是美好研修，提升专业能力。圆满完成区名校长、名师工作室的申报。唐文红校长成为区名校长工作室主持人，何平老师成为区名师工作室主持人；通过初审和复评，学校被评为龙岗区唯一的“深圳市首批教育科研基地学校”，同时，获选深圳市中小学生综合素养试点学校；圆满完成龙岗区教学研究2015年度小课题申报工作，7位教师递交了申报材料。

四是人文关怀，塑造美好生活。组织教职工开展迎新联谊活动、校级篮球比赛；组织参加区教育局篮球赛；组建羽毛球、篮球、健美操、登山、乒乓球、骑行等教工俱乐部；设定“健康龙外”活动时间，营造多彩的学校生活。

经验三：深化国际教育，打造外语品牌

一是深入开展国际交流与合作。本学期，学校与英国理查德赫仕学校签署姊妹学校；通过深圳市教育局与香港救世军卜维廉中学成为粤港姊妹学校；接待英国理查德赫仕学校、美国乔治福克斯大学、加拿大列治文市教育局、香港园玄小学访问团到龙外参观交流；顺利推进寒假游学活动，组织八年级学生参加美国乔治福克斯大学游学活动。

二是扎实推进英语文化建设。设立每周二为全校“English Day”，每周二、三下午开展英语社团活动，每周四下午开展“English Corner”活动，组织全校师生参与；班级板报、年级展板以及英语角开展特色布置；建设英语阅览室，本学期，在学生图书室设立英语阅览区，并购买大量英语绘本。

三是策划开展多彩英语活动。结合外国节日和文化开展活动，十月以万圣节为主题，十一月以感恩节为主题、十二月以圣诞节为主题营造校园英语特色氛围，拓展学生国际视野；组织开展12月英语活动月专项活动，安排每个年级开展年级特色英语学科展示活动，例如，小学低年级字母操比赛，小学高年级思维导图展示，中学七年级英语才艺大展示，八年级英语歌曲大比拼等活动，激发学生学习兴趣，展示学习成果。

四是深化英语课程改革。小学继续实行两套教材，初中进行两套教材挑选及准备工作；在七年级进行国际理解课程选修，拓展学生国际视野；在小学三、四、五年级进行双语科学尝试，鼓励科学老师进行双语教学。

五是健全外教管理制度。加强外教人员挑选及管理，增设外教联络员；根据外教特长及能力，安排教学工作，并鼓励外教根据自己的特长开设个性社团。

经验四：实施“雅行教育”，美好学生人生

一是深化“主题月”活动。开展九月“雅言雅行主题月”，组织“寻找最美龙外人”活动；承担学校最大型的经典诗文朗诵活动“天下风光在读书”；圆满完成十二月英语艺术节之班歌比赛。在内容上，不仅注重学生的才艺展示，更加注重活动开展过程中对学生的内在熏陶。此外，学校还搭建了万圣节狂欢派糖、感恩节感恩卡赠送、快乐国学、现场作文、数学绘本等活动平台，使缤纷的校园生活既成为孩子们自我展示的平台，又成为他们灵动生命成长的快乐之源。

二是加强班主任队伍建设。本学期，通过个体谈话、个案研究等形式，加强对班主任的个体指导，使得指导工作落实得更好、更有针对性；加强班主任理论学习，集中召开了三次班主任会议，分别围绕“班主任常规管理”“班主任管理艺术”“班主任管理创新”三个话题开展，通过讲座和研讨的方式，整理出班主任工作的思路、内容、困难和不同班级的管理特色，让班主任在彼此的学习中得到进步。

三是学生会工作日趋成熟。学生会工作不仅能够完成规定工作，同学们还创造性地组织了许多内容新颖的活动：教师节温情卡片制作、参与万圣节活动的组织工作、协助学校组织好广播操比赛、班歌比赛、运动会等一系列活动，组织同学深入社区参加公益活动，极大地发挥了学生自主管理的作用。

四是打造班级特色文化。开展班级文化（包括班级文化、活动、学生风采、家长风采、教师风采等特色）展示活动，营造浓厚文化氛围，让学生们在文化熏陶中感受美好、体会快乐。

五是加强家校合作。形成班级、年级、学校家长委员会三级联动模式，组建家长义工队，吸引更多家长参与到学校制度完善、学校管理、校本课程开发等工作中来，共享教育资源，共担教育责任；办好家长学校，提高家教水平，开展“美好教坛”系列讲座活动，邀请知名家庭教育专家为家长讲座，营造和谐家庭教育氛围。

经验五：落实依法治校，平安和谐校园

一是提升校园外部责任区域综合治理水平。在校门口路段设置交通隔离护栏，有效解决校门口路段社会车辆随意违章停车堵塞校门口路段的情况；联系爱联派出所，在校门口路段设置了移动警用车以及与爱联派出所直接联动的对讲设备，并落实放学时间段保安员到移动警用车辆内参与执勤工作，保障学生放学时间段的安全；加强校门口非法摆卖“三无”食品的监督举报工作，通过直接举报，发动家长义工举报等形式，不定期与街道执法队沟通打击校园门口非法摆卖“三无”食品摊档。

二是优化校园内部安全管理环境。逐层签订安全责任书，明确各自安全职责以及奖惩规定，安全责任落实到人；扎实开展各项主题安全教育活动，先后开展开学安全教育周、食品安全宣传月、消防警车入校园、全校应急疏散演练等活动，强化了师生的安全防范意识，提升了面对紧急状况时的安全应对技能；编制《龙岗区外国语学校安全管理工作手册》，为学校各项安全管理工作做标准化参考；坚持巡查反馈制度提升教职员工安全责任意识，通过每天晚上安全专干对校园所有功能室、办公室、教室的当天巡查次日反馈，极大地提升了教职员工对自己责任区域的安全防范意识，保障了学校的财产安全。

经验六：做好后勤管理，提高服务水平

一是做好基建及后勤工作，优化办学条件。推进校园文化环境的建设，学校绿化美化、校园文化布置初现成效。完成学校配套道路建设，使学校周边环境进一步好转；完成学校室内体育馆、生物园工程（LED显示屏下面）、“天圆地方”下面绿化工程、学校生生农场、南门保卫室、后门围墙加高工程、体育办公室工程、新电脑室工程、党员活动室、新后门农科基地、体育馆侧门一楼书吧等16项工程。

二是做好常规管理工作，确保运转有序。做好校办常规、人事管理、食堂校舍等工作；严格遵守执行上级各项财务文件制度，学校招投标小组严格各种物品项目的采购程序及工程招标程序，实行校务公开；与中标物业公司共同做好校园环境卫生工作，学校环境卫生受到教职工和学生家长的一致好评。

经验七：践行责任意识，确保党风廉政

一是践行“三严三实”，有效推进作风建设。扎实开展“三严三实”学习教育活动；推进志愿服务，发挥党员先锋作用，先后落实志愿服务50人次。

二是强化师德作风建设。强化党员干部的党风廉政建设，确保队伍的自律；进一步完善各类规章制度，确保党支部的监督保障作用；提高党员先进性意识，推进师德建设。

三是抓好常规党务工作。做好党员发展、档案管理等工作；宣传优秀党员事迹，充分发挥先进典型的示范作用；定期召开支部大会、支委会、党小组会和党课学习活动，加强常态学习，确保实效性和针对性。

基于以上七条经验，经过深度思考：龙岗区外国语学校发展的核心理念是唤醒、发现、提升、成就。围绕核心理念确立了学校发展的基本思路为“12345”：围绕“践行美好教育，成就师生美好人生”一个中心目标；坚持自然化、人文化两个办学原则；关注课程、课堂、师生三个重心；全力打造文化立校、课程改革、教育国际化、教育质量四大高地；做好夯实常规管理、深化课程改革、促进教师发展、推进教育国际化、强化家校合作五大重点。有以下启示。

启示一：

一个好的学校应该积蓄厚重的文化底蕴，一个好的学校至少对某个范围的社会影响是很大的，所以学校文化构建是学校制度管理的最好补充，特别是当制度管理涉及不到之处，学校文化对人的思想和行为的引领是任何一种管理都无法做到的。

启示二：

要重视学校德育工作，学校要构建德育管理的有效模式。要做到“三位一体”，即教师、学生和家长共同对学生的身心发展负责。要减负高质，课堂高效，分层教学，让学生有充足的时间发展课外的兴趣和特长。

启示三：

教师的成功感、幸福感来自课堂，学校要严格要求教师一节课的讲授时间，把学习时间还给学生；学生发言不少于一半人数，把交流机会让给学生；练习不少于三个层次，把选择权留给学生；让学生自主学习，实现自立。

启示四：

要办好一所学校，必须建立一些好机制，好机制可将懒人变成勤人，坏机制可将勤人变成懒人。管理的核心就是合作，管理的手段就是激活，作为管理者就应该激活团队中的所有人，让他们把潜能发挥到极致。

启示五：

一定要有学校的办学特色，要立足本校实际，充分挖掘资源，开辟学校的特色教育。这样，学校才有生命力，才有一定的影响。

本次跟岗实践，启迪了思维，拓宽了视野，在今后的学校管理工作中，我要学做结合，学以致用，不断扩大和延伸学习的成果，学会思考，认真归纳和提炼学习的经验和体会，结合我校实际，努力把学到的经验运用到工作中去，为龙岗区品牌名校——龙岗区实验学校的健康持续发展做出自己的努力。

第二章　教学实践思考

创办名校的探索

——义务教育九年一贯制学校办学模式的实践与思考

基础教育是对国民实施基本的普通文化知识的教育，目的在于培养公民的基本素质，为继续升学或就业打好基础。基础教育办学模式已成为21世纪基础教育整体改革的新课题，就目前的学制而言，有“八四制”“六六制”“六二四制”“六四四制”“四四四制”“五四三制”“六三三制”“十二制”“九三制”等。

基础教育经常与义务教育联系在一起，1986年，国家颁布了《中华人民共和国义务教育法》，明确规定“国家实行九年义务教育”，对义务教育有了统一的规定。如何构建九年义务教育办学模式成为深圳基础教育改革的重中之重。针对小学初中分离办学“六三制”的局限和初中高中连体办学的衔接矛盾，借鉴北京、上海及台湾地区的办学经验，2000年9月由龙岗区政府投资近亿元的深圳市第一所义务教育九年一贯制学校——龙岗区实验学校正式成立，校长带领一班人开始了创办名校的探索。根据德国“格式塔心理学”流派的著名论点“整体大于部分之和”，一至九年级，一个校园，一体化管理，内部没有分小学部、初中部，全校的教育教学活动实行整体规划和整体运行。经过三年的不懈努力，办学成果得到了社会公认。2003年6月在全市高中招生考试中，学生的优秀率、良好率、合格率全面超过省一级学校指标，综合指标全区第一，2003年11月，顺利通过市一级学校等级评估。

思考近三年的实践，龙岗区实验学校借助承担的深圳市“十五”规划重点科研课题《义务教育九年一贯制实验研究》（课题批准文号：ZD-B057），在创办名校的过程中做了如下有效的探索。

一、一条龙管理人本化

根据美国马斯洛（Abraham H.Maslow）、罗杰斯（Carl Rogers）的人本主义，现代管理思想把人的因素放在第一位，重视处理人与人的关系，强调人的自觉性和自我实现精神，主张以人及人的积极性、主动性、创造性为管理的核心和动力。为了实现管理目标，一切管理工作必须以提高人的素质，调动人的积极性、主动性和创造性，做好人的工作为根本，这就是管理的“人本”理论。受历史文化的影响，许多学校管理多习惯于刚性的控制，缺少柔性的协调，从而压抑着人的潜能的发挥。龙岗区实验学校在一条龙管理模式中依照“为了学生的一生”的办学理念，把师生定位为有情感的“社会人”，而不是“经济人”或“工具人”，探索人本管理，表现在以下方面。

1. 校长以行政干部为本

“一个好校长，就是一所好学校”，而办好一所学校，不是校长一个人包揽得了的，好校长的高明之处就在于自己想明天的事，今天的事授权给一支“思想进步、业务精湛、身体健壮、廉洁奉公、工作踏实、富有创新”的行政班子落实。近几年，我们探索了校长负责制下的副校长分线管理和校长工作令管理，形成了“校级—中层—年级组”三级运行的行政管理体制，层级负责，定位子、搭台子、铺路子、给票子，有职、有责、有权，“横向分权、纵向放权、纵横联动”的机制正在形成。

2. 行政以教师为本

有了一流的教师，才会有一流的教育。建设一支数量充足相对稳定的政治、业务素质高的教师队伍是实施素质教育、全面提高教育质量的关键。近几年，我们采取录用高校优秀毕业生、选调优秀教师、招聘名优特教师等方式，改善了队伍结构，进行了“校长室—年级组—班主任”为主线的师德培训、“教科处—教研组—备课组”为主线的业务培训和赴上海、北京、海外挂职培训，促进了教师的专业化发展，我校教师学历达标率100%，其中市区学科带头人、中青年骨干教师有28人。在教职工全员聘任制、岗位责任制、目标考核制、结构工资制等方面进行了成功的探索，提高了教师的整体素质。

3. 教师以学生为本

杜威认为，儿童是教育的中心，儿童代表着未来。如何对待儿童，培养儿童，不仅仅是方法论问题，而且是教育观的问题。办学初，我们认真学习《办学方略》，确定了“为了学生的一生”的办学理念，即不以牺牲学生终身发展为代价而获取眼前利益和暂时荣誉，学校一切活动都要以促进学生的发展为出发点和归宿。近几年，我们注重发挥学生的主体意识，激发学生内在潜能，在思想上，以理想教育、养成教育、行为规范教育为突破口，努力实现学生“自我教育，自我管理，自我约束，自我评价”；在学习方式上，以“自主学习，合作学习，探究学习”为切入点，形成“自觉、自读、自练、自评、自纠、自问”的学习习惯。课堂教学由“师本型”（师讲生听、师写生看、师问生答）向“双边型”再向“生本型”（生讲师听、生写师看、生问师答）转变。

二、一体化德育个性化

心理学认为，个性是指个人在自然素质的基础上，由于社会的影响通过人的活动而形成的稳定的心理特征的总和。它由需要、动机、兴趣、理想、信念及世界观等的动力结构、能力与性格的特征结构和自我意识的自我调节结构三大结构组成。每个人所受的教育与环境的影响形成未来的个性基础和个性品质。孔子的“因材施教”、罗杰斯的“潜能说”、马斯洛的“自我实现说”、维果茨基的“最近发展区论”、赞可夫的“教学与发展”、钱学森的《人的潜能与教育革命》等，都探讨了人的个性发展问题。由于认识的原因，德育总是被误认为是一个工具模型，将学生放入这个模型内进行教育，加工成一个模式的“产品”，是一把“刀”将学生“切”成一个式样，其结果扼杀了一批批鲜活生命的创造性。现在的素质教育实际上是呼唤个性化的教育，义务教育九年一贯制学校一体化德育模式是在“学会做人”的前提下，重在探索个性化教育，寻求人的差异性和发展的特异性，概括如下：

1.“规范十个性”的养成教育

中小学生守则、中小学生日常行为规范，为我们提供了一个可操作的德育方案，长期以来，德育工作者为将这些规范内化为学生的自觉行为，可谓呕心沥血，规范出了一批批“顺民”，但同时淡化了学生的优良个性培养，这种有规范而无个性的养成教育产生的往往是刻板、无活力的行为模式。当然，有个性而无规范的养成教育有可能产生“刁民”“暴民”。近几年，我们在养成教育中开展了“做实验形象大使”的探索，构建“规范十个性”的养成教育模式，强调规范，看重个性，让规范存在于优秀的个性品质形成之中。

2. 德育活动张扬个性

德育不是空洞的说教，更不是严管、严查。德育应以丰富多彩的活动为载体，引领孩子们体验、感悟、发展，张扬个性。近几年，我们运用了“校园文明示范岗的值日班”“劳动班”“团队干部竞争上岗”“我们的班会我设计”“升旗值周自主申报”“我与贫困山区同学手拉手”“社区共建”等形式，为孩子们提供了一个个张扬个性的平台。

3. 校园文化陶冶个性

为了让学生具有高品位、有魅力的个性，我们积极塑造校园物质文化、制度文化和精神文化。近几年，学校投入了大量资金建造了报廊、宣传栏、历史长廊、艺术长廊、科技长廊、文化长廊，安装了雕塑、浮雕、木刻、名言名句字框等，办有校报，成立了“金钥匙”文学社、广播站、电视台、艺术团，使学生的个性在校园文化中陶冶得更加优秀。近期推出的“六个一百”文化工程将进一步推动学生个性发展。

三、一贯制教学多元化

美国哈佛大学教授加德纳于1983年创立了“多元智能理论”。他认为每个人至少有语言、数理逻辑、音乐、身体运动、空间、人际关系、自我认识、自然观察八种智能，揭示了认知功能的多元性。这些智能是相对独立的，教育的任务在于开发学生的不同智能，使学生得到满意发展。我们根据这一些理论，重塑教师的教育价值观，在课程设置、教材教法、教学评价等方面进行了积极的探索。

1. 课程设置多元

课程是教学的核心，是学校各种机制运行的中枢。办学初，我们积极参加义务教育国家新课程的实验与讨论，与南山区同步，在龙岗区率先设置了新课标数学课程，成为深圳市教研室八所实验校之一。经过近几年的努力，基本上形成了义务教育九年一贯制多元课程体系。①学科课程：我们致力于抓好语文、英语、数学这三门基础工具学科，如语文除“讲读课”外，增设了“阅读课”“写作课”“自读课”“说话课”“写字课”等。加强了科学与德育学科课程，增加了体育、美育、劳动技术教育课程的比重，增设了选修课程。②活动课程：我们主要抓好常规性活动课，如入学前训练、升旗仪式、班会课、团队活动、礼仪活动；开发了综合性活动课，如“语文周”“英语周”“科技活动周”；完善了学科性活动课；开设了兴趣性活动课，如器乐、声乐、合唱、舞蹈、戏剧、陶艺、美术、电脑、环保、文学、广播、标本制作等；落实了训练性活动课，如田径、篮球、足球、游泳、体操、跆拳道等。③隐性课程：有教职工行为、学校价值观念、校园文化传播媒体，如校报、宣传窗、广播站、电视台等。以上三类课程时间有长有短，为学生多元智能的开发创建了良好的条件。

2. 教材教法多元

多元智能教育必须打破共读一套教材，共用一种教法的局面。在教材选用上，我们率先于2000年秋季选用了北师大出版的新课标小学数学教材，于2001年秋季选用了中国科学院心理研究所卢仲衡教授主编的《初中数学自学辅导教材》，于2002年春季选用了山东德州陈雷英语教材，开设了多个不同年级不同学科的实验班。2003年秋季，一、七两个年级全面选用了新课标教材。在教法上，我们打破了教师占支配地位的课堂结构，选择以学生个性的张扬和主动探索为核心的教学模式，鼓励教师将“讲授、自学、探究、情景、情感、交际、合作、活动、训练、思维、多元智能”这11种教法在实践中体验，形成了体现九年一贯制特点的“语文布点教学法”“英语任务型教学法”“数学小步教学法”。

3. 教学评价多元

教学评价，是指根据教育原理和教育法规、政策制定相应的评价标准，利用各种可行的评价技术，对教育的全过程及其取得的效果做出价值判断。它具有导向、激励、改进、区别等功能。办学初，我们开始对“一元评价”向“多元评价”的转变进行探讨，评价主体有教师、学生、家长、社区等，评价方式有测试、问卷、谈话、活动、比赛展示等。我们通过年级开放周、学校开放周、常规检查、优质课竞赛、论文写作、学术研讨、质量检测与分析、标准分管理、成果奖励，进一步丰富了教师评价的内容；通过对一、二年级的模糊评价，高年级的综合评价以及《学生成长记录袋评价》，淡化了学期末的“三好生”评比，变“谁聪明”的老观念为“哪些方面聪明”的新观念，促进了学生优势智能的发展。

四、一整套科研校本化

校本科研是指以学校自身条件为基础的、以校长教师为主力军，针对学校现实存在的问题而开展的有计划的研究活动。它是一种提高学校教育质量，促进学校内部人的发展为主的实践探索活动，又是从自发状态进入到自觉、自主状态的阶段形态。办学初，我们成立了教学科研处，主动探索了校本科研的途径、方法。

“校本”有三方面的含义：“一是为了学校，二是在学校中，三是基于学校。”“为了学校”是指为了改进学校的实践，以解决学校所面临的问题为指向，进一步提升学校的办学水平和教育教学质量。把解决具体问题放在第一位。“在学校中”，即学校的自身问题，要由学校中人来解决，真正对学校的实际问题有发言权的是校长、教师，而不是局外人——专业研究人员和上级行政领导。“基于学校”，是指从学校的实际出发，组织各种培训，开展各类研究，设计各门课程，让学校的生命力彻底释放。校本科研实际上是把学校的工作过程变成一种研究的过程，把教师的实践对象变成一种研究对象。

1. 组建校本科研机构

根据“有牌子、定位子、搭台子、铺路子、给票子”的思路，学校成立了科研工作领导小组，校长亲任组长，下设负责具体工作的教学科研处。成立了语文、数学、英语、综合文科、综合理科、音乐、美术、体育、信息学等教研组，分设若干个备课组。形成了“教科处—教研组—备课组—教师”的教研网络体系，每周活动一次，做到了定内容、定时间、定地位、定中心发言人，组织教师讲述自己的教学故事，使教师在合作交流中提升自我。

2. 开展校本科研工作

我们强调教师解决自己的问题、真实的问题和实际的问题，追踪有价值的问题。通过“自下而上”的问题设计，形成校本科研课题。办学初，我们引进了省级课题“中小学素质教育操作性策略——中小学课堂教学素质化研究”，引进了国家级课题“学生自主性活动教学研究”并已经结题。在全国教育科学“十五”规划课题“自学辅导教学——培养学生从会学到创新的实验研究”上取得了明显效果，重点课题“欣赏型德育模式建构研究”正在进行之中。这种引进是为了学习，为了启动。2002年，我们将“本校问题课题化”，申报深圳市教育科学“十五”规划重点课题，“义务教育九年一贯制实验研究”“九年一贯制下教师教学转变研究”“深圳市学校德育实效性研究”“数学小步训练——九年一贯制学校教学方式转变的研究与实践”“小学音乐课程中民歌表演教学的研究”被批准立项，组织了开题报告会，采用课题招标的方法，进入正式研究过程。

五、一系列实践特色化

学校特色就是指某学校区别于其他学校的特性，意指其出类拔萃之处，即学校的某些方面优于其他方面而且优于其他学校同一方面的优势或特点，具有导向性和基础性。经过几年的实践，我们在探索九年一贯制办学方面初步形成了自己的特色。

1. 学制管理特色

我们打破了传统的小学、初中人为分割的局面和分块管理的模式，将习惯上的初一、初二、初三改为七年级、八年级、九年级，使义务教育成为一个完整的学段。淡化了小学、初中教师的区分，突出了分层分段教育目标。如语文的识字、英语的词汇、数学的计算各设置等级过关达标，有效地强化了小学的质量意识，又有效地遏制了小学毕业班为应付升学而采取的短期行为，减轻了学生过重的课业负担，解决了小学、初中衔接矛盾的问题，促进了教学质量的持续稳定提高。

2. 学科竞赛特色

由于有九年的学制管理，我们可以与家长和社区一道对学生进行个性化的成长方案设计，实行跨越学段的培养。如数学、英语学科建立了一至八年级的竞赛梯队，安排优秀教师辅导，让孩子们提前起步，早期结合。2002年与2003年在全国希望杯数学邀请赛中，七、八两个年级连续两年获全区团体第一名，特别是信息学奥林匹克培训班，把小学五、六年级选拔苗子和七、八、九年级的训练连贯起来，已显示出明显的优势，在全国第七、八两届信息学奥林匹克竞赛中，均以绝对优势获得深圳市团体第一名，2002年获广东省团体二等奖。

3. 体艺活动特色

办学初，我们将体育和艺术确定为学校特色工程建设。实行倾斜政策，配备了较强的师资，添置了大量的设备，组建了田径队、足球队、女子篮球队、乒乓球队、游泳队、健美操队、跆拳道队、管乐队、弦乐队、合唱队、舞蹈队、键盘乐队，要求专业教师“定好位、带好队”，坚持常年训练，每年举行全校型的体育节、艺术节进行成果展示，并邀请兄弟学校的领导、老师、家长观摩，社会反响良好，在区、市、省级体艺比赛中，我校成绩辉煌。

“路曼曼其修远兮，吾将上下而求索。”我们清醒地认识到，成绩只能说明过去，奋斗才能创造未来。我们将在校长的率领下，继续探索义务教育九年一贯制学校发展的新途径、新方法，为建设一流的“现代化、实验型、示范性”学校而不懈努力。

（本文系市级课题研究交流论文）

抓校本教研，促教师专业发展

——龙岗区实验学校课程改革教学工作总结

我校于2003年9月开始参加国家基础教育新课程改革，全体教师积极转变观念，始终坚持以现代的教育理论为指导，坚持实施素质教育，以饱满的热情和强烈的使命感投入到基础教育新课程改革的实践和探索行列中。现在各年级均已使用新的实验教材，按照新的课程标准，进行新课程改革实验探索。四年来，在教育局的正确领导下，在教研室、进修学校的指导下，克服了许多困难，基本上明确了课改的方向和目标，理清了教学理念，课堂教学焕然一新，初步走出了具有我校特点的课改之路。

一、课改促教师专业发展工作策略

1. 加强领导，确保课改工作顺利进行

我们深知，新课程改革是一项政策性强、涉及面广、专业要求高的工作，因此学校领导高度重视对这项工作的开展。我们根据区教育局的要求，成立以校长为组长，教学、科研主任、各教研组长为主要成员的课程改革实验领导小组，根据学校的实际，制定了《新课程改革实施方案》和《新课程教师培训方案》。切实做到第一把手亲自抓，教学主任直接抓，教研组长具体抓。我们还明确规定了在新课程改革实验中，学校各职能部门要共同参与，明确职责，分工协作，密切配合，形成课改的合力，做到层层有人抓，层层抓落实，以确保新课程实验工作的顺利开展。学校还要求全体领导、教研组长要率先垂范，转变教育观念，树立新课程理念，在课改工作中学在先，走在前，同时要帮助教师加深对新课程理念的认识，不断转变教育思想和观念，确立正确的培养人才观、质量观和学习观。

2. 抓培训，促进教师专业发展

教育大计，教师为本。课程改革，成败与否，关键在教师。因此，学校对参加新一轮课改实验的师资队伍建设非常重视。开展实验以来，我们认真组织教师开展新课程、新教材的研究，按照“边试验、边培训、边总结、边提高”的原则，不断对实施新课程的教师进行指导和帮助。通过“教、研、训”有机结合，促进教师走进新课程。首先，学校切实坚持“先培训，后上岗”的原则，选派一些思想觉悟高，改革意识强，易于接受新事物的青年教师参加市、区各级培训，并让他们担任一、七年级的实验教学工作。其次是“通识培训”和“学科培训”相结合，尽快将新课程的理念与教师的教学观念相接轨，使全体教师立足课改、提升理念，形成新型的教师观与学生观。三是建立培训、教学和科研相结合的培训机制，有目的、有计划、有步骤地开展校本培训工作，学校科学地制订了教师学习培训提高的计划，要求教师每学期做到“十个一”：即研究一个课题，撰写一篇教育教学论文，设计一个优秀教案，上一堂公开课，出一份期末试卷，设计一份假期能力型作业，制作一个课件，接受一次水平测试，精读一本教育专著，写好一个案例等。学校力争做到：每月召开一次总结会；每学期召开一次交流会；每年召开一次表彰会，通过一系列培训，有效地拓宽了教师的智力背景，提高了教师的整体素质，促进教师的专业发展，促进我校课程改革的深入开展。

3. 抓课堂教学，以课促教

课堂是学校教育的主阵地，当然也是课改的主战场。只有通过课改解决了课堂的教学问题，才能最终解决学校教育的发展问题。因此，我们把课改的着力点放在课堂教学，把课堂教学研究作为课改研究的主渠道。

（1）以师徒结队子为单位，举办师徒联谊课，师傅上示范课，徒弟上汇报课，师徒共同研究，共同成长。

（2）以八个区学科基地为重点，举办年级开放课，听课结束后外校教师、家长和学生还对老师的课堂教学进行了评议，这种零距离的交流，既拉近了老师与家长的距离，又使家长真实地了解到学校教学和孩子在校学习生活，他们为孩子的成长而高兴、骄傲，同时也可协助老师进一步督促孩子。课后各科组按要求进行反馈、汇总、小结，及时纠正教学偏差。

（3）以课题组为单位，每个课题组选派两节课作为研讨素材，在课题组内召开研讨会进行研讨。

（4）以区青年教师教学基本功比赛评比为契机，组织教师认真上好体育、音乐、英语、数学、语文比武课、展示课以及各类公开课，组织教师相互听课，并做好相应的记录。

4. 抓研究，开发校本课程

我校根据“办人民满意的学校”的办学理念，充分利用地方、学校的资源开发校本课程。学校通过问卷、座谈、调查来了解学校课程开发中学生的需要，根据学生兴趣爱好，在校本课程中开设了“我的爱好”课，课程中有丰富多彩的活动48个供学生选择：英语、硬笔、毛笔、摄影、小记者、网页制作、舞蹈、游泳、篮球、乒乓球、象棋、文学社等，让学生在比较和选择中确立自己的兴趣和爱好，发挥自身的特长，从而促进学生各方面素质的整体提高，为学生的终身发展打下好的基础。

这里值得一提的是我校的游泳教学，我们利用学校室内游泳馆的有利条件，积极利用自身所处的区位优势，勇于站在课程改革的制高点上，在区教育主管部门的重视和大力支持下，对学生进行游泳特色教学，目前游泳特色教学已成为本校进行综合实践活动及校本课程教学的一大特点。

5. 抓校本教研建设，为教研活动注入活力

繁重的事务和落后的教学手段是影响学校向前发展的因素，由于我校具备了现代教育技术基础，我们在教学中提倡了“四化”建设。即备课“电子化”、上课“课件化”、作业“邮件化”、测试“无纸化”。试图让教师通过改变教学方式，采用现代教育技术手段，从繁重的教务中解放出来，提高工作效率，共享劳动成果，抽出更多的时间去思考、研究、探索教育教学中的实际问题。正是有了百花齐放的校本教研的建设，才让我们欣喜地看到了我们学校教研活动的多姿多彩。

（1）淡化行政观念，强化学习服务意识。“火车跑得快，全靠车头带”，领导班子率先垂范是关键。我校行政领导班子中，从校级干部到中层人员，大多数都担任了主要学科的教学，班子成员每人联系一个教研组，蹲点一个年级组，并主动承担主持一个科研课题的研究。我们把行政班子的工作重心下移，权力下放，工作侧重点放在教育教学的研究中，讨论无领导，学术无权威。全体行政课堂全天候开放，彻底改变过去“一人拍脑袋”的长官做法，调动广大教师参与教研的热情，同时也促进了行政领导班子的研究水平，用行动说话，为学习型组织建设做了个很好的表率。

（2）建立健全制度，保障学习机制。“没有规矩，不成方圆”。学校每周安排一次备课组学习活动时间，每双周安排一次教研组学习活动时间，每月一次教职工大会，每年召开一次大型的教育教学成果表彰会等，这都为教师学习制度、理论做了时间、地点、内容上的准备。

（3）启动教师成才计划。在我校教师中，青年教师的比例相当大，全校教师平均年龄不到33岁，这批教师的成长关系到学校的持续发展。为了使这批青年教师能在新课程实践中迅速成长，我们向他们提出了“一年合格、三年成长、五年骨干、七年挑重担、九年成名师”的“1、3、5、7、9”名师建设工程。并发挥学校现有的市学科带头人1人、骨干教师5人，区学科带头人7人、骨干教师多人的名师优势，开展“师徒结队、带教双赢”的校本培训活动。并根据各位青年教师的实际，组织帮助他们制订自己的成长计划，为其设立成长档案袋，使每位教师能明确自己的发展的目标，前进的方向。青年教师有观念新、对现代教育技术手段掌握得好的优势，而帮教教师的经验丰富，基本功扎实，他们通过坦诚的话语、巧妙的诱导，很快缩短了相互之间的“距离”，逐渐形成一种民主、平等、合作、相互促进的人际关系，也使得师徒关系逐渐转变为一种“学习共同体”。“导师制”的成功实施，加速了我校名师工程的发展进程，使得一大批青年教师脱颖而出，涌现出一对对师徒共进的楷模。

（4）“研、训、修”一体化。我们还定期组织“教育沙龙”“读书汇报会”等活动，图书馆每个季度向全体教师推荐必读教育书目。如我们推荐过《新教师教学研究从哪入手》《体验新课程》等读书书目，开展了学习“洋思成功之道”“杜郎口”成功之道活动，举办过“我们离新课标有多远”“我们离名校有多远”等多场研讨会。先后选派12位教师到澳大利亚、美国、加拿大学习，派往全国各地如：北京、上海、浙江、江苏等先进教改区培训的教师达50多人次。这些外出学习的教师回来后都能把各地的先进教学理念、创新教育经验辐射到本校教师中，极大地带动了全校教师整体水平的提高。

（5）学校文化——无言的老师。过去的几年中，实验学校已经形成了以活动促教的传统项目——我们至今已成功举办五届艺术节、五届体育节、四届科技节、五次语文周、五次英语周，并逐渐把周扩展到月。这些丰富多彩、师生喜闻乐见的群众性传统活动项目，已开始潜移默化为学校的一种校园文化制度。

然而，学校要走内涵式发展，我们不能仅仅从学校文化的物质层面建设角度来考虑，更多要从学校组织中文化的各层面去建设。几年来，我们在全校中开展了“六个一百工程”的建设，即“一百本推荐书目”“必背一百首古诗”“必须了解的一百个地名”“必须掌握的一百个人名”“必唱一百首歌曲”“必须掌握了一百句英语”。确确实实地为提升学校文化品位，提高校园文化档次做了有益的补充。

6. 抓课题研究，以课题研究促进新课程改革

把课程改革同课题研究结合起来，用课题研究促课改的推进，把课改作为课题研究的实践形式，二者互相促进，有利于课改发展。实施新课程，不懂教育科研的教师常常只是个“教书匠”，不能成为时代需要的研究型教师，更不能成为教育家。根据我校教师的教育水平和研究能力的实际，我们把教师进行课题研究的目的定位放低，定位于这样两方面：一是通过学习，促进对有关教育现象和问题的深入思考；二是通过实践，解决自身在教育教学中遇到的问题。可以说，学习和思考对新课程实验有积极的意义。为了做好这项工作，学校规定每个教研组每学年必须要有一个课题，四年来，我校共有区级立项课题14个，市级立项课题8个，国家级立项课题5个。把课题实验和新课程的实验结合起来，是我校进行课程改革的一个新的尝试。从目前情况看，二者确实互相促进。教学和实验融为一体，从而促进课堂教学的改革；把课题的研究融入课改之中，激发了教师科研的积极性，教师对教学中问题进行思考，实效性非常明显。

二、主要工作经验

四年多来，我们按照《新课程改革实施方案》的主要目标和实施措施，有目标、有计划、多渠道地开展了课改实验研究工作，取得了一定的成效，初步实现了三个“转变”。

1. 教育理念的转变

在课改实验中，我们遵循新课程理念，真正确立了以人为本的教育思想，逐步从应试教育走向素质教育。在目标理念方面，突出了由单一传授知识逐步走向培养学生发现学习、探究学习的能力，培养学生的创新精神和实践能力，为学生的终身发展奠定扎实的基础。在师训理念方面，突出抓理论学习，着重培养教师的角色意识，促进了教师由单一传授型向科学研究型转变。在评价理念方面，突出主体性课堂教学评价，初步形成了较为全面科学的评价体系，以代替片面的唯分数的评价体系，把评价重点放在课堂教学上，突出过程性评价。

2. 教师教学行为的转变

为推进课改，我们抓住课堂这一教学主阵地，在优化课堂教学关键点上做文章，力求把教师的积极性逐步引导到优化课堂教学上来，实现了“三化”：一是教学过程的优质化，二是教学过程规律化，三是教学目标具体化。我们还通过各类实践活动，锻炼了教师队伍，提高教师课堂教学研究能力。课改以来，我校教师共开设校、区、市级公开课约150节次，撰写了200多篇课改实验总结或论文及一批优秀课例，涌现出一批课改先进教师。教师经过各类活动，互相切磋，取长补短，深化认识了课改的意义和目的。

3. 学生学习行为的转变

教学工作是师生共同发展的过程，教学方式的改革，也要求建立新的学习观。在实验中，我们以学生为学习的主体，突出培养学生的创新精神和实践能力，改变了以听课，抄笔记，做作业的传统学习方式。重视创设合理情境，使学生乐学；重视留给学生时空，使学生研学；重视渗透学法指导，使学生善学。把课堂变为师生相互沟通、交流、合作、探究的学习乐园，让学生有足够的时间操作、观察、思考、质疑、讨论、练习、评价等，使学生逐步形成具有较强的自主学习素质，从而更加主动地学习，主动地发展。

三、困惑与思考

（1）我们的教育理念还需不断更新，教师的教法需不断探索改进，以适应新课程改革的要求：在教师考核方面，尚未形成一套有效的促进教师不断提高的评价体系，有待我们在管理中探索改进。

（2）教育教学设施需进一步完善和改进，教学软件不足，在信息技术与学科整合这个方向还没有取得实质性成效。

（3）课改是教育科研，教科研需要更多的理性思考与实践，必须摒弃任何肤浅的形式。

（4）学校教科研工作需进一步加强，特别是对学困生和问题生的教育方式方法需进一步探讨，教学质量有待进一步提高。今后我们将努力加强和改进学校的各项工作，进一步解放思想，干事创业，与时俱进，开拓进取，不断开创学校工作的新局面，为实现学校新的发展目标而努力奋斗。

教育券可行吗
——关于教育公平与质量的再思考

《国家中长期教育改革和发展规划纲要（2010—2020年）》共二十二章七十二条。在序言中写道“面对前所未有的机遇和挑战，必须清醒认识到，我国教育还不完全适应国家经济社会发展和人民群众接受良好教育的要求。教育观念相对落后，内容方法比较陈旧，中小学生课业负担过重，素质教育推进困难；学生适应社会和就业创业能力不强，创新型、实用型、复合型人才紧缺；教育体制机制不完善，学校办学活力不足；教育结构和布局不尽合理，城乡、区域教育发展不平衡，贫困地区、民族地区教育发展滞后；教育投入不足，教育优先发展的战略地位尚未得到完全落实。接受良好教育成为人民群众强烈期盼，深化教育改革成为全社会共同心声。”如何深化教育改革呢？文中写道“把促进公平作为国家基本教育政策。教育公平是社会公平的重要基础，教育公平的关键是机会公平，基本要求是保障公民依法享有受教育的权利，重点是促进义务教育均衡发展和扶持困难群体根本措施是合理配置教育资源，向农村地区、边远贫困地区和民族地区倾斜，加快缩小教育差距。教育公平的主要责任在政府，全社会要共同促进教育公平。”

我们应进一步思考序言中所阐述的种种问题的原因是什么、如何才能促进教育公平但又不影响教育质量，合理配置教育资源的手段是计划还是市场，诸如此类问题的再思考无疑会有助于我们完整、准确理解《教育规划纲要》的精髓。教育公平的关键是机会公平。怎样才能做到机会公平？目前，很多国家，包括一些发展中国家都在推进教育券计划或类似教育券的计划来促进教育机会公平。本文就教育券的背景、内容以及影响略做阐述，希望引起大家对教育公平与质量的再思考。

教育券的产生

西方国家普遍崇尚自由市场经济，在经济学里，垄断是最腐朽，没落的市场结构。垄断是政府管理公共教育不公平、质量低的根本原因。政府管理教育并不是将学校的事独揽起来，坐在办公室批条子（如教师入编，学生入学，经费入账，教研活动开展等）。相反，政府应当当好裁判员，打破教育垄断，扩大教育自由选择。

市场化改革遂成为自由派经济学的首选主张，他们通过奖励和惩罚机制促进学校教育的公平与质量。市场化改革的方式多种多样。如针对学费的课税减免（tuition tax deductions），课税扣除（tax credits），补贴私立学校（private school subsidies），教育券（vouchers）等。课税减免是指每个人在申报个人收入所得税时从其缴纳所得税的收入中扣除所支付的学费、赞助费，其技术缺陷是：富人从中获得的利益比穷人要多；课税扣除是直接从应缴纳的税款中扣除学费，但低收入家庭需要亲属和政府提供资助；补助私立学校是指政府根据在校学生人数，按照一定标准向私立学校提供一定数额的财政补贴。

教育券作为市场化改革方式，它是20世纪60年代诞生的政治和学术新颖思想之一。1972年诺贝尔经济学奖得主密尔顿·弗里德曼（Milton Friedman，1912~2006），他是世界上第一位提出利用教育券提高中小学阶段教育公平与质量的经济学家。1955年，他为索路教授主编的《经济学与公共利益》（Economics and The Public Interest）一书撰写“政府在教育领域的角色”（The Role of Government in Education）一章时，他提出了教育券的设想。1962年，他的著作《资本主义与自由》（Capitalism and freedom）中提出了推行教育券的详细建议：

（1）所有公立学校学生的父母将得到政府审核所发的等值的教育券，其数量最低应能够满足接受公立或私立学校教育的成本额，最高应能够满足接受高质量教育的成本额（体现教育的公平）。

（2）学生以及家长拿着这些教育券自由地选择学校，学校也完全自由地挑选学生（双向选择竞争体现教育的质量）。

弗里德曼认为为铲除垄断，教育券既可以支付公立学校的学费，也可以支付私立学校的学费，只要是政府许可的学校就行。

弗里德曼作为教育券第一人，引发了美国众多学者的兴趣。美国哈佛大学肯尼迪政府管理学院社会政策教授詹克斯（Christopher Jencks）在1970年提出：教育券是向弱势群体提供的教育机会。政府向低收入家庭的学生和有特殊需要的学生颁发教育券，其数额等于教育基础成本的平均值；政府还应给低收入家庭提供第二次补偿性教育券，使子女克服经济、社会、种族、宗教等因素影响，从而接受正规普通教育，促进社会阶层的流动；学校如果有空学位必须接受学生；如果需求超过了供给，至少一半的指标采用彩票方式分配。

以上是教育市场化改革的几种形式，还有准市场化改革。第一种诸如磁铁学校（Magnet Schools）：源于美国，是公立教育系统内的一类学校，提供核心课程（包括数学、英语、历史、科学以及舞蹈剧、音乐、航天工程等）。这类学校招生严格，学位有限，难以满足需求。第二种是开放注册计划（Open Enrollment Plan）：退休的里根总统和他的继任者布什总统宣布在1989年推行开放注册教育计划，其目标是打破行政辖区对教育资源的垄断，尤其是公立高中学校，更应当面向所有求学者。第三种是特许学校（Charter Schools）：是公立学校的一种委托经营管理形式，政府一般按照入学人数给予直接财政补贴，是一种变相的教育券，不发放给学生父母，而是跟着学生走。

教育券的推行

根据世界银行1996年的一份研究报告，世界上至少有20个国家在推行教育券制度，但没有一种教育券是严格按照弗里德曼、詹克斯等人设计的那样执行的，推行比较多的教育券为税收支持的教育券和私人基金会提供的教育券（如奖学金），在这种体制下，私立学校可以是盈利的，也可以是非盈利的，推行教育券的目的一是推进教育公平（人人上得起学校，有书读），二是提升教育质量（将市场竞争机制引入公立教育系统，通过加强学校间竞争提升教育质量和教育资源的利用质量），克服了“帮扶”（百校扶百校，千校扶千校）工作中的明显缺陷。

在教育券推行的实践中，由于社会阶层矛盾，受教育群体数量，教育服务供给能力等因素的不同，教育券呈现不同的特征：

（1）社会阶层收入差异不显著或不被高度关注，可以推行全民性的教育券。

（2）贫富差距受到社会高度关注，可以推行只面向低收入阶层的教育券。

（3）受到教育人群比较小，推行全民教育券的可能性比较大。

（4）受教育人群比较大，只能推行面向特定人群的教育券。

（5）教育服务存在巨大的地区、学校差异，在优质教育资源严重短缺，导致接受优质教育资源的价格比较高，只有极少数高收入家庭的子女能接受优质教育的情况下，推行面向弱势群体的教育券可能性比较大。

对于教育券的推行，不同国家采取的方式不相同。英国：主要帮助优秀的贫困生。这些学生必须与学校签订学习合同（learning agreement），达到要求的学习成绩。智利：主要补助私立学校，促进了教育平等。占百分之四十的私立学校接受了更多的低收入家庭子女，改善了公立学校十分拥挤的状况。哥伦比亚：直接发放给六年级的学生。

据报载，2001年，我国浙江省长兴县推广教育券计划，称为“长兴实验”，彻底解决了孩子上学交不起学费的问题。教育券通过教育行政部门直接发给认定的贫困学生（或家庭），学生凭教育券冲抵应交学校的相关费用。学校按收到的教育券总额和资助学生名单，经教育局审核汇总后与县级财政部门结算，取得拨款。现在浙江省人民政府在全省推行教育券，分为结算联、学校存根联、学生备查联，上面有编号、市县、学校、班级、学生姓名、资助类别、资助项目、具体金额、使用时限。教育券背面印有相关规定，发放对象免收事项，学生凭券抵交学校的相关费用。教育券由省财政厅统一印制、发放，卷面套印圆形“浙江省财政厅监制章”。

领到教育券的学生中，有低保家庭子女，福利机构监护的未成年人，革命烈士子女，五保户供养的未成年人以及残疾学生；有低收入家庭子女；有少数民族学生；有因受灾、疾病等原因造成家庭经济困难的学生。对地处山区、海岛等一类地区的受资助学生免收杂费、课本作业本费、住宿费。

浙江省通过这种深层次的准市场化教育改革既解决了教育公平问题，又提升了教育质量，使得一批批素质教育品牌学校层出不穷，一代代教育教学名校长、名教师不断涌现，克服了《教育规则纲要》中提出的“学校办学活力不足”的问题，在“健全充满活力的教育体制”中，引领全国教改潮流。

2011年1月广东省十一届人大四次会议上代表们在讨论学前教育时，教育专家信力建是最早提出推行幼儿园入学发放教育券的人，他提出了“应该保证学生的教育选择权”，他的建议已引起人民群众的关注。

教育券的争议

教育券是由自由经济学派的代表人物弗里德曼首先提出来的，对于这一概念不同学术流派的人持有不同的看法，于是形成市场与计划之争议、自由竞争与政府垄断之争议。

教育实践者都明白这样一个事实，《教育规则纲要》所提出的种种问题，其根本原因源于政府对公立教育的垄断机制，以及这种垄断派生出来的校长不得不扮演行政化政客角色，无心无力成为教育家，教师出现严重的职业倦怠，学生求学的原动力不足。现行公立教育管理体系已压抑了教育的生机与活力，阻碍素质教育的实施，必须运用教育券加以改革或改造。

发教育券的前提是权利平等。由于普遍的教育券制度需要建立在学生权利平等的观念基础之上，它的实施也需要政府转变职能，实现由直接管理向间接管理的角色转换，需要消除公办学校、重点学校、城市学校的身份特权，追求全社会教育质量的普遍提高。在这种变化出现以前，基于学生权力平等和追求普遍正义的“教育券”制度将缺乏合适的制度与文化环境。

在以上制度与文化环境出现以前，可考虑学习浙江“长兴经验”，少争议，先实践教育券，至少可以发挥以下作用：

（1）恢复并扩大教育消费者的选择权（重要人权之一）。长期以来，在义务教育阶段，政府垄断的公共教育体系严格按照就近入学的原则，极大地限制了父母对子女教育权力的使用，尤其是低收入家庭以及贫困家庭的子女，他们的教育受到居住地的严重影响。父母比政府垄断者更了解教育提供服务的情况，更了解自己子女的需要。他们凭借教育券赋予的选择权，选择适合子女的学校，也就是将券面资金和孩子的前途投放在选中的学校，为孩子将来参与的社会阶层流动奠定良好基础。

（2）有利于个人发展。每个人或家庭都有努力改变自己命运的愿望，他们往往通过投资子女和自己的教育从而改变子女、自己及家庭的命运。但是在政府垄断控制的公立教育体系下，学位申请、转学、插班等程序操作复杂，充满玄机，他们的愿望难以实现，尤其是低收入家庭。

（3）有利于促进教育竞争。众所周知，现在的公立学校效率和效益低下，人浮于事，教学一线骨干教师偏少，有点门道的人拿着教师职称的工资，远离教学岗位，人力资源浪费严重，导致这种局面和《教育规划纲要》中所指问题的原因之一是缺乏竞争。竞争能激活学校，促进它们不断创新，不断主动提高教学质量。正如企业竞争产生企业家一样，教育竞争也会产生教育家，这样才是理想的"帮扶"方式。

（4）利于政府转变职能。政府到底是"运动员"还是"裁判员"，不同的学术流派会有不同的回答，垄断派自认为聪明，当然想当"运动员"，直接干预学校微观管理为的是权力寻租。自由派则主张当"裁判员"，制定并执行民主、公开、平等的"游戏规则"。西方国家的教育实行的是市场化改革，教育行政当局，权力最大的是教育督导，依法巡查评估学校并向社会定期公布学校的办学水平情况。

当然，我们在肯定市场化教育券的积极作用的同时，也不可完全否认垄断的公立教育体系的作用，这种与行政辖区配套的公立教育体系内部也在进行一些改革。据2011年1月25日《人民日报》时评：继为名师配备学术秘书之后，广东惠州市教育改革最近又有新探索：教育局把人事管理权、自主招生权、财务自主权三方面10多项权力下放给试点中学；资源分配向教学一线倾斜，为优秀教师退出行政岗位，向名师发展创造良好条件；部分试点学校大幅度精简领导岗位，裁撤处室单位，实现扁平化管理。像山东、湖南等地此前取消中小学校长行政级别的做法一样，惠州市教育系统的这些探索，都是鼓励教育家办学的努力尝试。又如深圳市公立教育系统也进行过绩效工资、人事岗位设置改革，但都是只治标，不治本，因此，深圳公立教育深深打上了计划经济时代政府垄断的烙印。选择权被政府机构或利益集团完全剥夺，深圳市义务教育的学生穿统一的政府指定校服；进统一审批安排的学校；写政府统一的作业本；读政府统一的课本；做政府统一的练习册……看上去整齐，一呼百应，这种低层次的均衡统一使得千校一面、活力不足、特色不明、质量欠佳，难道符合《教育规划纲要》的要求吗？

同时，我们还要考虑到推行教育券会导致人民群众满意的学校不断扩大规模，不受欢迎的学校将会面临倒闭的危险，是"百校扶百校"由强校帮助弱校，还是将弱校进行关、停、并、转的新陈代谢后由强校兼并弱校并形成新的教育集团？这正是对政府教育管理者执政智慧的大考验，也是人民群众接受良好教育的强烈期盼。

第三章　督导评估报告

广东顺德区龙江镇初中数学第二次专项督导诊断报告

2018年4月24至25日，深圳市魏国良名师工作室魏国良受佛山市顺德区龙江镇教育局的委派对龙江镇的丰华中学、锦屏中学、龙山中学、里海中学四所初中进行初中数学第二次专项督导。4月23日晚上，本人认真听取并且学习了佛山市顺德区龙江镇教育局领导关于《龙江镇义务教育阶段学校课堂督导咨询项目工作方案》的解读，领会了有关精神及要求。督导期间，查阅了学校关于课堂建设实施改进的相关方案，观课17节，并与四所学校的校长、行政领导、科组长、个别年级备课组长、任课教师、学生进行了访谈，查阅了部分教师学案、教案；检查部分班级学生作业。观课范围涵盖老、中、青三个年龄阶段的老师，涉及初中三个年级；观课课型基本涵盖初中数学基本课型。（见下表）

学校	班级	授课教师	授课内容	课型
丰华中学 观课4节	七（5）班	董文霞	感受可能性	概念课
	八（6）班	聂明生	提公因式法	命题探究课
	九（6）班	周统生	反比例函数	复习课
	九（4）班	梁秀娟	反比例函数	复习课
锦屏中学 观课3节	八（1）班	邱春荣	平方差公式分解因式	命题探究课
	七（5）班	蔡勇高	认识三角形（1）	命题探究课
	九（3）班	董春荣	分式	复习课
龙山中学 观课5节	七（3）班	张秀华	认识三角形（2）	命题探究课
	八（7）班	蔡结稳	平方差公式分解因式	命题探究课
	七（5）班	冯文兴	认识三角形（2）	命题探究课
	八（11）	李世盛	提公因式法	命题探究课
	九（6）班	麦家辉	正方形的性质（2）	复习课
里海中学 观课5节	八（3）班	潘丽丽	提公因式法	命题探究课
	九（4）班	白彩云	一次函数	复习课
	九（2）班	凌雪梅	一次函数	复习课
	七（5）班	黄笑桦	认识三角形（1）	命题探究课
	七（8）班	何承秀	认识三角形（1）	命题探究课

一、总体感受

第二次督导过程中，本人发现龙江镇四所初级中学全面推进以学生为主体、以小组合作学习为主要特征的课堂建设工作，各校根据自身情况，更加优化本校特色的课堂教学组织模式。如丰华中学的“三环树本课堂”（对初中数学课型有一定思考）、锦屏中学的“237”教学模式、龙山中学的“1+5”生本课堂（有了课堂建设成果集）、里海中学的“三环六步”教学模式，都构建了校本教学组织模式，并都在课堂上得到了体现。

（一）课堂常规规范

（1）学生：做到课前、课中、课后的课堂规范。课前，学生准备教材与学案，进入预习状态；课中，学生认真听讲，积极参与讨论，踊跃回答问题；课后，大部分学生完成作业。

（2）教师：教师按时到岗，在课前均在黑板上写上本节课课题、教学目标，并合理设计板书。四所初中的教师熟练使用多媒体进行辅助教学。四所初中各年级的教师都能及时有效地批改并讲评学生的作业。

（二）小组合作学习

（1）学生：小组合作学习的全面实施，让每个学生都主动地参与课堂活动。学生学习方式转变了，能看到学生学习热情很高。六人小组内学生分工明确，有学科小组长，人人有事干，特别配合老师的教，不同程度的学生有不同程度的学习任务。学生上课没有打瞌睡、走神的现象。这是课堂建设的伟大成果。

（2）教师：四所初中，老师们都认真研究六人小组合作学习，课堂操作流程清楚，组织环节合理，过程有序，小组合作学习务实有效。

（三）整改成效明显

第二次督导，本人发现四所学校有了明显的进步。学校领导欢迎督导，教师真心参与督导。授课教师特别关注自己的授课效果，追求自己在课堂教学方面的提升空间。

学校、数学科组与数学教师都认真阅读了第一次督导评估报告，采取学科集体研讨、个人反思等方式，根据评估报告里的建议，进行教学改进。在第二次课堂督导中，我非常高兴地看到了不同程度的课堂提升与转变。

（1）课型。初中数学基本课型有六类：概念课、命题探究课、解题课、复习课、讲评课、活动课。丰华中学提出“三环树本课堂”模式，学科组长周统生对初中数学课型的课堂结构进行了研究，提出了课型教学控制框图，有一定的学术意义。龙山中学以成果集的形式，展现该校“1+5”生本课堂成果，在学科教学研究方面进行了积极探索。

（2）导学案。本次督导，本人发现老师们不再为导学案所困，不再纠结于是不是每个年级都需要同样模板的导学案，是不是每一个课型都需要同样的导学案设计。本次听课在每个学校都覆盖了7、8、9三个年级，并有意去听了不同课型的课。老师们都在思考数学学科学习的本质，合理使用导学案，使得课堂更加高效，突显数学课程的本质。里海中学导学案的“自学导向”“合作导向”“拓展导向”三个板块，能思考和结合数学课型，根据不同课型有不同侧重点，如复习课侧重“拓展导向”，命题探究课侧重“合作导向”。

（3）微课程。本次督导发现老师们开始灵活地利用新工具提升自己的教学效果。丰华中学提出“三环树本课堂”模式，周统生、梁秀娟两位老师在反比例函数复习课中都运用了微课程教学复习的教学方法。

二、各学校的亮点及存在的不足

（一）丰华中学

1. 主要亮点

（1）数学科组有共同研究的精神，根据丰华中学提出“三环树本课堂”模式，学科组长周统生带领学科老师对初中数学课型的课堂结构进行了研究，提出了课型教学控制框图，有一定的学术意义。

（2）“三环”可以操作，“自主学习”“合作探究”“拓展迁移”把握住了课堂的核心，并能在课堂注意评价。

（3）学校、科组允许教师有个人特色和教学风格，教师在各自课堂呈现不一样的教学魅力。如周统生、梁秀娟两位老师在反比例函数复习课中都运用了微课程进行复习课的教学；七年级（5）班董文霞老师有活力；八年级（6）班聂明生是一位老教师，小组合作学习操作熟练，课堂有节奏，关注学生的课堂学习与反馈。

2. 存在不足

（1）学生在课堂口头与书面表达主要是配合老师。学生独立思考不够，小组合作学习与学生独立思考结合不够，学生主动质疑、主动探究不够。

学生独立思考时，老师讲话太多，干扰学生思维。

（2）对教材的研读不够。没有正确领会教材编排、设计意图。导学案上的例题与习题没有对应，不符合学生学习的认知规律。如：

活动二：

1. 例题：用提公因式法将下列各式因式分解

（1）$3x+x^3$　　　　（2）$7x^3-21x^2$

解：原式=

2. 练一练：用提公因式法将下列各式因式分解

（1）$8a^3b^2-12ab^3c+ab$　　　　（2）$-24x^3+12x^2-28x$

（3）对课型设计理解不够。概念课需要三个以上情境创设，归纳共同点。

（4）教师如何点评学生出现问题、研究不够。如求点B的坐标时，两个初三班的学生代表在板演时都有问题：

第二环节：合作探究

知识点五：反比例函数与一次函数的综合运用

如图1，一次函数$y=kx-1$的图像和反比例函数$y=\frac{m}{x}$的图像交于A、B两点，其中A点坐标为（2，1）。

（1）求反比例函数和一次函数的解析式。

（2）求点B的坐标。

（3）当x为何值时，反比例函数的函数值大于一次函数的函数值？

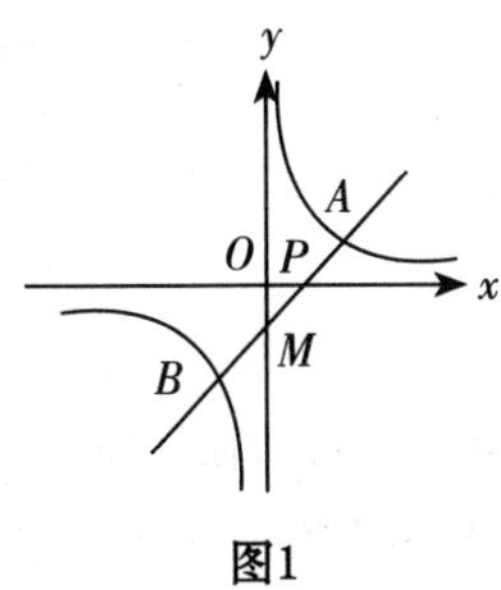

图1

（二）锦屏中学

1. 主要亮点

（1）学校儒雅教育融入数学课堂教学，数学课堂充满儒雅特质。如学生起立回答问题时，会说：请听我说！全班鼓掌一次。学生回答完问题，会说：谢谢你们听我说！每个学生回答问题后，其他学生会立刻报以掌声。

（2）学科组的教研氛围好，督导观课时，科组成员参与听课。该校每周都有集体备课活动，有时间，有地点，有主题，通过教研活动促进教师专业发展。

（3）尽管课堂教学的环节和学科的教学设计存在一些问题，但是学生的学习状态非常好，很配合老师的教学，有一批听话的好学生，令人羡慕。

2. 存在不足

（1）课本上的是学术形态的知识，如何将其转化为教育形态的知识，老师们研究不够。如：

任务二：讨论公式特点：探讨什么样的多项式能用“平方差公式”分解因式并初步应用此方法。公式特点是什么？没有讲，没有渗透数学的整体思想、建模思想。

（2）课堂上如何培养优秀学生，老师没有充分研究。有学生主动提问时，老师没有鼓励这些有数学思想火花的学生。

（3）几何教学有三种语言：文字语言、图形语言、符号语言。老师没有分清，完全是教教材，没有用教材教。几何证明的分析方法没有教给学生。

（4）初三复习课怎么设计，老师研究不够。中考复习必须加强针对性，针对什么？如何针对？与备课组交流时，明显感觉老师们没有研究透彻。

（三）龙山中学

1. 主要亮点

（1）校长吴导有教育家情怀，2014年开始组织课堂教学改革，进行顶层设计，2018年龙山中学的“1+5”生本课堂有了课堂建设成果集。由实践到理论，理论再指导实践。

（2）学科组、备课组集体备课、共同研究。导学案有课前小测、课堂探究、课中测评、课堂小结四个环节。课前小测是将预习融入导学案中，并利用小组合作学习交流，实施表扬奖励，培养学生良好的预习习惯。如：

一、课前小测

1. 下列各式从左边到右边的变形，哪些是因式分解？

（1）$x^2+x=x^2\left(1+\frac{1}{x}\right)$　　（2）$a^2-26=(a+5)(a-5)-1$

（3）$(m+n)(m-n)=m^2-n^2$　　（4）$x^2+4x+4=(x+2)^2$

（5）$3x^2-2xy+x=x(3x-2y)$　　（6）$(x-3)(x+1)=x^2-2x-3$

2. 乘法分配率：$ab+ac=$__________

（3）在小组合作探究学习的同时，老师在课堂上重视学生独立思考能力的培养。在课堂上小组学生代表反馈后，老师根据学生的意见，鼓励其他同学提出质疑，数学思维能力训练有操作点。七年级（3）班张秀华的《认识三角形（2）》的组织教学充分体现了这一点。

2. 存在不足

（1）几何教学有三种语言：文字语言、图形语言、符号语言。老师没有分清，完全是教教材，没有用教材教。

（2）讨论结果有什么共同特征？共同特征是什么？没有分析，没有渗透数学的整体思想、建模思想。没有把课本上学术形态的知识转化为课堂教育形态的知识。如：

二、活动

填空：

（1）$(x+5)(x-5)=$____________________；

（2）$(3x+y)(3x-y)=$____________________；

（3）$(3m+2n)(3m-2n)=$____________________。

它们的结果有什么共同特征？____________________。

尝试将它们的结果分别写成两个因式的乘积：

$x^2-25=$____________________；

$9x^2-y^2=$____________________；

$9m^2-4n^2=$____________________。

归纳：平方差公式因式分解：____________________。

用平方差公式分解因式的多项式只有______项，每一项都能写成______的形式，两项的________________。

（3）在课堂中发现了学生的问题，老师在如何点评、如何增加习题进行补偿训练方面研究不够。

（4）复习课中的几何解题教学，问题更大。如何抓条件，如何抓结论，如何运用美国数学教育家波利亚的《怎样解题》，老师没有什么研究。学生小组合作交流的热闹掩盖了老师的教学低水平。如：

三、思维提升

如图2：备用图1～3，P是正方形$ABCD$对角线AC上一动点（P与A、C不重合），点E在线段BC上，且$PE=PB$。试猜想PE和PD的数量及位置关系，并证明你的猜想。

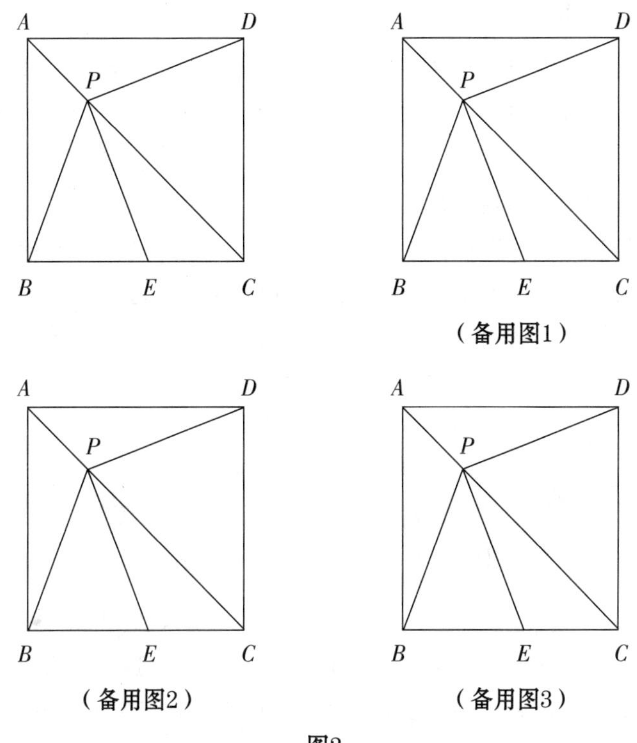

（备用图1）

（备用图2）　（备用图3）

图2

（四）里海中学

1. 主要亮点

（1）里海中学领导重视课堂建设，提出了“三环六步”的教学模式，坚持在全校每个学科推广。小组合作学习促进了学生的学习。

（2）导学案以“自学导向”“合作导向”“拓展导向”三板块为载体推进课改，能思考和结合数学课型，根据不同课型有不同侧重，如复习课侧重“拓展导向”，命题探究课侧重“合作导向”，学科组长白彩云老师的《一次函数》复习课中问题拓展结合了中考。

（3）督导的五节课学习目标明确，课堂指令清楚，每位教师能够在集体备课后，根据各班的情况进行合理化的二次备课。

2. 存在不足

（1）没有认真研究教材，教教材现象严重，例题如何配习题，没有认真思考。如：

例题讲解：

（1）$3m^2-9m^2$　　（2）$-18a^2b+12a^2-27a$

活动三：巩固练习

（1）$-3k+2k^3$　　　　（2）$8p^3q^2-12pq^3k+pq$

（2）学生在课堂做练习时，老师在教室巡查。关于查什么？怎么查？老师们没有认真研究，只是来回走动，也干扰了学生学习。其实这时候老师应该手拿红色笔，针对性辅导才对。但我没有发现一个老师这么做。

（3）几何教学有三种语言：文字语言、图形语言、符号语言。老师对此没有分清，完全是教教材，没有用教材教。三角形内角和定理教学设计基本不符合要求。如：

【合作导向】

探究：三角形的内角和的推理

在小学我们探究了三角形三个内角的和等于180°。如图3所示的三角形中，它的内角分别为∠1、∠2和∠3，现在把∠1撕下，按图4所示进行摆放，将∠1的顶点与∠2的顶点重合，它的一条边与∠2的一条边重合。

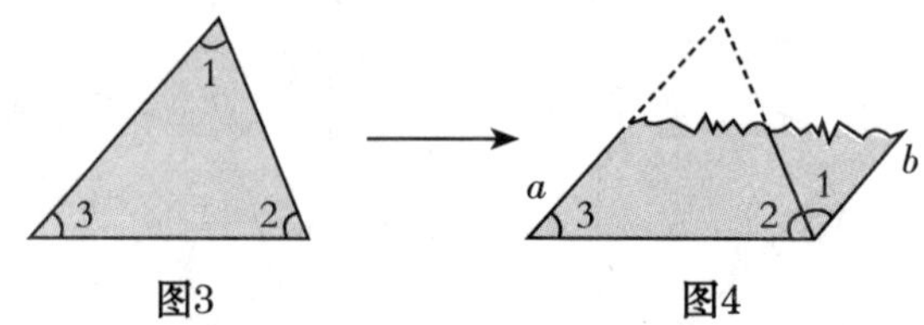

图3　　　　图4

1. 图5中，∠1的一条边b与∠3的一条边a的位置关系是？理由是？

2. 根据上面的结论，我们可以得到下面的推理：（尽量写出证明过程中每一步的依据）

证明：如图5所示，过点C作$CE/\!/AB$，延长BC到点D，由同位角定理可得：$\angle B=\angle 2$；由内错角定理可得：$\angle A=\angle 1$；由于BD是直线，所以$\angle ACB+\angle 1+\angle 2=180°$，所以$ACB+\angle A+\angle B=180°$。由此可得三角形内角和等于180°。

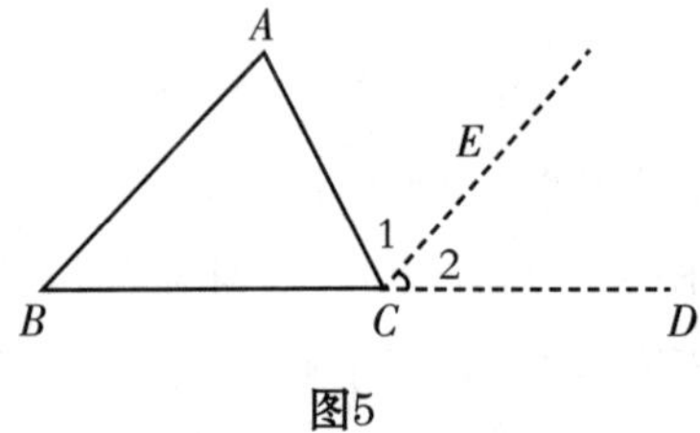

图5

三、提升建议

1. 改进组织教学

“自主学习、合作学习、探究学习”是新课程改革中关于学生课堂学习方式改革的要求。四所初中在形式上进行了改革，尤其是小组合作学习形成了特色，但比较肤浅。建议对全体教师进行“合作学习”的通识培训，掌握合作学习理论不同流派的操作点，加强课堂教学中合作学习与独立思考的针对性，提高合作学习的有效性。重点讨论小组合作的建构，从小组的分组原则、成员分工、教学环节、小组评价等一系列问题进行深入探讨，真正形成龙江镇“合作学习”品牌。

2. 完善“导学案”

“导学案”成为课堂教学的载体，是新课程改革的产物。初中数学导学案要体现学科特点，基于初中数学六类课型（概念课、公式定理课、解题课、讲评课、复习课、活动课）的“导学案”编写，应该以研究教材为前提，体现学科专业模式要求，而不是学校要求的组织教学模式。龙山中学的“导学案”体现了学科特点（没有体现数学课型特点），建议以龙山中学为典范，研究备课组建设、导学案设计、课堂教学模式且加以推广。

3. 加强学习交流

四所初中可以进行学习交流活动。督导时，发现每所学校都有自己的亮点。有一些是其他学校所缺乏的，如里海中学可以学习龙山中学的课堂评价机制及学科设计模式，丰华中学可以分享和区内探讨初中数学课型教学设计。锦屏中学和里海中学可以分享科组内对教材解读、分析的方法。

4. 组织工具培训

著名教育家杜威说：“如果今天我们还照过去的方式来教学生，那就是剥夺他们的未来。”我们应该运用新技术工具改变教学：①思维导图；②微课程；③信息技术。

5. 培养名师团队

通过教坛新秀、骨干教师、学科带头人、名师、名师工作室主持人的梯队建设，促进教师之间的教学交流；鼓励优秀教师大胆承担公开课，开讲座，并给予物质和精神的奖励。全镇形成在研究状态下工作的风气，形成以当教育教学专家为荣的文化，让龙江镇成为广东省教育强镇。

第三篇

3

让教师培训为课堂教学提效益

第一章　名师工作室引领课堂教学

基于核心素养背景下教学常规有效达成的策略

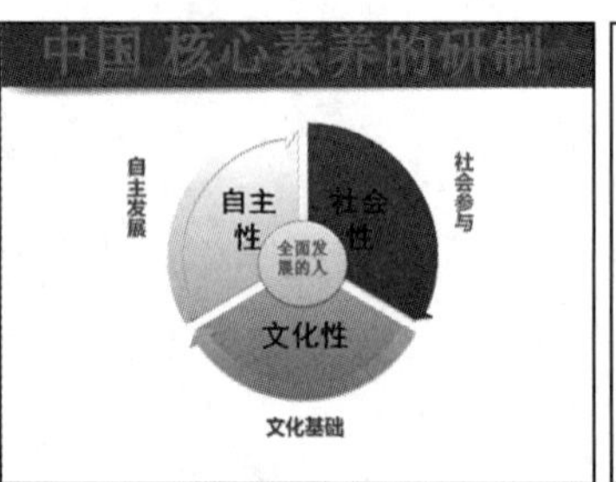

深圳核心素养研究概况

♣国际素养提升：理解多元文化，扩大国际交往，参与国际竞争与合作。

♣审美素养提升：提升审美品位，丰富美育形式，营造艺术氛围。

♣信息素养提升：推广IT课堂运用，推进网络学习，践行网络文明。

♣生活素养提升：学会安全生活，学会自主生活，学会低碳生活。

数学学科核心素养

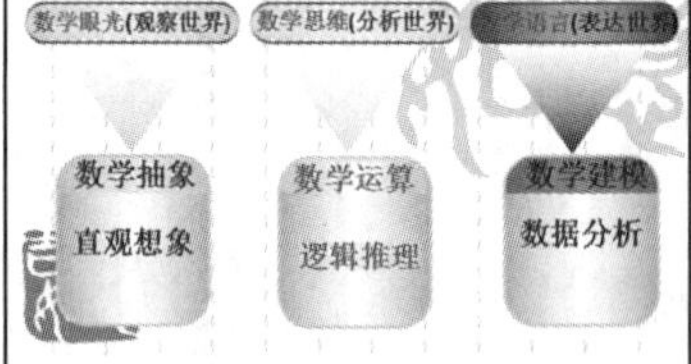

看案例一

写一句话：

遇到一批"新新人类"的学生会碰出什么样的火花？

司马光砸缸

一天，老师讲完司马光砸缸的故事后就开始提问。他本来想要学生说出司马光聪明或者机智、勇敢之类的话，然后引导学生们效仿这种精神。

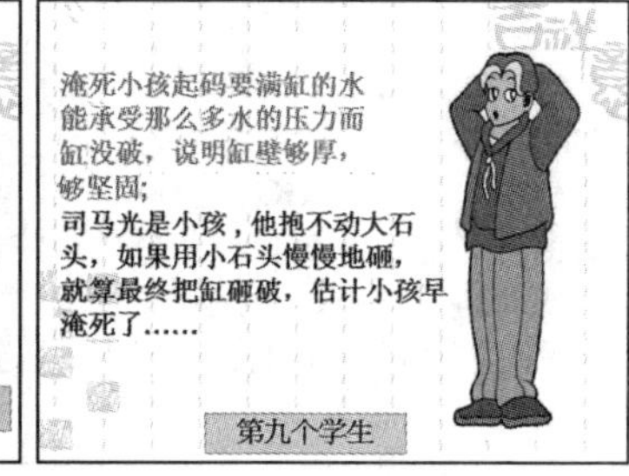

才成为新教师呢，

怎么办？

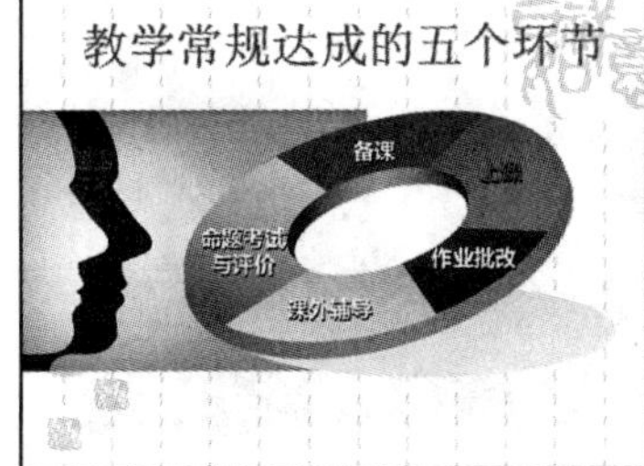

新教师如何让教学常规有效达成策略的 探讨

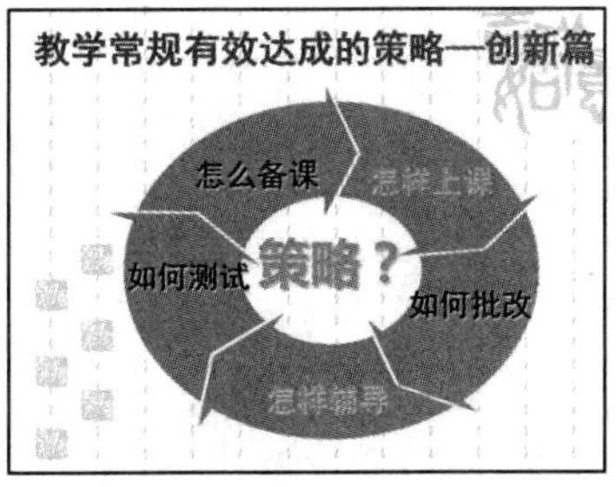

分小组互动

参与体验

选出组长、发言人、记录员

Step1:你心目中的教学常规怎样才能有效达成？

请独立完成

1. 静静思考以上话题。
2. 把答案写在即时贴上。
3. 越具体越好，至少写三点。
4. 用时：2分钟。

Step2:组内分享，畅所欲言

1. 组员依次分享思考的内容
2. 其他成员不可打断。将补充意见写在即时贴上。
3. 每人分享时间不超过1分钟。

Step3:交流补充，汇总梳理

1. 自由发言，对组员分享的内容进行补充、整理、归纳和分类。
2. 制作成主题贴吧，时间：6分钟。

主题贴吧：

· 以即时贴为工具，围绕一个问题进行研讨。

贴吧要素：

1. 小组名称、LOGO。
2. 话题名称、主要观点和分类。
3. 要有组员观点、小组观点。
4. 尽可能使版面美观、有特点。

贴吧设计参考：

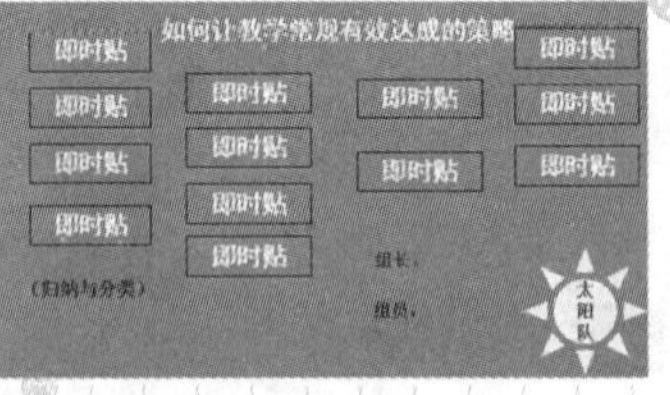

贴吧设计参考：

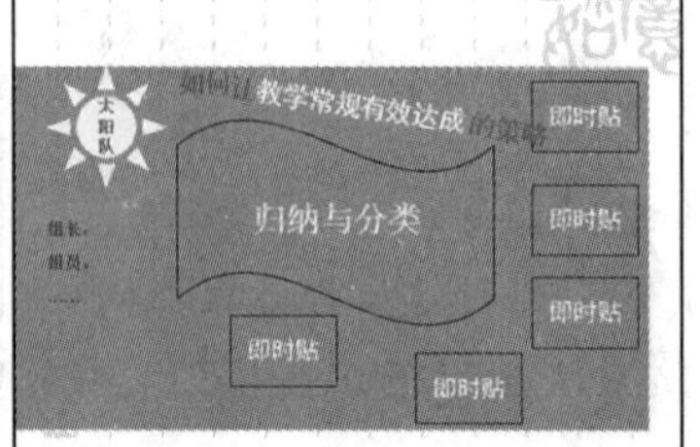

贴吧设计参考：

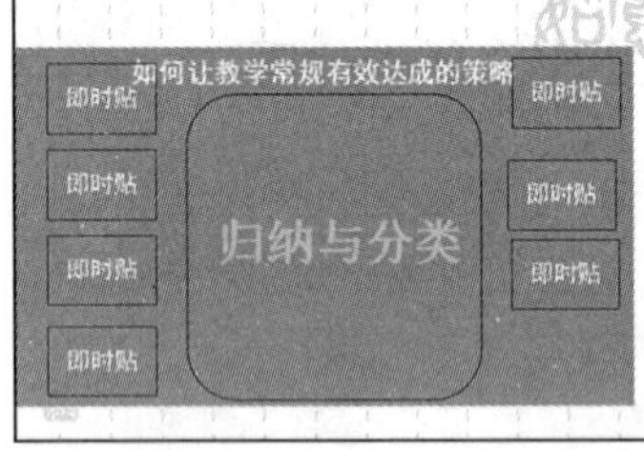

Step4:全班交流，展示成果

如何让教学常规有效达成的策略—创新篇

（一）备课是一种策略研究

备什么？怎么备？

思考：手写教案、课时计划、电子教案、教学设计、讲学稿、导学案、教学案、学讲练的联系与区别？

教案与教学设计

教案是课堂教学思路的提纲性方案。是教师教的活动计划。教案只是课堂教学过程的一个骨架结构，教师不可能将课堂中所说的每一句话、每一个想法、每一件事都写进教案中去。

教学设计包含教师教的活动设计（教案）和学生学的活动设计（学案）。加了学情分析、教学环境分析、设计的教学思想理念、课后说课反思等栏目。是教案、课件、学案的统一体。

美国学生用什么来学习？

美国教师靠一张纸把学生拢住

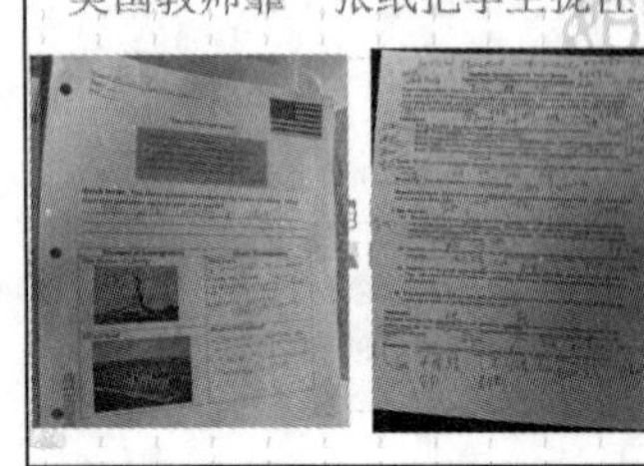

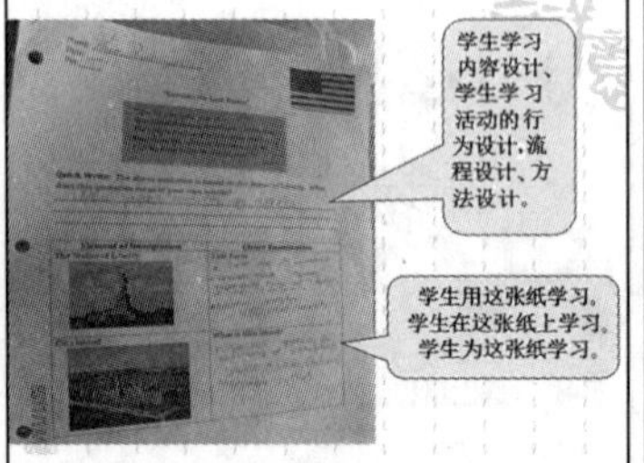

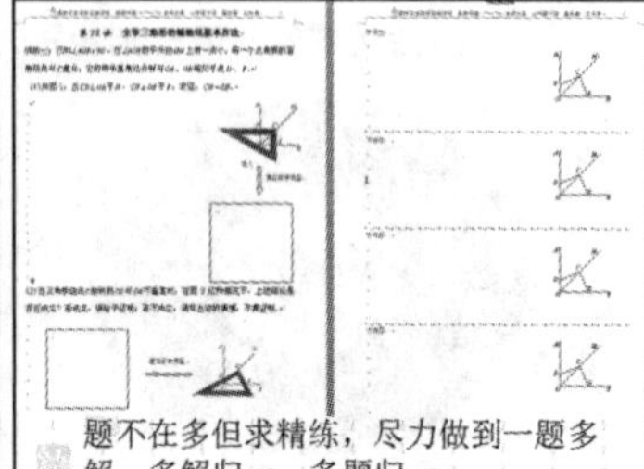

题不在多但求精练，尽力做到一题多解、多解归一、多题归一

三次备课，名师成长的必由之路

【案例】先后有120名教师，有8个典型"在课堂拼搏中学会教学"

如一位数学名师"一个章节，三次备课"的原型经验

第一次备课——展现自我，不看任何参考书与文献，全按个人见解准备方案

第二次备课——广泛涉猎，分类处理各种文献的不同见解（我有他有，我无他有，我有他无），制订修改方案

第三次备课——边教边改，在设想与上课的不同细节中，区别顺利与困难之处，课后再"备课"

三个关注（自我、文献、收获）和两个反思支架（更新理念、改善行为）的课堂改革经验，无一例外是教师成长的捷径。

（二）上课是一种"临床研究"

上什么？

怎么上？

中西教育模式比较

从《孔子讲学图》看中国传统教育——孔子总是居于高台或中心位置，学生们则凝神静气，倾听着老师的讲解和指点。如此培养出来的学生是唯师、唯书、唯上的。

中西教育模式比较

从油画《雅典学院》看西方传统教育——在画上伯拉图和他的学生亚里士多德边走边进行激烈的争论，他们的手势一上一下，表明了他们在思想上存在原则性分歧。以这种方式培养出的学生不迷信权威、敢于挑战权威、具有批判能力。

我国课堂教学的历史演变

	课堂教学	时　　期
一	以教代学	1949——1978年
二	以教导学	1978——20世纪80年代末期
三	先学后教(预习)	20世纪90年代
四	以学为主	21世纪初——

课堂教学改革的逻辑起点

	课堂教学状态	最近改革区
一	师问师答	讲练结合(当堂训练)，有所讲有所不讲，讲是为了练，用讲的东西来练。
二	师问生答	教学互动(学习内容微型化)，如何设计学生的微型活动？如何临场应变？如何生成教学环节？
三	生问师答	先学后教(预习)，学生带着问题来学习，有准备地来学习，老师答疑。
四	生问生答	以学为主(学生提出问题、学生解决问题)；教师主要考虑学生问的问题难不难，学生解决得好与不好

看课例视频三：

《多莉找妈妈》

思考：这样的课堂好吗？为什么？

教师靠什么知识体现教师专业

学科教学知识 Pedagogical Content Knowledge

课程知识　学科知识　PCK　教学知识　学生知识

◎PCK是关于教师如何针对特定的学科主题及学生的不同兴趣与能力，将学科知识组织、调整与呈现，以进行有效教学的知识。

◎PCK与其说是一种知识，不如说是一种教师特有的"转化"的智能，即将学科知识"转化"成学生有效获得的学科教学智能。

学科的知识 → 教学设计 → 教学的知识 → 教学过程 → 学生的知识

PCK的内涵及演变

舒尔曼最早提出PCK

- 1986年，时任美国教育研究会主席的斯坦福大学教授舒尔曼的研究提出，教师除了应具备学科知识与一般教学知识外，必须在教学过程中发展另一种新的知识（PedagogicalContentKnowledge），即PCK，其定义为"教师个人教学经验、教师学科内容知识和教育学的特殊整合"，他还把PCK描述为"教师最有用的知识代表形式"。
- 1987年，舒尔曼教授再次强调PCK的重要性及该领域研究的"缺失的范式"。他指出，"教师对学科知识的认识和理解，这种认识和理解与教师提供给学生的教学之间的关系研究，可能是现有教育研究中所缺少的"。
- 此后，由舒尔曼负责的卡内基基金会资助的"国家教师专业标准"研究项目，将PCK列为教师专业标准的一个必要组成，影响了美国三十多个州的教师标准。

魏书生的语文课堂结构改革实验

此种改革尤其突出学生的自学。作者在激发学生的学习兴趣和培养学生自学的能力和学习的方法习惯方面尤其下功夫，创立了一套训练学生能力和习惯的方法体系。

在教学程序设计上，魏书生创立了"六步教学法"。（1）定向。明确教学要求，确定本节课的学习重、难点。（2）自学。学生独立学习，自己解决问题。（3）讨论。前后左右每4人为一组，讨论自学中不懂的问题。（4）答疑。立足于学生自己去解答疑难问题。每一小组回答教材中的一个问题。（5）自测。由学生拟出一组10分钟的自测题，让全班同学回答，学生自己的评分、自己检查自己的学习效果。（6）自结。先由每个学生自己口头上总结这一节课的学习过程和主要收获，再从各类学生中挑一到两名单独总结。

此教学模式中所包含的基本学习活动类型有：学生独立自学、同学之间相互讨论、学生的自我评价和同学评价，尤其是突出了学生的独立学习（含自学、讨论、自测、自结等）的活动和环节。在教学程序的设计上，此教学模式运用了信息论和控制论的思想。

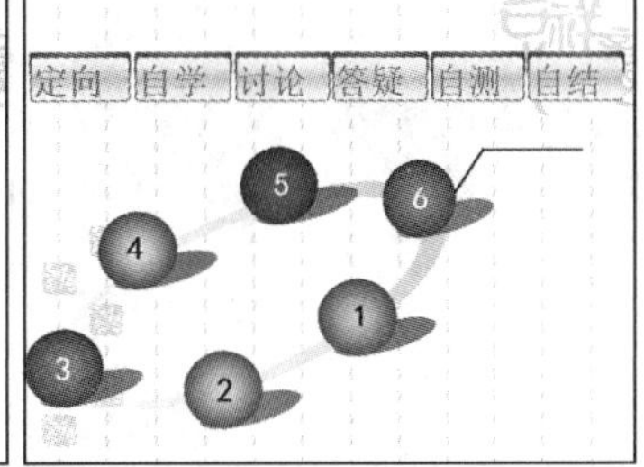

邱学华的小学数学尝试教学法

尝试教学法主要借鉴了布鲁纳的发现学习思想，重视老师指导下的学生的探索发现学习，其核心原则是“有指导的尝试原则”，即教师不把现成的结论教给学生，而是指导学生先自己去尝试解决问题，在解决问题的过程中去获得教材上的知识技能；学生尝试后，教师再有针对性地讲解。“先练后讲”是其基本精神。

尝试教学的基本教学程序是：（1）出示尝试题；（2）自学课本；（3）尝试练习；（4）学生讨论；（5）教师讲解。

在尝试教学法中，学生学习的基本活动有：自己阅读教材（自学），探索性地解答试题，同学之间讨论学习，这种教学模式最有特点之处在，它突出了学生在教师指导下的探索发现学习活动，并以探索发现学习带动学生自学教材。

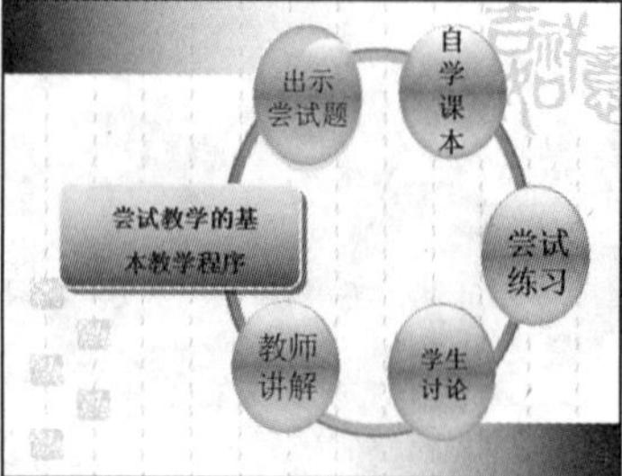

卢仲衡，1923年出生于广东茂名县（现高州市），20世纪40年代参加革命，曾参加粤桂边纵队游击队，1952从中山大学教育科学研究所心理学部（研究生）毕业，后被分配到华东师范大学从事心理学教学。由于口音问题，师生交流有困难，1953年调入中国科学院心理研究所。现为中国科学院心理研究所研究员（已退休）。曾兼任中央教育教学科学研究所研究员、全国教育科学“七五”“八五”规划学科组成员、《教育研究》编委、全国中学自学辅导教学研究组组长。

卢仲衡的中学数学自学辅导教学模式

该模式通过提供方便于学生自学的按“九条心理学原则”精心编写的教材，即“三个本子”——课本（附练习答案）、练习本和测验本，将自学当作学生学习的主要活动形式。

其设计的教学程序是：（1）启，即由教师启发学生从旧知识进入新的问题情境。（2）读，就是学生以“粗细精”的方式阅读课本。（3）练，学生在练习本上的练习。（4）知，当时知道练习结果，校正答案，自我纠正错误。（5）结，教师向全班学生小结，概括讲解课本内容，并就学生自学中的问题引起同学讨论。

该模式以学生的自学（自己阅读、练习、评价）作为学习活动的主要形式。教师对学生的指导主要是在事先培养学生自学能力和启发、总结上，教学程序设计运用了及时强化的原则（受斯金纳程序教学影响）。

黎世法，男，异步教育学创始人、著名教育改革家、国务院特殊津贴专家。现任湖北大学异步教学研究和推广中心主任、湖北大学异步教学研究会理事长、《异步教学研究》杂志主编、武汉和康异步教学开发有限公司总指导。

黎世法的异步教学模式

异步教学以“学生学习的个体化和教师指导的异步化的有效统一”为其主要特点。异步教学突出了学生的个体自学，强调教师根据学生自学的情况和存在问题的涉及面，按班、部分学生和个别学生进行分类指导。

异步教学有严格设计的学习程序和指导程序，并将两者耦合在一起。学生学习的程序有六步，即“六步学习法”：自学—启发（指学生自己对自己的启发）—小结—作业—改错—总结。老师指导的程序有五步，称“五步指导法”：提出问题—启发思维—明了学情—研讨学习—强化效应。学习程序和指导程序耦合为异步课堂教学程序：提出问题—启发思维—学生学习（=自学—启发—小节—作业—改错—总结）—明了学情—研讨学习—强化效应。

此种教学模式特点是：将学生的自学程序化了，学习主要是学生的自学（包括阅读教材，自己解决问题、作业、小结、改错等）；教师指导也程序化了，并突出了学生与老师之间的研讨学习。

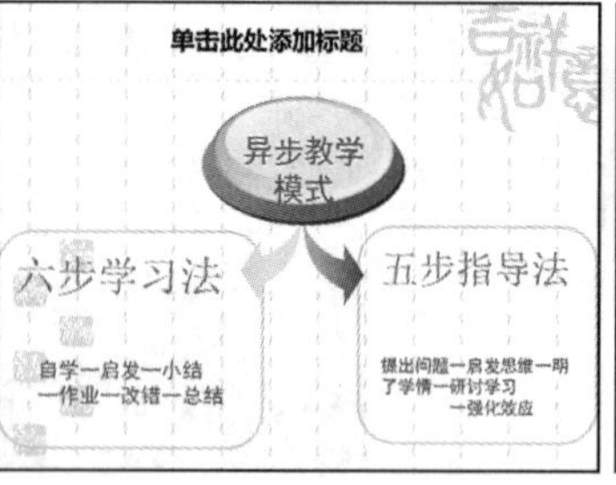

段力佩（1907－2003），教育家，江苏金坛人，原名立墉。1929年从江苏省立第一师范学院毕业后，回家乡书院小学执教。曾任全国政协委员，上海政协常委、人大代表，静安区副区长、政协副主席，民进中央副秘书长，常委兼教改研究会副会长，民进上海市副主委以及中国教育协会常务理事、上海教育学会副会长，上海教育工会副主席，上海人才协会理事，上海伦理学会顾问，上海教育出版社编审等职。著有《段力佩教育论文集》，主编《育才教改经验汇编》。

上海育才中学段力佩的语文八字教学法

此教学模式看似简单，实际上它突出了学生的自学和在自学基础上的交往性学习（讨论）和课堂练习，强调学生的主动学习。

其教学程序是：（1）读读：学生自己阅读教材。（2）议议：同桌或邻桌相互提出疑问、讨论。（3）练练：让学生在课堂上做必要的练习，做到当堂理解消化和巩固。（4）讲讲：贯穿于教学全过程，主要是由教师针对学生提出的问题进行点拨、解惑、总结，指导学生读、议、练。显然，在该教学模式中，学生的学习活动主要是自学，包括阅读、讨论、练习等。

顾泠沅，1944年生，江苏吴江人。1967年结业于复旦大学数学系。1984年加入中国共产党，1993年获华东师范大学教育学博士学位。历任上海市青浦县莲盛中学教师、青浦县教师进修学校数学教研员、教研室主任、副校长、全国数学教学研究会副理事长。特级教师。现为上海市教育科学研究院副院长、研究员，华东师范大学教授、博士生导师，兼任上海及全国教育科研、课程改革、教师教育等领域的多种职务。在上海青浦县主持长达十五年的数学教育改革实验，并进行了近十年的后续研究。组织教改实验小组，根据农村教育实际，有效地提高中学教育教学质量。撰有《改革数学教学的一项实验研究》、《教学经验的筛选方法》等文。多次被评为上海市劳动模范、全国劳动模范，1986年获全国五一劳动奖章。享受国务院特殊津贴

魏国良的数学小步教学法

2002年3月，经深圳市教育科学规划领导小组批准，深圳市龙岗区实验学校数学学科组申报《数学小步训练——九年一贯制学校教师教学方式转变的研究与实验》课题被列为深圳市教育科学“十五”规划课题（课题批准号：ZD-D004），魏国良是业务主持人。近十四年来，课题进展顺利，研究过程规范，课题的理论探索与实践研究有较好的阶段性成果，自2003年6月起十四次中考中，我校九年级学生数学平均分、优秀率、良好率、合格率、低分控制率稳居全区首位。“数学小步训练”已成为深圳市龙岗区数学课堂教学的一张名片。

操作性条件反射的学习理论

- 斯金纳（B. F. Skinner, 1904-1990）
- 美国行为主义心理学家，在美国心理学界评选的“20世纪最伟大的100名心理学家”名列榜首
- 操作性条件反射理论的奠基者
- 其发现在现实中得到广泛应用
- 白鼠学习实验：

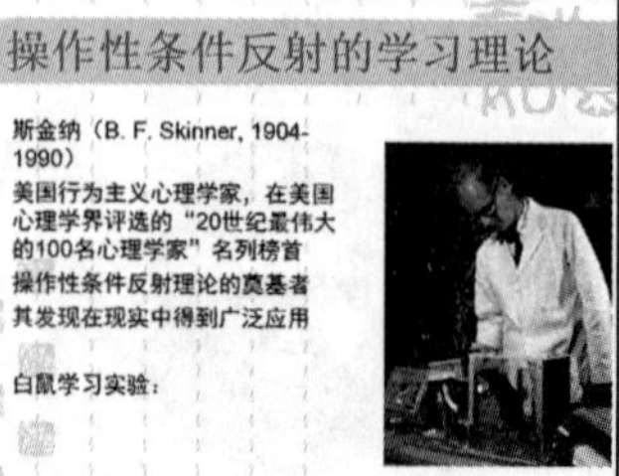

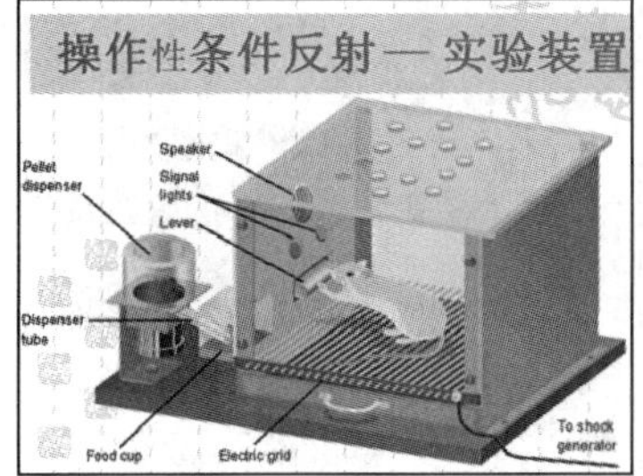

操作性条件反射一实验过程

1. 将饿鼠放入斯金纳箱，白鼠经过反复探索，迟早会做出按压杠杆的动作，得到一粒食物丸。
2. 若干次后，饿鼠便形成按压杠杆取得食物的条件反射。
3. 在另一个实验中，开始时鸽子啄三个按钮是随机的。但如果在啄红色按钮时给它食物，啄黄色按钮时不给予任何刺激，在啄蓝色按钮时给予电击，一段时间后，鸽子啄取红色按钮的次数明显高于啄取其他两个按钮的次数。

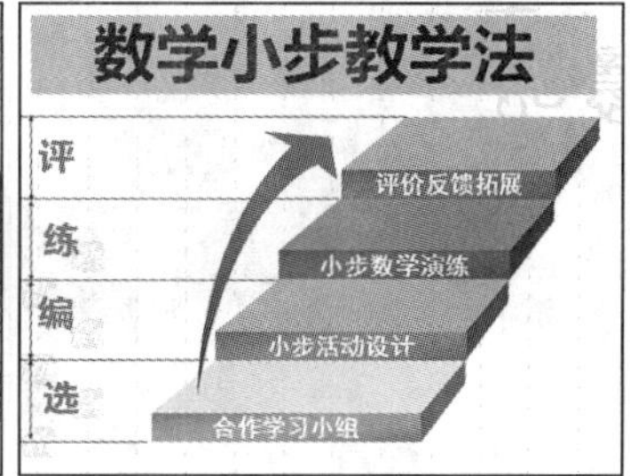

“选”，即学生自己选层次

素质教育要求面向全体学生，让学生全面主动地发展，而学生的知识水平、智力程度、个性差异等参差不齐。为了让各层次学生的潜能得到充分的发展，就必须尽可能地寻找到各层次学生的学力出发点，以便让不同层次的学生从较适合的出发点开始学习，从而达到爱学、会学、学好的目的。所以，在开学初，我们都对学生进行一次学力诊断，根据测验结果，学生自己选四人合作学习小组，每组有A、B、C、D四个层次，为数学小步子训练的顺利实施做好组织准备。

“编”，即教学设计

可以这样说，目前的资料和教材上的练习题，因为层次不甚分明，相对难度大，跨度大，不适应中下层学生。这就要求教师深入研究课程标准，吃透教材，了解学生，根据每个章节的知识点依照概念的引入过程、定理（公式）的发现过程，定理（公式）的应用过程，以及不同层次学生的教学目标，采取由低级向高级、由简单到复杂，由具体到抽象的循序渐进的方式编写出相应的小步训练题，使各层次学生的学习在各自的“最近发展区”得到最充分的发展。

如代数“一元二次方程的根与系数的关系”教学时，为了让每个层次学生都能“悟”出韦达定理的数学表达式，我们编拟了练习1。

深圳市龙岗区实验学校

练习1：

方程	两个根		两根的和	两根的积
	x_1	x_2	x_1+x_2	$x_1\cdot x_2$
$x^2+5x+6=0$				
$x^2+2x-3=0$				
$x^2+5x+6=0$				
$x^2+5x+6=0$				
$ax^2+bx+c=0$ $(a\neq 0, b^2-4ac\geq 0)$				

深圳市龙岗区实验学校

以上是知识形成过程的训练，接着是知识的巩固训练。

练习2：方程

方程 $3x^2+2x-2=0$ 的两根之和为______，两根之积为______。

方程 $2x^2+4x-5=0$ 的两根之和为______，两根之积为______。

方程 $2t^2+2t=0$ 的两根之和为______，两根之积为______。

方程 $3x^2-1=0$ 的两根之和为______，两根之积为______。

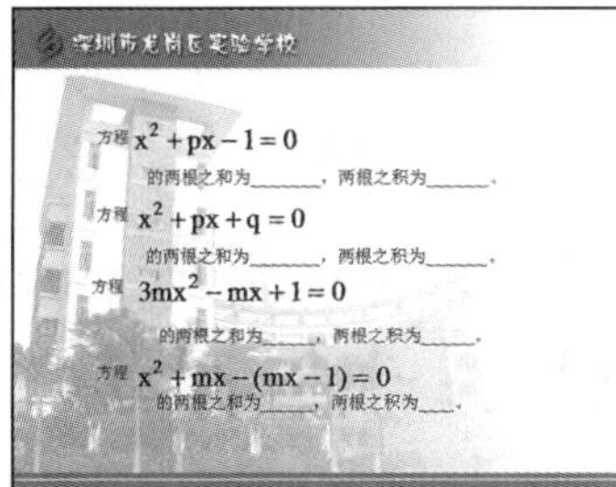

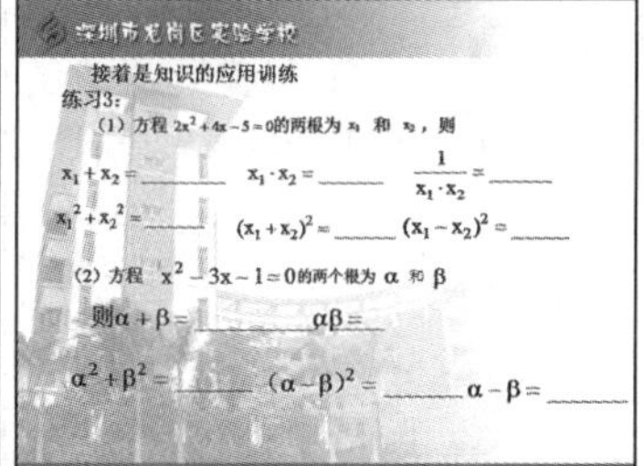

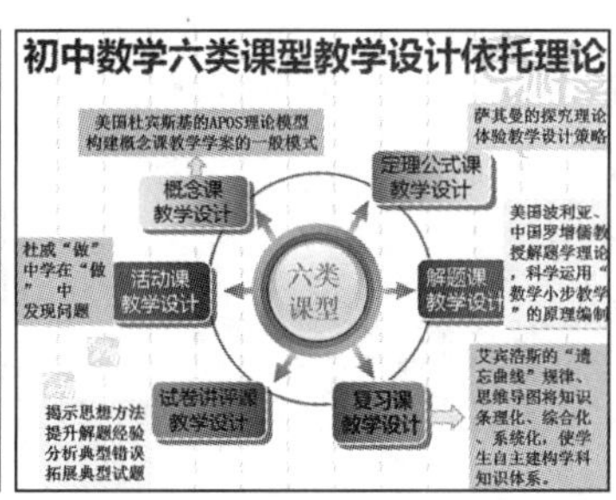

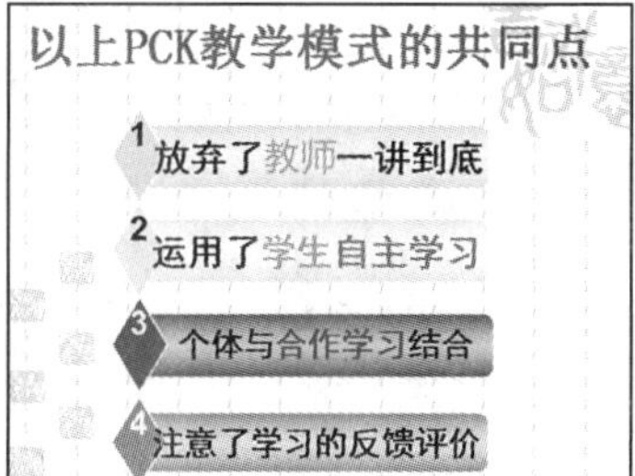

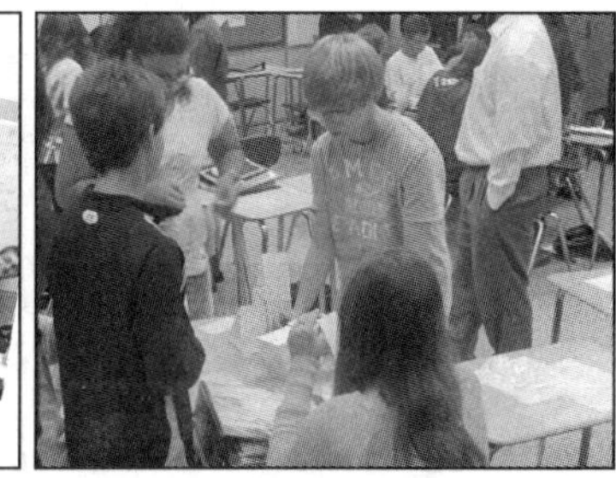

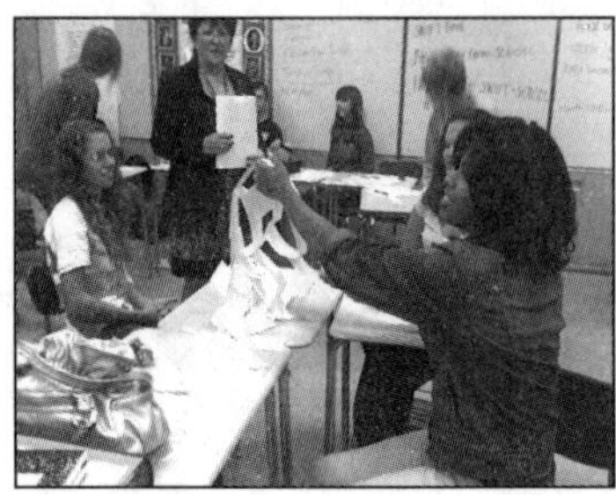

课例视频四，思考：

自己会制作吗？

互联网+微课程

MOOCs课程----

- MOOCs课程的五个特点：
- 第一，与传统教学一样，有开课时间和结束时间，每门课程5-8周比较合适，即要将传统的一学期课程分为2门MOOCs课程；
- 第二，采用以10分钟左右长度的讲授视频片断为主的教学方式，这是依据对网上学习的研究成果得出的最佳内容传递方式；
- 第三，辅以大量的练习题和作业，或由机器自动判题，或由学生同伴根据评价量规互评。有研究表明，学生同伴互评的平均结果与教师评分十分吻合，这对于不能机器自动判题的学科很适合，比如数学等需要演算过程的作业可以先写在纸上，再拍照上传后由同伴互评；
- 第四，来自全球的同学让课程论坛上24小时都有人响应，通过对学生帖子投票的方式将大家都关心的问题置顶，以得到教师和助教的回答；
- 第五，平台所收集的学生学习数据可以用于改进教学，当某个选项有上千人出错的时候，就会引起老师关注。

研究大脑之一：多元智能理论

多元智能理论是由美国哈佛大学教育研究院的心理发展学家霍华德·加德纳(Howard Gardner)在1983年提出。加德纳在研究脑部受创伤的病人时发现他们在学习能力上的差异，从而提出本理论。

霍华德·加德纳
Howard Gardner

多元智能理论是由美国哈佛大学教育研究院的心理发展学家霍华德·加德纳(Howard Gardner)在1983年提出。加德纳从研究脑部受创伤的病人发觉到他们在学习能力上的差异，从而提出本理论。

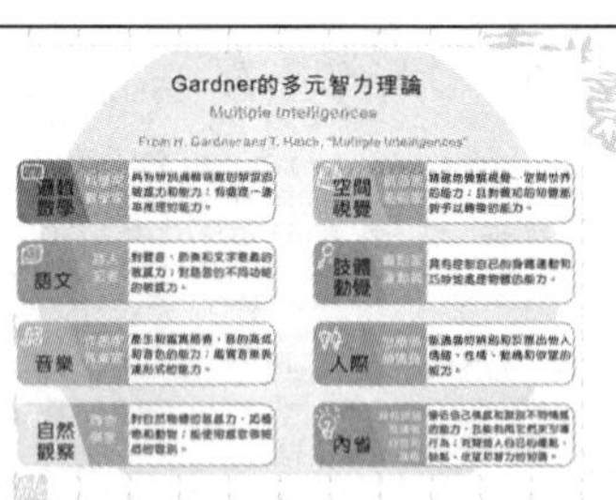

研究大脑之二：思考、学习与记忆

2013年4月2日，美国总统奥巴马拟投资1亿美元研究人的大脑。解决

如何思考
如何学习
如何记忆
等问题。

教无定法

只要得法

思考：绝对成绩与相对成绩

（三）布置与批改作业是一种行为研究

布置什么？

怎么批改？

思考一：作业的种类？数量？质量？

- 第一级：识记性练习；
- 第二级：理解性练习；
- 第三级：应用性练习；
- 第四级：综合性练习；
- 第五级：探究性练习；
- 第六级：创新性练习。

思考二：你怎么理解作业批改后全对？

方式：（1）教师批阅
（2）师生面批
（3）小组互批
（4）个人核对答案
（5）改进评语

作用：（1）了解学生对相关知识的掌握程度
（2）把握学生的学习态度
（3）开发学生的学习潜能
（4）掌握学生的学习变化趋势

多元作业布置、引导探究学习

水浒英雄故事讲述

阅读风采五 学术报告会

《红楼梦》学术报告会海报

《西游记》学术报告会

《三国演义》学术报告会

原创对联比赛

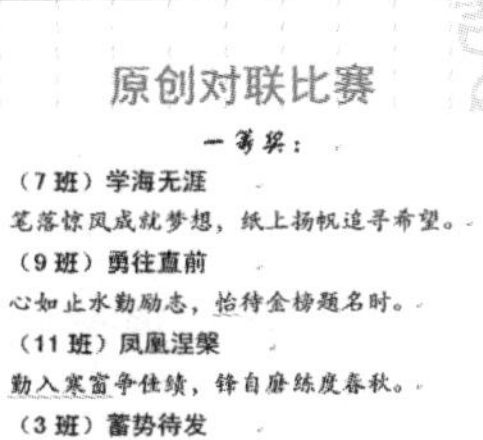

一等奖：

（7班）学海无涯
笔落惊风成就梦想，纸上扬帆追寻希望。

（9班）勇往直前
心如止水勤励志，恰待金榜题名时。

（11班）凤凰涅槃
勤入寒窗争佳绩，锋自磨练度春秋。

（3班）蓄势待发
万雷齐下今日炼船舵，百舸争流明朝破东风。

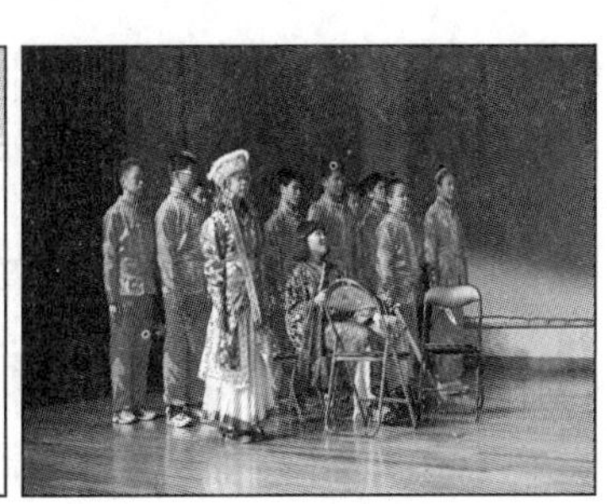

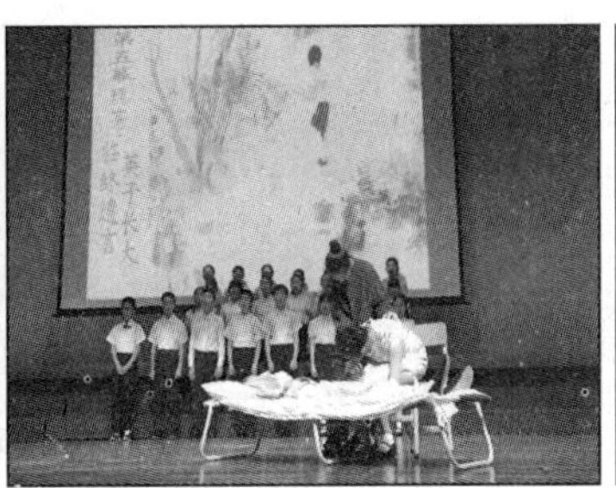

作业评价案例：中国教科书中的题目是这样的：甲午战争是公元哪一年爆发？签定的叫什么条约？割让多少土地？赔偿多少银两？

日本老师的题目是这样的：日本跟中国100年打一次仗，19世纪打了一场日清战争，20世纪打了一场日中战争，21世纪如果日本跟中国开火，你认为大概是什么时候？可能的远因和近因在哪里？如果日本赢了，是赢在什么地方？输了是输在什么条件上？

（四）辅导是一种个案研究

辅导谁？

怎么辅导？

《科尔曼报告》

皮亚杰的智力发展四个关键教育期
——什么年龄做什么事

1. 感知运算阶段（出生—2岁）：婴儿通过叫喊、倾听、踢打、尝试所有新鲜事物，来探索这个世界。
2. 前运算阶段（2岁—6、7岁）：在这个阶段，儿童可以接受图像、文字和简单概念，但是他们不能进行变化，不能对它们进行操作。（算数，他们还不知道2 x 3和 3 x 2是一样的。）
3. 具体运算阶段（6、7岁—12岁）：在这个阶段，儿童掌握了操作符号、物体的能力，不过这些对象必须是具体的——对他们来说，抽象的概念和操作还是个难题。
4. 形式运算阶段（12岁以上）：从此开始，儿童能够思考抽象的概念。假设一演绎思维、抽象思维（完全的符号思维）系统思维

思考：你怎么理解“促进学生优质发展、均衡发展，不让一个孩子掉队”这句话？

方式：（1）课内生生辅导
（2）课内师生辅导
（3）课间生生辅导
（4）课间师生辅导
（5）课外社区机构辅导
（深圳百花自由教育工作者联盟）

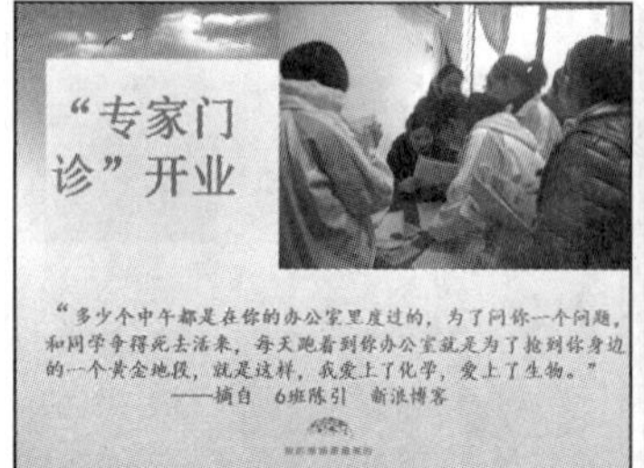

教师事务所

知多少？

（五）考试评价是一种“诊断研究”

考什么？

怎么考？

思考：1. 据你所知，目前都有哪些考试？

2. 你怎么理解试卷讲评后满分？

试卷编制

每个备课组指定一位教师独立编制试卷（包括参考答案，保留命题过程中的思考及命题意图）

方式：原创 + 剪刀

体验考试

备课组全体教师像学生一样解答试卷，以体验学生应试时的状态和心理（语文、英语学科包括下水作文）

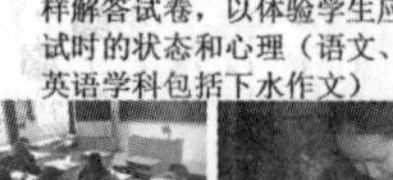

交叉批卷

在批卷的过程中感受学生的无奈和被动，引导教师树立“学生意识”。

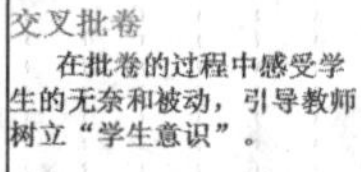

反思试卷

命题者阐述命题意图及实现情况；

参试者提出完善意见；

交流下水作文，关注教师的“评价素养”和“写作素质”。

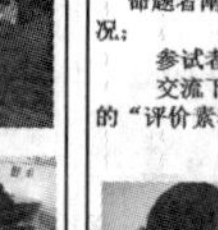

专家参与磨卷

邀请各学科专家研磨试卷，总结命题研究的得失，学习命题方法。

考试分析

- 分析效度
- 分析信度
- 分析区分度
- 分析难度

考试分析

关于PISA考试

关于AP考试

关于SAT考试

关于PISA考试

什么是PISA考试？

国际学生评价项目PISA（Programme for International Student Assessment）是经济合作与发展组织OECD（Organization for Economic Cooperation and Development）成员国的合作项目，也是目前世界上最有影响力的国际学生学习评价项目之一，其目的在于测量义务教育即将结束时，年青人(15岁)为走向社会而准备的知识和能力情况。

PISA以纸笔测验的形式考查学生的阅读能力、数学能力和科学能力，从而了解学生是否具备未来生活所需的知识和技能，同时学生还需完成一份关于他们的背景和态度的调查表。PISA每三年测试一次，每次以一方面能力为主（2/3），其他两个方面能力为辅（1/3）。2000年重点考查阅读能力，2003年的重点是数学能力，2006年则为科学能力，2009年开始第二个循环。另外，PISA在2003年还增加了问题解决能力的测试。

关于AP考试

- AP是Advanced Placement的缩写，即大学预修课程。
- 美国高中AP课程是由美国大学理事会（The College Board_AP考试）主持，在高中阶段开设的具有大学水平的课程，有22个门类、37个学科，已在美国15000多所高中里普遍开设。它可以使高中学生提前接触大学课程，避免了高中和大学初级阶段课程的重复。
- 目前，已有40多个国家的近3600所大学承认AP学分为其入学参考标准，其中包括哈佛、耶鲁、牛津、剑桥等世界名牌大学。

- AP成绩成为美国大学重要录取依据
- 根据美国大学升学顾问委员会在全美范围内所做的调查，AP考试每年5月举行，目前已经在全球80个国家开设。
- 由于美国大学已经普遍把学生在AP考试中的表现作为衡量其是否能够胜任大学学习的依据，因此AP考试成绩已经成为众多大学录取考虑因素中最为重要的依据之一。
- 同时，AP考试在全球80个国家举行，英国、加拿大、澳大利亚等国也将此作为发放奖学金的主要条件之一。

关于SAT考试

- SAT考试分为两部分：SATⅠ推理测验(Reasoning Test)和SATⅡ(Subject Tests)专项测验。SAT1主要测验考生的写作、阅读和数学能力；SAT2涉及数学、物理、化学及生物等科目。中国学生最常选的是数学、物理、化学、生物中的3门。一般中国高中生申请进入美国本科学校只需参加SATⅠ考试。

再思考、归纳：

新教师教学常规有效达成的策略？

（关键词）

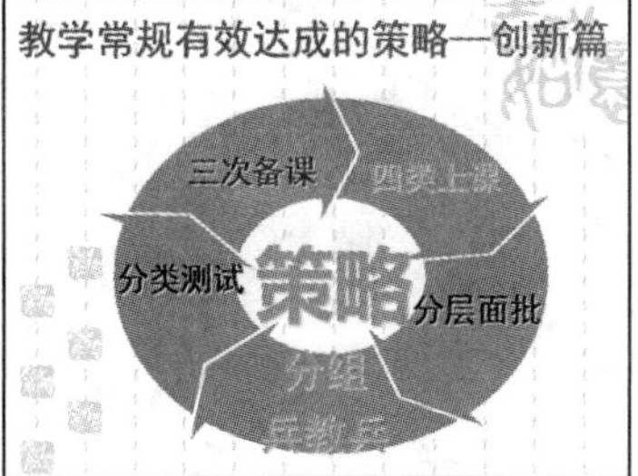

基于增强课堂教学效果的校本研修模式

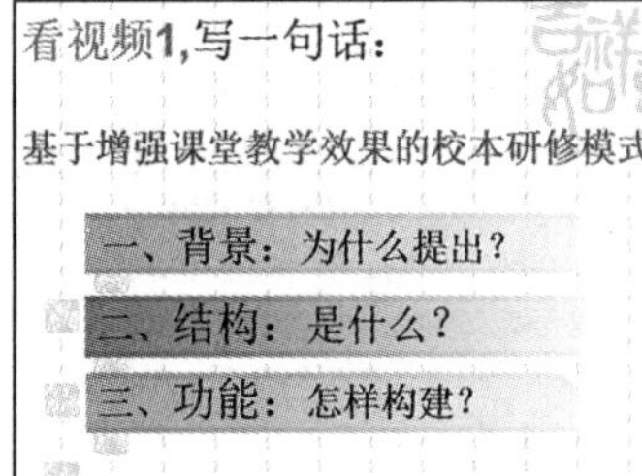

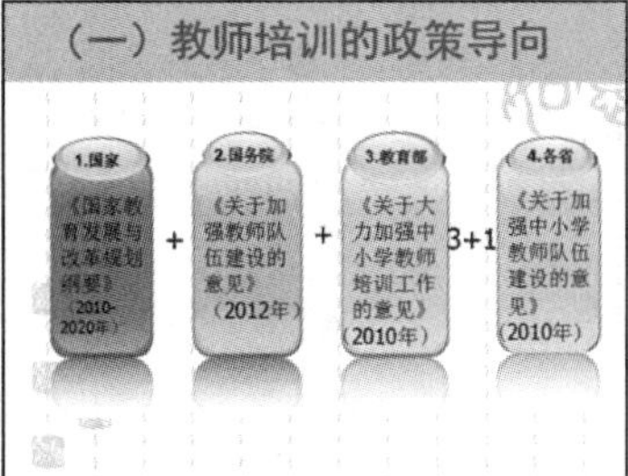

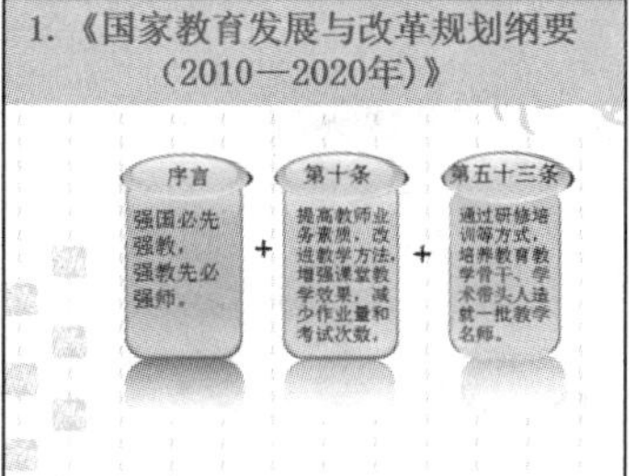

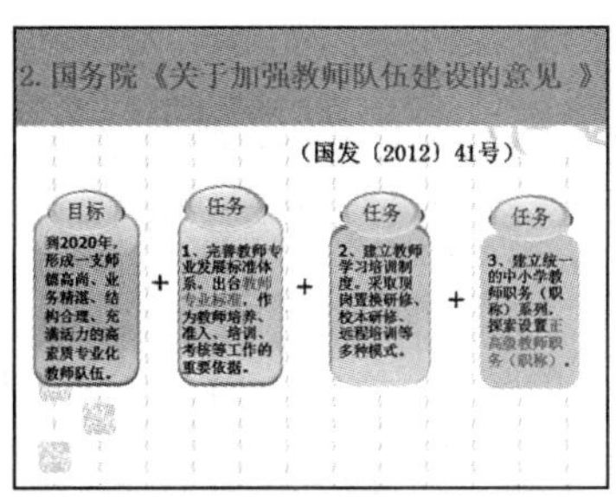

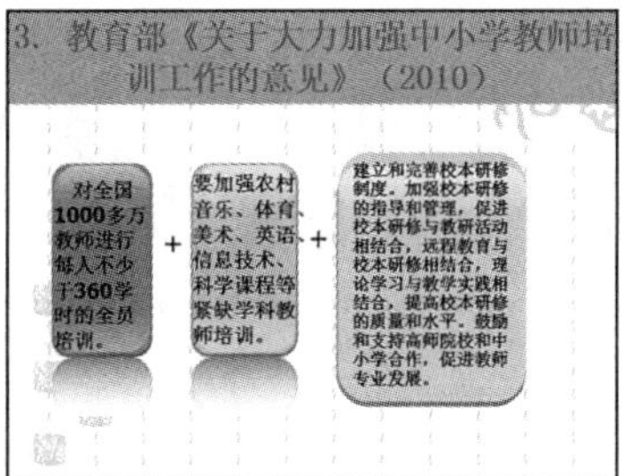

教育部基础教育司副司长朱慕菊：

将教学研究工作的重心下移到学校，形成与新课程相适应的“以校为本教研制度”，这是当前学校发展和教师成长的现实要求与紧迫任务，也是深化教学改革的方向和重点。

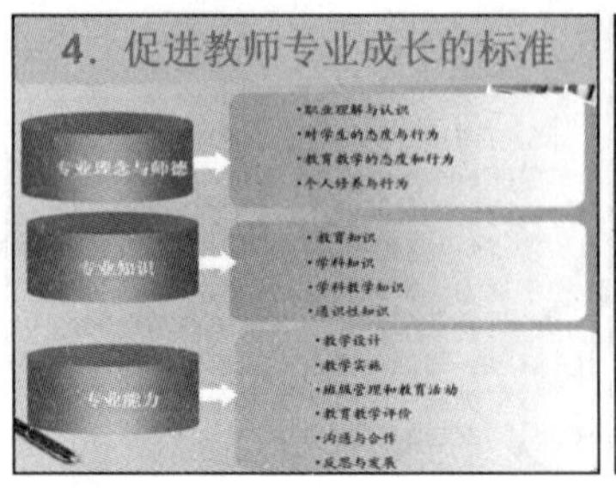

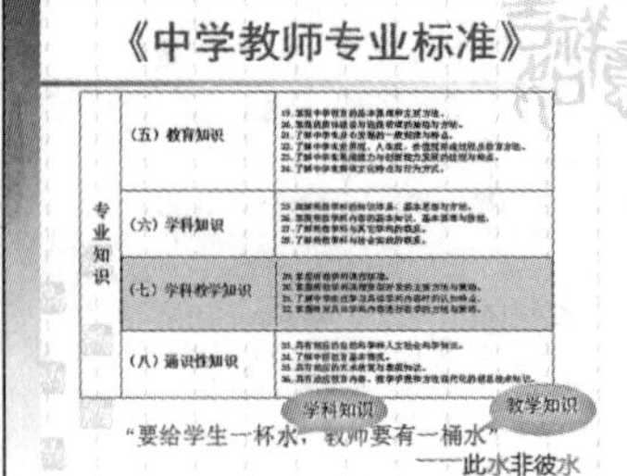

（二）教师培训现状

- 1. 多头培训造成重复，课程设置盲目
- 2. 因人设课，脱离教师实际需要
- 3. 课程模块不全面，没有完全涵盖教师专业素质结构要求（比如师德和专业）；理论课程与实践课程比例和结构失衡
- 4. “一刀切”“一锅煮”，忽视培训的个性化需求
- 5. 与教师职前教育的衔接性不强

（三）学校研修组织与管理的现状

- 调研结果显示，从学校研修的“主体与指导”来看，32%的教师认为“教师单打独斗多，专业支持少”；
- 从学校研修的“时间与效率”看，27%的教师认为“应对检评多，长期坚持少”；
- 从学校研修的“组织与形式”看，24%的教师认为“学校常规活动多，研讨交流少”；16%的教师认为“教师专业发展的组织支持力欠缺”；
- 从学校研修的“内容与形式”看，17%的教师认为“上级任务布置多，深入研讨少”。

（四）教师培训的总体形势——全面转型

初级阶段

培训目标与课程

1.以“达标”培训为主；

中级阶段

培训目标与课程

高级阶段

培训目标与课程

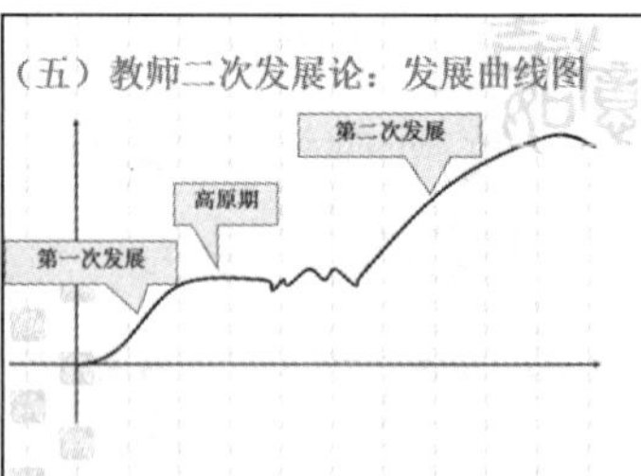

（六）教师的声音

- 教师的声音：在我内心深处，一直以来都有一种深深的感动！这种感动来源于学校众多的教师群体，来源于学校浓厚的研修氛围。我一直渴望能够把学校教师参与教科研活动，以及他们在教科研中尽情展露个性才华、挥洒自我风采的动人场景痛快淋漓地表达出来，全方位、多角度地展示他们成长的过程。
- ——云南教师王晖《研究着、快乐着——校本研修工作手记》

二、什么是增强课堂教学效果的校本研修？

什么是校本？按照专家的观点，校本就是“为了学校”“在学校中”“基于学校”。通俗地说就是在校本部，在学校里。那么，“校本”是不是一定就是在一间学校里呢？不一定，这太狭隘，应该是就学校而论，只要是学校里，那怕是校际间交流也是为了学校也可理解为“校本”，而不是其他科研机构开展的。

- 研修：《辞源》上说，研，学习、遵循；著作、撰写。修，磨、碾；研究、探讨。针对学校教育工作而言，是想通过学校管理者、学校教育科学研究、教师的研究，提高教师教学的能力，解决问题的能力，使教师能解决教育教学中的具体问题和困难，熟练应用已有的知识，服务于教育教学，又在教学和管理中提高自己，不断地更新自己，逐渐地构造自己的教学风格，提高教育教学质量。

教得有效

考得满意

（一）校本研修的由来

- 从教研、校本教研到校本研修
- 再到增强课堂教学效果的校本研修

教育部基础教育司副司长朱慕菊：

将教学研究工作的重心下移到学校，形成与新课程相适应的“以校为本教研制度”，这是当前学校发展和教师成长的现实要求与紧迫任务，也是深化教学改革的方向和重点。

顾泠沅《再造教师学习文化》：

正是在上述意义上，我认为把“校本教研”称为“校本研修”更为合适，因为它既是教师教学方式、研究方式的一场深刻变革，同时也是教师学习方式、历练方式的一场深刻变革。校本研修让教师成为教学、研究和进修的真正主人。

——摘自《现代教学》2005/1—2合刊

校本研修与以往的校本教研相比较，有哪些新的特点和新的发展？

①从技术熟练取向到文化生态取向。
②从研究教材教法到全面研究学生、教师的行为。
③从重在组织活动到重在培育研究状态。
④从关注狭隘经验到关注理念更新和文化再造。

教育部基础教育课程教材发展中心：

学校应依托年级教研组、学科教研组或教师自愿组成的团队，以问题驱动带动教研修一体化。

——摘自《“创建以校为本教研制度建基地”项目工作会议纪要》

学校三种主流研修途径的区别

	教研组研修	年级组研修	项目组研修
目的	提升教师学科教学能力	提升教师育人能力	提升教师校本课程开发、主题、课题研究等能力
主体	学科教师	班主任及年级组全体教师	承担项目任务的教师
内容	新课程的校本化实施中的备课、上课、练习、辅导、评价；教学质量监控等	学生思想发展的分析预测、对班级集体的组织管理、协调各种教育影响，以及突发事件的处理等	开发和实施校本课程——拓展型课程、研究型课程，以及教学中的热点和难点问题。
支撑	教学处	德育处	科研处

校本研修的“金三角”

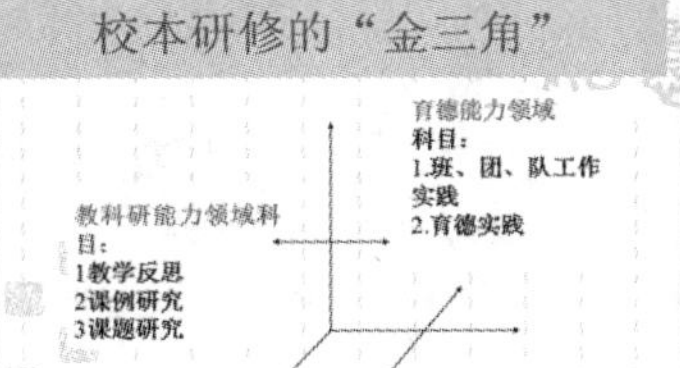

（二）校本研修的原则

♣学生中心原则

♣A．坚持满足学生群体和个体的需求，以需定教师，定主题；

♣B．坚持共性和个性相结合，以需求定培训。

♣教师需求原则

♣A．坚持满足教师群体和个体的需求，以需定训；

♣B．坚持共性和个性相结合，以求定训。

♣以校为本的原则

♣A、校长和教育教学的中层干部是研修的发起者和组织者，在研修中起主导作用；

♣B、教师不必脱离工作岗位，转换角色，就在学校接受全面的研修；

♣C、因校制宜地制定校本研修的方案、计划，建立校本研修的管理制度、评价制度、激励机制，从而保证校本研修的针对性和实效性；

♣D、贴近学校的教育教学实际，要有常规性的全员研修模式和非全员性个别化的研修模式。

♣校长负责原则

♣A、校长是校本研修的组织者和管理者；

♣B、校长是校本研修的引导者和学习者。

充分体现教育家办学

（三）校本研修的目标

♣促进学生全面发展

♣A、学生群体全面发展，优质发展，提升学生核心素养的水平。这里要从学校发展目标中去研修教师群体的指导能力。

♣B、学生个体发展促进学生群体发展。这里要区别对待。

♣促进教师专业发展

♣A、教师群体发展，提升教师队伍指导水平。这里要从学校发展目标中去研修教师群体的研修文化。

♣B、教师个体发展促进教师群体发展。这里要区别对待（正能量与负能量）。

♣推进学校文化发展

♣A、教师专业化成长是一个循序渐进的发展过程，因此校本研修是学校组织发展的重要目标。

♣B、以校为本的高质量教师队伍是校本研修实效性的惟一体现，对提升学校的办学质量最具实际意义。

♣C、校本研修有助于校本教育行动研究，学校在此基础上更具有发展活力。

校本研修那些事儿

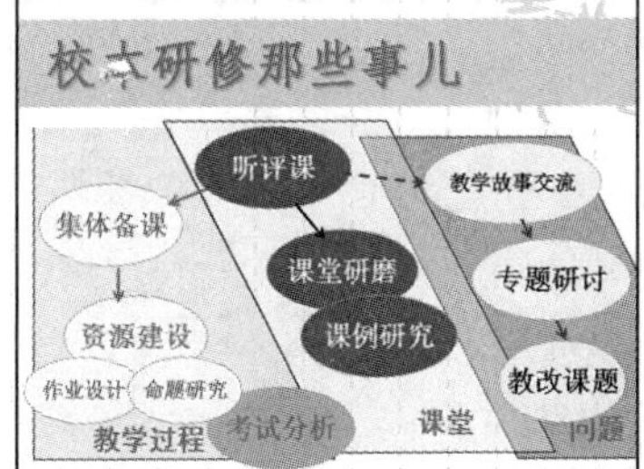

三、怎样构建基于增强课堂教学效果的校本研修模式

朱慕菊副司长在《全国基础教育教学研究工作研讨会》的讲话指出，“随着课程改革的整个推进，教研队伍的工作定位越来越清晰，机构的变更、合并，职能的重新划分，要逐步建立起新的体系和机制。”

校本研修三个模块的设计

模块一：问题反思——问题反思侧重在对遇到的具体问题的即时思考和解决。

模块二：专题探索——专题探索是选择一个主题，以较为系统的方式寻求问题的解决。

模块三：课题研究——当研究方法的设计和运用比较规范时，就进入了课题研究的层面。

模块一：问题反思

反思

教学常规问题反思案例

怎么备课　怎样上课　如何批改　怎样辅导　如何测试

策略？

问题反思1：如何提高备课质量？

如：一位数学名师“一个章节，三次备课”的原型经验

第一次备课——摆进自我，不看任何参考书与文献，全按个人见解准备方案

第二次备课——广泛涉猎，分类处理各种文献的不同见解（我有他有，我无他有，我有他无）后修改方案

第三次备课——边教边改，在设想与上课的不同细节中，区别顺利与困难之处，课后再“备课”

……关注（自我、文献、收获）和两个反思支架（更新理念、……行为）的课堂改革经验，无一例外是教师成长的捷径。

备课的知识与智能

学科教学知识
Pedagogical Content Knowledge

课程知识　学科知识　教学知识　学生知识　PCK

◎PCK是关于教师如何针对特定的学科主题及学生的不同兴趣与能力，将学科知识组织、调整与呈现，以进行有效教学的知识。

◎PCK与其说是一种知识，不如说是一种教师特有的“转化”的智能，即将学科知识“转化”成学生有效获得的学科教学智能。

学科的知识 —教学设计→ 教学的知识 —教学过程→ 学生的知识

小学数学专家与非专家教师PCK差异比较

（北师大李琼 香港中文大学倪玉菁、萧宁波，2008）

[例]学生在异分母加法时的典型错误 $\frac{3}{4}+\frac{4}{5}=\frac{7}{9}$

非专家教师：虽然发现了用错分数加法法则，未发现学生受“整数加法的负迁移”，直接从加法法则入手，纠错、强调记住法则，学会运用。

专家教师：也强调分数加法法则，更注重从分析学生错误概念本质入手，深层理解。特定学习内容只有与学生思维特点结合，才能转化为教师的PCK。

12 + 24 = 36　（相同整数单位的整数，可以直接相加）

0.5 + 0.8 = 1.3　（相同小数单位的小数，可以直接相加）

$\frac{1}{5}+\frac{3}{5}=\frac{4}{5}$　（相同分数单位的分数，可以直接相加）

$\frac{1}{3}+\frac{1}{2}=\frac{2}{6}+\frac{3}{6}=\frac{5}{6}$　（不同分母分数相加，先要转化为相同分数单位的分数，才可以相加）

案例：设计"铺垫"引导探究
——中学数学《勾股定理》

$a^2+b^2=c^2$

勾股定理是数学教改的晴雨表：20世纪五六十年代数学课程中的严格论证、后来提倡的"量一量、算一算"、之后的"告诉结论""做中学"，直到现在的探究式等。数学教学要培养学生的数学计算、数学论证乃至数学决策等三大能力，勾股定理教学正是一个恰当的例子。

问题

（1）把勾股定理作为一个事实告诉学生，能否通过设计合适的学习情境做铺垫，引发学生的数学猜想。

（2）勾股定理的证明有难度，能否在上述铺垫的基础上，通过数形结合，引导学生自行论证，并从中懂得反驳与证明的价值。

反思改进

运用"脚手架"理论，通过"工作纸"进行"铺垫"，为学生的学习提供一种教学协助，帮助学生完成在现有能力下对高认知学习任务的难度攀升。

在方格纸内斜放一个正方形ABCD，每个小方格的边长为单位1，怎样计算正方形ABCD的面积？

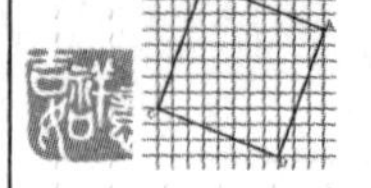

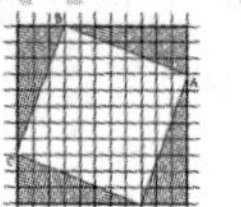

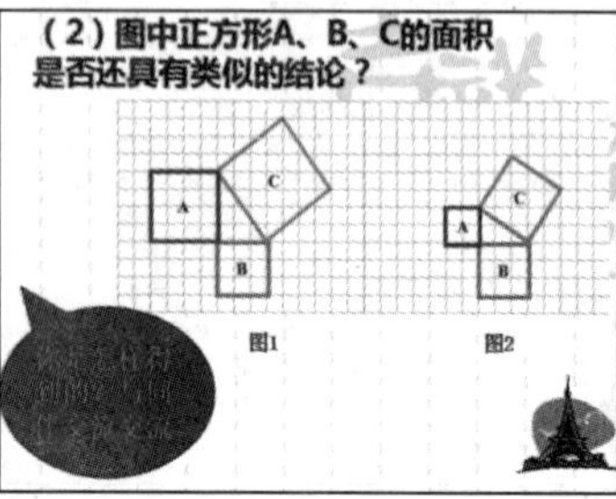

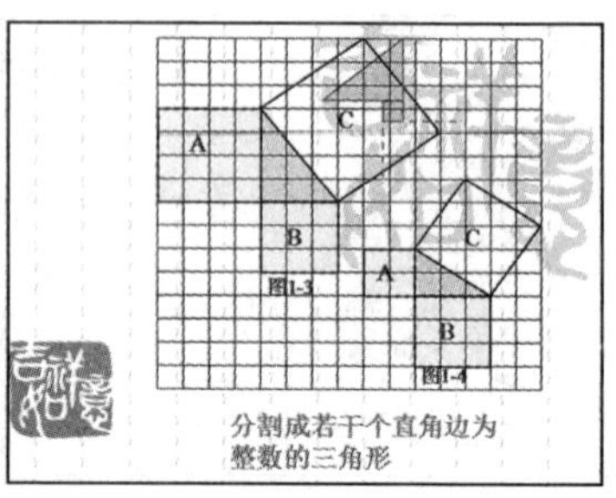

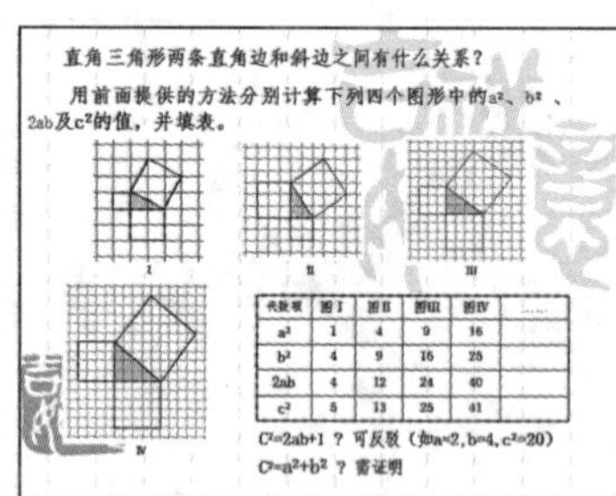

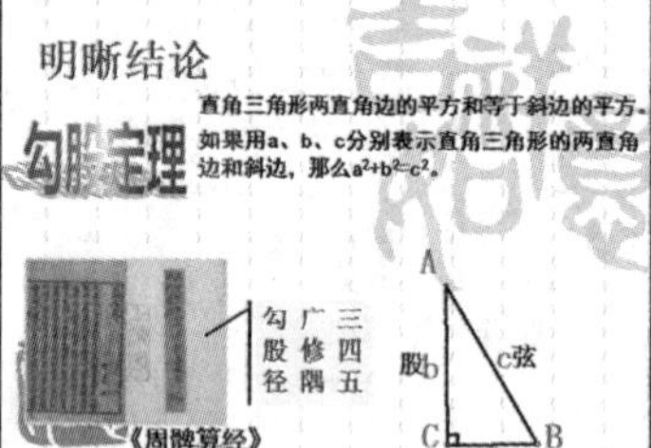

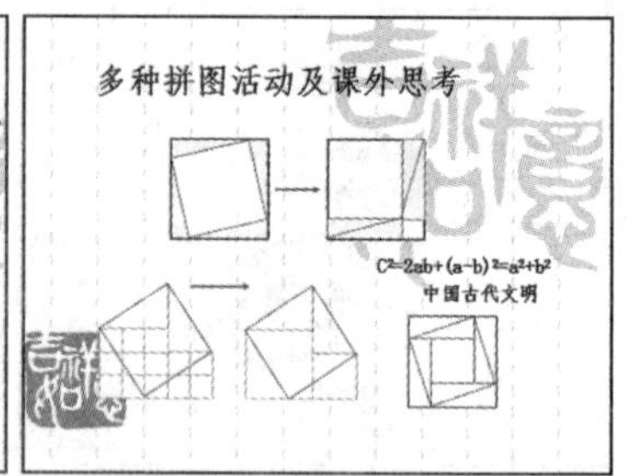

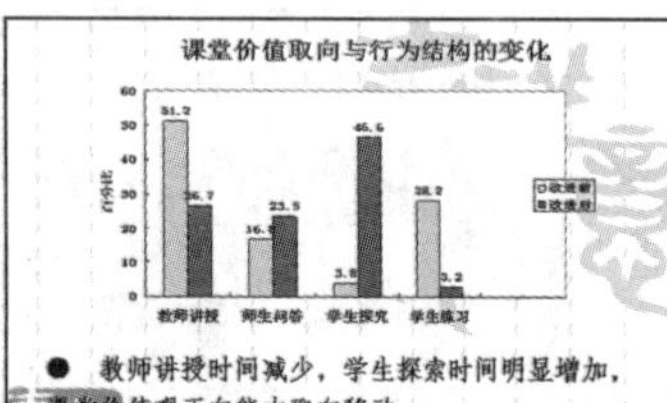

● 教师讲授时间减少，学生探索时间明显增加，课堂价值观正向能力取向移动

● 由于探索时间增加，学生课堂练习时间有所减少，但课外思考的空间扩大了

一个问题反思课例的设计与实施过程并非无可挑剔，甚至还有不少问题，这些并不重要，重要的是，这些例子都被一批普普通通的教师在与研究者合作的平台上亲自"做"了出来，可贵之处在于形成这些问题反思的行动及行动中教师们的成长。

问题反思2：如何上课更有效果？

中西教学模式比较

从《孔子讲学图》看中国传统教育：孔子总是居于高台或中心位置，学生们则凝神静气，倾听着老师的点拨。培养出的学生是唯师、唯书、唯上的。

中西教学模式比较

从油画《雅典学派》看西方传统教育：在画上伯拉图和他的学生亚里士多德边走边进行激烈的争论，他们的手势一上一下，表明了他们在思想上的原则性分歧。培养出的学生不迷信权威、敢于挑战权威、具有批判能力。

问题反思2：如何上课更有效果？

	课堂教学状态	最近改革区
一	师问师答	讲练结合(当堂训练)有所讲有所不讲，讲是为了练，用讲的东西来练。
二	师问生答	教学互动学习内容微型化，如何设计学生的微型活动，临场应变和生成教学环节
三	生问师答	先学后教(预习)带着问题来学习，有准备地来学习，老师答疑。
四	生问生答	以学为主(学生提出问题，学生解决问题)问题难不难，解决得好与不好

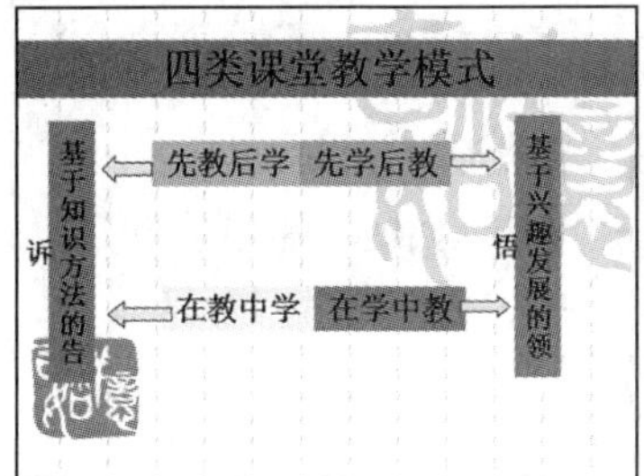

可汗学院(Khan Academy)

自小课业优异，就读于麻省理工学院，大学双修数学和电机电脑工程，工作后读了哈佛的MBA课程，可汗老师什么都教，从数学，物理，化学，一直到理财人生，但他自己从来不出现在镜头前面。

2010年初，朋友向比尔·盖茨推荐了可汗的网站，神奇得很，那些他怎么也解释不清的知识点，可汗通过短短12分钟的视频，就让孩子们融会贯通。盖茨直言“令人难以置信”，并说“我真有些嫉妒他”。盖茨对可汗的评价是：“他是一个先锋，他借助技术手段，帮助大众获取知识、认清自己的位置，这简直引领了一场革命！”

MOOCs课程

- MOOCs课程的五个特点：
- 第一，与传统教学一样，有开课时间和结束时间，每门课程5-8周比较合适，即要将传统的一学期课程分为2门MOOCs课程；
- 第二，采用以10分钟左右长度的讲授视频片断为主的教学方式，这是依据对网上学习的研究成果得出的最佳内容传递方式；
- 第三，辅以大量的练习题和作业，或由机器自动判题，或由学生同伴根据评价量规互评。有研究表明，学生同伴互评的平均结果与教师评分十分吻合，这对于不能机器自动判题的学科很适合，比如数学等需要演算过程的作业可以先写在纸上，再拍照上传后由同伴互评；
- 第四，来自全球的同学让课程论坛上24小时都有人响应，通过对学生帖子投票的方式将大家都关心的问题置顶，以得到教师和助教的回答；
- 第五，平台所收集的学生学习数据可以用于改进教学，当某个选项有上千人出错的时候，就会引起老师关注。

看微课程视频3：校本研修技术

你还有更加有效的方法吗？

问题反思3：如何布置与批改作业更科学？

思考一：作业的种类？
- 第一级：识记性练习
- 第二级：理解性练习
- 第三级：应用性练习
- 第四级：综合性练习
- 第五级：探究性练习
- 第六级：创新性练习

思考二：你怎么理解作业批改后全对？

方式：（1）教师批阅
（2）师生面批
（3）小组互批
（4）个人核对答案
（5） 改进评语

作用：（1）了解学生对相关知识的掌握程度
（2）把握学生的学习态度
（3）开发学生的学习潜能
（4）掌握学生的学习变化趋势

问题反思4：如何实施精准辅导？

1. 教师事务所 知多少？
2. 合作学习小组兵教兵
3. 《科尔曼报告》

皮亚杰的智力发展四个关键教育期——什么年龄做什么事

1. 感知运算阶段（出生-2岁）：婴儿通过叫喊、倾听、敲打、尝试所有新鲜事物，来探索这个世界。
2. 前运算阶段（2岁-6、7岁）：在这个阶段，儿童可以接受图像、文字和简单概念，但是他们不能接受变化，不能对它们进行操作。（算数，他们还不知道2 x 3和 3 x 2是一样的。）
3. 具体运算阶段（6、7岁-12岁）：在这个阶段，儿童掌握了操作符号、物体的能力，不过这些对象必须是具体的——对他们来说，抽象的概念和操作还是个难题。
4. 形式运算阶段（12岁以上）：从此开始，儿童能够思考抽象的概念。假设一演绎思维、抽象思维（完全的符号思维）系统思维

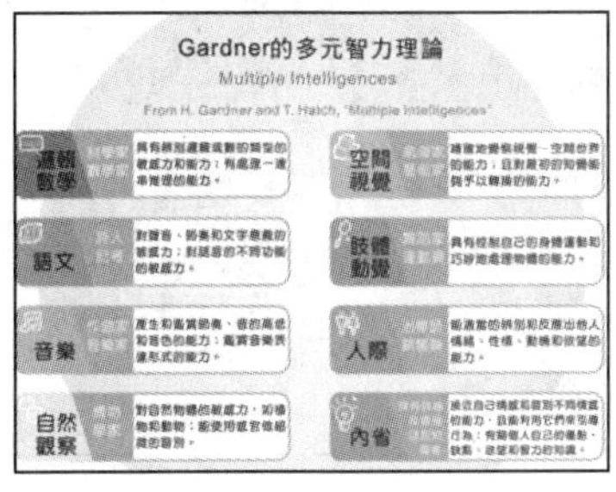

问题反思5：如何完善考试评价？

1、4-9年级数学自学竞赛
2、7-9年级数学物理微测试
3、分层分类测试

问题反思6：如何观课议课促提高？

- 我喜欢
- 我质疑
- 我建议

模块二：专题探索

如何探索？
1. 头脑风暴法（写问题）
2. 二八定律（定专题）
3. 鱼骨分析法（找原因与对策）

1. 头脑风暴法

从明确问题到会后评价，头脑风暴法有三个阶段

第一步：独立思考（6分钟）

你参加教育工作以来，在课堂教学方面有哪些困惑？遇到过哪些棘手问题？

请你用三句话写在即时贴上。

第二步：组内合作交流（每人不超过2分钟）

以团队（小组）为单位，组长主持：把个人的即时贴三句话粘贴在一张A3纸上。

第三步：归纳概括（5分钟）

组长主持：

1. 将组员的发言进行归纳、概括，将共同意见提炼为三句话。
2. 写在另一张纸上，尽量把字写大，写清楚，以便展示。

第四步：成果展示（每队不超过3分钟）

每个团队选派三名代表，将本团队归纳、概括的三句话与全班分享。

2．运用二八定律，确定专题

二八定律

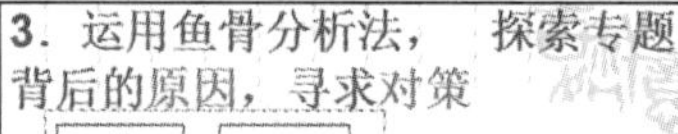

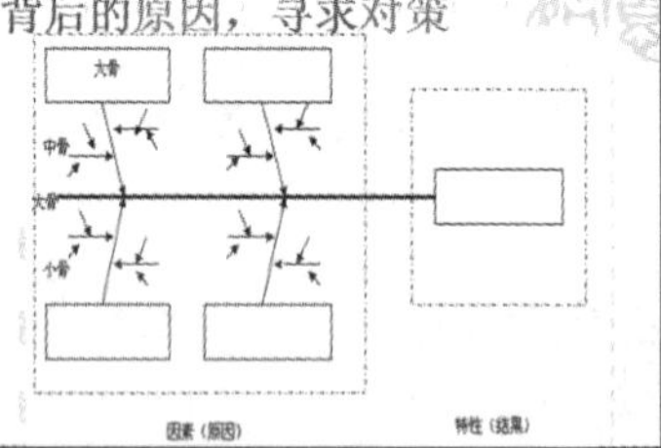

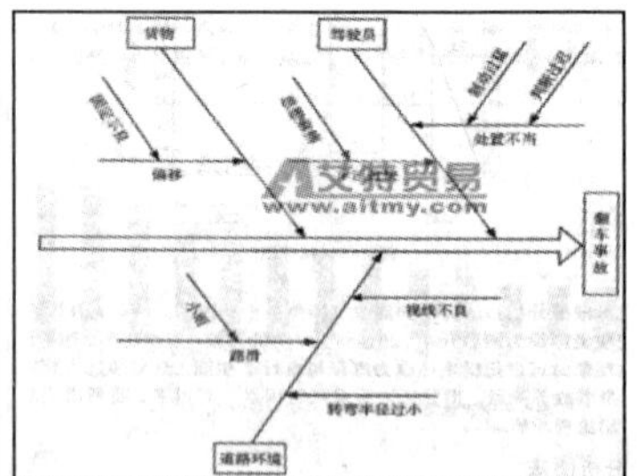

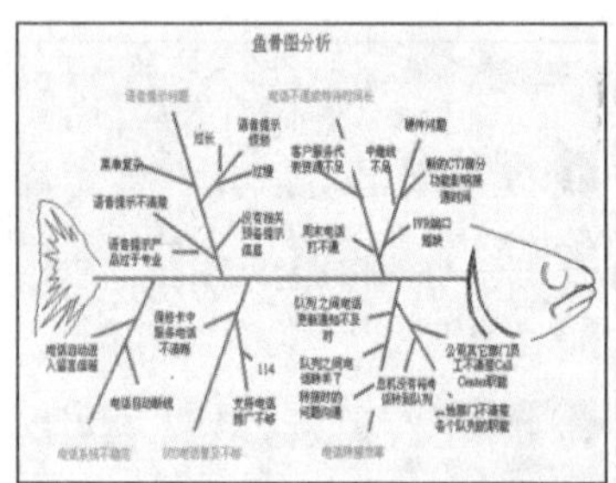

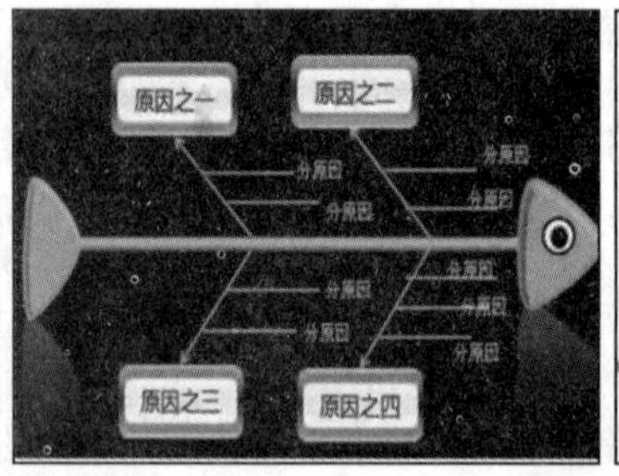

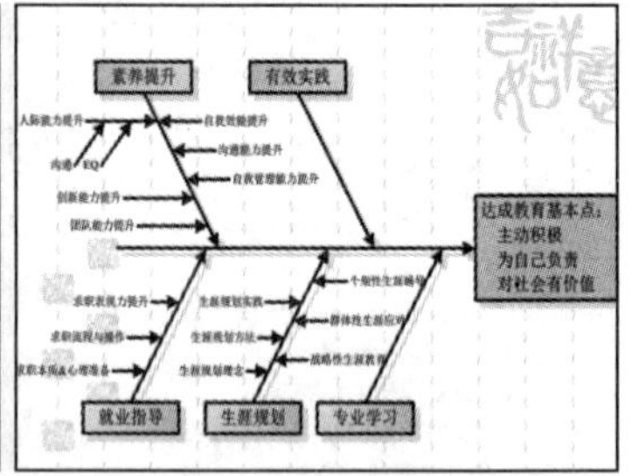

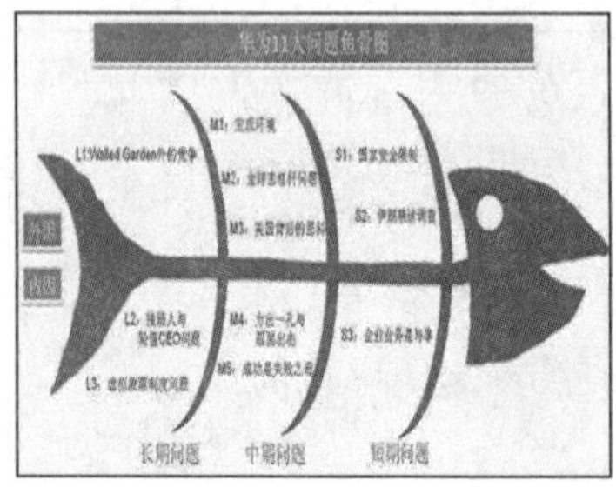

《走进图书馆》专题探索的案例

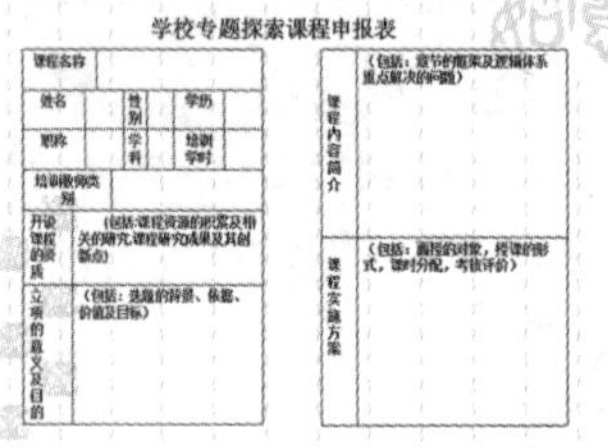

校本研修专题探索课程：案例一
学科教学改革成果转化

国内学科教学改革成果有哪些？

魏书生的语文课堂结构改革实验

此种改革尤突出学生的自学。作者在激发学生的学习兴趣和培养学生自学的能力和学习的方法习惯方面尤其下功夫，并创立了一套训练学生能力和习惯的方法体系。

在教学程序设计上，魏书生创立了“六步教学法”。（1）定向。明确教学要求，确定本节课的学习重、难点。（2）自学。学生独立学习，自己解决问题。（3）讨论。前后左右每4人为一组，讨论自学中不懂的问题。（4）答疑。立足于学生自己去解答疑难问题，每一小组回答教材中的一个问题。（5）自测。由学生拟出一组10分钟的自测题，让全班同学回答，学生自己的评分、自己检查自己的学习效果。（6）自结。先由每个学生自己口头上总结这一节课的学习过程和主要收获，再从各类学生中挑一到两名单独总结。

此教学模式中所包含的基本的学习活动类型有：学生独立自学、同学之间相互讨论、学生的自我评价和同学评价，尤其是突出了学生的独立学习（含自学、讨论、自测、自结等）的活动和环节。在教学程序的设计上，此教学模式运用了信息论和控制论的思想。

定向 自学 讨论 答疑 自测 自结

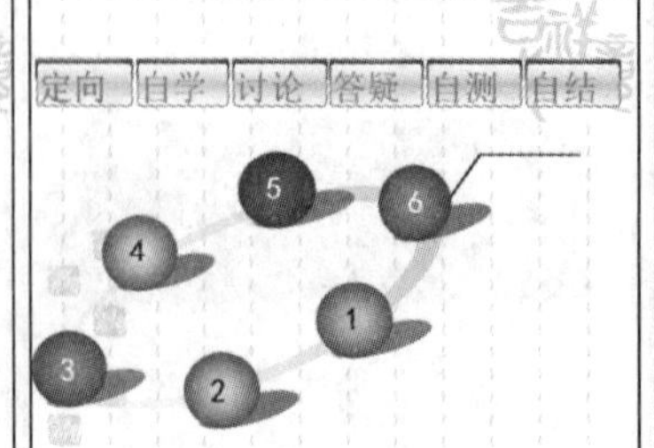

邱学华的小学数学尝试教学法

尝试教学法主要借鉴了布鲁纳的发现学习思想，重视老师指导下的学生的探索发现学习。其核心原则是“有指导的尝试原则”，即教师不把现成的结论教给学生，而是指导学生先自己去尝试解决问题，在解决问题的过程中去获得教材上的知识技能；学生尝试后，教师再有针对性地讲解。“先练后讲”是其基本精神。

尝试教学的基本教学程序是：（1）出示尝试题；（2）自学课本；（3）尝试练习；（4）学生讨论；（5）教师讲解。

在尝试教学法中，学生学习的基本活动有：自己阅读教材（自学），探索性地解答试题，同学之间讨论学习。这种教学模式最有特点之处在，它突出了学生在老师指导下的探索发现学习活动，并以探索发现学习带动学生自学教材。

卢仲衡，1923年出生于广东茂名县（现高州市），40年代参加革命，曾参加粤桂边纵队游击队，1952年毕业于中山大学教育科学研究所心理学部（研究生）。并分配到华东师范大学从事心理学教学。由于口音问题，师生交流有困难，1953年调入中国科学院心理研究所，现为中国科学院心理研究所研究员（已离休）。曾兼任中央教育教学科学研究所研究员、全国教育科学“七五”“八五”规划学科组成员、《教育研究》编委、全国中学自学辅导教学研究组组长。

卢仲衡的中学数学自学辅导教学模式

该模式通过提供方便于学生自学的按“九条心理学原则”精心编写的教材，即“三个本子”——课本（附练习答案）、练习本和测验本，将自学当作学生学习的主要活动形式。

其设计的教学程序是：（1）启，即由老师启发学生从旧知识进入新的问题情境。（2）读，就是学生以“粗细精”的方式阅读课本。（3）练，学生在练习本上的练习。（4）知，当时知道练习结果，校正答案，自我纠正错误。（5）结，教师向全班学生小结，概括讲解课本内容，并就学生自学中的问题引起同学讨论。

该模式以学生的自学（自己阅读、练习、评价）作为学习活动的主要形式。老师对学生的指导主要是在事先培养学生自学能力和启发、总结上，教学程序设计运用了及时强化的原则（受斯金纳程序教学影响）。

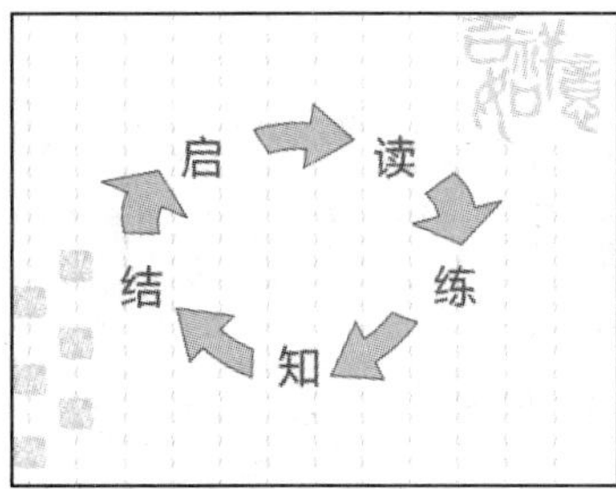

黎世法，男，异步教育学创始人、著名教育改革家、国务院特殊津贴专家。现任湖北大学异步教学研究和推广中心主任、湖北大学异步教学研究会理事长、《异步教学研究》杂志主编、武汉和康异步教学开发有限公司总指导。

黎世法的异步教学模式

异步教学以“学生学习的个体化和教师指导的异步化的有效统一”为其主要特点。异步教学突出了学生的个体自学，强调教师根据学生自学的情况和存在问题的涉及面，按班、部分学生和个别学生进行分类指导。

异步教学有严格设计的学习程序和指导程序，并将两者糅合在一起。学生学习的程序有六步，即“六步学习法”：自学—启发（指学生自己对自己的启发）—小结—作业—改错—总结。老师指导的程序有五步，称“五步指导法”：提出问题—启发思维—明了学情—研讨学习—强化效应。学习程序和指导程序耦合为异步课堂教学程序：提出问题—启发思维—学生学习（=自学—启发—小节—作业—改错—总结）—明了学情—研讨学习—强化效应。

此种教学模式特点是：将学生的自学程序化了，学习主要是学生的自学（包括阅读教材，自己解决问题、作业、小结、改错等）；教师指导也程序化了，并突出了学生与老师之间的研讨学习。

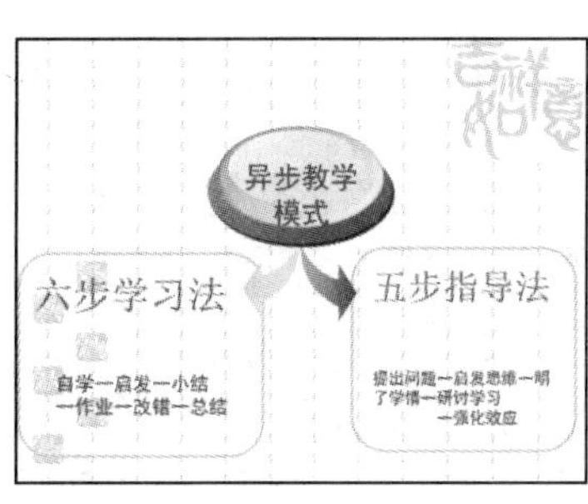

段力佩（1907—2003）教育家江苏金坛人。原名立培。1925年该校毕业。1929年毕业于江苏省立第一师范学院后，回家乡书院小学执教。

曾任全国政协委员，上海政协常委、人大代表，静安区副区长、政协副主席，民进中央副秘书长，常委兼教改研究会副会长，民进上海市副主委以及中国教育协会常务理事、上海教育学会副委员长，上海教育工会副主席，上海人才协会理事，上海伦理学会顾问，上海教育出版社编审等职。著有《段力佩教育论文集》，主编《育才教改经验汇编》。

上海育才中学的语文八字教学法

此教学模式看似简单，实际上它突出了学生的自学和在自学基础上的交往性学习（讨论）和课堂练习，强调学生的主动学习。

其教学程序是：（1）读读：学生自己阅读教材。（2）议议：同桌或邻桌相互提出疑问、讨论。（3）练练：让学生在课堂上做必要的练习，做到当堂理解消化和巩固。（4）讲讲：贯穿于教学全过程，主要是由教师针对学生提出的问题进行点拨、解惑、总结，指导学生读、议、练。显然，在该教学模式中，学生的学习活动主要是自学，包括阅读、讨论、练习等。

顾泠沅，1944年生，江苏吴江人。1967年结业于复旦大学数学系。1984年加入中国共产党，1993年获华东师范大学教育学博士学位。

历任上海市青浦县莲盛中学教师，青浦县教师进修学校数学教研员、教研室主任、副校长，全国数学教学研究会副理事长。特级教师。现为上海市教育科学研究院副院长、研究员，华东师范大学教授、博士生导师，兼任上海及全国教育科研、课程改革、教师教育等领域的多种职务。

在上海青浦县主持长达十五年的数学教育改革实验，并进行了近十年的后续研究。组织教改实验小组。根据农村教育实际，有效地提高中学教育教学质量。撰有《改革数学教学的一项实验研究》、《教学经验的筛选方法》等文。多次被评为上海市劳动模范、全国劳动模范，1986年获全国五一劳动奖章。享受国务院特殊津贴

校本研修专题探索课程：案例二

怎样提高中下层学生的数学成绩？

魏国良的数学小步教学法

2002年3月，经深圳市教育科学规划领导小组批准，深圳市龙岗区实验学校数学学科组申报《数学小步训练——九年一贯制学校教师教学方式转变的研究与实验》课题被列为深圳市教育科学“十五”规划课题（课题批准号：ZD-D004），魏国良是业务主持人。近十五年来，课题进展顺利，研究过程规范，课题的理论探索与实践研究有较好的阶段性成果，自2003年6月起十三次中考中，我校九年级学生数学平均分、优秀率、良好率、合格率、低分控制率稳居全区首位。“数学小步教学”已成为深圳市龙岗区数学课堂教学的一张名片。

斯金纳是新行为主义者，是操作性条件反射的发明者，他在1930年开始些的一系列论文中提出一套关于行为的理论，这种理论是以他在自己独创的一种类型的实验中对于动物行为的观察为出发点。他观察在他自己特制的“斯金纳箱”里的白鼠按压杠杆的活动，得出了动物学习遵循“小步子”和“及时强化”的两条原则，他认为有机体运用这两条原则就能形成复杂行为，后来他根据这两条原则编写线性教学教材。

操作性条件反射的学习理论

- 斯金纳（B. F. Skinner, 1904-1990）
- 美国行为主义心理学家，在美国心理学界评选的“20世纪最伟大的100名心理学家”名列榜首
- 操作性条件反射理论的奠基者
- 其发现在现实中得到广泛应用
- 白鼠学习实验：

操作性条件反射-实验装置

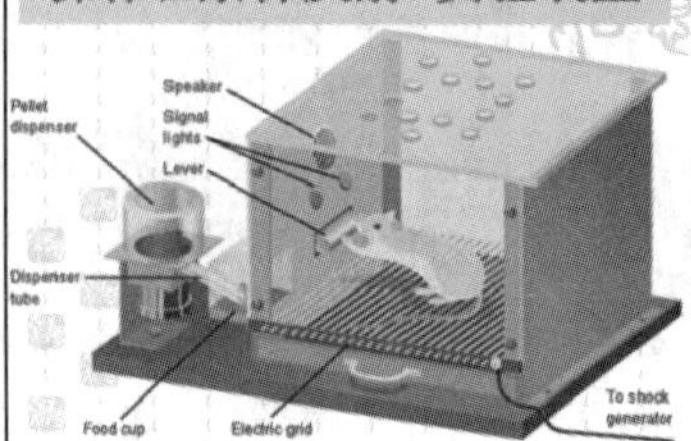

操作性条件反射-实验过程

1. 将饿鼠放入斯金纳箱，白鼠经过反复探索，迟早会做出按压杠杆的动作，得到一粒食物丸。
2. 若干次后，饿鼠便形成按压杠杆取得食物的条件反射。
3. 在另一个实验中，开始时鸽子啄三个按钮是随机的。但如果在啄红色按钮时给它食物，啄黄色按钮时不给予任何刺激，在啄蓝色按钮时给予电击，一段时间后，鸽子啄取红色按钮的次数明显高于啄取其他两个按钮的次数。

中国科学院心理研究所在1963年开始用一个研究所的力量来研究程序教学，在卢仲衡教授的主持下，逐步形成了有中国特色的、公认有效的“数学自学辅导教学”，2001年9月我校被批准承担全国教育科学十五规划课题二级课题《自学辅导教学培养学生从会学到创新的研究与实验》。已于2004年10月顺利结题。

改进传统的程序教学

1972年维纳经过(B.Weiner）研究认为，程序化教学的“小步子”，对最初的学习是很有效的，学生自己能学懂，能引起他们的好奇心，但长久地学习下去，学生总觉得是成功的，渐渐就不爱动脑筋了。我们选题就是为了发挥“小步子”的优势，探讨从小步过渡到大步的途径，全面提高学生数学思维能力。

符合儿童心理认知规律

奈瑟（U.Neiseer）于1967年发表了《认知心理学》一书。他认为学习是一个过程，或者说得更明确一些，是一套过程。一个单独的学习动作至少有一个开端和一个结尾。在一个学习动作的历程中有许多不同的过程在进行着。学习者依赖自身的内部状态，对外界情境进行知觉、记忆、思维等一系列认知活动，导致认知结构发生变化。

皮亚杰（J.Piaget）、布鲁纳(J.S.Pruner)都对认知规律进行了研究。“数学小步训练”正是从儿童的认知规律出发，将“知识问题化、知识技能化、技能层次化”，使不同的学生在数学上得到不同的发展。

数学小步训练

(1)“选”：即学生自己选层次

素质教育要求面向全体学生，让学生全面主动地发展，而学生的知识水平、智力程度、个性差异等参差不齐。为了让各层次学生的潜能得到充分的发展，就必须尽可能地寻找到各层次学生的学力出发点，以便让不同层次的学生从较适合的出发点开始学习，从而达到爱学、会学、学好的目的。所以，在开学初，我们都对学生进行一次学力诊断，根据测验结果，学生自己选四人合作学习小组，每组有A、B、C、D四个层次，为数学小步子训练的顺利实施做好组织准备。

(2)“编”：编题。即教学设计

可以这样说，目前的资料和教材上的练习题，因为层次不甚分明，相对难度大，跨度大，不适应中下层学生。这就要求教师深入研究课程标准，吃透教材，了解学生，根据每个章节的知识点依照概念的引入过程、定理（公式）的发现过程，定理（公式）的应用过程，以及不同层次学生的教学目标，采取由低级向高级、由简单到复杂，由具体到抽象的循环渐进的方式编写出相应的小步训练题，使各层次学生的学习在各自的“最近发展区”得到最充分的发展。

如代数“一元二次方程的根与系数的关系”教学时，为了让每个层次学生都能“悟”出韦达定理的数学表达式，我们编拟了练习1。

深圳市龙岗区实验学校

练习1：

方程	两个根		两根的和	两根的积
	x_1	x_2	x_1+x_2	$x_1 \cdot x_2$
$x^2+5x+6=0$				
$x^2+2x-3=0$				
$x^2+5x+6=0$				
$x^2+5x+6=0$				
$ax^2+bx+c=0$ $(a \neq 0, b^2-4ac \geq 0)$				

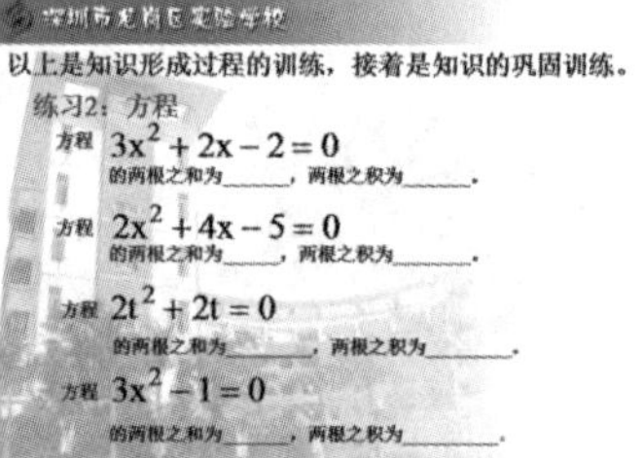

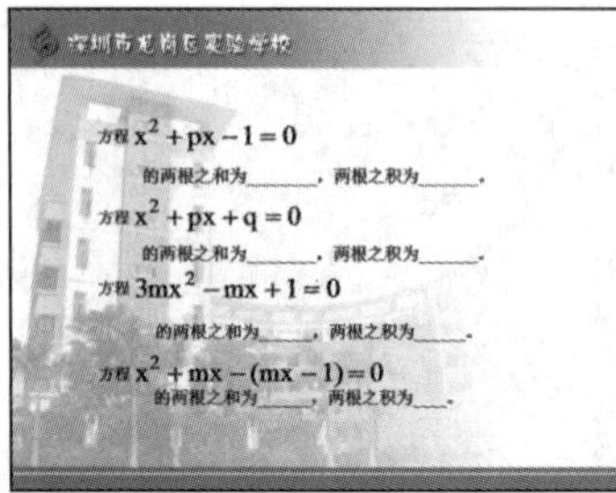

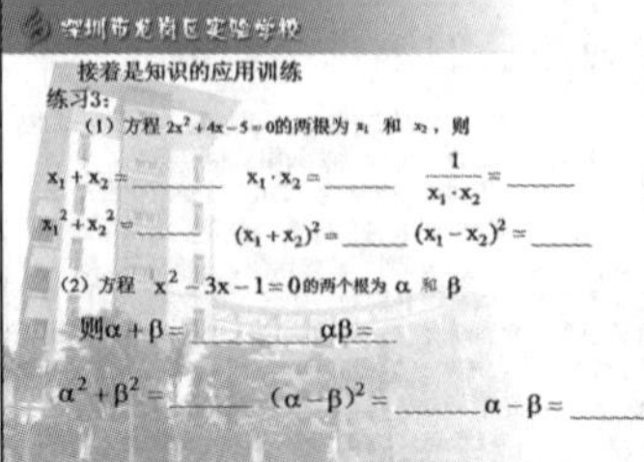

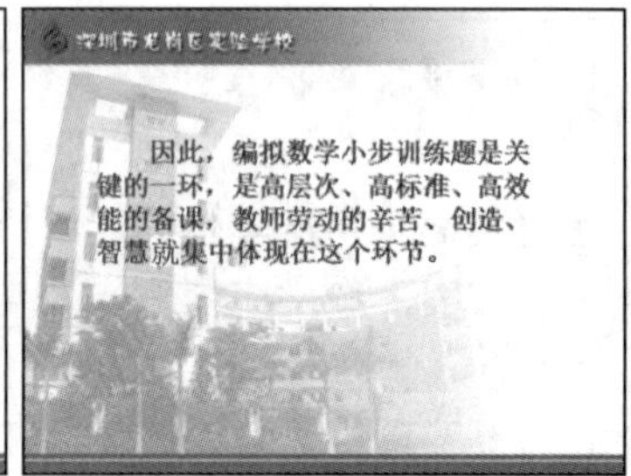

深圳市龙岗区实验学校

(3)“练”：学生自主演练

即将不同层次的小步题让相应层次的学生在课堂上练，堂上无声，但“此时无声胜有声”。

教师的主导作用不是在口头上，而是通过小步题目寓于学生的操作训练之中，真正体现教师为主导，学生为主体，训练为主线。在课堂上教师显得“无为”，但其落脚点却是学生“有为”，正如老子所言：“我无为也，而民自化；我好静，而民自正；我无事，而民自富；我欲不欲，而民自朴。”（《老子》）

深圳市龙岗区实验学校

(4)“评”：生生、师生评价

每练完一个知识点的小步训练题组，用3-5分钟时间根据学生练习的情况或让学生自己归纳，或教师自己归纳总结：

结论是怎样发现的？

解题思路是如何找到的？

点评易错之处，进行有效的反馈矫正。

再思考：数学小步教学法的操作模式

- 分组：将学生进行学力诊断后按知识起点分组，建立四人小组合作学习小组。
- 备课：Ⅰ、创设情境探究模型验证（证明）运用。
- Ⅱ、编拟题目：对例题的全方位探索分为基本性联系（模仿性练习），发展性练习、综合性练习和提高性练习。下面以“十字相乘法分解因式”为例分析说明。

$$(x+a)(x+b)=x^2+(a+b)x+ab$$

$$x^2+(a+b)x+ab=(x+a)(x+b)$$

A、模仿性练习：贴近例题，达到理解

- （1）x^2+3x+2
- （2）t^2-7t+6
- （3）$y^2-7y-18$

B、发展性练习：探求实质、达到掌握

- （1）x^4+6x^2+5
- （2）$a^2b^2+7ab-8$
- （3）$x^2-3xy+2y^2$
- （4）$a^2-9ab+14b^2$
- (5) $x^2+11xy+18y^2$
- (6) $5x^2+6xy-8y^2$
- (7) $(x+y)^2-4(x+y)+3$
- (8) $4x^4y^4-5x^2y^3-9y^2$

C、综合性练习：灵活掌握

（1）x^3-2x^2-15x

（2）$(x^2-x)^2-4(x^2-x)-12$

（3）$(x^2+2x)^2-14(x^2+2x)-15$

D、提高性练习（对学有余力者）

- （1）$(y+3)(y+2)-6$
- （2）$(x^2+5x-3)(x^2+5x+2)-6$
- （3）$(y-1)(y+2)(y-3)(y+4)+24$

E、竞赛练习

- （1）$a^3+b^3+c^3-3abc$
- （2）$x^2-y^2-2x-4y-3$

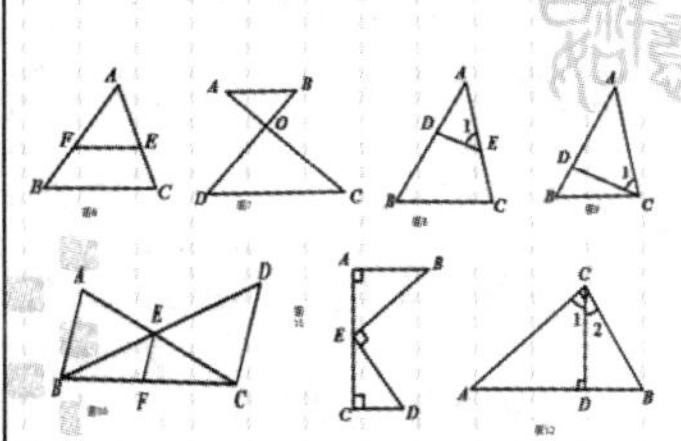

试讨论下列各种情况下∠A、∠C、∠E三者之间的关系.

1. ①如图，AB∥DE，你能找到∠BCE、∠B、∠E之间的关系吗？
②如图，AB∥DE，你能找到∠1、∠2、∠3、∠4之间的关系吗？
③如图，AB∥DE，你能找到∠1、∠2、∠3、∠4、∠5、∠6、∠7之间的关系吗？

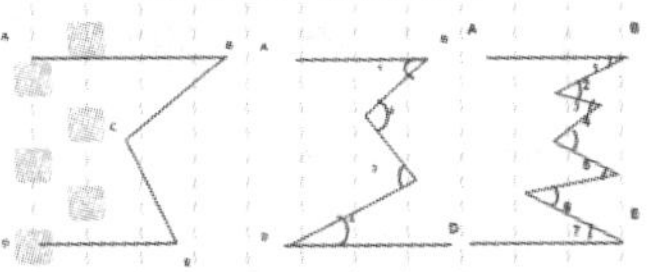

2,从另一角度对图形进行变化：

① 如图，MA1∥NA3，则∠A1+∠A2+∠A3=________度.

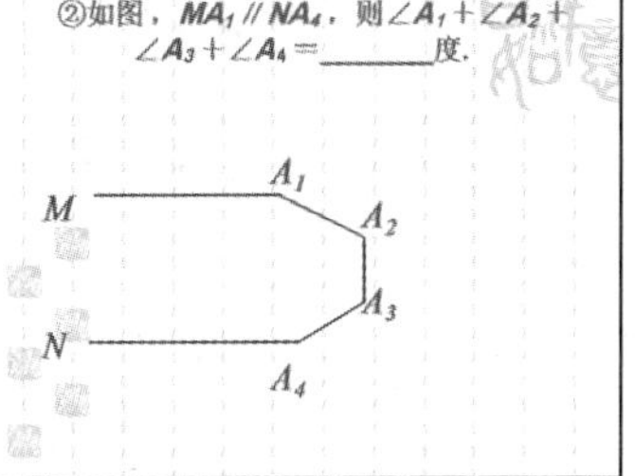

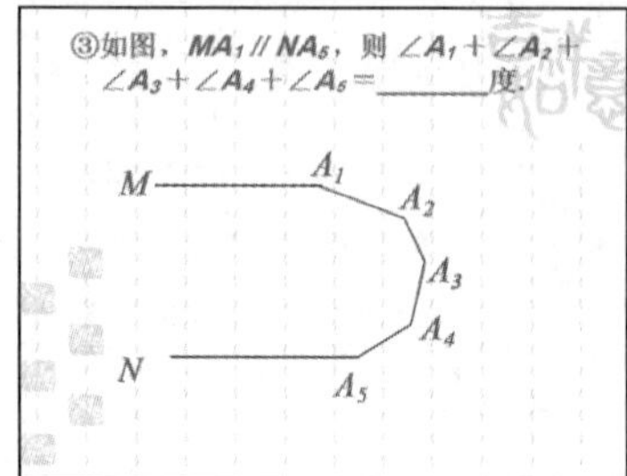

七年级上 §2.3《绝对值》

♣一、“—”与相反数

♣ 1、填空

♣(1)“-2”读作：2的相反数；

♣(2)“-(-2)”读作：______________，即-(-2)=____；

♣(3)“-(-20)”读作：______________，即-(-20)=____；

♣(4)“-(-a)”读作：______________，即-(-a)=____；

♣(5)“-(a-b)”读作：______________，即-(a-b)=______；

♣ 2、去括号

♣(1) -10-(-5)=______=____；(2) 15-(-10)=______=____；

♣(3) -10-(+5)=______=____；(4) -(-10)+(-25)=______

二、距离与绝对值

♣1.如图所示，写两点间的距离，并用绝对值表示：E D C B A（数轴：-4 -3 -2 -1 0 1 2 3 4）

♣(1) AC=|________|=______，

♣(2) AD=|________|=______，

♣(3)BD=|________|=______，(4)BE=|________|=______，

♣(5)CD=|________|=______，(6)CE=|________|=______，

2.绝对值的意义

(1) |3-2|表示：______到______的距离，

♣即|3-2|=______；

♣(2)|3-(-2)|表示：______到______的距离，

♣即|3-(-2)|=______；

♣(3) |5-(-5)|表示：______到______的距离，

♣即|5-(-5)|=______；

♣(4) |-5-(-2)|表示：______到______的距离，

♣即|-5-(-2)|=______；

♣(5) |a-b|表示：______到______的距离，

♣即|a-b|=______ (a>b)；

♣(6) |4+5|=|4-(　)|表示：______到______的距离，即|4+5|=______；

♣(7) |-3+7|=|-3______|表示：______到______的距离，即|-3+7|=______；

♣(8)|4|=|4-____|表示：______到______的距离，即|-4|=______；

♣(9) |-5|=|-5-____|表示：______到______的距离，即|-5|=______；

♣(10) |-9|表示：______到______的距离，

♣即|-9|=______；

♣(11) |a|表示：______到______的距离，当a>0时，|a|=______；当a<0时，|a|=______；当a=0时，|a|=______；

3.绝对值的性质

♣*大小：

♣对于任意数a-b，|a-b|________；对于任意数a，|a|________

♣*去绝对值

♣当a>0时，|a|=________（即正数的绝对值等于______）；

♣当a<0时，|a|=________（即负数的绝对值等于________）；

♣当a=0时，|a|=________（即0的绝对值等于______）；

♣当a-b>0时，|a-b|=________（即正数的绝对值等于______）；

♣当a-b<0时，|a-b|=________（即负数的绝对值等于__________）；

♣当a-b=0时，|a-b|=________（即0的绝对值等于______）；

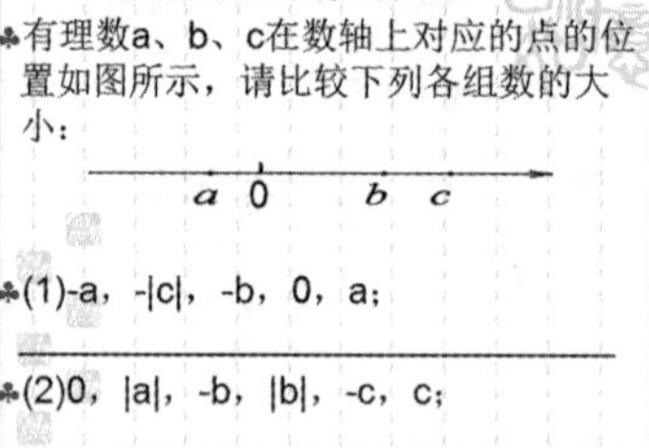

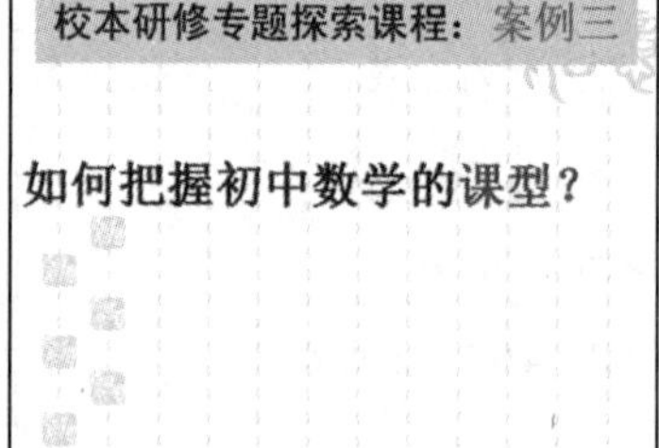

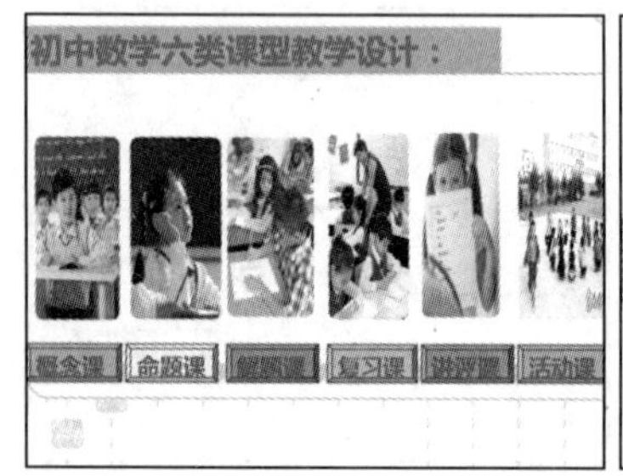

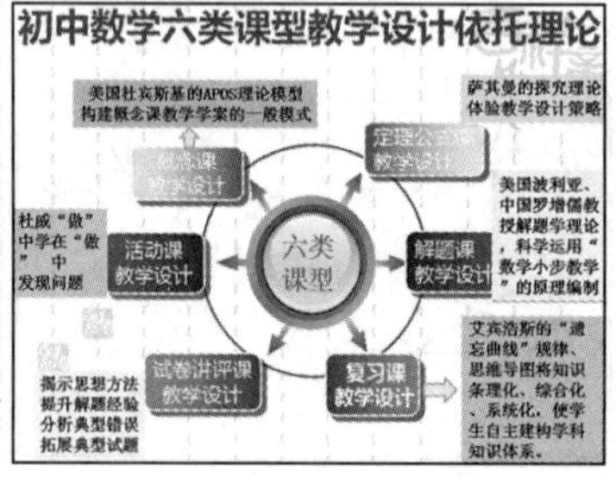

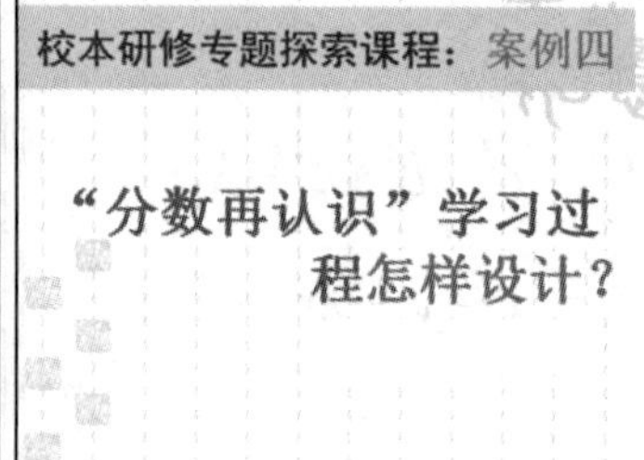

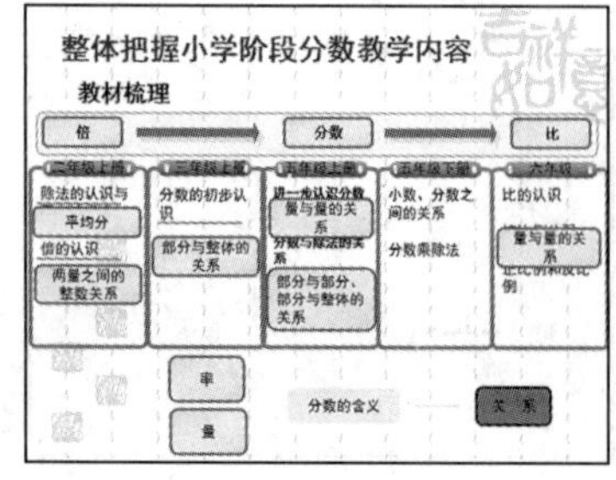

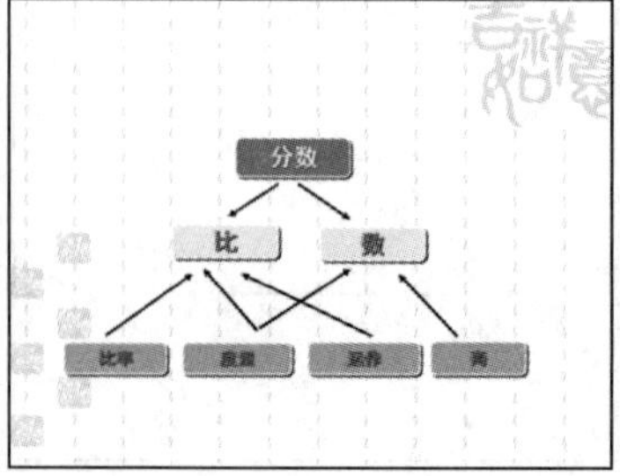

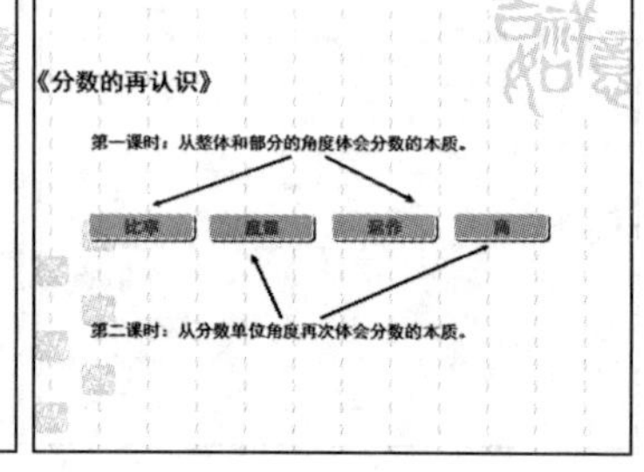

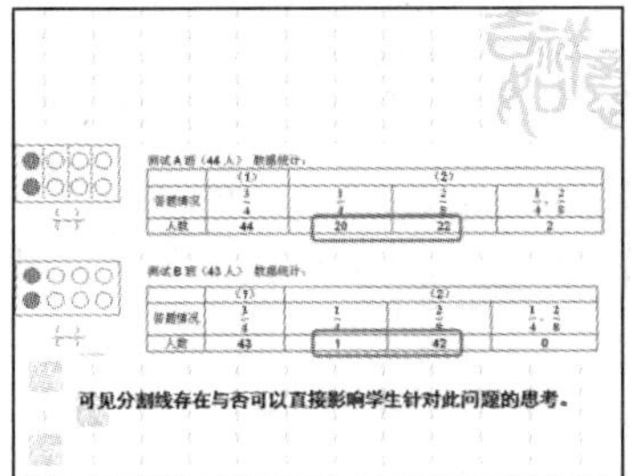

学习路线的设计

【探索活动一】

1. 现有一些口香糖，请你动手分一分，把它平均分给你们小组的每个同学，然后将分的结果记录在表格里：

	第一次	第二次	第3次	第4次	第5次
口香糖数量	8	6	3		
人数	4	4	4	4	4
每人分到块数					
每人分到总数的几分之几					
试一试用另一个分数表示					

2. 如果让你再分一次，你会把多少块口香糖平均分给小组的每个人？想一想，把下面的表格填完整。

活动中学生的表现

	第一次	第二次	第三次	第四次	第五次
口香糖总数量	8	6	3	100	200
人数	4	4	4	4	4
平均每人分到的块数	2	1.5	0.75	25	50

基本上没有困难，遇到不是整块数时，多数学生用小数表示

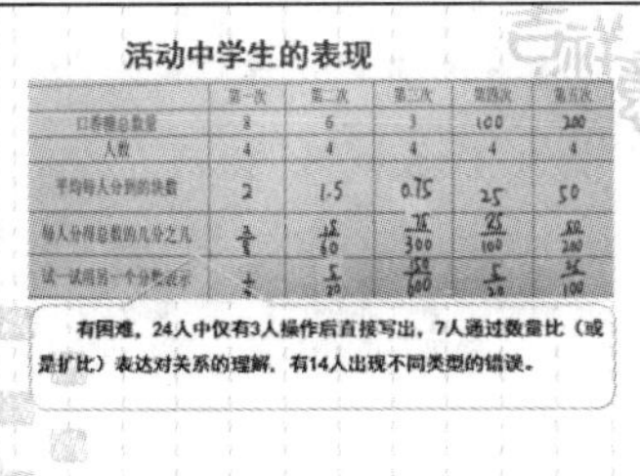

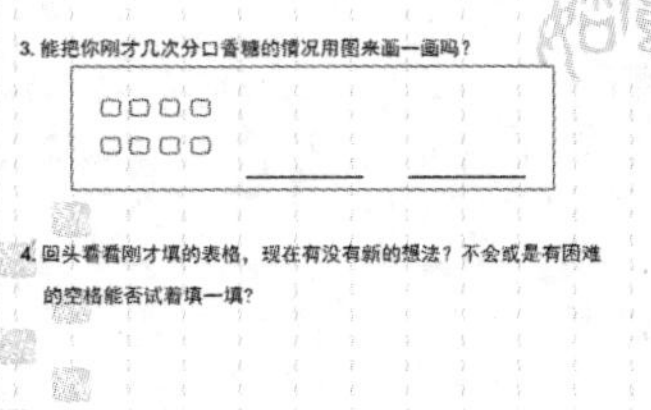

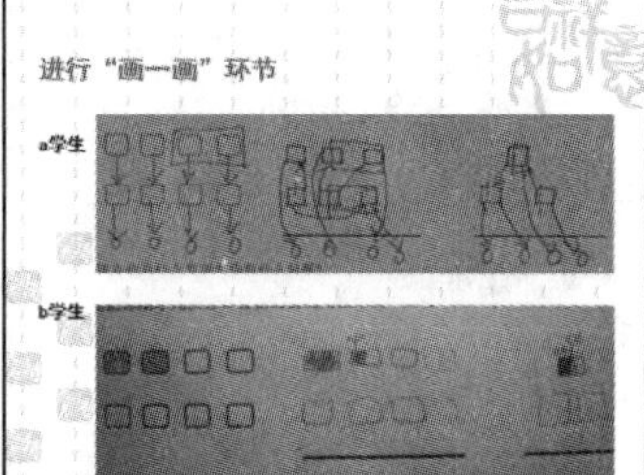

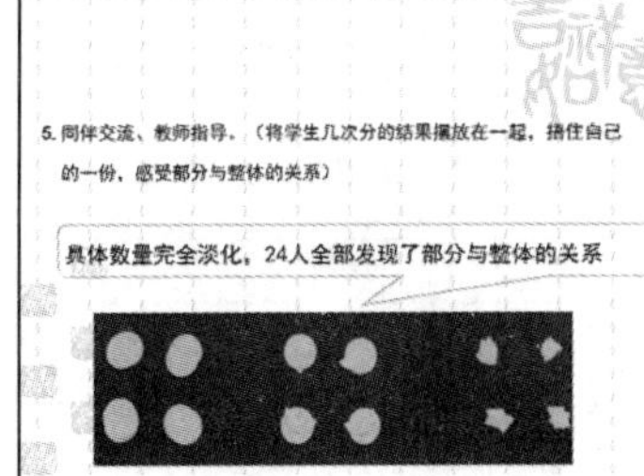

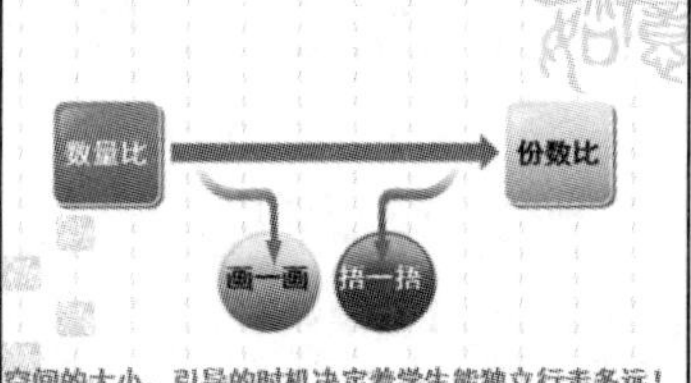

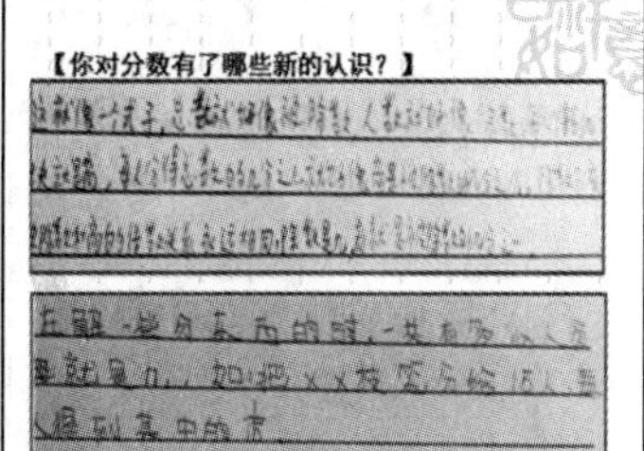

把握数学本质是一切教学法的根

北京教育学院刘加霞教授，《中小学教学。数学版》2007。8

♣ **数学学科（小学）本质一：对数学基本概念的理解**

“越是简单的往往越是本质的”，主要是指为什么要学习这一概念，现实原型，特有的数学内涵、数学符号，以它为核心能否构建一个概念网络图。

小学数学的基本概念主要有：十进位制、单位（份）、用字母表示数、四则运算、位置、变换、平面图形、统计。

♣ **数学学科本质二：对数学思想方法的把握**

数学基本概念背后往往蕴涵着重要的数学思想方法，小学阶段的重要数学思想方法主要有：分类思想、转化思想（或化归思想）、数形结合思想、一一对应思想、函数思想、方程思想、集合思想、符号化思想、类比法、不完全归纳法。

♣ **数学学科本质三：对数学特有思维方式的感悟**

每一学科都有其独特的思维方式和认识世界的角度，尤其数学又享有“锻炼思维的体操，启迪智慧的钥匙”的美誉。小学阶段的主要思维方式有：比较、类比、抽象、概括、猜想——验证，其中“概括”是数学思维方式的核心。

♣ **数学学科本质四：对数学美的鉴赏**

能够领悟和欣赏数学美是一个人数学素养的基本成分，也是进行数学研究和数学学习的重要动力和方法。数学的基本原则：求真、求简、求美，数学美的核心是：简洁、对称、奇异，其中“对称”是数学美的核心。

♣ **数学学科本质五：对数学精神的追求**

可以说，数学的理性精神（对“公理化思想”的信奉）与数学的探究精神（好奇心为基础，对理性的不懈追求），是支撑数学家研究数学进而研究世界的动力，也是学生学习数学、研究世界的最原始、最永恒、最有效的动力。

校本研修专题探索课程：案例五

初中数学中考方案设计怎样突破？

1.荣昌公司要将本公司100吨货物运往某地销售，经与春晨运输公司协商，计划租用甲、乙两种型号的汽车共6辆，用这6辆汽车一次将货物全部运走，其中每辆甲型汽车最多能装该种货物16吨，每辆乙型汽车最多能装该种货物18吨。已知租用1辆甲型汽车和2辆乙型汽车共需费用2500元；租用2辆甲型汽车和1辆乙型汽车共需费用2450元，且同一种型号汽车每辆租车费用相同。

（1）求租用一辆甲型汽车、一辆乙型汽车的费用分别是多少元？

（2）若荣昌公司计划此次租车费用不超过5000元，通过计算求出该公司有几种租车方案？请你设计出来，并求出最低的租车费用。

(1)分析一：找量的关系

	单价	数量	总费用
甲	x元/辆	1辆	x元
		2辆	2x元
乙	y元/辆	2辆	2y元
		1辆	y元

（1）分析二：找相等关系

1辆甲费用+2辆乙费用=2500元

2辆甲费用+1辆乙费用=2450元

解：设租用一辆甲型、乙型汽车的费用分别为x元、y元，依题意，得

$$\begin{cases} x+2y=2500 \\ 2x+y=2450 \end{cases}$$

解这个方程组，得

$$\begin{cases} x=800 \\ Y=850 \end{cases}$$

答：租用一辆甲型、乙型汽车的费用分别为800元、850元。

(2) 分析一：找量的关系

	单价	数量	费用
甲	800元/辆	z辆	800z元
乙	850元/辆	(6-z)辆	850(6-z)元

(2) 分析一：找量的关系

	每辆运量	车辆数	总运量
甲	16吨/辆	z辆	16z吨
乙	18吨/辆	(z-6)辆	18(6-z)吨

（2）分析二：找不等关系

甲费用＋乙费用≤5000元

甲总运量＋乙总运量≥100吨

解：设租用甲型汽车z辆，则租用乙型汽车(6-z)辆，依题意，得

$$\begin{cases}800z+850(6-z)\leqslant 5000\\16z+18(6-z)\geqslant 100\end{cases}$$

解这个不等式组，得

2≤z≤4

∵z为整数

∴z=2、3、4

方案一的费用：

800×2+850×4＝5000

方案二的费用：

800×3+850×3＝4950

方案三的费用：

800×4+850×2＝4900

答：选择方案三，最低费用是4900元。

2.“震灾无情人有情”。民政局将全市为四川受灾地区捐赠的物资打包成件，其中帐篷和食品共320件，帐篷比食品多80件。

（1）求打包成件的帐篷和食品各多少件？

（2）现计划租用甲、乙两种货车共8辆，一次性将这批帐篷和食品全部运往受灾地区。已知甲种货车最多可装帐篷40件和食品10件。乙种货车最多可装帐篷和食品各20件。则民政局安排甲、乙两种货车时有几种方案？请你帮助设计出来。

（3）在第（2）问的条件下，如果甲种货车每辆需付运输费4000元，乙种货车每辆需付运输费3600元。民政局应选择哪种方案可使运输费最少？最少运输费是多少元？

（1） 解：设打包成件的帐篷有x件，则：

X＋（x－８０）＝３２０

解得　x＝２００

∴x－８０＝１２０

答：打包成件的帐篷200件，食品120件。

(2)分析一：找量的关系

甲：y辆　　乙：（８－y）辆

甲：帐篷40件　食品10件

乙：帐篷20件　食品20件

（２）分析二：找不等关系

甲中帐篷＋乙中帐篷≥200件

甲中食品＋乙中食品≥120件

解：设租甲车y辆，则乙车（８－y）辆，依题意，得

$$\begin{cases}40y+20(8-y)\geqslant 200\\10y+20(8-y)\geqslant 120\end{cases}$$

解这个不等式组，得

2≤y≤4

∴y可取：２、３、４

∴有三种方案

	租甲车	租乙车
方案一	2辆	6辆
方案二	3辆	5辆
方案三	4辆	4辆

(３)分析一：找量的关系

	运输单价	数量	运费总额
甲	４０００元/辆	y辆	４０００y元
乙	３６００元/辆	（８－y）辆	３６００（８－y）元

(３)分析二：找相等关系

运输费W=甲运费＋乙运费

解：设租甲车y辆，依题意，得

$w=4000y+3600(8-y)$

$=400y+28800$

∵ 400>0

∴w随y的增大而增大

∴取y=2

$w=400\times2+28800$

$=29600$

答：选择方案一，最低运输费为29600元。

3.为支援四川抗震救灾，重庆市A,B,C三地现分别有赈灾的物资100吨、100吨、80吨。运往四川重灾地区的D,E两县，根据灾区的情况，这批赈灾物资运往D县的数量比运往E县的数量的2倍少20吨。

（1）求这批赈灾物资运往D，E两县的数量各是多少？

（2）若要求C地运往D县的赈灾物资为60吨，A地运往D县的赈灾物资为x吨（x为整数），B地运往D县的赈灾物资数量小于A地运往D县的赈灾物资数量的2倍，其余的赈灾物资全部运往E县，且B地运往E县的赈灾物资数量不超过25吨，则A,B两地的赈灾物资运往D,E两县的方案有几种？请你写出具体的运送方案；

（3）已知A,B,C三地的赈灾物资运往D,E两县的费用如下表：

	A地	B地	C地
运往D县（元/吨）	220	200	200
运往E县（元/吨）	250	220	210

为及时将这批赈灾物资运往D，E两县，某公司主动承担运送这批赈灾物资的总费用，在（2）问的要求下，该公司承担运送这批赈灾物资的总费用最多是多少？

（1）解：设这批赈灾物资运往D县的数量为a吨，运往E县的数量为b吨，依题意，得

$$\begin{cases}a+b=280\\a=2b-20\end{cases}$$

解这个方程组，得 $\begin{cases}a=180\\b=100\end{cases}$

答：这批赈灾物资运往D县的数量为180吨，运往E县的数量为100吨。

(2)分析一：找量的关系

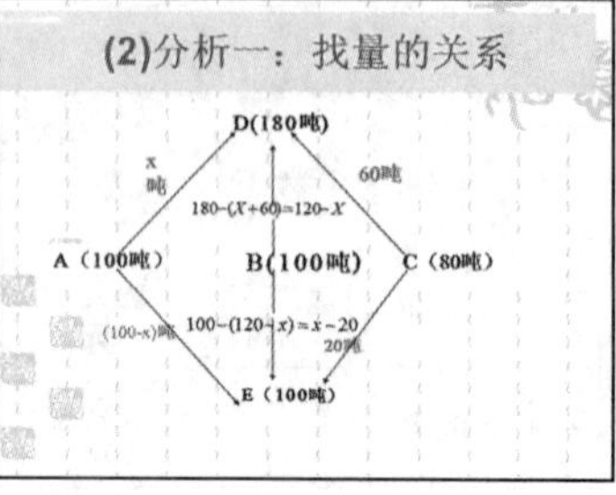

(2)分析二：找不等关系

B运往D＜2A运往D
B运往E≤25

(2)分析二：找不等关系

B运往D＜2A运往D
B运往E≤25

解：依题意，得
120-x＜2x
X-20≤25
解这个不等式组，得
40＜x≤45
∵x为整数
∴x=41、42、43、44、45
∴共有五种运送方案。

	A地		B地	
	D县	E县	D县	E县
方案一	41吨	59吨	79吨	21吨
方案二	42吨	58吨	78吨	22吨
方案三	43吨	57吨	77吨	23吨
方案四	44吨	56吨	76吨	24吨
方案五	45吨	55吨	75吨	25吨

(3)分析一：找量的关系

	运输单价	数量	运费

(3)分析二：找相等关系

总利润＝A至D费＋A至E费＋B至D费＋B至E费＋C至D费＋C至E费

解：设运送这批赈灾物资的总费用为W元，依题意，得
W=220x+250(100-x)+200(120-x)+220(x-20)+220×60+210×20
=-10x+60800
∵-10＜0
∴W随x的增大而减小
且40＜x≤45

∵x为整数
∴x=41时
W有最大值
W最大值=-10×41+60800
=60390元

答：该公司承担运送这批赈灾物资的总费用最多是60390元。

校本研修专题探索课程：案例六

基于数学中考的专题复习课怎样设计？

“二轮看水平”——定点爆破法

用4周左右的时间，如果说第一阶段是以纵向为主，顺序复习的话，那么，这一阶段就是以横向为主，突出重点，抓住热点，深化提高。

①专题选择的原则是：
- 第一阶段中的弱点.
- 教材体系中的重点.
- 中考试题中的热点.
- 初中数学的解题方法体系.
- 中考题型的创新点.

②分层选择例题和配套练习题是本阶段的一个技术关键. 我们的建议是：
- 以历年的中考题为训练的基本素材.
- 以中档综合题为训练的重点.
- 以“题组”为训练的重要方式.

专题复习既是全面复习的继续，又是有侧重、有深度的提高，使得经过专题复习后，能对螺旋上升的知识形成几条清晰的逻辑链，并获得解题能力的明显提高.

③第二阶段复习的基本方法是讲练结合，可以先讲后练，也可以先练后讲，交叉进行。

按考点分：专题复习（13课时）

- ♣1. 选择填空
- ♣2. 探索规律
- ♣3. 计算专题
- ♣4. 综合法证明1
- ♣5. 综合法证明2
- ♣6. 应用题
- ♣7. 阅读理解
- ♣8. 函数与三角形
- ♣9. 函数与四边形
- ♣10. 函数与圆
- ♣11. 最值问题
- ♣12. 动态几何（1）
- ♣13. 动态几何（2）

按考题分：专题复习

- ♣1 求线段的长度专题
- ♣2 动手操作（折叠）专题
- ♣3 求锐角三角函数专题
- ♣4 几何最值专题
- ♣5 求阴影部分面积专题
- ♣6 反比例函数专题
- ♣7 二次函数最值专题（一）
- ♣8 一次函数最值专题
- ♣9 方案设计专题
- ♣10 二次函数最值专题（二）
- ♣11 方程与不等式综合专题
- ♣12 四边形专题
- ♣13 三角函数与圆专题
- ♣14 相似与圆专题（一）
- ♣15 相似、三角函数与圆专题（一）
- ♣16 相似与圆专题（二）
- ♣17 相似、三角函数与圆专题（二）
- ♣18 相似、等式性质与圆专题
- ♣19 相似、勾股定理与圆专题
- ♣20 坐标与几何专题
- ♣21 面积专题
- ♣22 存在性专题（一）——等腰三角形、直角三角形、梯形、对称、面积等量关系
- ♣23 存在性专题（二）——平行四边形
- ♣24 综合最值专题
- ♣25 相似三角形视角探索专题（一）
- ♣26 特殊性视角探索专题
- ♣27 相似三角形视角探索专题（二）
- ♣28 圆与二次函数专题
- ♣29 动态几何专题（一）
- ♣30 归纳与猜想专题（探索规律）
- ♣31 阅读理解专题
- ♣32 填空选择专题
- ♣33 动态几何专题（二）

按知识分：模型专题

- ♣模型一：数与式模型
- ♣模型二：方程模型
- ♣模型三：不等式模型
- ♣模型四：初等函数模型
- ♣模型五：函数综合模型
- ♣模型六：辅助线模型
- ♣模型七：几何变换模型
- ♣模型八：圆模型
- ♣模型九：概率统计模型
- ♣模型十：开放探究题模型
- ♣模型十一：阅读理解题模型

按学生需求分？

校本研修专题探索课程：案例七

怎样评价：
同课异构的两堂课？

案例：两堂同样内容的公开课

在学校举行的一次教学活动中，全体数学教师观摩了路老师和王老师讲的同内容的课。课中，路老师为了讲清“一个工厂，3辆汽车运煤，运了9750千克，一共运了两次，每辆汽车每次运多少千克？”这道题，先出示一道例题：“一个工厂，3辆汽车运煤，一共运了9750千克，平均每辆汽车运了多少千克？”学生很快列出算式，写出答案。

接着，路老师将题目改成：“一个工厂，3辆汽车运煤，每辆运了3250千克，一共运了两次，每辆汽车每次运了多少千克？”学生也很快列出算式并写出答案。在此基础上，路老师方出示上述的重点例题。路老师只让学生自读两遍题面而不作分析就让他们试着做了。大约过了一分半钟，学生纷纷举手，老师点一名学生说出正确答案后，这道题就过去了，接着讲起另一例题。

王老师在课上也讲了同一例题，和路老师相比，王老师缺少了铺垫的步骤，而是直接分析讲解，并且她的讲解思路清晰、表达准确、兴趣盎然。她那洋洋洒洒足有4种解法之多的一黑板板书，着实令所有听课的人钦羡。同学们“是”“对”等富有激情、整齐划一的应答把整个课堂气氛烘托得热气腾腾。

结论轻易下不得

面对众说纷纭的评价，作为业务校长没有轻易下结论，而是决定评课暂停20分钟，现场来个小测验，让事实说话。随后便和主管主任一起利用课间操时间对这两个班进行现场测试。所用题为“一个农场，5辆汽车运大米，运了7500千克，一共运了两次，求每辆汽车每次运了多少千克？”（该题目听起来不太合乎实际，但是比起原例题来说，计算上简单多了）。

两个班同时开始，同时收卷，并对学生提出同样要求：“能用几种算法就写几种算法，看谁做得又对又快。”10分种后的测试结果令人震惊：

路老师的班63人，写对一种算法的20人，两种算法的17人，三种算法的3人，错误23人。

王老师的班66人，写对一种算法的10人，两种算法的4人，错误52人。

当主管主任再次来到评课会场，把测试结果告诉大家时，教师们大都惊呆了。如果不是铁的事实摆面前，他们是绝对不肯相信的。

专题探索一般程序

存在问题
个人经验
接受任务
→形成专题→阅读学习 专家的理论 同行的经验→找到方法→尝试方法→效果好→保留经验→个人理论
效果不好→反思、诊断

基本思路

专题选择——资料综述——案例博证——理论提升

模块三：课题研究

研究什么？

怎么研究？

教育不是灌输，而是点燃火焰。

——【古希腊】苏格拉底

Education is not the filling of a vessel, but the kindling of a flame.

——Socrates，BC 470–399

结束语

从来就没有什么救世主，
也不能靠神仙皇帝！
要树立起教师以及教育的专业地位，
全靠我们自己！

开发教师培训课程（八门）

一个教学法：《数学小步教学法》
两门技术：《数学应用题中的二次分析法》
《几何证明题中的玻利亚分析法》
三个国培班讲座：
《基于核心素养背景下的教学管理策略》
《基于增强课堂教学效果的校本研修模式》
《构建高质量学习班级的策略》
六类课型研究：《初中数学六类课型教学设计》
33个专题：《初三第二轮复习之33个专题》

改变世界很难，改变自己容易；
我改变不了世界，但我可以改变自己；
我可以改变我的态度，
我可以改变我的习惯，
我可以改变我的教学，
我可以改变我的人生！

我们需要改变的观念：

牧师的布道题——“人对了，世界自然就对了”
“观念对了，行动自然就对了”

苏东坡与佛印——心态改变，则“事实”就会改变

一尊佛　一堆屎　心中是什么，则世界就是什么

一样的客观事实，经不同心态诠释，便形成了不同的“世界”。

《方法总比问题多——打造不找借口找方法的一流员工》

只为成功找方法，不为失败找借口

《没有任何借口》——最高效的行动模式

征服世界的将是这样一些人：开始的时候，他们试图找到理想中的乐园；最终，当他们无法找到时候，就亲手创造了它。

——乔治·肖伯纳

只要行动，就有收获。
你去做，你就行；你去做，你就有可能成功。
不要坐而论道，不要瞻前顾后，不要犹豫彷徨。
真正行动起来！

让我们一起追求智慧的校本研修

把课堂还给学生，让课堂充满生命的活力；

把创造还给教师，让教育充满智慧的挑战。

追求好课堂

习近平总书记：2014年教师节重要讲话

做好老师，是每一个老师应该认真思考和探索的问题，也是每一个老师的理想和追求。我想，好老师没有统一的模式，可以各有千秋、各显身手，但有一些共同的、必不可少的特质。

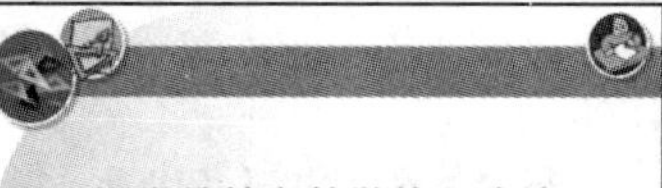

课堂是教育教学的主阵地，提高教育质量必须首先提高课堂教学质量。

——袁贵仁

（在教育部2010年度工作会议上的讲话）

新课程的“好课观”

■ 叶澜教授：

（1）有意义的课　——扎实
（2）有效率的课　——充实
（3）有生成性的课　——丰实
（4）常态下的课　——平实
（5）有待完善的课　——真实

ϖ 好课堂标准的讨论

什么是好课堂？孙双金的“四个小”

ϖ 学生的小脸通红；
ϖ 学生的小眼闪亮；
ϖ 学生的小手直举；
ϖ 学生的小口常开。

一、要有利于健康的课。
二、是有效有序的课。
三、是学生积极参与的课。
四、对个别差异充分关注和帮助解决的课。
五、解决了学生问题的课。
六、要能引导学生提出问题的课。

——文喆

特级教师靳家彦：好课堂十条标准

ϖ	目标明确；	重点突出；
ϖ	以生为本；	流程科学；
ϖ	注重内化；	体现沟通；
ϖ	启迪创造；	媒体得当；
ϖ	讲求实效；	多元评价。

郑金洲将“好课堂”的标准：

概括为“十化：

ϖ 课堂教学的生活化、❖ 教学资源的优化、
ϖ 学生学习的主动化、❖ 教学内容的结构化、
ϖ 师生互动的有效化、❖ 教学策略的综合化、
ϖ 学科教学的整合化、❖ 教学对象的个别化、
ϖ 教学过程的动态化。❖ 教学评价的多元化。

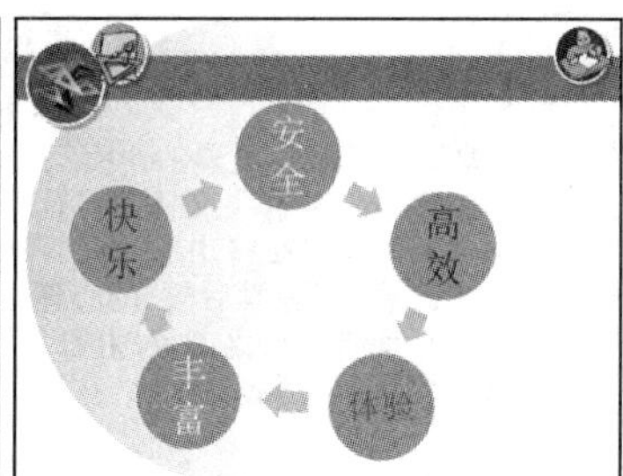

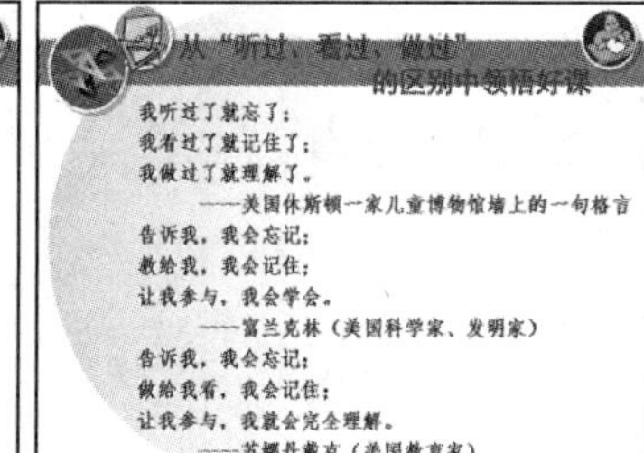

从“听过、看过、做过”的区别中领悟好课

我听过了就忘了；
我看过了就记住了；
我做过了就理解了。
——美国休斯顿一家儿童博物馆墙上的一句格言
告诉我，我会忘记；
教给我，我会记住；
让我参与，我会学会。
——富兰克林（美国科学家、发明家）
告诉我，我会忘记；
做给我看，我会记住；
让我参与，我就会完全理解。
——苏娜丹戴克（美国教育家）

什么是一堂好的体育课？

德国体育教学专家海克尔教授：

评价体育课的两条标准——

一是出汗；

二是微笑。

好课堂标准讨论的启示

● “好课堂”没有严格唯一的标准，没有现成的统一的模式，只有一些基本的追求（学生学习主动、有效、快乐）。

● “好课堂”标准的多元性、开放性，为我们广大教师的创造性教学提供了极大的自主空间。

看课例视频一：

《多莉找妈妈》

思考：这样的课堂好吗？为什么？

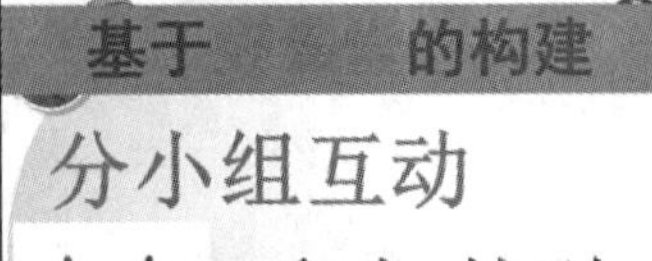

基于　　的构建

分小组互动

参与体验

选出组长、发言人、记录员

第一步：独立思考（6分钟）

结合课例，独立思考：

好课堂的标准是什么？

请你归纳、概括三句话（关键词），写在即时贴上。

第二步：组内合作交流（每人不超过2分钟）

组长主持：

以团队（小组）为单位交流三句话（关键词）。

把个人的即时贴贴在一张白纸上。

第三步：归纳概括（5分钟）

组长主持：

1. 将组员的发言进行归纳、概括。将共同意见提炼为小组的三句话（关键词）。
2. 写在白纸上，尽量把字写大，写清楚，以便展示。

第四步：成果展示（每队不超过3分钟）

每个团队选派三名代表，将本团队归纳、概括的三句话（关键词）与全班分享。

第五步：联系实际跟一位名师

回想教过你的老师或你熟悉、崇拜的名师，谈谈他（她）是怎样实践“好课堂”的标准的？

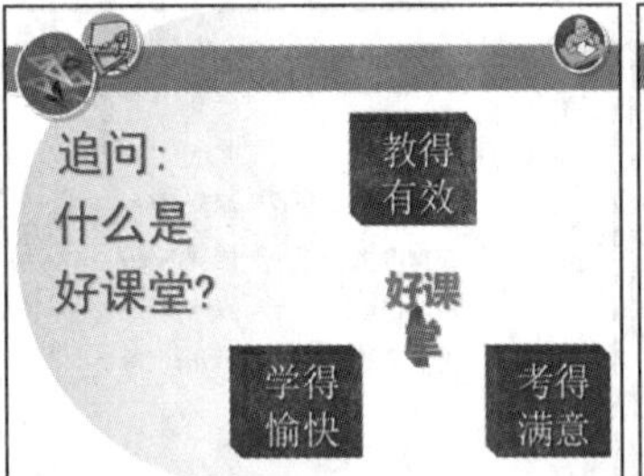

皮亚杰的智力发展四个关键教育期

——什么年龄做什么事

1. 感知运算阶段（出生-2岁）：婴儿通过叫喊、倾听、敲打、尝试所有新鲜事物，来探索这个世界。
2. 前运算阶段（2岁-6、7岁）：在这个阶段，儿童可以接受图像、文字和简单概念，但是他们不能接受变化，不能对它们进行操作。（算数，他们还不知道2 x 3 和 3 x 2是一样的。）
3. 具体运算阶段（6、7岁-12岁）：在这个阶段，儿童掌握了造作符号、物体的能力，不过这些对象必须是具体的——对他们来说，抽象的概念和操作还是个难题。
4. 形式运算阶段（12岁以上）：从此开始，儿童能够思考抽象的概念。假设一演绎思维、抽象思维（完全的符号思维）系统思维

规律一：先学后教——生问师答

当所教的内容是学生自己能够读懂和自己进行思考的时候，就要先让学生自己去阅读和思考（先学），然后根据学生在阅读和思考中提出和存在的问题进行教学（后教）。

- 苏联著名心理学家维果茨基就教学与发展问题，创造性地提出了两种发展水平的思想。
- 第一种水平是现有发展水平（也称现有发展区）。
- 第二种水平是最近发展水平（也称最近发展区）。维果茨基强调，只有当教学走在发展前面的时候，才是好的教学。

从教学促进学生发展的角度讲，“先学”立足解决现有发展区问题，“后教”旨在解决最近发展区问题。这是“先学后教”的心理学依据。现有发展区的问题应该放心地让学生独立解决。

- 先学：怎么学？
- 自主学习
- 合作学习
- 探究学习

你知道什么学校、区域实施学生先学的改革？

ϖ教师的责任不在于教，而在于教学生学。先学后教，以教导学，以学促教。

ϖ每堂课规定，教师讲课时间最多不超过10分钟，一般在7分钟左右，有的课4分钟。保证学生每节课有30分钟连续自学时间。

ϖ教师给学生自学的锦囊妙计，为学生谋划自学策略，每个学生都有自己的自学方略，开始是自控的，逐渐地形成习惯。养成良好的自学习惯是教学成功的主要因素之一。

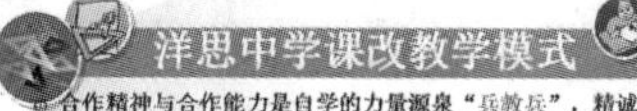

ϖ合作精神与合作能力是自学的力量源泉“兵教兵”，精诚合作，在兵教兵中，差生弄懂了教学内容的疑难，优生增强了对知识理解的能力，合作互相提高。
①“兵”教“兵”也体现在“后教”的环节上。针对学生自学中暴露出来的问题或训练中存在的错误，教师引导学生讨论，让会的学生教不会的学生，教师只做评定，补充更正。

ϖ②“兵”教“兵”也体现在课后，对学习上的“困难户”教师指定同学去帮一帮，单独辅导，优秀生与“困难户”搭配坐在一起，同住一个寝室。他们结成帮扶对子，成为朋友。

ϖ③事实证明，一帮一，“兵”教“兵”活动不单能解决困难生问题，也能促进学优生的学习能力、表达能力、分析能力的提高，使学优生自己能学习上有紧迫感，也把自己理解的东西表达出来，这本身就是一种提高，学者提出这就是“兵”教“兵”的魅力。

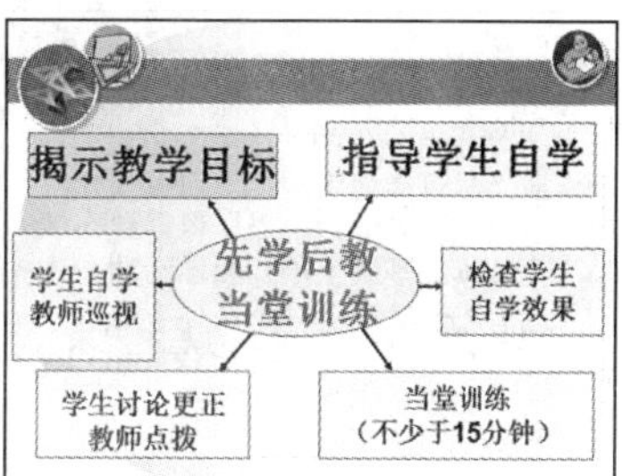

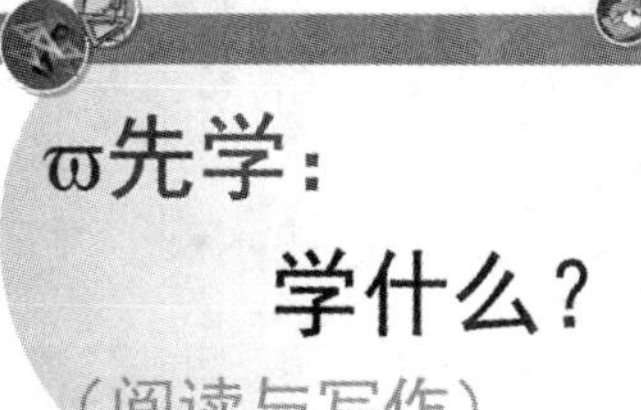

东庐特色“讲学稿”

ϖ学生使用“讲学稿”的要求：

ϖ（1）拿到讲学稿后根据其内容认真进行课本的预习。所有的同学必须要解决讲学稿中基础题部分，然后可以做提高题，碰到生疏的、难解决的问题要做好标记，第二天与同学交流或在课堂上向老师质疑。

ϖ（2）课堂学习时要适当做些方法、规律等的笔记，以便今后复习。学完一课后，在讲学稿的空白处要写上学后记。

ϖ（3）要求学生每隔一定时间后，将各科讲学稿进行归类整理，装订成复习资料。

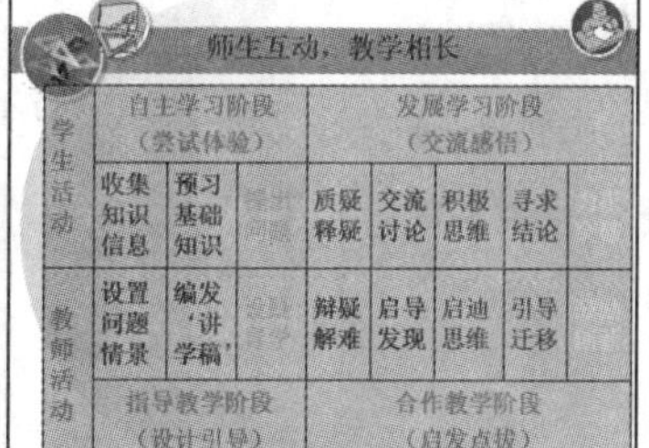

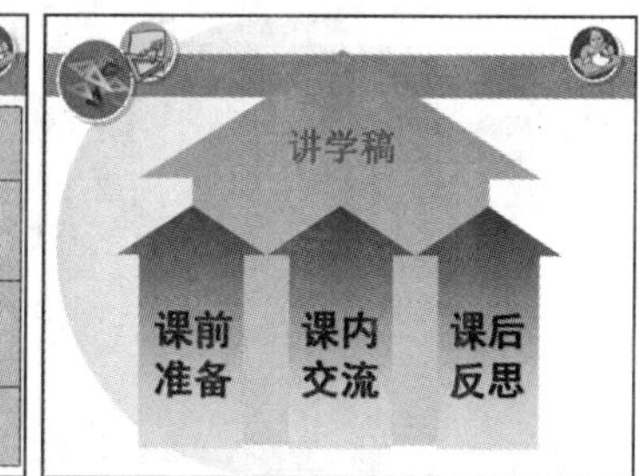

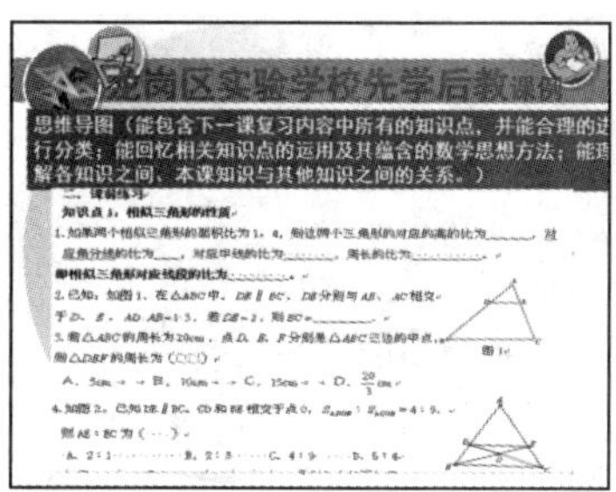

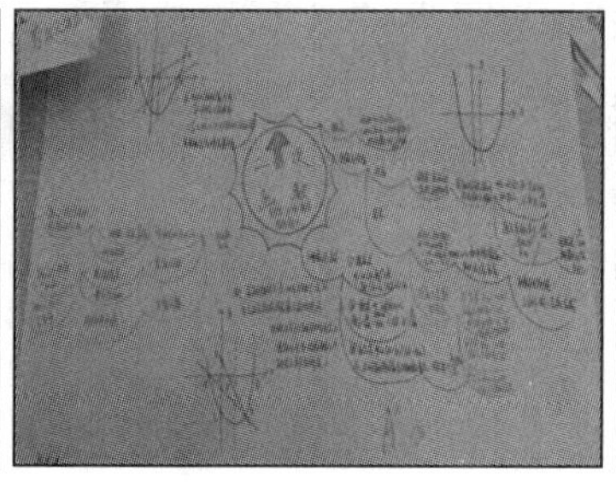

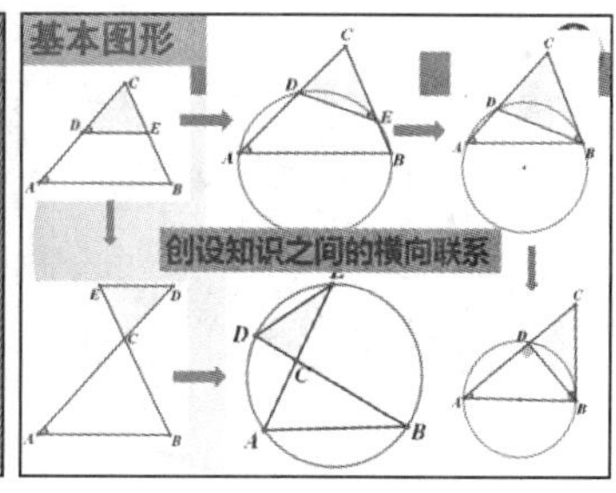

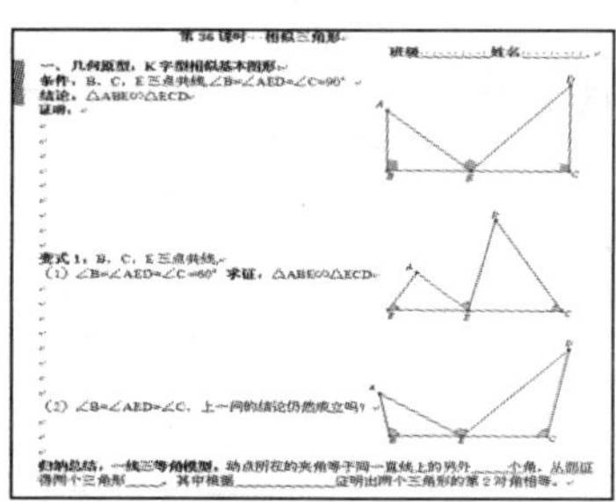

二、基本模型应用。 知识迁移

1、如图，已知等边△ABC的边长为6，E是BC上一动点，D是AC上一点，且∠AED=60°。

（1）当BE=2时，则DC=____。

（2）设BE为x，DC为y，求y与x的函数关系式，并写出自变量的取值范围。

（3）在（2）中，当x=______时，则y有最大值______

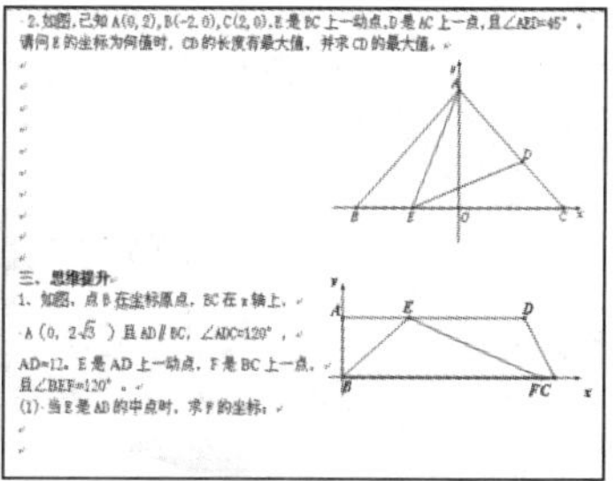

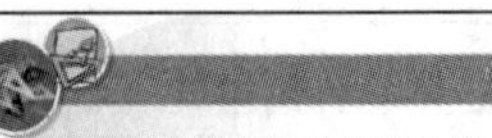

当学生有一定的阅读能力以后，应当尽可能地用阅读学习去取代“听讲”。教师们应当尽可能地在学生阅读的基础上展开教学活动。这就是**先学后教**的基本追求。

规律二：先教后学，师问生答

当所面对的内容处于学生的最近发展区，即学生还不能通过独立阅读教材和独立思考理解它的时候（处于依靠教师的阶段），教师就应当先教，而教的着眼点则应放在教学生提高阅读能力和思考能力上面。

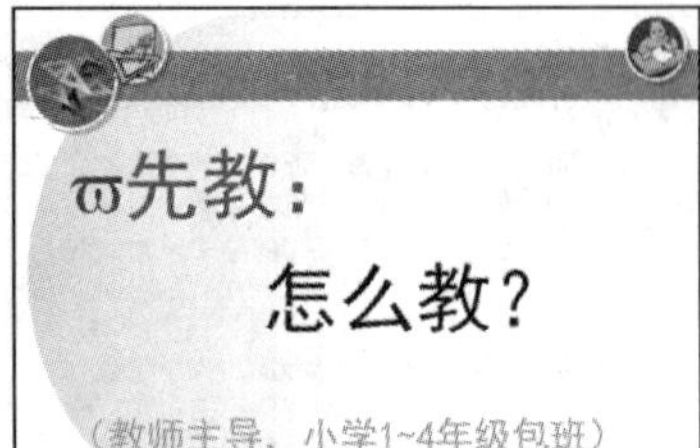

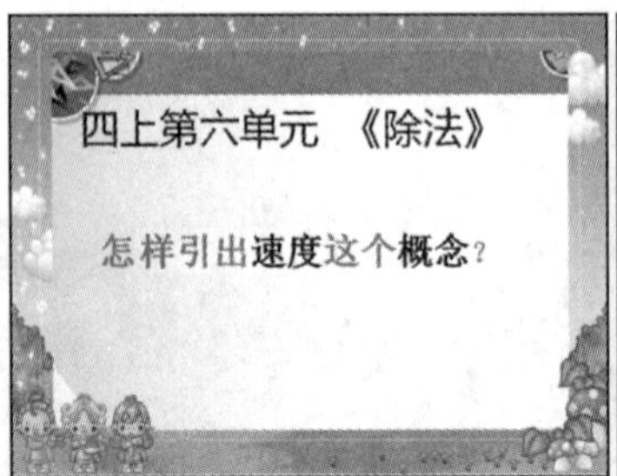

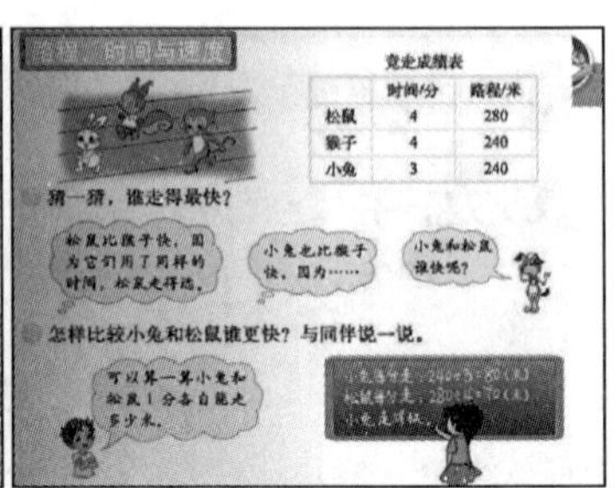

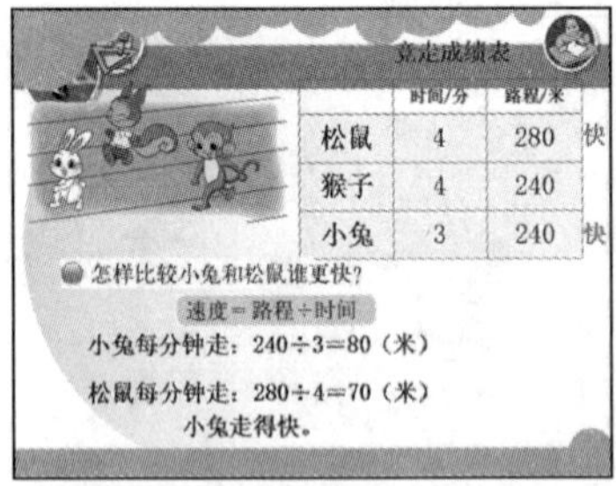

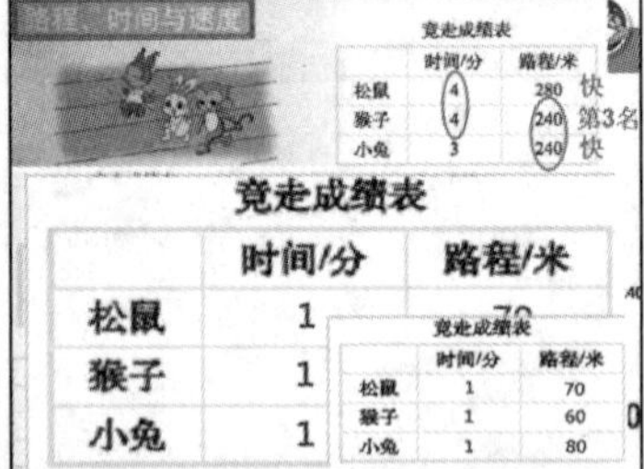

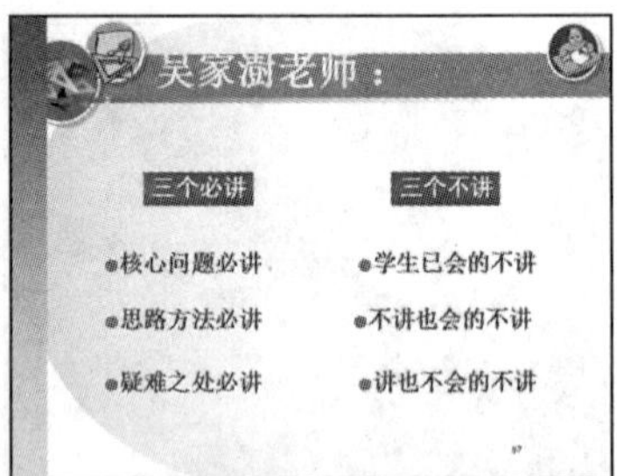

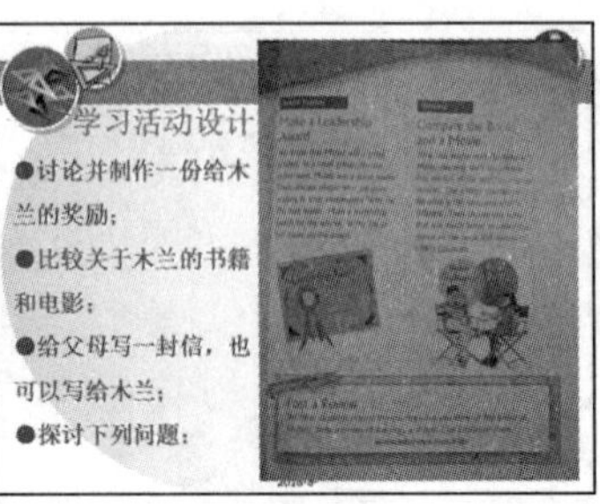

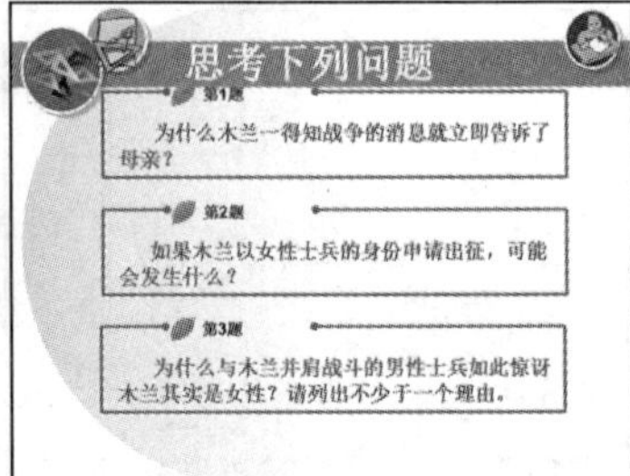

先教：教什么？

看课例视频二

《唱歌教历史》

化学老师“改版”周杰伦《青花瓷》

MOOCs课程——

- MOOCs课程的五个特点：
- 第一，与传统教学一样，有开课时间和结束时间，每门课程5-8周比较合适，即要将传统的一学期课程分为2门MOOCs课程；
- 第二，采用以10分钟左右长度的讲授视频片断为主的教学方式，这是依据对网上学习的研究成果得出的最佳内容传递方式；
- 第三，辅以大量的练习题和作业，或由机器自动判题，或由学生同伴根据评价量规互评。有研究表明，学生同伴互评的平均结果与教师评分十分吻合，这对于不能机器自动判题的学科很适合，比如数学等需要演算过程的作业可以先写在纸上，再拍照上传后由同伴互评；
- 第四，来自全球的同学让课程论坛上24小时都有人响应，通过对学生帖子投票的方式将大家都关心的问题置顶，以得到教师和助教的回答；
- 第五，平台所收集的学生学习数据可以用于改进教学，当某个选项有上千人出错的时候，就会引起老师关注。

- 我一直信奉这样一句话：“教是为了不教。”不在于教师是一个多么伟大的数学家或文学家，而是教师能给学生以启蒙教育，教他们学会思考问题，然后用他们自己的创造思维去学习，终身去学习。

——温家宝

2009年01月05日 人民网-《人民日报》

规律三：温故而知新

一切教学（知新）都要在学生原有的知识基础上（温故）开展。

- 学生的学习起点有逻辑起点和现实起点之分。
- 钻研教材，了解所学内容的逻辑起点；
- 了解学生，关注学生认知的现实起点。

易登高山，难过峭壁？

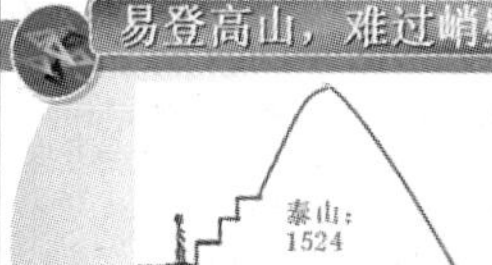

俗话说“没有不能攀登的高山，只有上不去的台阶”，要带领更多的学生能够勇攀知识“高峰”，关键是要科学创设教学台阶，处理好阶段目标与终结目标的关系。

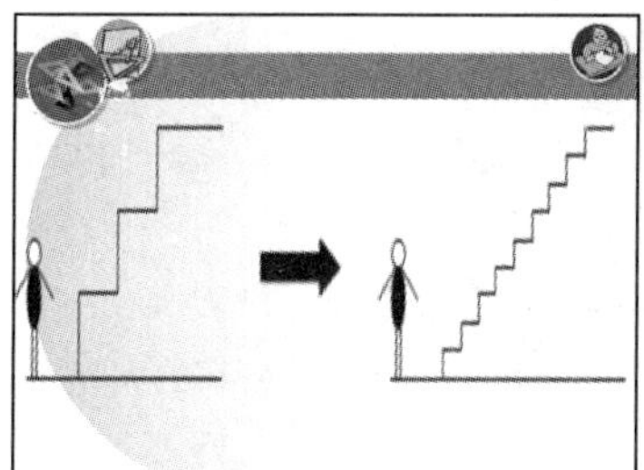

再思考：数学小步教学法的操作模式

- 分组：将学生进行学力诊断后按知识起点分组，建立四人合作学习小组。
- 备课：1. 创设情境探究模型验证（证明）运用。
- 2. 编拟题目：对例题的全方位探索分为基本性联系（模仿性练习），发展性练习、综合性练习和提高性练习。下面以“十字相乘法分解因式”为例进行分析说明。

$$(x+a)(x+b)=x^2+(a+b)x+ab$$

$$x^2+(a+b)x+ab=(x+a)(x+b)$$

★ 模仿性练习：贴近例题，达到理解

- （1） x^2+3x+2
- （2） t^2-7t+6
- （3） $y^2-7y-18$

发展性练习：探求实质，达到掌握

- （1） x^4+6x^2+5
- （2） $a^2b^2+7ab-8$
- （3） $x^2-3xy+2y^2$
- （4） $a^2-9ab+14b^2$

- (5) $x^2+11xy+18y^2$
- (6) $5x^2+6xy-8y^2$
- (7) $(x+y)^2-4(x+y)+3$
- (8) $4x^4y^4-5x^2y^3-9y^2$

综合性练习：灵活掌握

（1） x^3-2x^2-15x

（2） $(x^2-x)^2-4(x^2-x)-12$

（3） $(x^2+2x)^2-14(x^2+2x)-15$

提高性练习（对学有余力者）

- （1） $(y+3)(y+2)-6$
- （2） $(x^2+5x-3)(x^2+5x+2)-6$
- （3） $(y-1)(y+2)(y-3)(y+4)+24$

竞赛练习

- （1） $a^3+b^3+c^3-3abc$
- （2） $x^2-y^2-2x-4y-3$

观察课例三：

两堂同样内容的数学公开课

在我校举行的一次教学活动中，全体教师观摩了路老师和王老师讲的同内容的课。课中，路老师为了讲清“一个工厂，3辆汽车运煤，运了9750千克，一共运了两次，每辆汽车每次运多少千克？”这道题，先出示一道例题：“一个工厂，3辆汽车运煤，一共运了9750千克，平均每辆汽车运了多少千克？”

学生很快列出算式，写出答案。

接着，路老师将题目改成：“一个工厂，3辆汽车运煤，每辆运了3250千克，一共运了两次，每辆汽车每次运了多少千克？”学生也很快列出算式并写出答案。在此基础上，路老师方出示上述的重点例题。路老师只让学生自读两遍题而不作分析就让他们试着做了。大约过了一分半钟，学生纷纷举手，老师点一名学生说出正确答案后，这道题就过去了，接着讲起另一例题。

王老师在课上也讲了同一例题，和路老师相比，王老师缺少了铺垫的步骤，而是直接分析讲解，并且她的讲解思路清晰、表达准确、兴趣盎然。她那洋洋洒洒足有4种解法之多的一黑板板书，着实令所有听课的人钦羡。同学们“是”“对”等富有激情、整齐划一的应答把整个课堂气氛烘托得热气腾腾。

评课开始了，教师们对王老师的课大加赞赏。认为王老师讲得透彻，思路清晰，逻辑性强，语言富有感染力，课堂气氛好。尤其是对她讲的4种方法赞叹不已，认为这样下去，学生将从王老师那里学到很多解题思路，很多数学知识，甚至有的还表扬王老师知识渊博、思路开阔等等。而大家对路老师的课却不太能接受，认为路老师一节课几乎没有讲什么，而且没把几种思路告诉学生，他们怎么能会呢？这样教下去岂不越来越差，把学生给耽误了吗？

面对众说纷纭的评价，作为业务校长的我没有轻易下结论，而是决定评课暂停20分钟，现场来个小测验，让事实说话。随后便和主管主任一起利用课间操时间对这两个班进行现场测试。所用题为“一个农场，5辆汽车运大米，运了7500千克，一共运了两次，求每辆汽车每次运了多少千克？”（该题目听起来不太合乎实际，但是比起原例题来说，计算上简单多了）。

两个班同时开始，同时收卷，并对学生提出同样要求：“能用几种算法就写几种算法，看谁做得又对又快。”10分种后的测试结果令人震惊：路老师的班63人，写对一种算法的20人，两种算法的17人，三种算法的3人，错误23人。王老师的班66人，写对一种算法的10人，两种算法的4人，错误52人。当我再次来到评课会场，把测试结果告诉大家时，教师们大都惊呆了。如果不是铁的事实摆面前，他们是绝对不肯相信的。

二、学得愉快

让学生在我们的课堂上能真正体验到学习的快乐

策略一：掌　声

是成功的伴奏，
是上进的力量，
是生活的交响曲。
会鼓掌的人都是情商高的人！

策略二：微笑

- 微笑是阳光，能融化冰雪；
- 微笑是春雨，能滋润万物；
- 微笑是桥梁，能沟通心灵。
- 教师的微笑是送给学生最好的礼物。

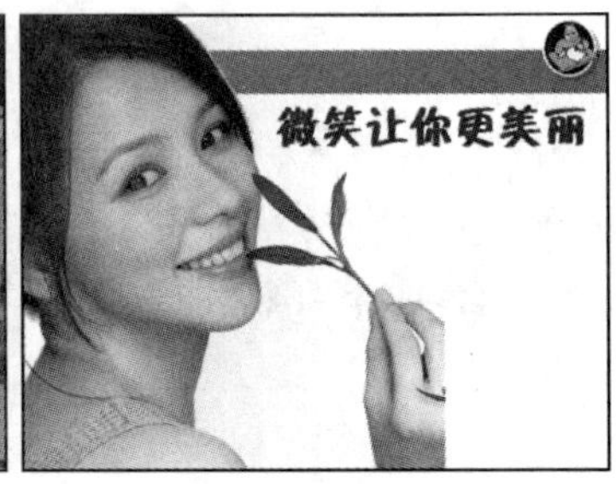

策略三：沟通

1. 用赞美的方式开始。
2. 设身处地为别人着想、洞察别人心理。
3. 试着从别人的观点来看问题。
4. 如果想改变别人的想法，就要激发他的动机。
5. 永远尊重别人，使对方获得自重感。
6. 送人一顶高帽子。
7. 让你到处受欢迎。

策略四：赞美

赞美的第一个特征（也是最重要的）：
——出自真诚，发自内心，源于对他人的尊重和欣赏。

赞美的第二个特征：
——越不容易被赞美的人，想被赞美的欲望就越强，只要对这些人投以些许的赞美，效果奇大无比。

赞美的招数：

1. 从小事赞美对方。
“只错了一点点，你就重新抄一遍，真是认真。”
2. 注意赞美对方新近的变化。
“最近你的成绩进步很大。”
3. 注意赞美对方隐蔽的优点。
“没想到你的字也写得这么好。”

策略五：幽默

苏联教育家维雅斯洛夫说：
“教育家最主要的，也是第一位的助手是幽默。”**幽默是情感、思想、学识、灵感的结晶，是课堂教学的催化剂。**

幽默诙谐、风趣高雅的语言

- 可以密切关系、拉近距离、活跃气氛、点燃激情、加深理解、强化记忆；
- 可以化深奥为浅显，化抽象为形象，使教学内容通俗易懂、妙趣横生；
- 可以沉着冷静、处变不惊、挥洒自如地处理教育教学中的突发事件，敏锐地捕捉教学契机，调整教学的方向。

观察课例视频四：

《解读34所985考研名校》

策略六：展示

策略七：奖励

观察课例视频五：

《奖励与趣味奖励》

美国教育心理学家古诺特博士曾深情地说：“在经历了若干年的教师工作之后，我得到了一个令人惶恐的结论：教育的成功和失败，‘我’（教师）是决定性因素。”

看课例视频六：

《吨的认识》

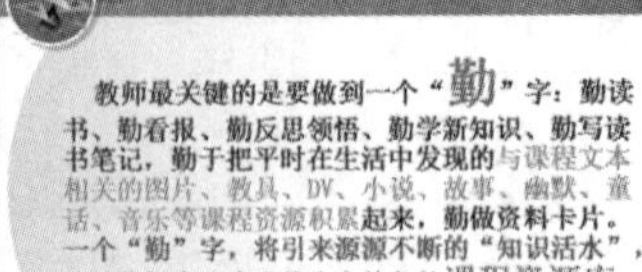

月光下的彩虹

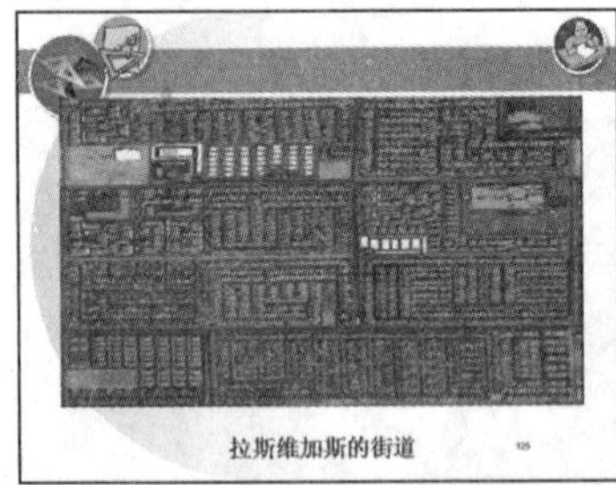
拉斯维加斯的街道

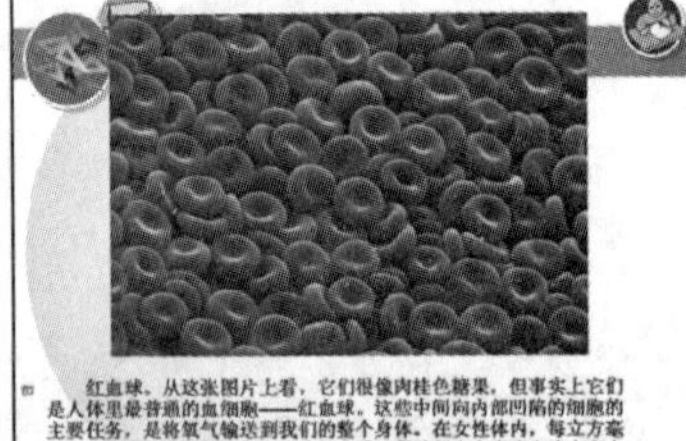

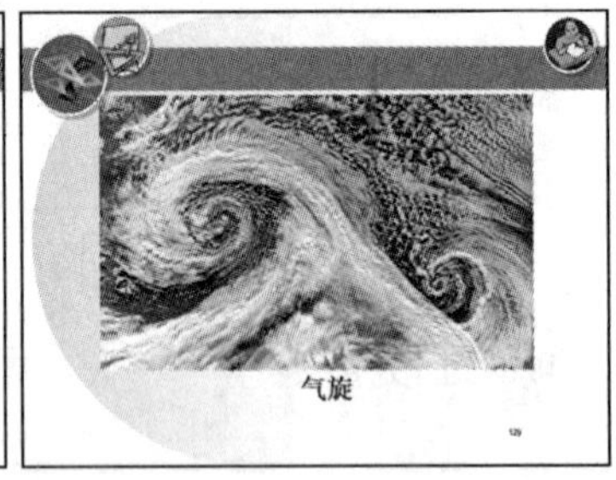
气旋

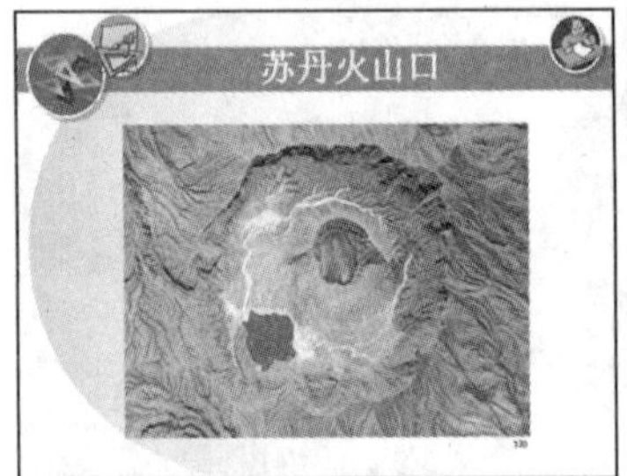

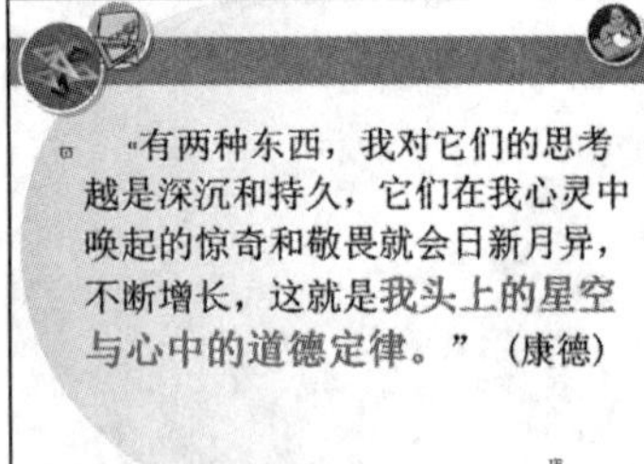

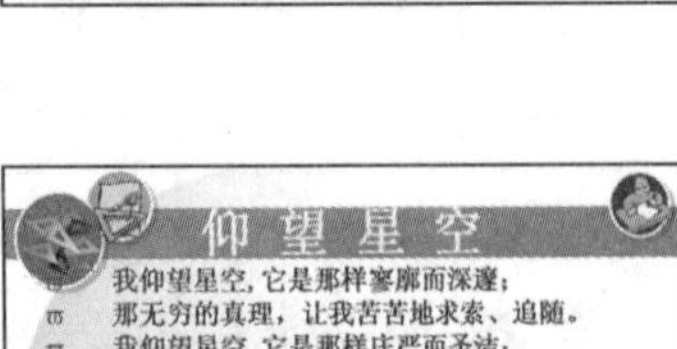

看课堂视频七：《国哥的幸福班》

教师——旁征博引，信手拈来，
画龙点睛，妙趣横生；
师生——谈古论今，纵横东西，
左右逢源，上下贯通；
教学——茅塞顿开，豁然开朗，
流连忘返，欲罢不能。
这是多么迷人的境界！

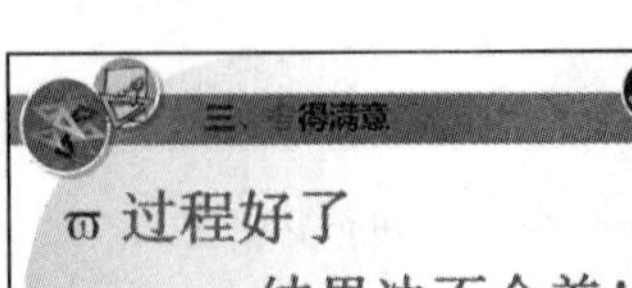

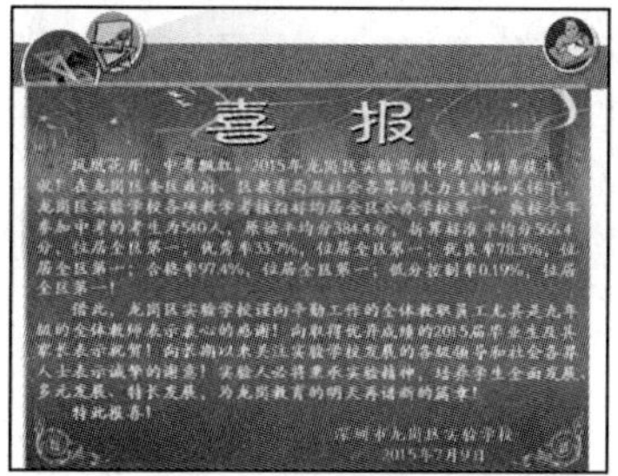

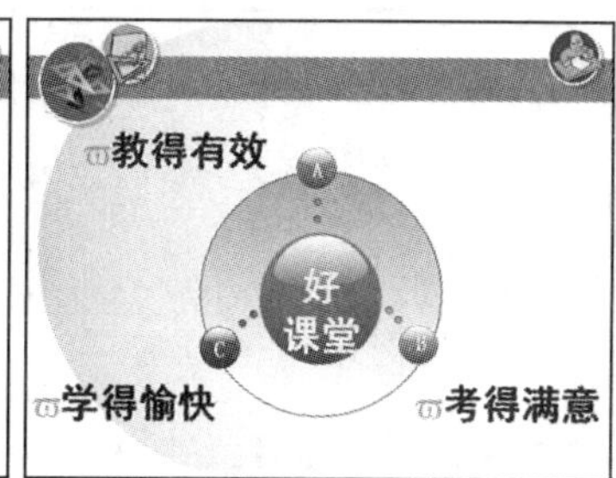

初中数学说课艺术

基于说课的模式构建

分小组互动

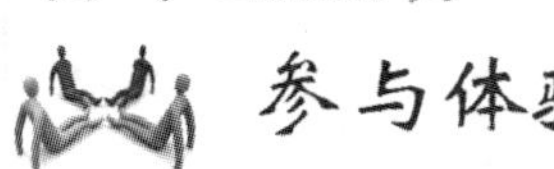

参与体验

选出组长、发言人、记录员

结合案例，独立思考，怎样进行初中数学说课？

请你归纳、概括五句话，写在即时贴上。

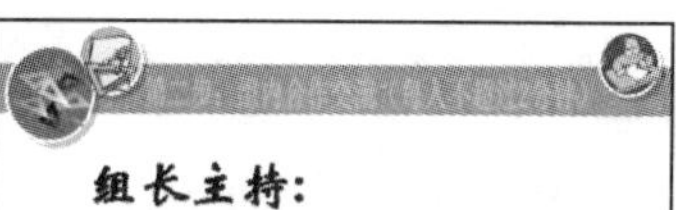

组长主持：

以团队（小组）为单位交流五句话。

把个人的即时贴黏贴在一张A4纸上。

组长主持：

1. 将组员的发言进行归纳、概括。提炼共同意见为小组的五句话。
2. 写在另一张A3纸上，尽量把字写大，写清楚，以便展示。

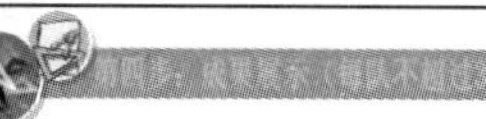

每个团队选派三名代表，将本团队归纳、概括的五句话与全班共享。

第五步：联系实际跟一位名师

回想教过你的老师或你熟悉、崇拜的名师，谈谈他（她）是怎样进行数学说课的？

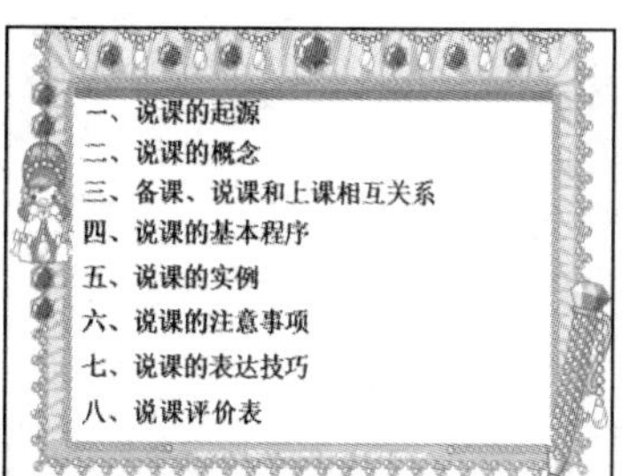

一、说课的起源

对象是谁？

说课是教师以先进的教育教学理念及课程标准为指导，以教材为依据，在充分备课的基础上，面对其他教师、学校领导和教研员，讲述自己对教材的理解、教学的设计及其理论根据，然后由听说者进行讨论、评说，以达到相互交流教学经验与体会、促进教师专业发展的目的。

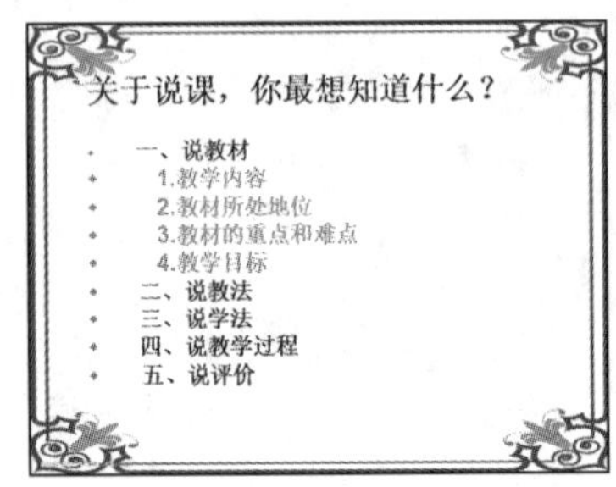

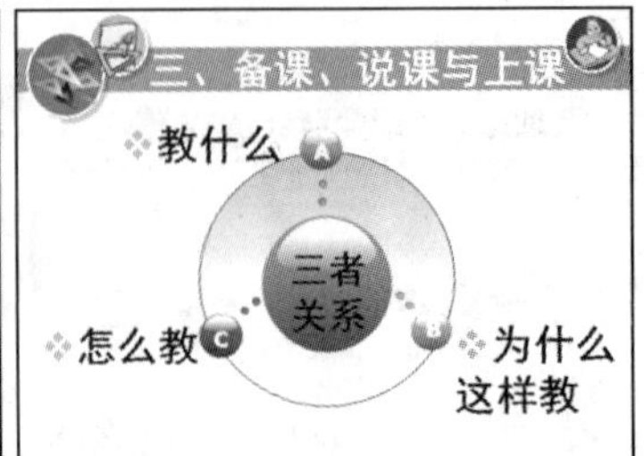

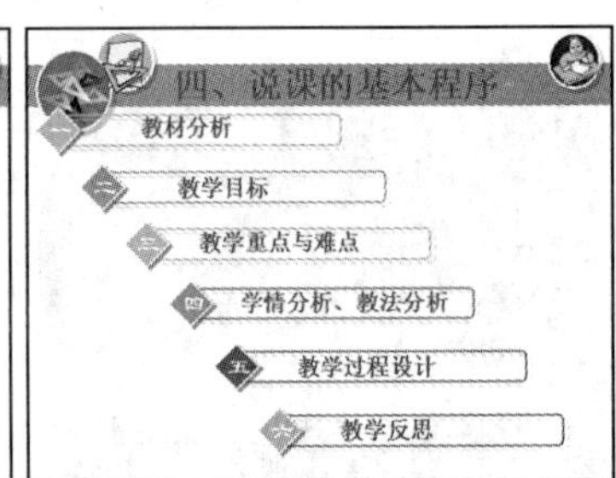

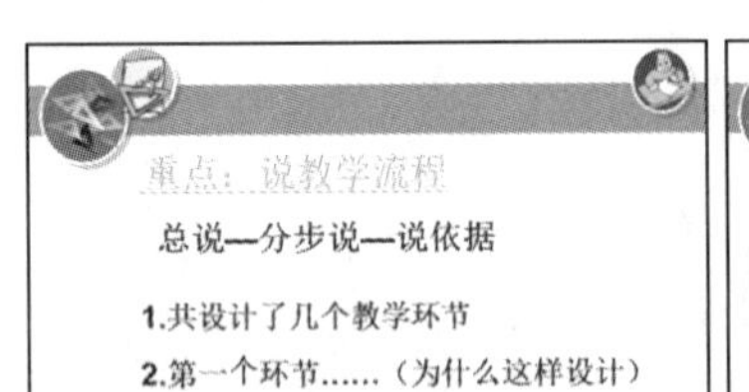

教学过程的设计是说课的核心部分，是说课者要重点解决的问题，要说清楚安排了哪些环节、这些环节是怎样安排的、为什么这样安排。这个环节按照教师活动、学生活动、设计理念三条线索来阐述效果好，能让听众清晰地知道说课者的教学思路和教学理念。

在说课过程中的所有环节都是为“怎样设计教学”和“为什么这样设计教学”这两个问题服务的。

对教学效果的预测及设计理念的概括说明能引起听众对说课者所说内容的再认识，有利于提高听众的评价。

无论是新教材还是旧版教材都要说出新意。值得注意的是有些人会对教材中的例题、习题做些“改进”，如果要对教材进行加工改进必须依据《课程标准》、搞清教材的编排意图，要明确说出改进的理由及优势，不能任意“改进”教材。比较前沿的教育理论、教育家的精典名言一定要用得恰当，不能出现错误。

说课要解决的问题主要有两个：一个是怎样设计教学，另一个是为什么这样设计教学，预设教学的效果怎样。要通过“说”这种方式来表达，而不是写。当然，在说之前必然要有写的过程，不过，写出来的说课稿与说出来的内容存在着很大的区别，不仅在格式上有差别，在表达上也有很大不同。这大概类似于小说与剧本台词之间的区别，

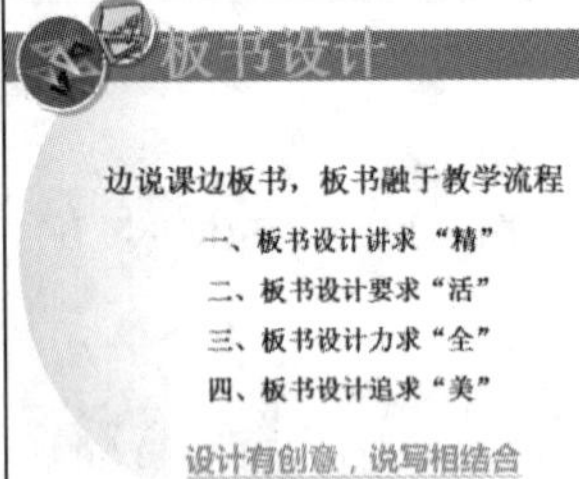

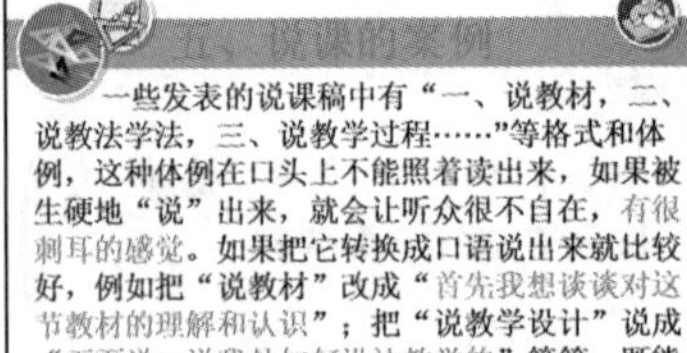

北师大版《义务教育教科书•数学八年级下册》
第二章 §2.5

一元一次不等式与一次函数(1)

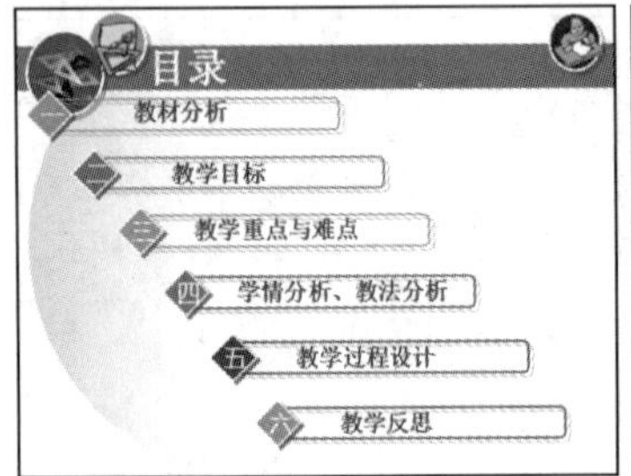

本节内容是在学生已有对一元一次方程、一元一次不等式和二元一次方程组等的认识之后，从变化和对应关系的角度，对一元一次不等式的运算进行更深入的讨论，是站在更高起点上的动态分析。通过讨论一次函数与方程（组）及不等式的关系，用函数的观点加深对这些已经学习过的内容的认识，加强知识间的横向和纵向联系，发挥函数的统领作用，构建和发展相互联系的知识体系。

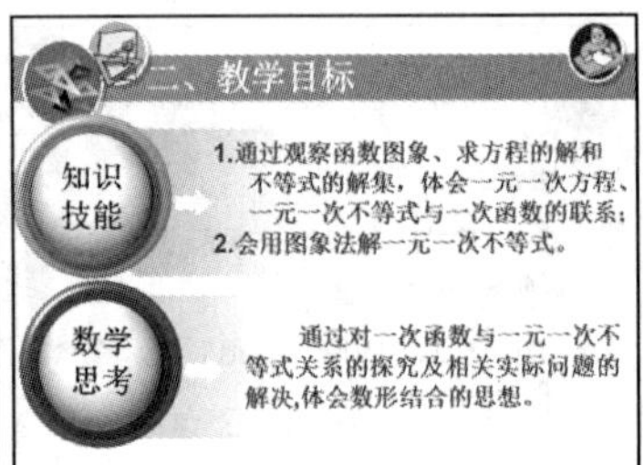

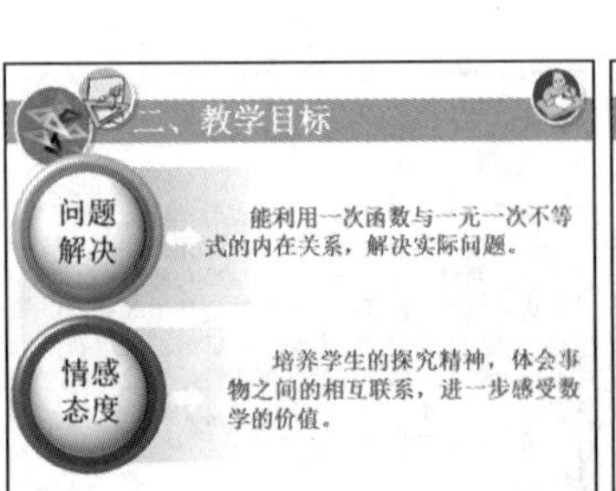

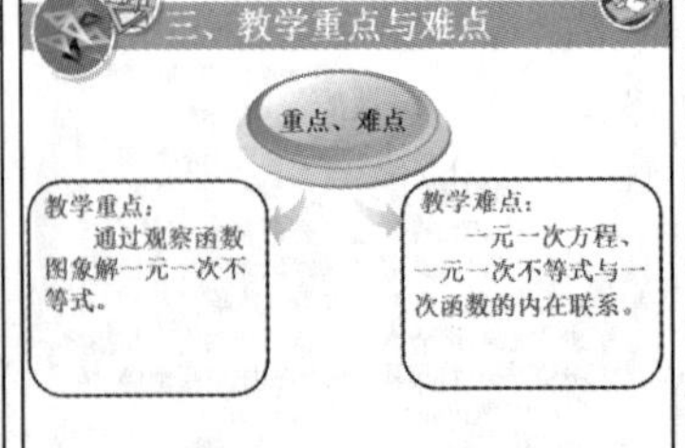

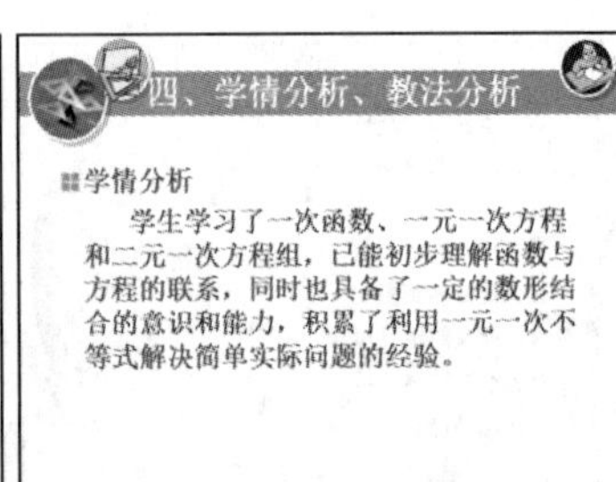

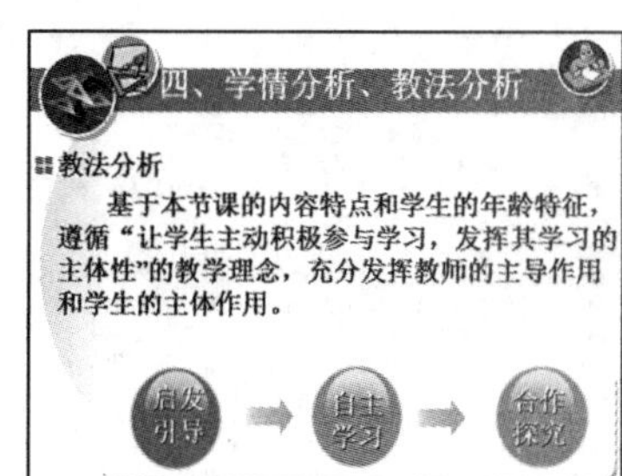
四、学情分析、教法分析
教法分析
基于本节课的内容特点和学生的年龄特征，遵循“让学生主动积极参与学习，发挥其学习的主体性”的教学理念，充分发挥教师的主导作用和学生的主体作用。
启发引导
自主学习
合作探究

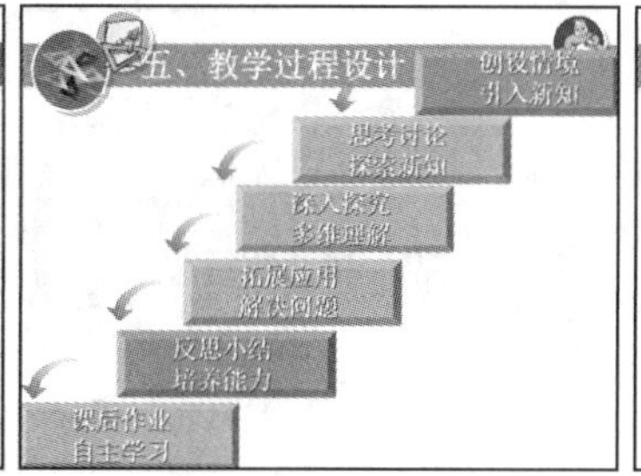
五、教学过程设计
创设情境 引入新知
思考讨论 探索新知
深入探究 多维理解
拓展应用 解决问题
反思小结 培养能力
课后作业 自主学习

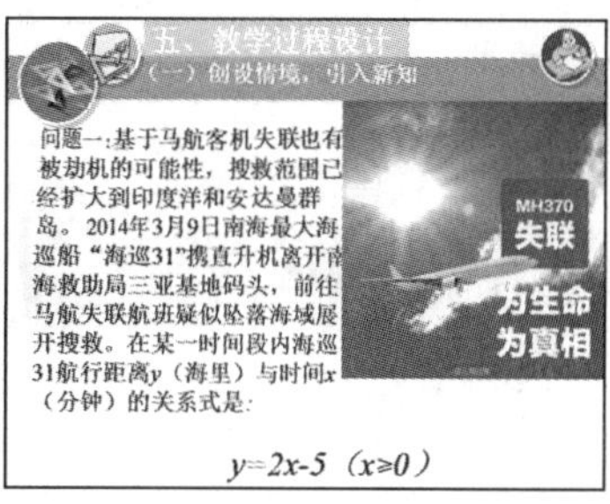
五、教学过程设计
（一）创设情境，引入新知
问题一：基于马航客机失联也有被劫机的可能性，搜救范围已经扩大到印度洋和安达曼群岛。2014年3月9日在南海最大海巡船“海巡31”携直升机离开南海救助局三亚基地码头，前往马航失联航班疑似坠落海域展开搜救。在某一时间段内海巡31航行距离y（海里）与时间x（分钟）的关系式是：
y=2x-5（x≥0）
MH370
失联
为生命
为真相

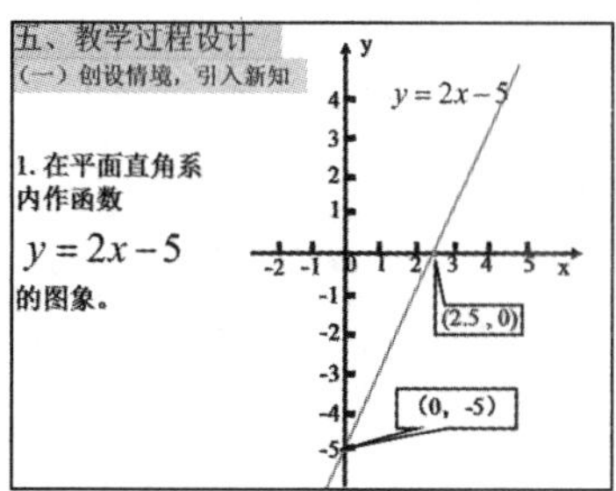
五、教学过程设计
（一）创设情境，引入新知
1. 在平面直角系内作函数
y = 2x − 5
的图象。
y = 2x − 5
(2.5，0)
(0，-5)

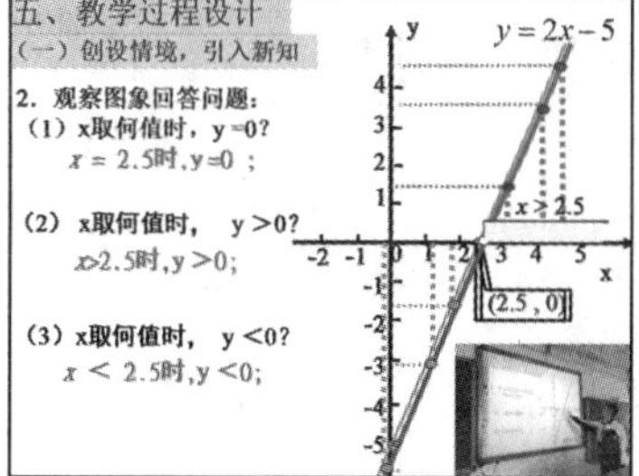
五、教学过程设计
（一）创设情境，引入新知
2. 观察图象回答问题：
（1）x取何值时，y =0?
x = 2.5时，y =0；
（2）x取何值时，y >0?
x>2.5时，y >0；
（3）x取何值时，y <0?
x < 2.5时，y <0；
y = 2x − 5
x > 2.5
(2.5，0)

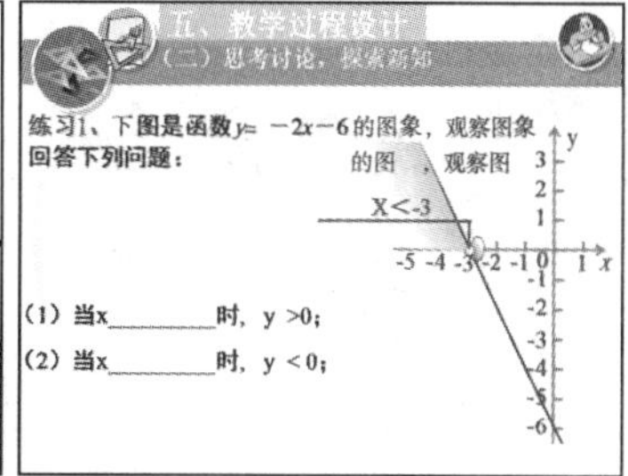
五、教学过程设计
（二）思考讨论，探索新知
练习1、下图是函数y= −2x−6的图象，观察图象回答下列问题：
X<-3
（1）当x________时，y >0；
（2）当x________时，y < 0；

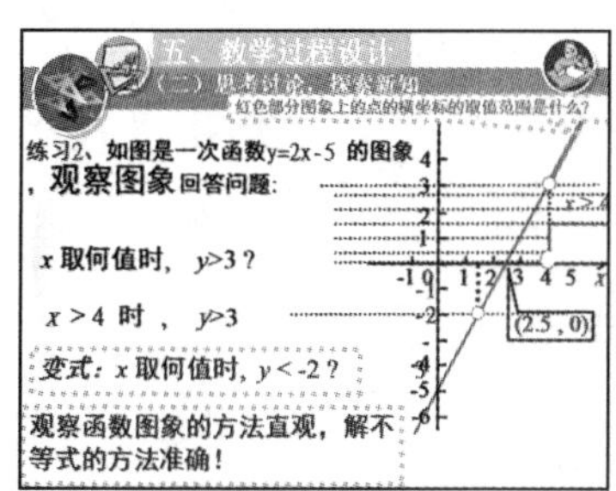
五、教学过程设计
（二）思考讨论，探索新知
红色部分图象上的点的横坐标的取值范围是什么？
练习2、如图是一次函数y=2x-5 的图象，观察图象回答问题：
x 取何值时，y>3？
x > 4 时，y>3
变式：x 取何值时，y < -2？
观察函数图象的方法直观，解不等式的方法准确！
(2.5，0)

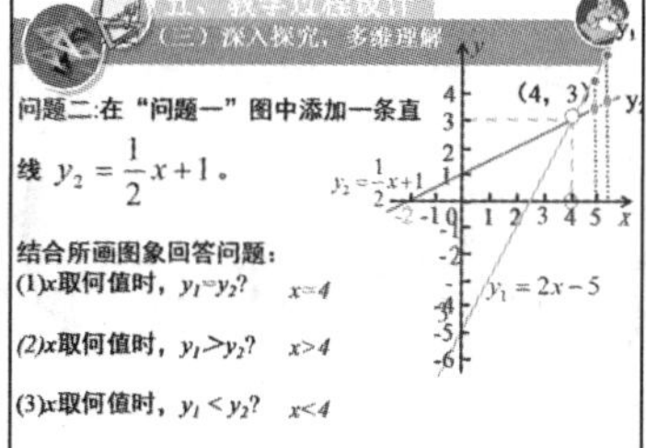
五、教学过程设计
（三）深入探究，多维理解
问题二：在“问题一”图中添加一条直线 y₂ = ½x + 1。
结合所画图象回答问题：
(1)x取何值时，y₁=y₂? x=4
(2)x取何值时，y₁>y₂? x>4
(3)x取何值时，y₁ < y₂? x<4
(4，3)
y₁ = 2x − 5

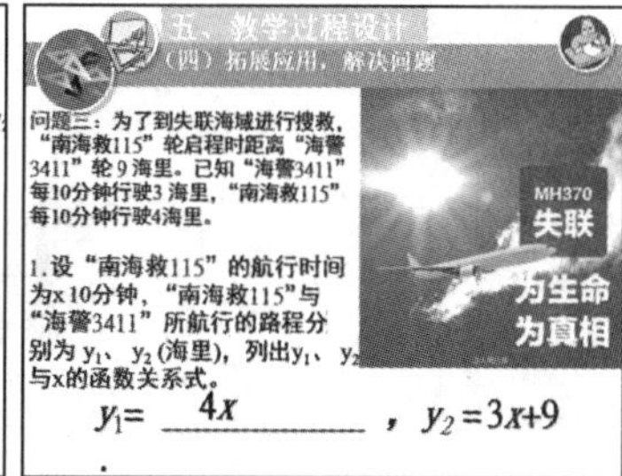
五、教学过程设计
（四）拓展应用，解决问题
问题三：为了到失联海域进行搜救，“南海救115”轮启程时距离“海警3411”轮9海里。已知“海警3411”每10分钟行驶3海里，“南海救115”每10分钟行驶4海里。
1. 设“南海救115”的航行时间为x 10分钟，“南海救115”与“海警3411”所航行的路程分别为y₁、y₂(海里)，列出y₁、y₂与x的函数关系式。
y₁= 4x ，y₂ =3x+9
MH370
失联
为生命
为真相

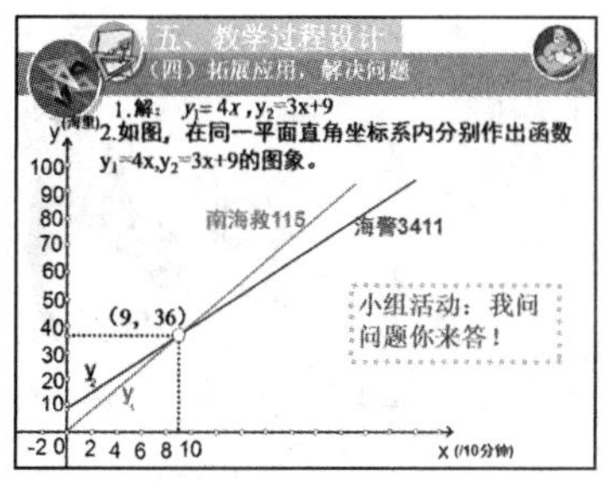
五、教学过程设计
（四）拓展应用，解决问题
1. 解：y₁=4x，y₂=3x+9
2. 如图，在同一平面直角坐标系内分别作出函数y₁=4x，y₂=3x+9的图象。
南海救115
海警3411
(9，36)
小组活动：我问问题你来答！
x (/10分钟)

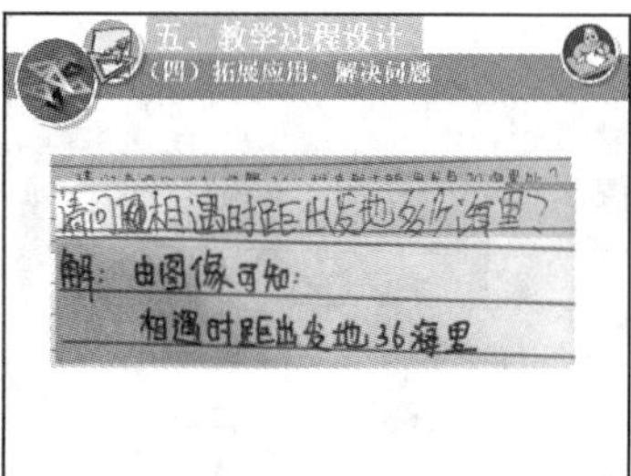
五、教学过程设计
（四）拓展应用，解决问题
请问何相遇时距出发地多少海里？
解：由图像可知：
相遇时距出发地36海里

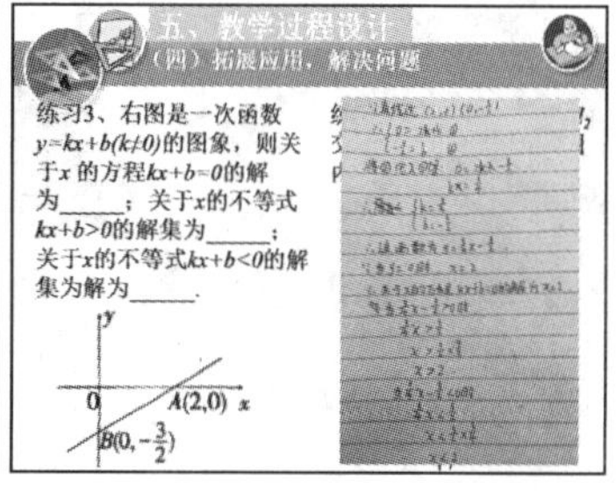
五、教学过程设计
（四）拓展应用，解决问题
练习3、右图是一次函数y=kx+b(k≠0)的图象，则关于x 的方程kx+b=0的解为_____；关于x的不等式kx+b>0的解集为_____；关于x的不等式kx+b<0的解集为解为_____.
A(2,0)
B(0，−3/2)

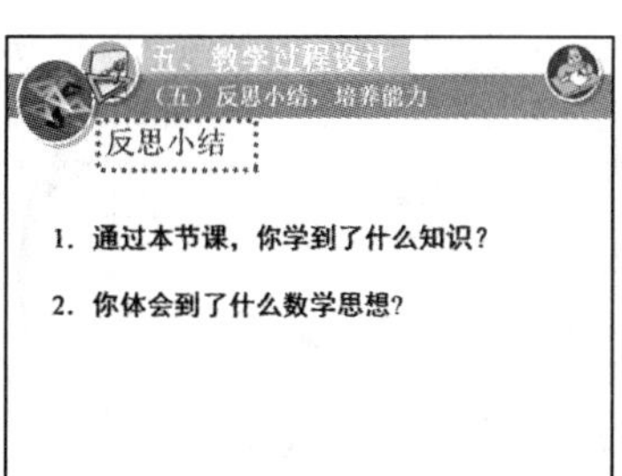
五、教学过程设计
（五）反思小结，培养能力
反思小结
1. 通过本节课，你学到了什么知识？
2. 你体会到了什么数学思想？

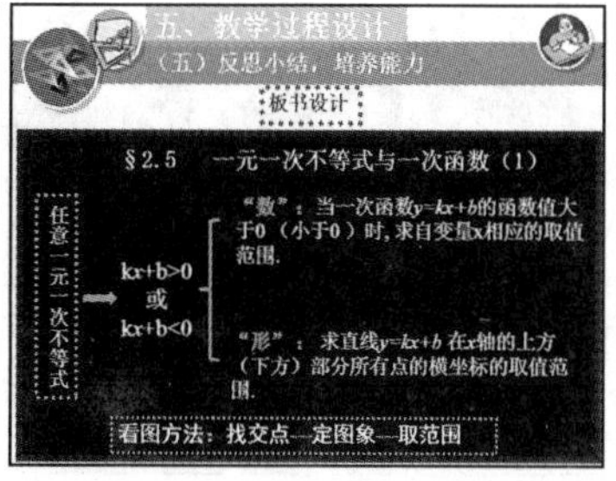
五、教学过程设计
（五）反思小结，培养能力
板书设计
§2.5 一元一次不等式与一次函数（1）
任意一元一次不等式
kx+b>0 或 kx+b<0
“数”：当一次函数y=kx+b的函数值大于0（小于0）时，求自变量x相应的取值范围.
“形”：求直线y=kx+b 在x轴的上方（下方）部分所有点的横坐标的取值范围.
看图方法：找交点—定图象—取范围

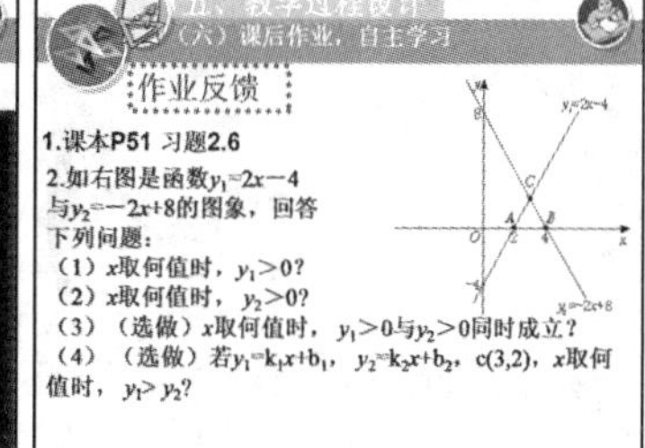
五、教学过程设计
（六）课后作业，自主学习
作业反馈
1. 课本P51 习题2.6
2. 如右图是函数y₁=2x−4与y₂=−2x+8的图象，回答下列问题：
（1）x取何值时，y₁>0?
（2）x取何值时，y₂>0?
（3）（选做）x取何值时，y₁>0与y₂>0同时成立？
（4）（选做）若y₁=k₁x+b₁，y₂=k₂x+b₂，c(3,2)，x取何值时，y₁> y₂?

六、教学反思

本课内容的学习过程中，学生解题的固有思维，会不自觉地使他们倾向用熟悉的方法直接解出答案，轻视用图象求解一元一次不等式的方法，不能充分理解一元一次不等式与一次函数的本质联系。

为了更好地处理这个问题，本课注重两个方面：一是知识的开展，即围绕如何用函数图象求解一元一次不等式来展开；二是能力的培养和思想的渗透，即让学生通过作图、观察、思考、讨论、阅读、动手、交流、反思等丰富活动，循序渐进，逐步逼近本课的核心：函数、不等式都是刻画现实世界中量与量之间变化规律的重要模型，要从变化与对应的角度，用函数的观点加深对一元一次不等式等知识的认识，从整体上把握所学，感受利用数形结合的思想解题的优越性。因此，在今后的教学中，更应加强数学思想方法的渗透。

六、说课的注意事项

开始时适宜用一些问候语开场。比如“各位评委：大家好!”或者“各位评委：辛苦了!”“各位评委：请多指教。”问候的同时行鞠躬礼也不是不可以。结束时要有个收场，有个交待，与听众告别，适宜说一两句谦虚的话、体现自己有虚心学习的诚意，当然也不能低三下四，要不卑不亢。比如“我的课就说到这里，谢谢各位评委很有耐心地听完我的说课，还请各位评委多多指导、批评”等等，切不可“请各位评委高抬贵手”“我很有信心取得好成绩”，或者表露出欣喜若狂的神情。值得注意的是自我介绍时只能说“我叫×××，是几号选手，来自哪个单位。”如果是参加说课比赛，你的单位又不是很出名，干脆不要说来自哪个单位，切不可以这样：“首先请允许我做个自我介绍，我怎么怎么……”介绍出很多能证明自己业务实力的荣誉和经历，这是说课的大忌，因为实际说课的情况很可能与你的荣誉有差距，这样就适得其反。

说课这种形式和上课一样，同属于舞台艺术，尤其是说课比赛，是稍纵即逝的，不允许回过头来重新开始，因此,也有人称它是遗憾的艺术。说课者要有演讲的风度，讲究舞台形象。要抬头挺胸，落落大方，衣着得体，不夸张不平俗，可稍作修饰，淡妆上台，切忌浓妆艳沫，不能有习惯性的动作和口头禅；要有意识地借助目光和表情不断地与听众交流；要声音响亮，语言流畅，富有穿透力；说课时要脱离教材，能脱离说课稿一气呵成效果最好。有的人先是看着说课稿子说，后又停下翻教材看着教材再接着说，这会让人觉得你很不熟练，准备匆忙，底气不足。当然，即使是自己感觉很熟练了也不能把说课稿仍在一边“裸说”，防止由于紧张等原因一时“忘词”。最好把说课稿拿在手中脱稿说，这样既显胸有成竹，又能以防万一。

七、说课的灵活技巧

说课比赛不同与一般的说课，最好是站着说课，不要坐着说课；更不能把两手支撑在讲桌上弯着腰低下头看着稿子读说课稿，也不能大范围走动或身体大幅度晃动摇摆，可以把说课稿拿在手中看着稿子说但不能读说课稿，是说不是读，说课全过程的语速和声音高低应该有起伏，有轻重缓急，讲究抑扬顿挫，说课者要有意识控制好“峰谷”。

说课时要坚持用第一人称“我”的口吻讲话，不能用“教者”“教师”等来讲述教学过程，对于教学过程中师生活动情况的预设要多用“如果……我就……”的假设句，不要说学生“肯定会……

八、说课评价表

说课教师：　　课题：　　班级：

项目	内涵	分值	得分
教材内容和学生情况分析	本课题在知识体系中的地位、作用及知识点、能力点、德育点，对学生认识、技能、思维品质等方面的把握	10	
教学目标	教学目标的确立及依据，实现教学目标的思路	10	
教学内容	教学重点、难点的确认及突出重点、突破难点的策略	10	
教学结构	教学设计思路，优化主导与主体关系的设想	10	
教学过程	组织教学过程的方案，教学环节转换的技巧性设计，情感调控	40	
教学方法和手段	教学方法的选择及使用价值，教学媒体使用的时机、程度，学法指导的设想	10	
教学效果预测	学生认知、技能、情感等发展预测	10	
合计		100	

初中数学六类课型的思考

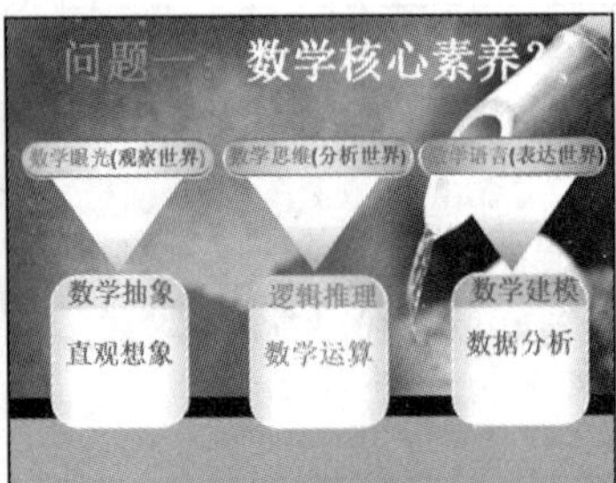

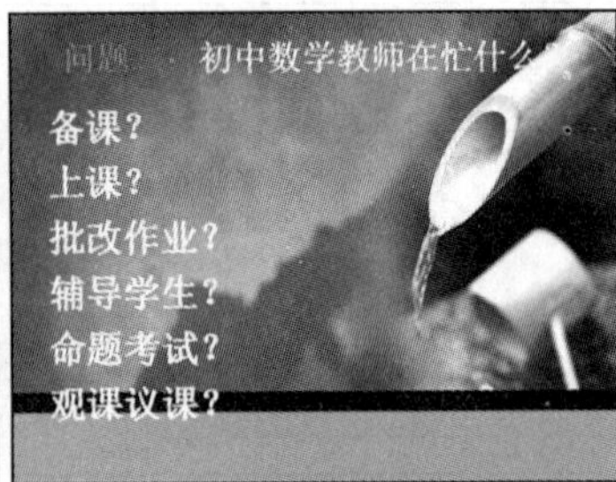

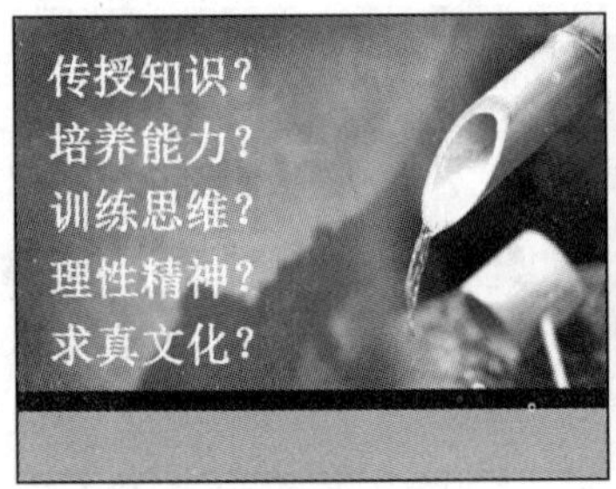

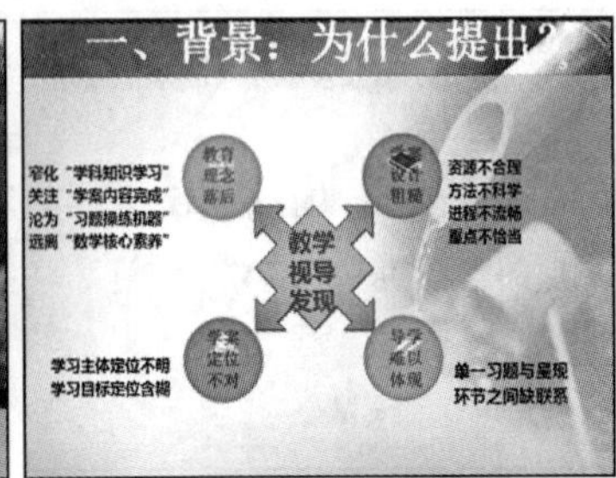

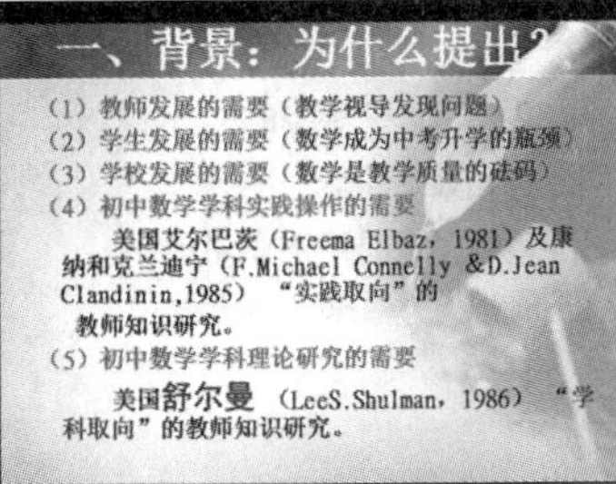
一、背景：为什么提出？
（1）教师发展的需要（教学视导发现问题）
（2）学生发展的需要（数学成为中考升学的瓶颈）
（3）学校发展的需要（数学是教学质量的砝码）
（4）初中数学学科实践操作的需要
美国艾尔巴茨（Freema Elbaz，1981）及康纳和克兰迪宁（F.Michael Connelly &D.Jean Clandinin,1985）“实践取向”的教师知识研究。
（5）初中数学学科理论研究的需要
美国舒尔曼（LeeS.Shulman，1986）“学科取向”的教师知识研究。

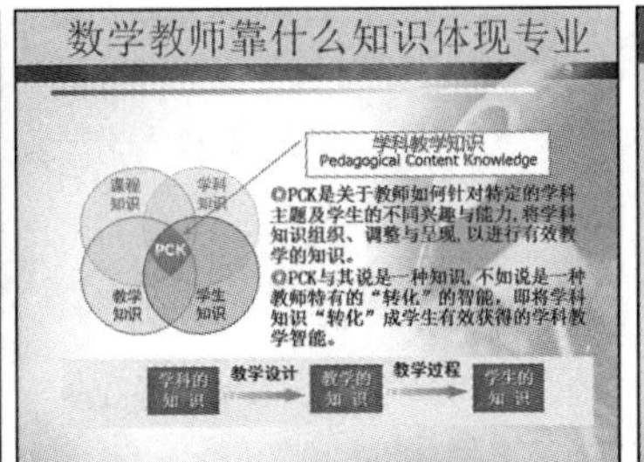
数学教师靠什么知识体现专业
学科教学知识
Pedagogical Content Knowledge
课程知识
学科知识
PCK
教学知识
学生知识
◎PCK是关于教师如何针对特定的学科主题及学生的不同兴趣与能力，将学科知识组织、调整与呈现，以进行有效教学的知识。
◎PCK与其说是一种知识，不如说是一种教师特有的“转化”的智能，即将学科知识“转化”成学生有效获得的学科教学智能。
学科的知识
教学设计
教学的知识
教学过程
学生的知识

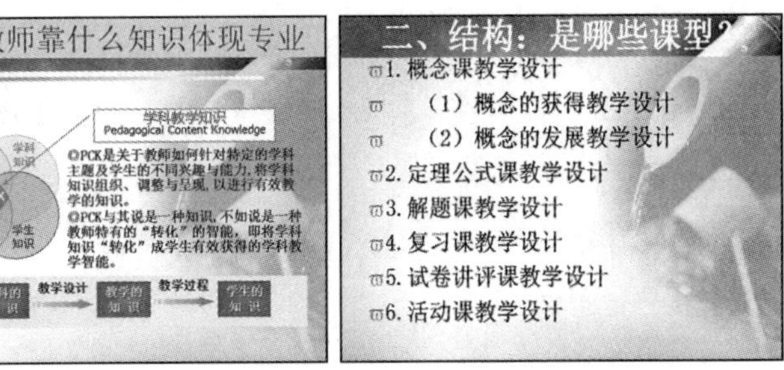
二、结构：是哪些课型？
1. 概念课教学设计
（1）概念的获得教学设计
（2）概念的发展教学设计
2. 定理公式课教学设计
3. 解题课教学设计
4. 复习课教学设计
5. 试卷讲评课教学设计
6. 活动课教学设计

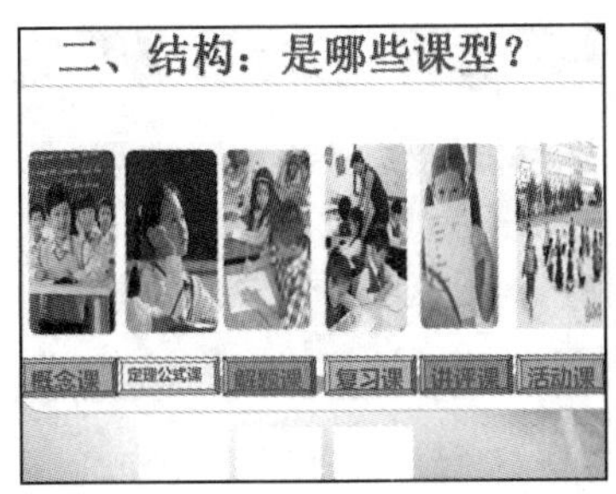
二、结构：是哪些课型？
概念课
定理公式课
解题课
复习课
讲评课
活动课

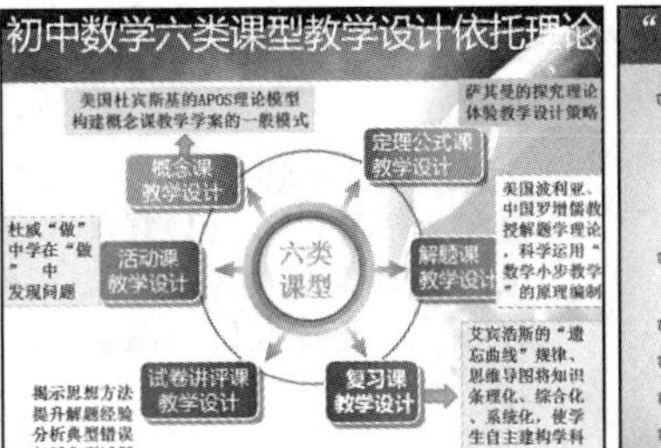
初中数学六类课型教学设计依托理论
美国杜宾斯基的APOS理论模型构建概念课教学学案的一般模式
萨其曼的探究理论体验教学设计策略
概念课教学设计
定理公式课教学设计
杜威“做”中学在“做”中发现问题
活动课教学设计
六类课型
解题课教学设计
美国波利亚、中国罗增儒教授解题学理论，科学运用“数学小步教学”的原理编制
试卷讲评课教学设计
复习课教学设计
揭示思想方法提升解题经验分析典型错误拓展典型试题
艾宾浩斯的“遗忘曲线”规律、思维导图将知识条理化、综合化、系统化，使学生自主建构学科知识体系。

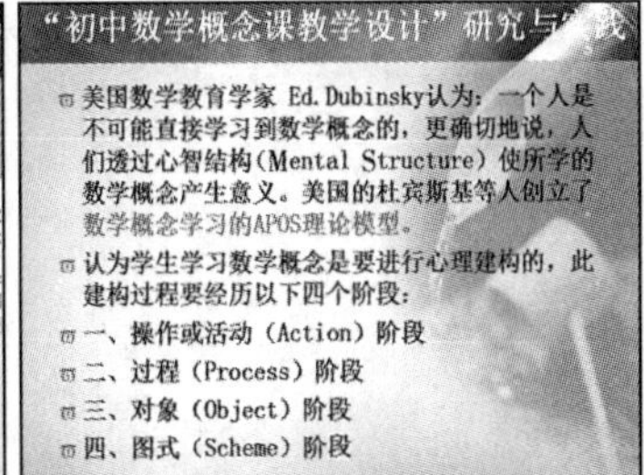
“初中数学概念课教学设计”研究与实践
美国数学教育学家 Ed. Dubinsky认为：一个人是不可能直接学习到数学概念的，更确切地说，人们透过心智结构（Mental Structure）使所学的数学概念产生意义。美国的杜宾斯基等人创立了数学概念学习的APOS理论模型。
认为学生学习数学概念是要进行心理建构的，此建构过程要经历以下四个阶段：
一、操作或活动（Action）阶段
二、过程（Process）阶段
三、对象（Object）阶段
四、图式（Scheme）阶段

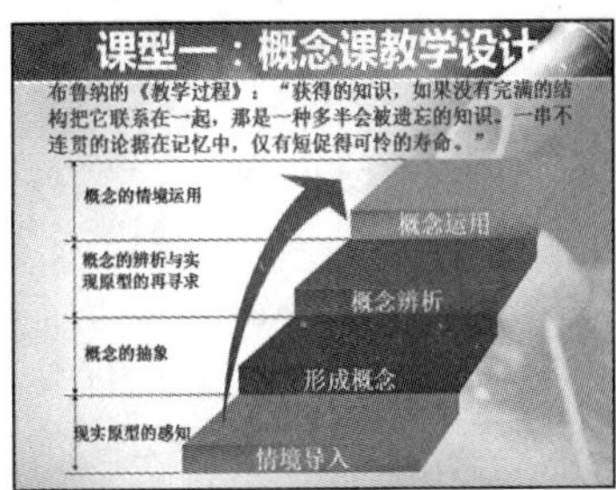
课型一：概念课教学设计
布鲁纳的《教学过程》：“获得的知识，如果没有完满的结构把它联系在一起，那是一种多半会被遗忘的知识。一串不连贯的论据在记忆中，仅有短促得可怜的寿命。”
概念的情境运用
概念运用
概念的辨析与实现原型的再寻求
概念辨析
概念的抽象
形成概念
现实原型的感知
情境导入

概念的获得教学设计
step1
step2
step3
step4
创设至少三个具体的问题情境
学生观察独立思考概括归纳提炼概念后再合作交流
概念的表述与明晰：教师主导，通过选择正反两方面的例子提出质疑、建议。
概念的应用：不应作为重点，视课堂时量的多少安排练习量。
过程由教师根据学案引导学生独立思考完成

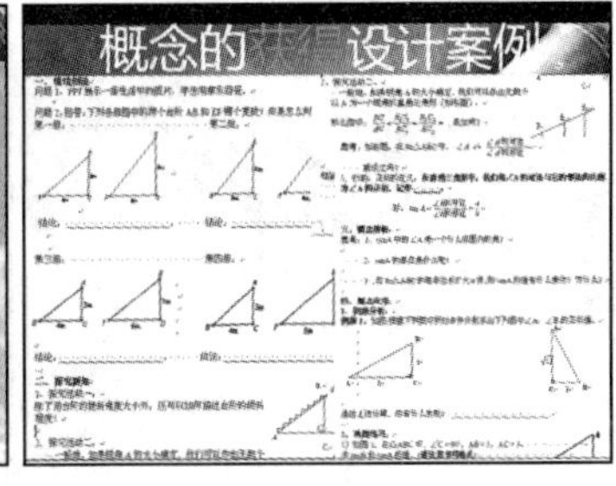
概念的获得设计案例

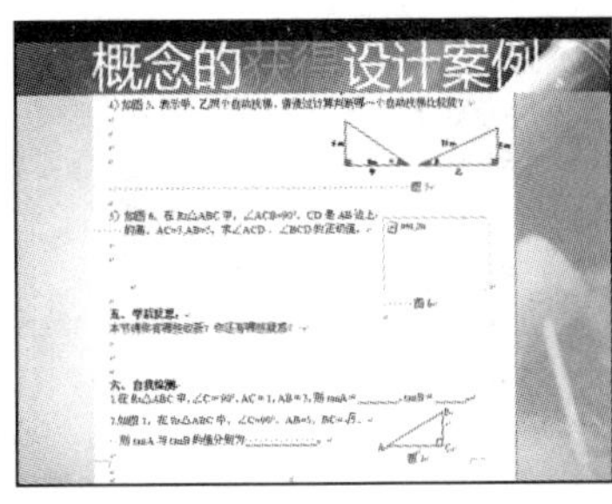
概念的获得设计案例

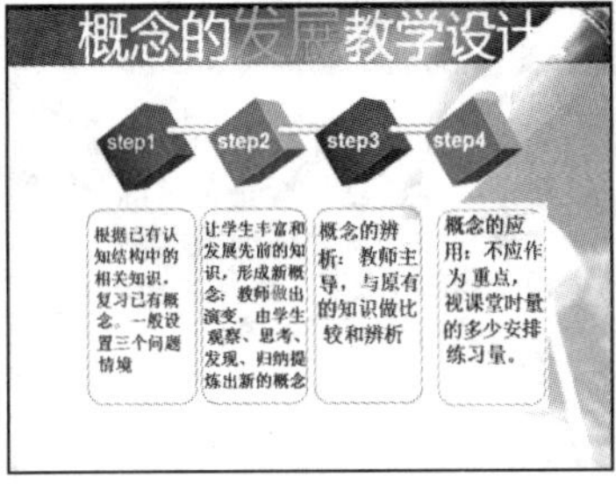
概念的发展教学设计
step1
step2
step3
step4
根据已有认知结构中的相关知识，复习已有概念，一般设置三个问题情境
让学生丰富和发展先前的知识，形成新概念：教师做出演变，由学生观察、思考、发现、归纳提炼出新的概念
概念的辨析：教师主导，与原有的知识做比较和辨析
概念的应用：不应作为重点，视课堂时量的多少安排练习量。

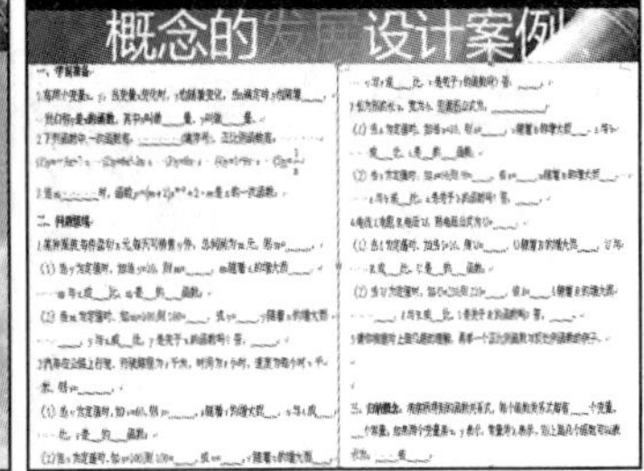
概念的发展设计案例

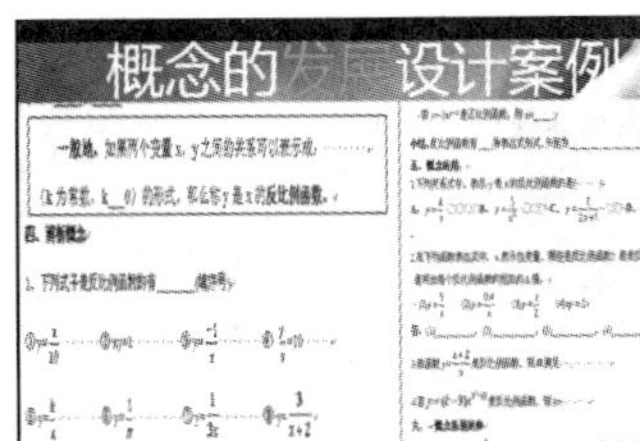
概念的发展设计案例

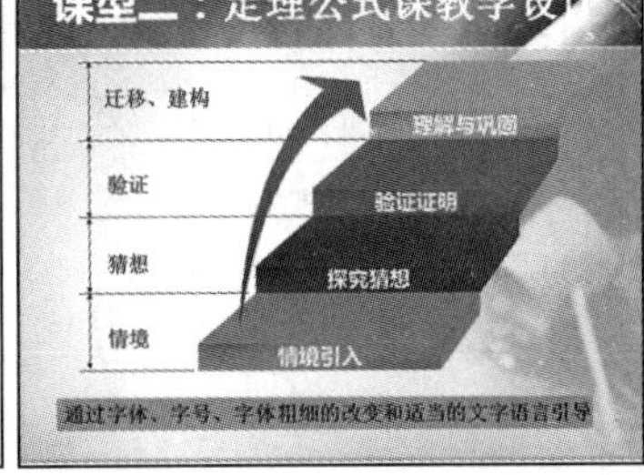
课型二：定理公式课教学设计
迁移、建构
理解与巩固
验证
验证证明
猜想
探究猜想
情境
情境引入
通过字体、字号、字体粗细的改变和适当的文字语言引导

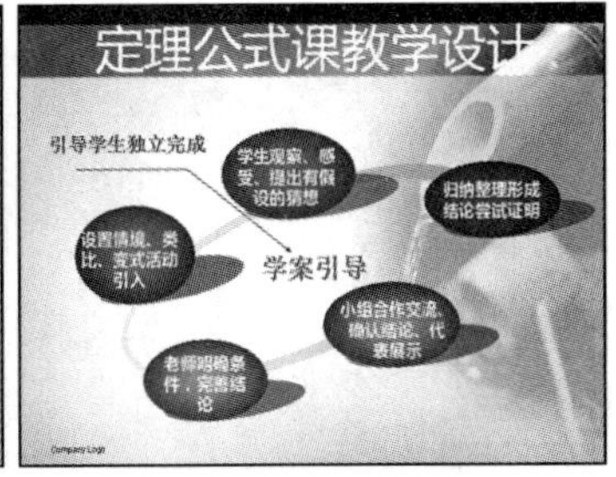
定理公式课教学设计
引导学生独立完成
学生观察、感受，提出有根据的猜想
归纳整理形成结论尝试证明
设置情境、类比、变式活动引入
学案引导
小组合作交流，确认结论，代表展示
老师明确条件，完善结论
Company Logo

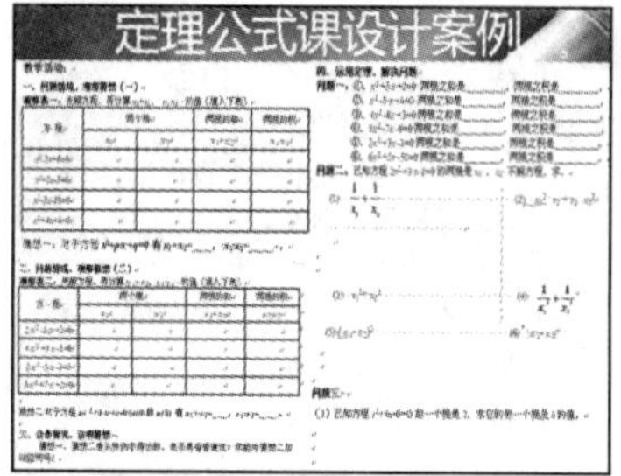

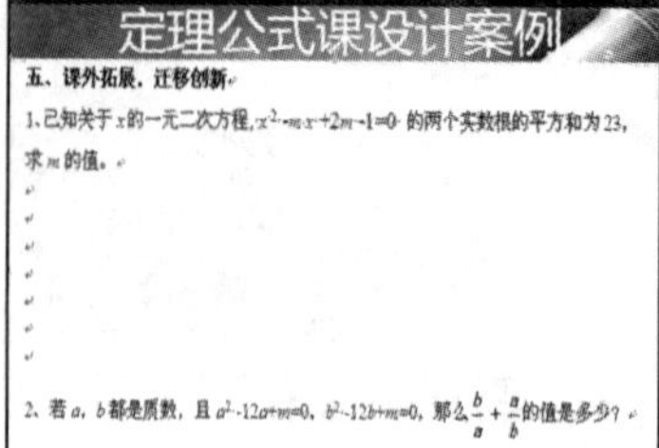

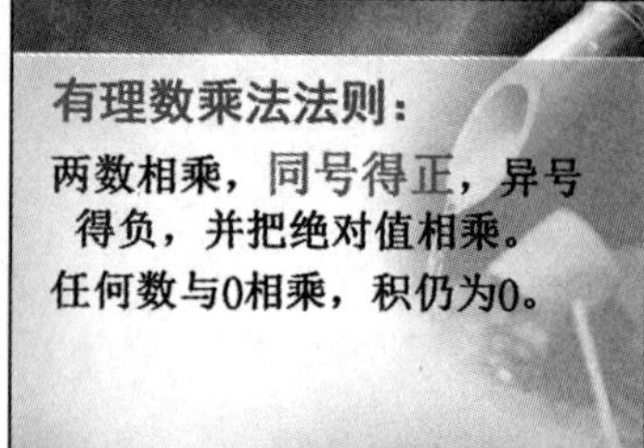

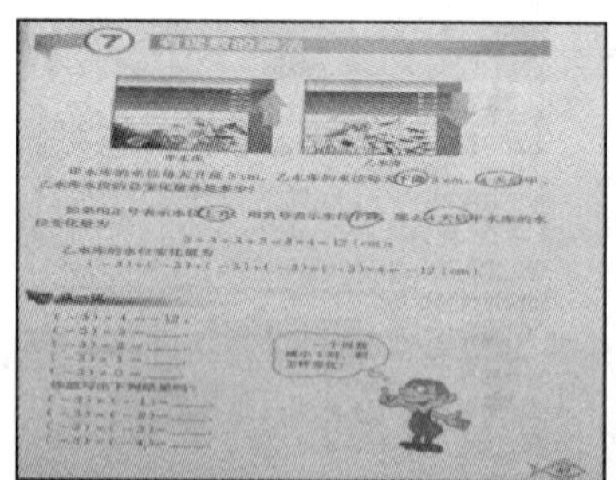

创设情境

例：由于寒潮来袭，气温每天下降2度，已知预报的明天的气温为零下2度，你能预知后天的气温是几度吗？

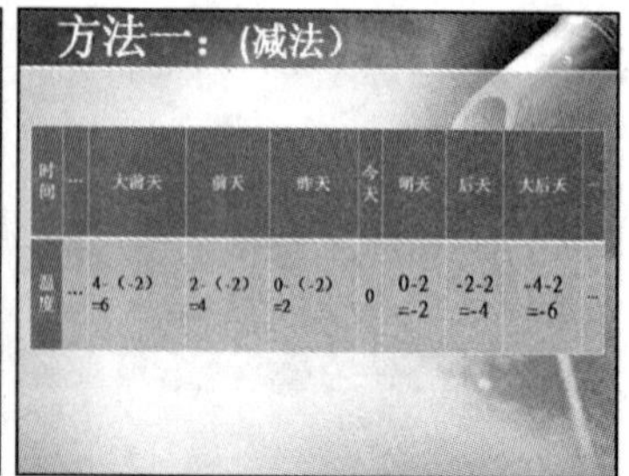

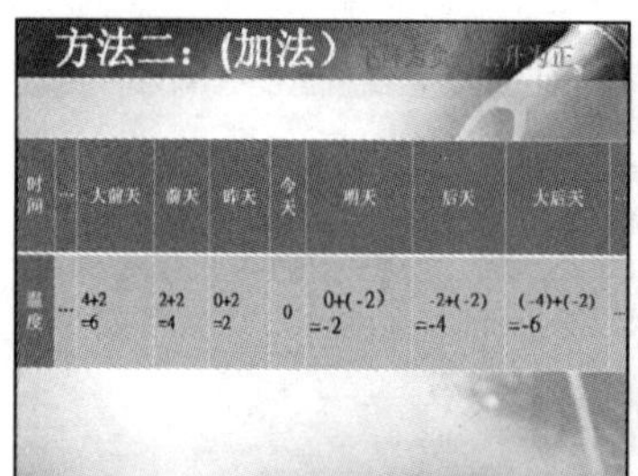

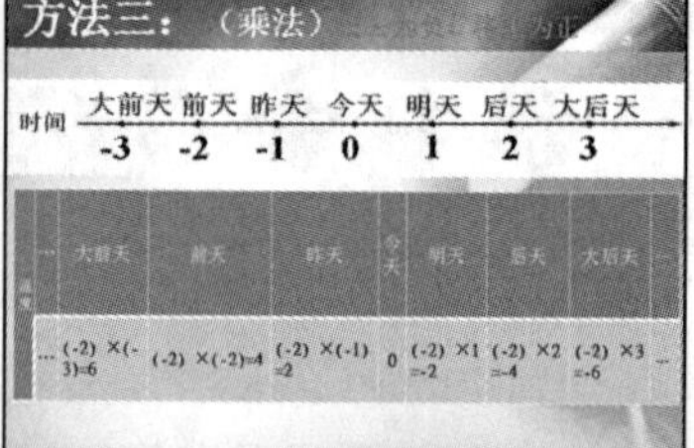

方法四：

把“负负得正”当作口诀。
一、背熟。
二、使用。
三、理解(抓结果，抓操作)。

验证(证明)

1.著名数学教育家M.克莱因在《数学：确定性的丧失》中记载欧拉的证明：因为(-1)×(-1)的结果只为+1，或者-1，已经证明了“(-1)×(+1)=-1”，所以(-1)×(-1)=+1。

验证(证明)

2.史宁中教授在《数学思想概论——数量与数量关系的抽象》中，从“任何数与零相乘均等于零”出发，对欧拉的证明进行了补充。

验证(证明)

0=(-1)×0
=(-1)×[(-1)+(+1)]
=(-1)×(-1)+(-1)×(+1)
=(-1)×(-1)+(-1)
∵(-1)×(+1)=-1
∴(-1)×(-1)=+1

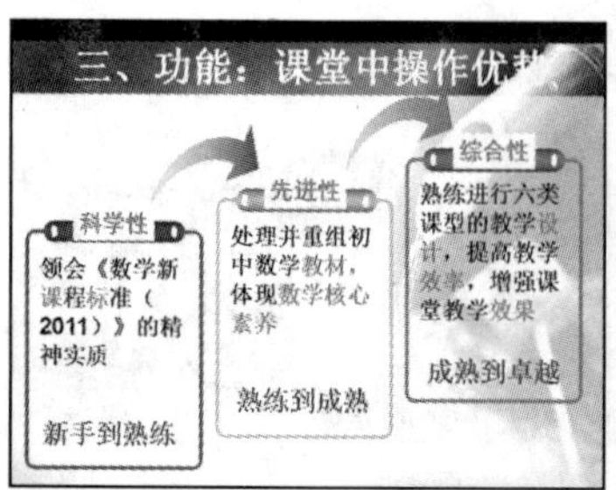

课程开发者优势

获得学术荣誉：九个

1.国家教育行政学院云南师大培训基地授课专家
2.广东省中学高级教师专业技术资格评审委员
3.深圳市首批教师继续教育课程建设专家
4.深圳市第三批名教师
5.深圳市首批名师工作室主持人
6.深圳市“数学小步训练实验研究”规划课题主持人
7.深圳市数学学会常务理事
8.龙岗区首批教育学科带头人
9.龙岗区优秀专家

课程开发者优势

开发培训课程：八门

一个教学法：《数学小步教学法》
两门技术：《数学应用题中的二次分析法》
《几何证明题中的玻利亚分析法》
三个国培班讲座：
《基于新课标背景下教学常规的构建与实施》
《基于主题驱动下的校本研修模式》
《构建高质量学习班级的策略》
六类课型研究：《初中数学六类课型教学设计》
33个专题：《初三第二轮复习之33个专题》

课程开发者优势

课程资源丰富

1. 北师大版初中数学教材、人教版、华东师大版优质资源
2. 已有成熟课件。（在深圳城市学院培训学员的课件开发）
3. 本校的教学设计（《学讲练》文本，三年齐全，可供选择。）

教学手段先进

1. 成人培训的特点
2. 现代教育技术手段
3. “世界咖啡”模式

第二章　教学能力培训

怎样观课与议课

导　言

维特根斯坦："每天早晨，你必须重新掀开废弃的碎砖石，触摸到翠绿的、生机盎然的种子。一个新词就像一粒播下的种子。"

列奥．施皮泽："词的变化就是文化的变化和灵魂的变化。"

- 苏霍姆林斯基："一个人到学校上学，不仅是为了取得一份知识的行囊，而主要是获得聪明。因此，我们主要的努力就不应该仅用在记忆上，而应该用在思考上。所以真正的学校应是一个积极思考的王国，必须让学生生活在思考的世界里。"

教学那些事儿……

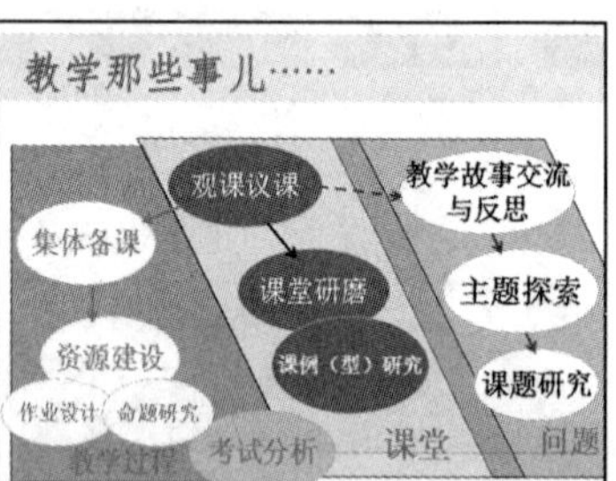

一、基于录像课的观课与议课

分小组互动

参与体验

选出组长、发言人、记录员

第一步：独立思考（6分钟）

1. 填写**课堂观察表**：

一、或二、或三

2. 归纳、概括"我喜欢、我质疑、我建议"三句话，写在即时贴上。

第二步：组内合作交流（每人不超过2分钟）

组长主持：

1. 以团队（小组）为单位交流课堂观察表。

2. 交流"我喜欢、我质疑、我建议"三句话，把个人的即时贴黏贴在一张A4纸上。

第三步：归纳概括（5分钟）

组长主持：

1. 将组员的发言进行归纳、概括。提炼共同意见为"我们喜欢、我们质疑、我们建议"三句话。
2. 写在另一张A3纸上，尽量把字写大，写清楚，以便展示。

第四步：成果展示（每队不超过3分钟）

每个团队选派三名代表，将本团队归纳、概括的三句话与全班共享。

第五步：联系实际跟一位名师

回想教过你的老师或你熟悉、崇拜的名师，谈谈他（她）是怎样对本节课进行教学设计的？

二、基于观课议课的模式构建

（一）从听课评课到观课议课

听课：听什么？怎么听？

评课：评什么？怎么评？"评课谁说了算？"

相关资料链接：

《从"听课评课"到"观课议课"》——2006年《人民教育》第7期

《教研：让教师专业主体意识觉醒》——2006年《人民教育》第22期

《有效研究课》——2007年《四川教育》第9期

《走向有效的观课议课》2007年《人民教育》第23期

《怎样观课议课》，四川教育出版社2006年

《建设理想课堂》，中国轻工业出版社2007年

《我的教育道路》天地出版社2008年

A.传统的"听课评课"优点及其弊端

- *1.传统的"标准"式评课优点*

优点：
- (1)客观性
- (2)可比性

2.“标准”式评课的弊端突出表现在：

（1）评课过程形式化。
（2）评课内容表面化。
（3）评课结论两极化。
（4）评课效果零散化。

B.听课评课与观课议课的区别：

1.“听”与“观”

“交流的总效果=7%的文字+38%的音调+55%的面部表情。”（艾帕尔·梅拉比）
“人用发音器官说话，但是交谈却要借助整个身体。”（戴维·爱伯克龙比）
“视其所以，观其所由，察其所安。”（《论语》）
宋代哲学家邵雍在《观物篇》中说：“以目观物见物之形。以心观物见物之情。以理观物见物之性。”“夫所以谓之观物者，非以目观之也；非观之以目，而观之以心也；非观之以心，而观之以理也。”

2.“评”与“议”

	主要过程	参与者	关注点	做课取向	标准
“评”	做判断，下结论	主、客体	全面信息	展示性做课	统一规范
“议”	发表意见，进行商议	平等主体	集中焦点	发展性做课	多样选择

3.观课议课

- 概而言之，观课议课是参与者相互提供教学信息，共同收集和感受课堂信息，在充分拥有信息的基础上，围绕共同关心的问题进行对话和反思，以改进课堂教学、促进教师专业发展的一种**研修**活动。
- ——（观课议课的实质）

C.“观课议课”的追求

首先，“观课议课”要建立一种平等民主的教学研究文化。

其次，“观课议课”致力改变教师的生活态度和工作方式。

再次，“观课议课”是学习课堂教学的研究方法，并在研究中改进和发展。

D.观课议课与教师可能的幸福生活

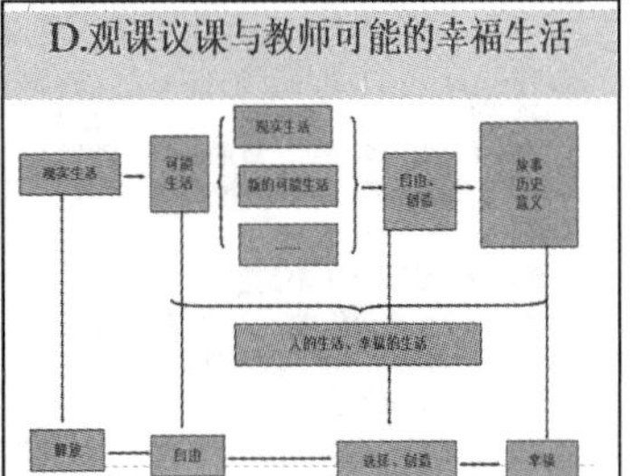

1.观课议课与教师发展

- “教师专业生活和专业发展一要激情，二要思想。”
  “以激情为动力，以思想定方向”
  “让思想成为行动”
  以问号促进思想
  “教师成长＝经验＋反思”
  获得经验之思

2.关注学与教的行为

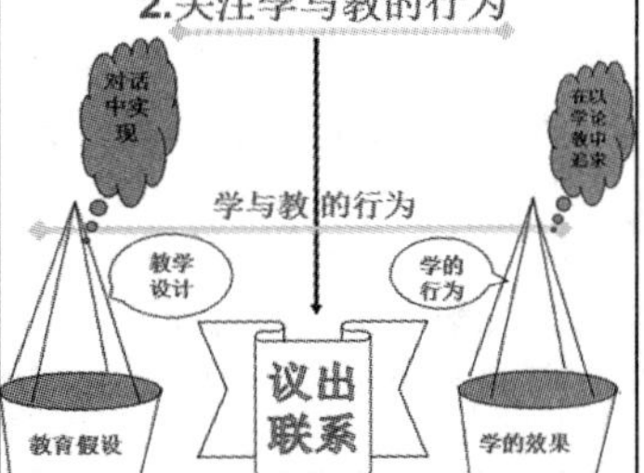

3.反思经验之思

问题一：

我们是不是一只“青蛙”？

如果我们是青蛙，那限制我们认识的“井”是什么？

问题二：

“小鸟”意味着什么？

我们从哪里找小鸟？

问题三：

为什么说我们是“青蛙”？

我们只是青蛙吗？

- “反思要对经验进行批判性的、多种的、公开的考查；将我们的经验与他人的经验联系起来，构建一种过去、现在、未来的经验都联系起来的网络。反思退后一步从其他联系与方案的角度来考查过去的经验，它是对所采取的行为的重新构建，对得到的意义的重新考查。‘思维’，杜威说‘是改造经验的方法’。它是对经验予以反思的方法，是人类独有的活动，是我们进一步采取行动唯一可以依靠的指导。”（小威廉姆E·多尔）
- 杜威相信，“转变性经验只有通过人们一起以批评性的但是却是合作的方式分享洞察和思想才能获得”。

（二）怎样进行观课议课

- 路边：
- 果农提着一篮葡萄邀请你品尝。你会怎么办？为什么？

- 故事的结果：他邀请了三个人，三个人都疑惑地摇摇头走了。
- 第一个人想：“他想请我办什么事情呢？”
- 第二个人想：“教这样的人肯定费劲。”
- 第三个人想：“竟敢打我的主意。”

想一想：三个人的角色：第一个人？第二个人？第三个人？

第一个人——官员……
第二个人——琴师……
第三个人——美女……

- 果农的动机：葡萄大丰收了，心里很高兴，想让大家分享他的成功，分享他的快乐！

1.观课议课活动具体操作流程

- （1）确定观课议课主题。
- （2）与做课教师沟通。
- （3）学习相关理论。
- （4）设计观课议课观察表。
- （5）课堂观察记录。
- （6）课后议课。
- （7）行为跟进。

观课前的准备和沟通：

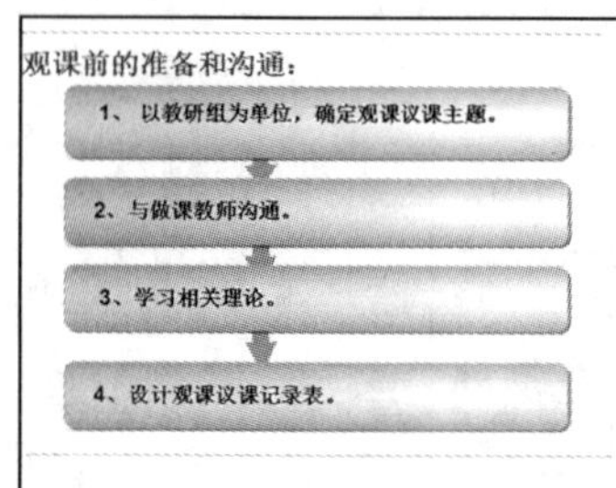

2.观课如何“观”

第一，“观”课的结构
第二，“观”重点难点的突破
第三，“观”板书及教学媒体运用
第四，“观”课堂的气氛
第五，“观”教学的细节
第六，“观”闪光之点
第七，“观”课后反思与总结

3.议课如何“议”

如何议一堂课？简言之：我喜欢、我质疑、我建议。

看学生：

- ①看学生是否积极参与。
- ②看学生是否体验、感受、经历数学学习过程。
- ③学生是否在学习活动中学会了什么。
- ④学生在课堂中学会了什么？得到哪些有助于自身发展的能力。

看老师：

- ① 是否关注每一名学生，尊重每一名学生，是否让学生在和谐、愉悦的气氛中学习、交流。
- ② 是否对学生进行有效性指导。
- ③ 是否为学生提供优秀的学习资源，为学生创设有利于学生思考、探索的空间。
- ④ 是否关注了课堂上的生成。

◆把握公开课的评价角度

- 1.初试课。
- 2.研究课。
- 3.评优课。

案例分析：如何议课？

- 1.上课教师的态度：自信而不封闭，虚心而不盲从。
- 2.用问号引起，从倾听开始。
- 3.两个话语结构：主持人：假如你来教……
  议课者：假如我来教……
- 4.陈述教学故事，相互讨论。
- 5.上课教师自主选择更适合自己、更适合学生、更适合教学内容的教学方式及行为。

（三）走向高质量的观课议课

1.建设进取、合作、民主、创新的学校文化

建设进取、合作、民主、创新的教师文化既是观课议课的目标，又是有效观课议课的基础。生活不能虚掷，生命不能浪费；教师要建立一种“互相培养”的关系。

2.高质量观课议课从观课准备开始（环节如下）

（1）提前协商观课主题
（2）让授课教师先做观课说明
（3）提前进教室与学生沟通

3.高质量观课要致力发现课堂

- （1）观课是用心灵感悟课堂
- （2）高质量观课需要主动思考
- （3）高质量观课要为议课做准备

4.高质量议课致力理解教学

- （1）高质量议课以平等对话为基础
- （2）高质量议课是基于教学案例的讨论
- （3）高质量议课需要“同在共行”的立场和方式
- （4）高质量议课要致力推进有效教学
- （5）高质量议课要致力发现教学中的关系和可能

做课：教师基于原有个体经验的教学

教学假设 → 教学设计 → 教的行为 → 学的行为 → 学的效果

观议课：以学论教，同伴互助，反思经验

学的效果 ⇄ 学的行为 → 教的行为 → 教学设计 → 教学假设

改进和超越：新假设，新行动，新效果

新假设 → 新设计 → 新的教 → 新的学 → 新的效果

三、学校如何组织和实施观课议课

（1）引导教师分析和讨论对现有听课评课效果是否满意，为实践观课议课寻找动力。引导教师彼此开放课堂，在彼此开放中互助和提高。

（2）引导教师把观察课堂的位置向前移，学习观察学生，了解学生的学习活动和学习效果。

（3）不加评论地讲述课堂上的故事；将故事转换为教学案例，使故事具有讨论价值。

（4）运用观课活动中得到的教学案例进行议课。

（5）学习把问题变成观课议课的主题，并对观课主题进行分解，使观课议课具有操作性。

（6）有主题地观课议课，把观课议课与教育科研、行动研究结合起来。
从“小议课”到“大议课”

基于新课程背景下的小课题研究

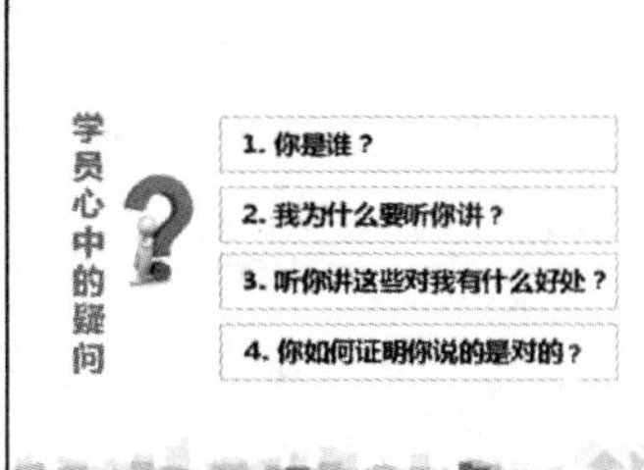

如果你想让教师的劳动能多获得乐趣，天天上课不致变成一种单调乏味的义务，那就应引导每一位教师走上从事教育科研这条幸福的道路上来。

——苏霍姆林斯基

教师成长的因素

- 专家讲座7.8%
- 进修11.8%
- 自学19.7%
- 实践与反思60.7%

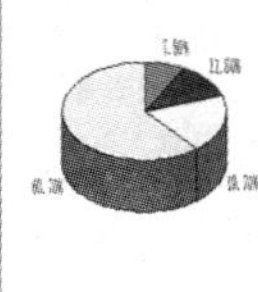

看视频1，写一句话：

一、什么是小课题研究？

小课题研究的概念、特点及原则

（一）概念

小课题研究，是指教师在短时期内以自身问题的解决或自我经验的提升为切入点，吸纳和利用各种理论、方法、技术，探寻教育教学中具体问题的解决对策的项目形式。

它是教师对自身的工作进行观察、内省、反思、探究与行为跟进的一种自我研究；是一种"面对真问题，展开真行动，获得真发展"的实践研究；是一种小步子推进、从小环节切入、研究小问题的微型研究；是一种低起点、低要求、低重心的"草根"研究。

案例一：　与克隆作业过过招

- 任教七年级数学的王老师，意外发现本班部分学生有长期抄袭作业的现象。她控制住了自己的恼怒，先是不动声色地与个别学生接触，了解具体情况；然后，她决定与"克隆作业过过招"。
  王老师首先设置了专题作业评讲课。评讲课上她先表扬了所有数学作业全对的学生。然后让这些学生当小老师，为大家做解题示范，几个抄作业的学生自然就"挂黑板"了。尽管在座的学生都心知肚明，但王老师仍未解开真相，这让"抄手"们十分愧疚。

- 接着，王老师又组织学生们自编自导班会课"诚信为金"，大家通过讲故事、演话剧、夸典型、表决心等形式，进一步激发和增强了"诚实守信"的意识和信念。
  更为重要的是，王老师对自己的教学活动做出针对性改进。
- 首先，她在班上建立了学习互助小组，引导学生们积极、正确地对学困生给以学习援助。

- 其次，她在平时的新授课上，特别留心学困生的表现，有针对地调整教学节奏。再次，她在作业批阅中增大了面批的分量，更加关注对学生的个别指导……孩子们渐渐感受到了老师和同学的诚挚关心，将外在压力转化为内在动力学习成绩稳步提高……

- 从以上案例我们可以归纳出小课题研究的特点

（二）特点

研究主体个人化，研究范围局部化、研究内容具体化、研究方式简易化、研究周期短期化

第一，实。立足问题；

第二，小。切口较小；

第三，活。自主选择；

第四，快。样本小，研究时间短。

	大课题研究	小课题研究
目　标	解决学校重大教育管理问题	提高广大中小学教师的素质
选　题	偏重宏观的教育管理问题	偏重微观的教育教学困难
研究方法	重在综合研究，实施活动或制度改革	重在行动研究，寻求提高效益和质量
研究结果	结题报告，专著、制度建构等	结题报告，论文、叙事、案例、课件等
成果影响力	涉及面广，影响力大	涉及面小，改进自己
投入程度	投入大，周期长	投入小，周期短

（三）研究原则

重视原创性，

直面复杂性，

回归实践性，

兼顾规范性。

二、为什么提出

基于新课程背景下的小课题研究？

- 恩格斯说：“一个民族一刻也不能没有理论思维。”百年大计，教育为本，发展教育必须研究先行，咨政育人。
- 教育是科学、技术和艺术，包括道德规范、技术规范和事实判断的描述性陈述，它描述教育现象以及相关的对象、特征、关系和过程，提出法则性的假设，并在实践中验证假设，预测教育现象的发展。
- 小课题研究是教育科研的重要形式。一方面通过思想解放、理论创新，变革教育管理，推动教育科研发展；另一方面渗入教育科研要素，提高教育教学水平。

1.是决策科学化和管理民主化的需要

- 要确保决策的科学化和管理的民主化。决策失误是最大的失误，民主不能保证最好，但能防止最坏。智库是民主决策的支持。
- 坚持“科教兴教”（教育科学和教育技术），树立“教育科研是教育第一生产力”的观念。
- 任何地方教育行政部门和学校、班级都面临科学决策问题。

2.是现代学校建设的需要

- 现代学校建设离不开教育科研，已成为一种共识。在这方面，有两点认识：
- （1）教育科研能有效培育学校的核心竞争力。
- （2）教育科研是学校可持续发展的推动力。
- 具体表现在：
- 校兴科研——营造环境（手段）。
- 科研兴校——强校育人（目的）。

3.是优秀教师成长的需要

- 教师要获取医生、律师和工程师的专业地位必须跟踪科学前沿，改进工作。
- 名校育名师，名师撑名校。
- 成为优秀教师必须投身教育科研，从事研究性学习。
- 没有教研过不好日子，没有科研过不长日子。
- 科研是探索发现规律，教研遵循应用规律。
- 寻找适合学生的教育，必须依靠教育科研。

4.是提高教育教学质量的需要

- 各级各类教育的育人质量必须依靠教育科研。
- 我确信：没有不会学的学生，只有不会教的老师。科学施教的前提是加强教育科学研究。
- 向教育科研要质量，靠教育科研上水平。
- 质量标准的科学化和民主化。

5.是基础教育科研的价值追求

- 要使基础教育科研真正作用于教师队伍整体，就必须在课题研究中去“神圣化”，去“八股化”，不苛求“创新”，关注“成长”，即通过小课题研究意识的强化，方法的掌握，习惯的养成，关注自身问题的解决和经验的提升，让研究成为教师生活的常态，让研究充满教育场景的泥土气息。

三、怎样进行小课题研究？

分小组互动

参与体验

选出组长、发言人、记录员

第一步：独立思考（6分钟）

你在教育教学实践中的问题与困惑有哪些？

将自己的经历、理解、经验与思考写在即时贴上。

第二步：组内合作交流（每人不超过2分钟）

以团队（小组）为单位，组长主持：

把个人的即时贴黏贴在一张A3纸上。

第三步：归纳概括（5分钟）

组长主持：

1. 将组员的发言进行归纳、概括。提炼共同意见为五句话。
2. 写在另一张纸上，尽量把字写大，写清楚，以便展示。

第四步：成果展示（每队不超过3分钟）

每个团队选派三名代表，将本团队归纳、概括的五句话与全班共享。

第五步：联系实际跟一位名师

回想教过你的老师或你熟悉、崇拜的名师，谈谈他（她）是怎样将教育教学实践中的问题与困惑转化为小课题研究的？

教育神圣！科研神奇！

案例二：怎样设计数学考试试卷讲评课？

（一）小课题的选择

- 选题，是进行小课题教育科研的第一步，是决定科研成果大小和研究成败的关键环节，是顺利开展教育科研的前提。
- “题目选得好等于完成工作的一半。”
- 提出课题比解决课题困难。所以，选择课题便成了研究的起点。

1.小课题研究始于问题

发现并提出有意义的问题是小课题研究的起点。

小课题研究始于问题。所谓小课题研究，就是对教师个人未知的问题做出解答。小课题研究固然是为了解决问题，但往往是引出更深的问题。

“问题”是人们认识活动中“已知”与“未知”之间的连接点。

我们教师在教育教学实践中必然会遇到众多的问题……

·校长面临的问题；

·班主任面临的问题；

·学科教师面临的问题。

概括起来，我们从教育实践中提出问题主要有五个方面的思路：

(1) 从平常的教学实践中遇到的实际问题中提炼出问题。

(2) 从学科教学改革实践中发现问题。

(3) 从成功经验中找出自己需要深入研究的问题。

(4) 从教育基础理论的学习中发现问题。

(5) 从国内外教育信息的分析中提出问题。

2.选题决定小课题研究的方向和水平

教育现象和过程较为复杂，需要研究的问题很多。这些问题反映了教育内部错综复杂的矛盾。但是应该看到，并非每一个矛盾都是有意义的科学问题，也并非每一个科学问题都值得我们将其作为研究的对象。

（二）一个好的小课题应有的特点

1.问题具有研究价值

作为小课题的问题首先应具有研究价值。所谓研究价值，对于中小学教师来说，主要是指研究这个问题是否有利于提高教学质量，能否促进学生的身心健康，可否促进青少年的全面发展。也就是说，选定的小课题要具有应用价值。

案例三：《初中数学六类课型教学设计》

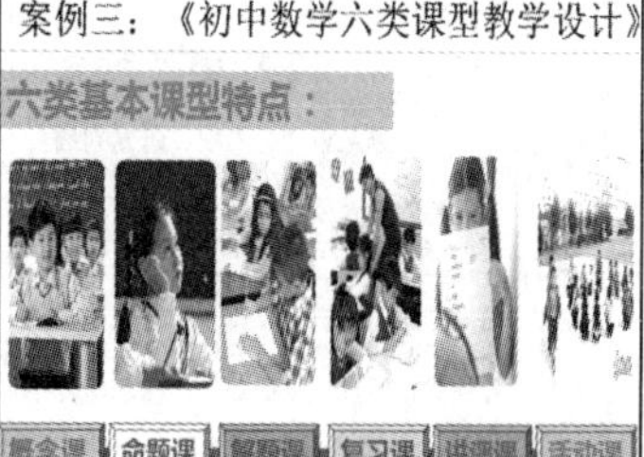

2.问题必须具有科学性

作为小课题的问题必须具有科学性。科学性体现研究问题的指导思想和研究目的的明确，体现立论科学合理，事实真实充分。具有科学性的小课题既要有实践基础，又要有理论基础。

案例四：初中数学微专题

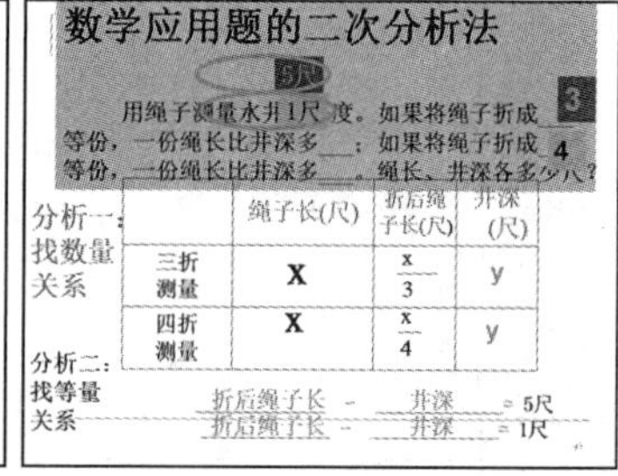

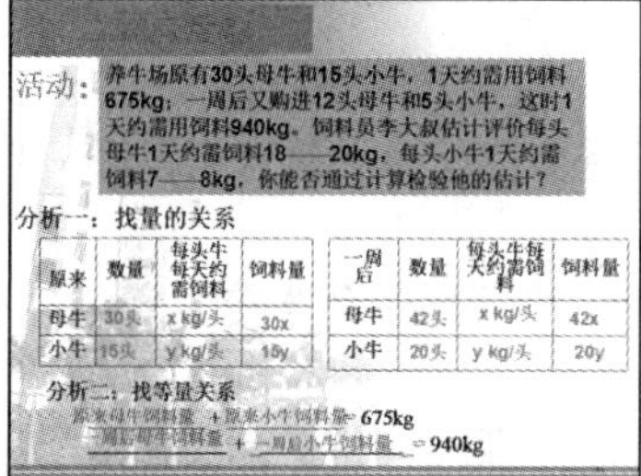

几何证明题的波利亚分析法

乔治·波利亚(GeorgePolya,1887—1985)是20世纪举世公认的数学家，著名的数学教育家，享有国际盛誉的数学方法论大师。波利亚在数学教育领域最突出的贡献是开辟了数学启发法研究的新领域，为数学方法论研究的现代复兴奠定了必要的理论基础。波利亚致力于解题的研究，为了回答“一个好的解法是如何想出来的”这个令人困惑的问题，他专门研究了解题的思维过程，并把研究所得写成《怎样解题》一书。这本书的核心是他分解解题思维过程得到的一张《怎样解题表》。

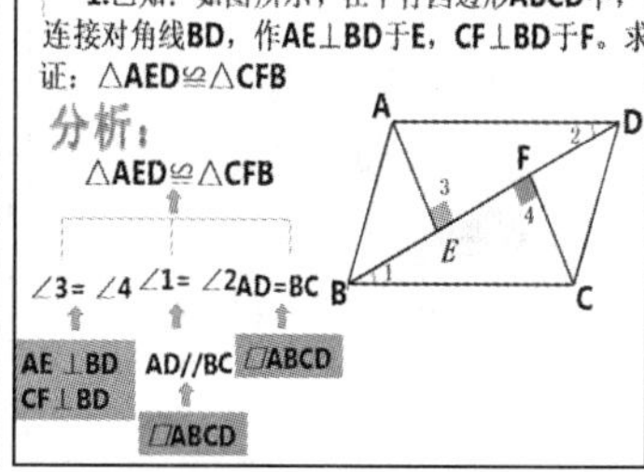

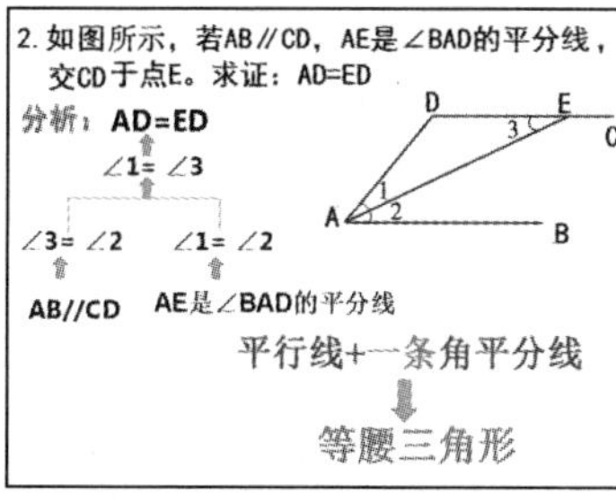

3.问题具有创新性

要做到选题新颖，有独创性，要解决两个问题：

①什么是创新性的小课题；

②怎样选择具有创新性的小课题。

案例五：微课程

4.问题具有可行性

①选题是否具备进行小课题研究的主观与客观的条件；

②怎样选择具有可行性的小课题。

客观条件　主观条件　时机

案例六：微操作应用于观课议课

案例七:微测试（5分钟15题）

（三）小课题研究的主要方法

- 叙事研究法

（其特征是通过故事叙事来描述在自然状态下的教育经验、教育行为、个体化的实践知识，促进对教育的理解和感悟）

- 案例研究法

（对研究对象的典型特征进行全面深入的考查和分析）

- 行动研究法

（为解决实际问题，依托教育者的实践过程，将教育教学经验上升到理论高度）

（四）小课题资料的收集

资料收集在小课题研究中的作用主要概括有下面几点：

- 全面正确地掌握所要研究问题的情况，帮助研究人员选定研究小课题和确定研究方向；
- 为小课题研究提供科学的论证依据和研究方法；
- 避免重复劳动，提高小课题研究的效益。

1.小课题资料的内容：

小课题资料是指小课题研究过程中的全部资料，是小课题研究的重要组成部分。它如实地记载了一个小课题从策划、立项、研究到最后结题的全过程。它不仅是小课题成果的佐证材料，小课题验收的重要依据，更是开展小课题研究工作的保证。从小课题研究的角度看，小课题研究资料是整个研究工作的生命线。研究过程中每一个论点的提出，每一个观点的论述；从分析研究状况、解释研究结果，直至得出研究结论、评定研究成果都是以小课题研究资料为依据的。

2.资料在中小学教育教学小课题研究中的应用

- 在选题、论证阶段的应用
- 在小课题实施运行阶段的应用
- 在小课题成果撰写、评价和推广阶段的应用

3. 收集研究资料应注意的几个问题

（1）收集资料的目的性、计划性。
（2）收集资料的及时性。
（3）保证资料的真实性和准确性。
（4）提高收集资料的技术性。

（5）小课题的研究结果的陈述方式

- 可以是报告式，也可以是叙事式。
  报告式的研究结果就是研究报告。它包括以下几个内容：
- 题目；
- 研究目的；
- 研究对象(样本选取)；
- 研究过程(简述)；
- 研究结果的分析；
- 结果在教育、教学实际中应用情况的介绍。

- 叙事式的研究结果有两种，一种是叙事研究，另一种是个案研究。它们都是叙述式的，其主要结构如下：
  题目——题目要简洁，要点明主题。
  引子——说明研究的起因。
  背景——说明事情的背景。
  事件——说明事件的经过或调查了解的结果。

课堂教学小课题举例

- 学生学习课堂教学微型课题列举习惯养成
- 学习后进生转化的个案
- 课堂激励教育个案
- 学生学习效率研究
- 学生学习分化问题研究
- 让学生告别粗心
- 教给学生好方法

甜蜜的批评
课堂教育机智个案
课堂有效讨论的研究
怎样提问最有价值
课堂教学结构创新
有效作业研究

1．研究的范围大小适宜
2．研究的问题难易适度
3．课题的主攻目标要明确
4．感想体会不是科研课题

给教师做小课题研究的建议

- 平常心态使研究成为一种教育生活（坐得下来，沉得下去）
- 好奇心是研究的基本动力（将问题引向思维的深处）
- 相信研究的价值与能力（自信和勇气）
- 把小课题研究当作一种教育责任（责任心）
- 宽容和理解他人就是支持自己(宽容)
- 小学问细心做（细致入微），先当好学生后当好先生（虚心学习）
- 持之以恒才能有所突破（坚持）
- 让自己处于主动状态（自觉）
- 小课题教育科研最终是为了推动实践发展（实现价值）

小课题彰显教育大视野

小课题带动学校大变化

小课题促进教师大发展

中考难点突破——微专题系列

方案设计

微专题1

班级__________姓名__________

1. 为了保护环境，某企业决定购买10台污水处理设备。现有A、B两种型号设备，且A、B两种型号设备的价格分别为每台15万元、12万元。经预算，该企业购买设备的资金不超过130万元。

（1）请你设计，该企业有几种购买方案；

（2）A、B两种型号设备每台一个月处理污水量分别为250吨、220吨。若企业每月产生的污水量为2260吨，为了尽可能节省资金，应选择哪种购买方案？

（1）分析一：找量的关系

	单价	数量	金额
A	15万元/台	x台	$15x$万元
B	12万元/台	（$10-x$）台	12（$10-x$）万元

分析二：找不等量关系

购A金额+购B金额≤130万元

解：设购买A种型号设备x台，则购买B种（$10-x$）台。

由题意，得

$15x+12(10-x)\leqslant 130$。

解得$x\leqslant 10/3$。

$\because x$为非负整数

$\therefore x=0$、1、2、3

∴该企业有四种购买方案

方案	A种设备	B种设备
方案一	0台	10台
方案二	1台	9台
方案三	2台	8台
方案四	3台	7台

（2）分析一：找量的关系

	工作效率	数量	工作总量
A	250吨/台	x台	250x吨
B	220吨/台	（10–x）台	220（10–x）吨

分析二：找不等量关系

A总量+B总量≥2260吨

解：设购买A种型号设备x台，则购买B种（10–x）台

依题意，得

250x+220（10–x）≥2260

解得x≥2

∴取2或3

当x=2时，购买资金为：15×2+12×8=126（万元），

当x=3时，购买资金为：15×3+12×7=129（万元）。

答：选择方案三，即购买A种设备2台、B种设备8台节省资金。

2. 某工程机械厂根据市场需求，计划生产A、B两种型号的大型挖掘机共100台，该厂所筹生产资金不少于22400万元，但不超过22500万元，且所筹资金全部用于生产此两型挖掘机，所生产的此两型挖掘机可全部售出，此两型挖掘机的生产成本和售价如下表：

型号	A	B
成本（万元/台）	200	240
售价（万元/台）	250	300

（1）该厂对这两型挖掘机有哪几种生产方案？

（2）该厂如何生产能获得最大利润？

（1）分析一：找量的关系

	成本价	数量	成本总额
A	200万元/台	x台	200x万元
B	240万元/台	（100–x）台	240（100–x）万元

分析二：找不等量关系

$$\begin{cases} \text{A成本总额+B成本总额} \geq 22400\text{万元} \\ \text{A成本总额+B成本总额} \leq 22500\text{万元} \end{cases}$$

解：设生产A型挖掘机x台，则B型挖掘机可生产（100–x）台，

依题意，得

$$\begin{cases} 200x+240(100-x) \geq 22400 \\ 200x+240(100-x) \leq 22500 \end{cases}$$

解这个不等式组得$37.5 \leqslant x \leqslant 40$。

$\because x$取非负整数

$\therefore x$为38、39、40

$\therefore$有三种生产方案

	A型	B型
方案一	38台	62台
方案二	39台	61台
方案三	40台	60台

（2）分析一：找数量关系

	每台利润	数量	利润总额
A	（250−200）万元	x台	$50x$万元
B	（300−240）万元	（$100-x$）台	$60(100-x)$万元

分析二：找等量关系

总利润w=甲利润额+乙利润额

解：设获得利润w万元，依题意，得

$w=50x+60(100-x)=-10x+6000$

$\therefore$当$x=38$时，

$w_{最大}=5620$

答：该厂生产A型38台，B型62台时，获得利润最大。

3. 2008年8月，北京奥运会帆船比赛在青岛国际帆船中心举行，观看帆船比赛的船票为两种：A种船票600元/张，B种船票120元/张。某旅行社要为一个旅行团代购部分船票，在购票费不超过5000元的情况下，购买A、B两种船票共15张，要求A种船票的数量不少于B种船票数量的一半。若设购买A种船票x张，请你解答下列问题：

（1）共有几种符合题意的购票方案？写解答过程；

（2）根据计算判断：哪种购票方案更省钱？

（1）分析一：找量的关系

	票价	数量	金额
A	600元/张	x张	$600x$元
B	120元/张	（$15-x$）张	$120(5-x)$元

分析二：找不等量关系

$$\begin{cases} \text{A量} \geqslant \frac{1}{2}\text{B量} \\ \text{A金额}+\text{B金额} \leqslant 5000 \end{cases}$$

解：设A种票x张，则B种票（$15-x$）张，依题意，得

$$\begin{cases} x\geqslant\dfrac{15-x}{2} \\ 600x+120(15-x)\leqslant 5000 \end{cases}$$

解这个不等式组，得$5\leqslant x\leqslant\dfrac{20}{3}$。

∴满足条件的x为5或6

∴共有两种购买方案

	A种票	B种票
方案一	5张	10张
方案二	6张	9张

（2）方案一购票费用：$600\times 5+120\times 10=4200$（元）

方案二购票费用：$600\times 6+120\times 9=4680$（元）

∵$4200<4680$

∴方案一更省钱

方案设计

微专题2

班级__________姓名__________

1. 某食品加工厂，准备研制加工两个品种的核桃巧克力，即原味核桃巧克力和益智核桃巧克力。现有主要原料可可粉410克，核桃粉520克。计划利用这两种主要原料，研制加工上述两种口味巧克力共50块。加工一块原味核桃巧克力需可可粉13克，需核桃粉4克；加工一块益智核桃巧克力需可可粉5克，需核桃粉14克。加工一块原味核桃巧克力的成本是1.2元，加工一块益智核桃巧克力的成本是2元。设这次研制加工的原味核桃巧克力x块。

（1）求该工厂加工这两种口味的巧克力有哪几种方案？

（2）设加工两种巧克力的总成本为y元，求y与x的函数关系式，并说明哪种加工方案使总成本最低？总成本最低是多少元？

解：（1）分析一：找量的关系

原味巧克力：x块

益智巧克力：（$50-x$）块

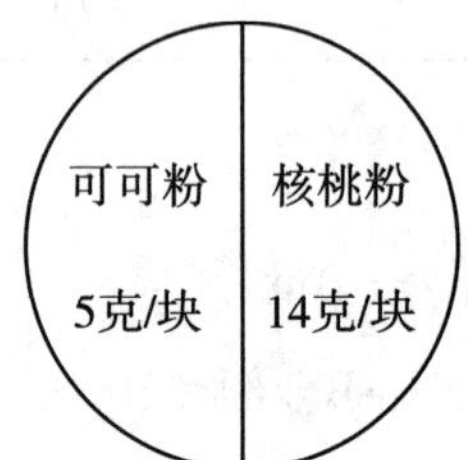

分析二：找不等量关系

$$\begin{cases}原味巧克力中含可可粉+益智巧克力中含可可粉\geqslant 410\\原味巧克力中含核桃粉+益智巧克力中含核桃粉\leqslant 520\end{cases}$$

解：依题意，得

$$\begin{cases}13x+5(50-x)\leqslant 410\\4x+14(50-x)\leqslant 520\end{cases}$$

解这个不等式组，得$18\leqslant x\leqslant 20$。

$\because x$为整数

$\therefore x=18$、19、20

$\therefore$共有三种方案

	加工原味核桃巧克力	加工益智核桃巧克力
方案一	18块	32块
方案二	19块	31块
方案三	20块	30块

（2）解法一：

分析一：找量的关系

	成本价	数量	成本额
原味	1.2元/块	x块	$1.2x$元
益智	2元/块	$(50-x)$块	$2(50-x)$元

分析二：找相等关系

总成本y=原味成本额+益智成本额

解：依题意，得$y=1.2x+2(50-x)=-0.8x+100$

$\because k=-0.8<0$

$\therefore y$随x的增大而减小

$\therefore$当$x=20$时，$y_{最小值}=-0.8\times 20+100=84$

答：当加工原味核桃巧克力20块，加工益智核桃巧克力30块时，总成本最低，为84元。

解法二：

方案一成本额：$18\times 1.2+32\times 2=85.6$（元）

方案二成本额：$19\times 1.2+31\times 2=84.8$（元）

方案三成本额：$20\times 1.2+30\times 2=84$（元）

$\therefore$选择方案三，成本最低为84元。

2.“震灾无情人有情”。民政局将全市为四川受灾地区捐赠的物资打包成件，其中帐篷和食品共320件，帐篷比食品多80件。

（1）求打包成件的帐篷和食品各多少件？

（2）现计划租用甲、乙两种货车共8辆，一次性将这批帐篷和食品全部运往受灾地区。已知甲种货车最多可装帐篷40件和食品10件。乙种货车最多可装帐篷和食品各20件。则民政局安排甲、乙两种货车时有几种方案？请你帮助设计出来。

（3）在第（2）问的条件下，如果甲种车每辆需付运输费4000元，乙种货车每辆需付运输费3600元。民政局应选择哪种方案可使运输费最少？运输费最少是多少元？

（1）解：设打包成件的帐篷有x件，则$x+(x-80)=320$

解得$x=200$　　$\therefore x-80=120$

答：打包成件的帐篷200件，食品120件。

（2）分析一：找量的关系

甲：y辆　　　　乙：$(8-y)$辆

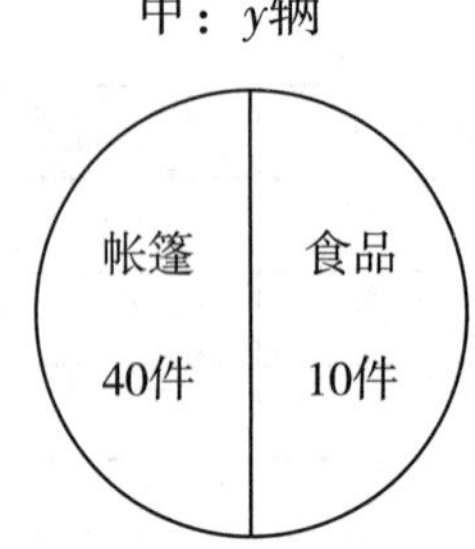

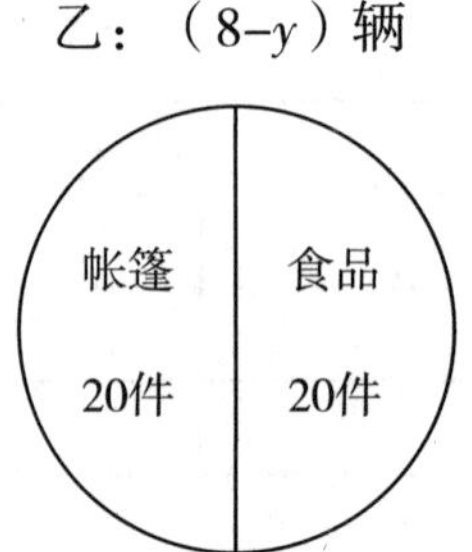

分析二：找不等关系

$$\begin{cases}\text{甲中帐篷+乙中帐篷}\geqslant 200\text{件}\\ \text{甲中食品+乙中食品}\geqslant 120\text{件}\end{cases}$$

解：设租甲车y辆，则乙车$(8-y)$辆，依题意，得

$$\begin{cases}40y+20(8-y)\geqslant 200\\ 10y+20(8-y)\geqslant 120\end{cases}$$

解这个不等式组，得$2\leqslant y\leqslant 4$

$\therefore y$可取：2、3、4

$\therefore$有三种方案

	租甲车	租乙车
方案一	2辆	6辆
方案二	3辆	5辆
方案三	4辆	4辆

（3）分析一：找量的关系

	运输单价	数量	运费
甲	4000元/辆	y辆	4000y元
乙	3600元/辆	$(8-y)$辆	3600$(8-y)$元

分析二：找相等关系

运输费w=甲运费+乙运费

解：设租甲车y辆，依题意，得

$w=4000y+3600(8-y)=400y+28800$

$\because 400>0$

$\therefore w$随y的增大而增大

$\therefore$取$y=2$

$w=400\times 2+28800$

$=29600$元

方案设计

微专题3

班级__________姓名__________

1. 荣昌公司要将本公司100吨货物运往某地销售，经与春晨运输公司协商，计划租用甲、乙两种型号的汽车共6辆，用这6辆汽车一次将货物全部运走，其中每辆甲型汽车最多能装该种货物16吨，每辆乙型汽车最多能装该种货物18吨。已知租用1辆甲型汽车和2辆乙型汽车共需费用2500元；租用2辆甲型汽车和1辆乙型汽车共需费用2450元，且同一种型号汽车每辆租车费用相同。

（1）求租用一辆甲型汽车、一辆乙型汽车的费用分别是多少元？

（2）若荣昌公司计划此次租车费用不超过5000元，通过计算求出该公司有几种租车方案？请你设计出来，并求出最低的租车费用。

（1）分析一：找量的关系

	单价	数量	总费用
甲	x元/辆	1辆	x元
		2辆	$2x$元
乙	y元/辆	2辆	$2y$元
		1辆	y元

分析二：找相等关系

$$\begin{cases}1\text{辆甲型车费用}+2\text{辆乙型车费用}=2500\text{元}\\2\text{辆甲型车费用}+1\text{辆乙型车费用}=2450\text{元}\end{cases}$$

解：设租用一辆甲型、乙型汽车的费用分别为x、y元，依题意，得

$$\begin{cases}x+2y=2500\\2x+y=2450\end{cases}$$

解这个方程组，得

$$\begin{cases} x=800 \\ y=850 \end{cases}$$

答：租用一辆甲型、乙型汽车的费用分别为800元、850元。

（2）分析一：找量的关系

	单价	数量	费用
甲	800元/辆	z辆	800z元
乙	850元/辆	（6–z）辆	850（6–z）元

	每辆运量	车辆数	总运量
甲	16吨/辆	z辆	16z吨
乙	18吨/辆	（6–z）辆	18（6–z）吨

分析二：找不等关系

$$\begin{cases} \text{甲费用+乙费用} \leqslant 5000\text{元} \\ \text{甲总运量+乙总运量} \geqslant 100\text{吨} \end{cases}$$

解：设租用甲型汽车z辆，则租用乙型汽车（6–z）辆，依题意，得

$$\begin{cases} 800z+850(6-x) \leqslant 5000 \\ 16z+18(6-z) \geqslant 100 \end{cases}$$

解这个不等式组，得$2 \leqslant z \leqslant 4$

$\because z$为整数

$\therefore z=2$、3、4

$\therefore$共有三种方案

	甲型汽车	乙型汽车
方案一	2辆	4辆
方案二	3辆	3辆
方案三	4辆	2辆

方案一的费用：$800 \times 2+850 \times 4=5000$（元）

方案二的费用：$800 \times 3+850 \times 3=4950$（元）

方案三的费用：$800 \times 4+850 \times 2=4900$（元）

答：选择方案三，最低费用4900元。

2. 某公司有A型产品40件，B型产品60件，分配给下属甲、乙两个商店销售，其中70件给甲店，30件给乙店，且都能卖完。两商店销售这两种产品每件利润（元）如下表：

	A型利润	B型利润
甲店	200	170
乙店	160	150

（1）设分配给甲店A型产品x件，这家公司卖出这100件产品的总利润为W（元），求W关于x的函数关系式，并求出x的范围；

（2）若公司要求总利润不低于17560元，说明有多少种不同分配方案，并将各种方案设计出来；

（3）为了促销，公司决定仅对甲店A型产品让利销售，每件让利a元，但让利后A型产品的每件利润仍高于甲店B型产品的每件利润。甲店的B型产品以及乙店的A、B型产品的每件利润不变，问该公司又如何设计分配方案，使总利润达到最大？

（1）分析一：找量的关系

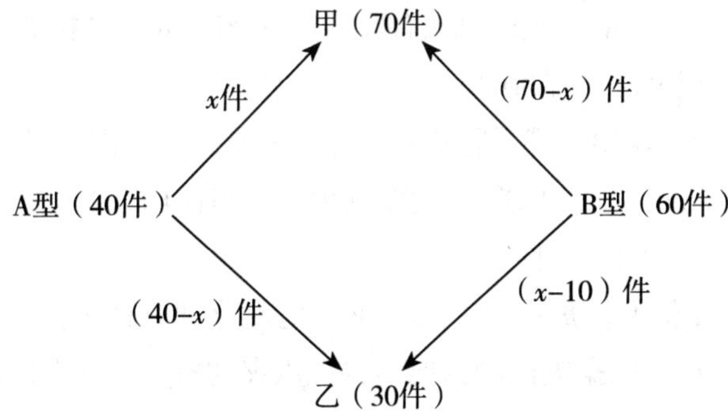

	每件利润	数量	利润额
A→甲	200元/件	x件	$200x$元
A→乙	160元/件	（$40-x$）件	160（$40-x$）元
B→甲	170元/件	（$70-x$）件	170（$70-x$）元
B→乙	150元/件	（$x-10$）件	150（$x-10$）元

分析二：找相等关系

总利润W=A至甲利润+A至乙利润+B至甲利润+B至乙利润

解：依题意，得

$W=200x+160(40-x)+170(70-x)+150(x-10)=20x+16800$

$$\begin{cases} x\geqslant 0 \\ 40-x\geqslant 0 \\ 70-x\geqslant 0 \\ x-10\geqslant 0 \end{cases}$$

解这个不等式组，得$10\leqslant x\leqslant 40$

（2）由$W=20x+16800\geqslant 17560$

$\therefore x\geqslant 38$

$\therefore 38\leqslant x\leqslant 40$

$\therefore x=38$、39、40

∴共有三种方案

	甲店		乙店	
	A型	B型	A型	B型
方案一	38件	32件	2件	28件
方案二	39件	31件	1件	29件
方案三	40件	30件	0件	30件

（3）依题意得$200-a>170$，得$a<30$，$W=(200-a)x+160(40-x)+170(70-x)+150(x-10)=(20-a)x+16800$（$10\leqslant x\leqslant 40$）

① 当$0<a<20$时，$20-a>0$，W随x增大而增大，∴当$x=40$，W有最大值，即甲店A型40件、B型30件，乙店A型0件、B型30件；

② 当$a=20$时，$10\leqslant x\leqslant 40$，符合题意的各种方案使总利润都一样；

③ 当$20<a<30$时，$20-a<0$，W随x增大而减少，∴当$x=10$，W有最大值，即甲店A型10件、B型60件，乙店A型30件、B型0件。

3.为支援四川抗震救灾，重庆市A、B、C三地现分别有100吨、100吨、80吨将要运往D、E两县的赈灾物资，根据灾区的情况，这批赈灾物资运往D县的数量比运往E县的数量的2倍少20吨。

（1）求这批赈灾物资运往D、E两县的数量各是多少？

（2）若要求C地运往D县的赈灾物资为60吨，A地运往D县的赈灾物资为x吨（x为整数），B地运往D县的赈灾物资数量小于A地运往D县的赈灾物资数量的2倍，其余的赈灾物资全部运往E县，且B地运往E县的赈灾物资数量不超过25吨，则A、B两地的赈灾物资运往D、E两县的方案有几种？请你写出具体的运送方案；

（3）已知A、B、C三地的赈灾物资运往D、E两县的费用如下表：

	A地	B地	C地
运往D县（元/吨）	220	200	200
运往E县（元/吨）	250	220	210

为及时将这批赈灾物资运往D、E两县，某公司主动承担运送这批赈灾物资的总费用，在（2）问的前提下，该公司承担运送这批赈灾物资的总费用最多是多少？

（1）解：设这批赈灾物资运往D县的数量为a吨，运往E县的数量为b吨，依题意，得

$$\begin{cases} a+b=280 \\ a=2b-20 \end{cases}$$

解这个方程组，得

$$\begin{cases} a=180 \\ b=100 \end{cases}$$

答：这批赈灾物资运往D县的数量为180吨，运往E县的数量为100吨。

（2）分析一：找量的关系

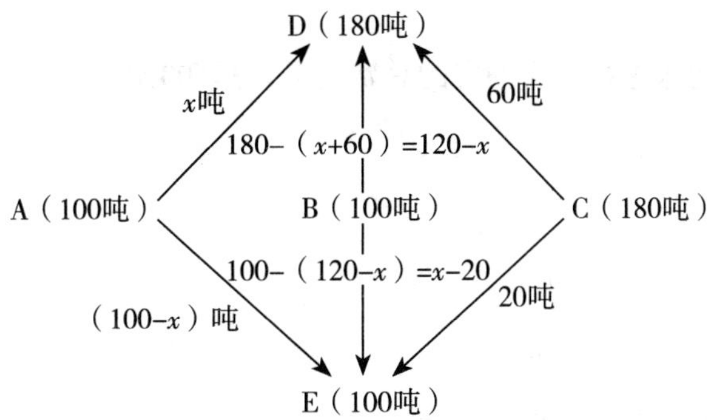

分析二：找不等关系

B运往D<2×A运往D

B运往E≤25

解：依题意，得

$$\begin{cases} 120-x<2x \\ x-20\leq 25 \end{cases}$$

解这个不等式组，得$40<x\leq 45$

∵为整数

∴x=41、42、43、44、45

∴共有五种运送方案

	A地		B地	
	D县	E县	D县	E县
方案一	41吨	59吨	79吨	21吨
方案二	42吨	58吨	78吨	22吨
方案三	43吨	57吨	77吨	23吨
方案四	44吨	56吨	76吨	24吨
方案五	45吨	55吨	75吨	25吨

（3）总费用=A至D费+A至E费+B至D费+B至E费+C至D费+C至E费

解：设运送这批赈灾物资的总费用为W元，依题意，得

$W=220x+250(100-x)+200(120-x)+220(x-20)+200\times 60+210\times 20$

$=-10x+60800$

∵$-10<0$

∴W随x的增大而减小

且$40<x\leq 45$

∵x为整数

∴x=41时，W有最大值

$W_{最大值}=-10\times41+60800$

$=60390$

答：该公司承担运送这批赈灾物资的总费用最多是60390元。

方案设计

微专题4

班级__________姓名__________

某公司有A型产品40件，B型产品60件，分配给下属甲、乙两个商店销售，其中70件给甲店，30件给乙店，且都能卖完。两商店销售这两种产品每件利润（元）如下表：

	A型利润	B型利润
甲店	200	170
乙店	160	150

（1）设分配给甲店A型产品x件，这家公司卖出这100件产品的总利润为W（元），求W关于x的函数关系式，并求出x的范围；

（2）若公司要求总利润不低于17560元，说明有多少种不同分配方案，并将各种方案设计出来；

（3）为了促销，公司决定仅对甲店A型产品让利销售，每件让利a元，但让利后A型产品的每件利润仍高于甲店B型产品的每件利润。甲店的B型产品的每件产品及乙店的A、B型产品不变，问该公司又如何设计分配方案，使总利润达到最大？

（1）分析一：找量的关系

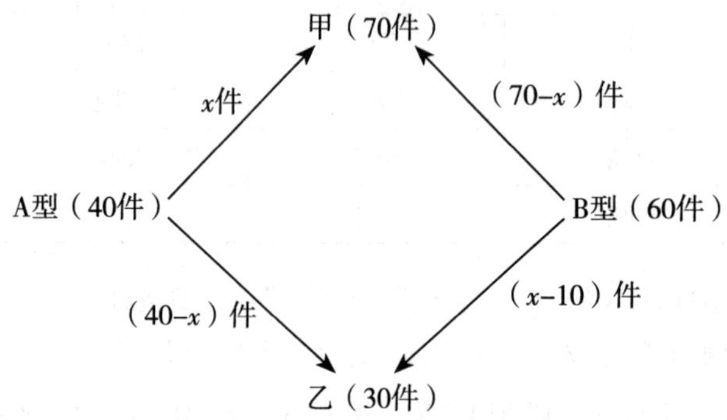

	每件利润	数量	利润额
A→甲	200元/件	x件	$200x$元
A→乙	160元/件	$(40-x)$件	$160(40-x)$元
B→甲	170元/件	$(70-x)$件	$170(70-x)$元
B→乙	150元/件	$(x-10)$件	$150(x-10)$元

分析二：找相等关系

总利润W=A至甲利润+A至乙利润+B至甲利润+B至乙利润

解：依题意，得

$W=200x+160(40-x)+170(70-x)+150(x-10)=20x+16800$

$$\begin{cases} x\geqslant 0 \\ 40-x\geqslant 0 \\ 70-x\geqslant 0 \\ x-10\geqslant 0 \end{cases}$$

解这个不等式组，得$10\leqslant x\leqslant 40$

（2）由$W=20x+16800\geqslant 17560$

$\therefore x\geqslant 38$

$\therefore 38\leqslant x\leqslant 40$

$\therefore x=38$、39、40

∴有三种不同的分配方案

	甲店		乙店	
	A型	B型	A型	B型
方案一	38件	32件	2件	28件
方案二	39件	31件	1件	29件
方案三	40件	30件	0件	30件

（3）依题意得$200-a>170$，得$a<30$，$W=(200-a)x+160(40-x)+170(70-x)+150(x-10)=(20-a)x+16800$（$10\leqslant x\leqslant 40$）

① 当$0<a<20$时，$20-a>0$，W随x增大而增大，∴当$x=40$，W有最大值，即甲店A型40件、B型30件，乙店A型0件、B型30件；

② 当$a=20$时，$10\leqslant x\leqslant 40$，符合题意的各种方案使总利润都一样；

③ 当$20<a<30$时，$20-a<0$，W随x增大而减少，∴当$x=10$，W有最大值，即甲店A型10件、B型60件，乙店A型30件、B型0件。

一次函数最值

微专题1

班级__________姓名__________

1. 某中学的高中部在A校区，初中部在B校区，学校学生会计划在3月12日植树节当天安排部分学生到郊区公园参加植树活动。已知A校区的每位高中学生往返车费是6元，每人每天可栽植5棵树；B校区的每位初中学生往返车费是10元，每人每天可栽植3棵树。要求初中、高中均有学生参加，且参加活动的初中学生比参加活动的高中学生多4人，本次活动的往返费总和不得超过210元。要使本次活动植树最多，初中、高中各有多少学生参加？最多植树多少棵？

分析一：找量的关系

	人数	每人车费	总车费
高中A	x人	6元/人	$6x$元
初中B	y人	10元/人	$10y$元

分析二：找等量（不等量）关系

$$\begin{cases} \text{B人}-\text{A人}=4\text{人} \\ \text{A车费}+\text{B车费}\leqslant 210 \end{cases}$$

解：（1）设高中有x人，初中有y人，依题意得

$$\begin{cases} y-x=4 & ① \\ 6x+10y\leqslant 210 & ② \end{cases}$$

由①得$y=x+4$，代入②

得$16x\leqslant 170$

$x\leqslant 10.625$

$\therefore$高中最多为10人。

（2）设最多植树Z棵，依题意，得

$Z=5x+3y$

$Z=5x+3(x+4)$

$\therefore Z=8x+12$

$\because Z$的值随x增大而增大

$\therefore$当$x=10$时，$Z_{最大值}=8\times 10+12=92$

答：高中10人，初中14人，最多植树92棵。

2. 某住宅小区计划购买并种植甲、乙两种树苗共300株。已知甲种树苗每株60元，乙种树苗每株90元。

（1）若购买树苗共用21000元，问甲、乙两种树苗各买多少株？

（2）据统计，甲、乙两种树苗每株树苗对空气的净化指数分别为0.2和0.6，问如何购买甲、乙两种树苗才能保证该小区的空气净化指数之和不低于90而且费用最低？

分析一：找量的关系

	数量	单价	金额
甲	x株	60元/株	$60x$元
乙	y株	90元/株	$90y$元

分析二：找等量关系

$$\begin{cases} \text{甲苗数}+\text{乙苗数}=300\text{株} \\ \text{甲金额}+\text{乙金额}=21000\text{元} \end{cases}$$

解：（1）设买甲树苗x株，乙树苗y株。依题意，得

$$\begin{cases} x+y=300 \\ 60x+90y=21000 \end{cases}$$

解这个方程组得

$$\begin{cases} x=200 \\ y=100 \end{cases}$$

答：甲种树苗买200株，乙种树苗买100株。

（2）依题意，得

$0.2x+0.6y \geqslant 90$

$\therefore 0.2x+0.6(300-x) \geqslant 90$

解之得$x \leqslant 225$

费用$Z=60x+90y=60x+90(300-x)=-30x+27000$

$\because Z$的值随x增大而减小

当$x=225$时，

$Z_{最小值}=-30 \times 225+27000=20250$

答：略。

一次函数最值

微专题2

班级__________姓名__________

1. 某渔场计划购买甲、乙两种鱼苗共6000尾，甲种鱼苗每尾0.5元，乙种鱼苗每尾0.8元。相关资料表明：甲、乙两种鱼苗的成活率分别为90%和95%。

（1）若购买这批鱼苗共用了3600元，求甲、乙两种鱼苗各购多少尾？

（2）若购买这批鱼苗的钱不超过4200元，应如何选购鱼苗？

（3）若要使这批鱼苗的成活率不低于93%，且购买鱼苗的总费用最低，应如何选购鱼苗？

分析一：找量的关系

	单价	数量	金额
甲	0.5元/尾	x尾	$0.5x$元
乙	0.8元/尾	y尾	$0.8y$元

分析二：找等量关系

$$\begin{cases} 甲鱼苗+乙鱼苗=6000尾 \\ 甲金额+乙金额=3600元 \end{cases}$$

解：（1）设购甲鱼苗x尾，乙鱼苗y尾，依题意，得：

$$\begin{cases} x+y=6000 \\ 0.5x+0.8y=3600 \end{cases}$$

解这个方程组，得

$$\begin{cases} x=4000 \\ y=2000 \end{cases}$$

（2）依题意，得$0.5x+0.8y\leqslant 4200$

$\therefore 0.5x+0.8(6000-x)\leqslant 4200$

解之得$x\geqslant 2000$，即购买甲种鱼苗应不少于2000尾。

（3）依题意，得$90\%x+95\%y\geqslant 93\%\times 6000$

$\therefore 0.9x+0.95(6000-x)\geqslant 0.93\times 6000$

解之得$x\leqslant 2400$

设总费用$Z=0.5x+0.8(6000-x)=-0.3x+4800$

$\because Z$的值随x增大而减小

$\therefore$当$x=2400$时，$Z_{最小值}=-0.3\times 2400+4800=4080$

答：略

2. 某蒜薹生产基地喜获丰收，收蒜薹200吨，经市场调查，可采用批发、零售、冷库储藏后销售，并按这三种方式销售，计划每吨的售价及成本如下表：

销售方式	批发	零售	冷库储藏后销售
售价（元/吨）	3000	4500	5500
成本（元/吨）	700	1000	1200

若经过一段时间，设零售的蒜薹为x（吨），蒜薹按计划全部售出后获得利润为y（元），且零售量是批发量的$\frac{1}{3}$。

（1）求y与x之间的函数关系；

（2）由于受条件限制，经冷库储藏的蒜薹最多80吨，求该生产基地全部售完蒜薹获得的最大利润。

分析一：找量的关系

	销售单价	销售数量	销售金额	成本单价	数量	成本金额
批发	3000元/吨	$3x$吨	$3x\times 3000$元	700元/吨	$3x$吨	$3x\times 700$元
零售	4500元/吨	x吨	$4500x$元	1000元/吨	x吨	$1000x$元
冷储	5500元/吨	$(200-4x)$吨	$5500(200-4x)$元	1200元/吨	$(200-4x)$吨	$1200(200-4x)$元

分析二：找等量关系，利润=销售额-成本额

解：（1）$y=3x(3000-700)+x(4500-1000)+(200-4x)(5500-1200)=-6800x+860000$

（2）由题意，得$200-4x\leqslant 80$，解之得$x\geqslant 30$

$\because y=-6800x+860000$中，y的值随x的增大而减小。

$\therefore x=30$时，$y_{最大值}=-6800\times 30+860000=656000$

答：略

一次函数最值

微专题3

班级__________ 姓名__________

1. 某旅游商品经销店欲购进A、B两种纪念品，可以用380元购进A种纪念品7件，B种纪念品8件；也可以用380元购进A种纪念品10件，B种纪念品6件。

（1）求A、B两种纪念品的进价分别是多少元？

（2）若该商店每销售1件A种纪念品可获利5元，每销售1件B种纪念品可获利7元，该商店准备用不超过900元购进A、B两种纪念品40件，且这两种纪念品全部售出后总获利不低于216元，问应该怎样进货才能使总获利最大，最大为多少？

分析一：找量的关系

第一次	进价	数量	金额
A	x元/件	7件	$7x$元
B	y元/件	8件	$8y$元
第二次	进价	数量	金额
A	x元/件	10件	$10x$元
B	y元/件	6件	$6y$元

分析二：找等量关系

$$\begin{cases}第一次：A金+B金=380元\\第二次：A金+B金=380元\end{cases}$$

解：（1）设A、B两种纪念品的进价分别为x元、y元。依题意，得：

$$\begin{cases}7x+8y=380\\10x+6y=380\end{cases}$$

解这个方程组，得

$$\begin{cases}x=20\\y=30\end{cases}$$

答：A、B两种纪念品的进价分别为20元、30元。

（2）分析一：找量的关系

	件数	每件获利	总获利
A	a件	5元/件	$5a$元
B	b件	7元/件	$7b$元

分析二：找等量（不等量）关系

$$\begin{cases} \text{A种+B种=40件} \\ \text{A额+B额} \leqslant 900 \\ \text{A利+B利} \geqslant 216\text{元} \end{cases}$$

解：设进纪念品A种a件，B种b件。依题意，得：

$$\begin{cases} a+b=40 & ① \\ 20a+30b \leqslant 900 & ② \\ 5a+7b \geqslant 216 & ③ \end{cases}$$

由①得$b=40-a$，代入②③，

$$\begin{cases} 20a+30(40-a) \leqslant 900 & ④ \\ 5a+7(40-a) \geqslant 216 & ⑤ \end{cases}$$

解④⑤得$30 \leqslant a \leqslant 32$。

设总获利$z=5a+7b=5a+7(40-a)=-2a+280$。

$\because z$值随a增大而减小

$\therefore$ 当$a=30$时，

$z=-2\times 30+280=220$

答：略。

2. 石化乙烯厂某车间生产甲、乙两种塑料的相关信息如下表：

价目 品种	出厂价（元/吨）	成本价（元/吨）	排污处理费（元/吨）
甲种塑料	2100	800	200
乙种塑料	2400	1100	100

生产乙种塑料，除了要支付排污处理费外，每月还需支付设备管理费等20000元。请你解答下列问题：

（1）设该车间每月生产甲、乙两种塑料各x吨，利润分别为y_1和y_2，分别求y_1和y_2与x的函数关系式；

（2）已知该车间每月生产甲、乙两种塑料均不超过400吨，若某月要生产甲、乙两种塑料共700吨，求该月生产甲、乙塑料各多少吨，获得的总利润最大？最大利润是多少？

分析一：找量的关系

	数量	每吨利润	总利润
甲	x吨	2100–800–200	（2100–800–200）x
乙	x吨	2400–1100–100	（2400–1100–100）x

分析二：找等量关系

利润=出厂价–成本价–其他

解：（1）依题意，得：$y_1=(2100-800-200)x=1100x$

$y_2=(2400-1100-100)x-20000=1200x-20000$

（2）设每月生产甲种塑料a吨，则乙种塑料（200–a）吨。依题意，得：

总利润$z=y_1+y_2$

$=1100a+1200(700-a)-20000$

$=-100a+820000$

$\because a\leqslant 400$，$700-a\leqslant 400$

$\therefore 300\leqslant a\leqslant 400$

又$\because z$的值随a的增大而减小

$\therefore$当$a=300$时，

$z_{最大值}=-100\times 300+820000=790000$，

乙种：700–300=400（吨）

答：略。

一次函数最值

微专题4

班级__________姓名__________

1. 某公司为了开发新产品，用A、B两种原料各360千克、290千克，试制甲、乙两种新型产品共50件，下表是试验每件新产品所需原料的相关数据：

产品含原料（件）	A（千克）	B（千克）
甲	9	3
乙	4	10

（1）设生产甲种产品x件，根据题意列出不等式组，求出x的取值范围；

（2）若甲种产品每件成本为70元，乙种产品每件成本为90元，设两种产品的成本总额为y元，写出成本总额y（元）与甲种产品件数x（件）之间的函数关系式；当甲、乙两种产品各生产多少件时，产品的成本总额最少？并求出最少的成本总额。

（1）分析一：找量的关系

	数量	每种每件含A原料	每种含A总原料
甲	x件	9千克/件	$9x$千克
乙	（$50-x$）件	4千克/件	4（$50-x$）千克

	数量	每种每件含B原料	每种含B总原料
甲	x件	3千克/件	$3x$千克
乙	（$50-x$）件	10千克/件	10（$50-x$）千克

分析二：找不等量关系

$$\begin{cases}\text{甲中含A种原料+乙中含A种原料}\leqslant 360\text{千克}\\ \text{甲中含B种原料+乙中含B种原料}\leqslant 290\text{千克}\end{cases}$$

解：（1）依题意，得：

$$\begin{cases}9x+4(50-x)\leqslant 360 & ①\\ 3x+10(50-x)\leqslant 290 & ②\end{cases}$$

由①得：$x\leqslant 32$

由②得：$x\geqslant 30$

$\therefore x$的取值范围为$30\leqslant x\leqslant 32$

（2）分析一：找量的关系

	数量	每件成本	成本总额
甲	x件	70元/件	$70x$元
乙	（$50-x$）件	90元/件	90（$50-x$）元

分析二：找等量关系

甲成本额+乙成本额=成本总额

解：（2）依题意，得：

$y=70x+90(50-x)$

$=-20x+4500$

$\because y$的值随x的增大而减小

而$30\leqslant x\leqslant 32$

$\therefore x=32$

$\therefore y_{\text{最小值}}=-20\times 32+4500=3860$

答：当甲种产品生产32件，乙种产品生产18件时，甲、乙两种产品的成本总额最少，最少的成本总额为3860元。

2. 某校八年级举行英语演讲比赛，派了两位老师去学校附近的超市购买笔记本作为奖品。经过了解得知，该超市的A，B两种笔记本的价格分别是12元和8元，他们准备购买这两种笔记本共30本。

（1）如果他们计划用300元购买奖品，那么能买这两种笔记本各多少本？

（2）两位老师根据演讲比赛的设奖情况，决定所购买的A种笔记本的数量要少于B

种笔记本的数量的 $\frac{2}{3}$，但又不少于B种笔记本数量的 $\frac{1}{3}$，如果设他们买A种笔记本n本，买这两种笔记本共花费w元。

① 请写出w（元）关于n（本）的函数关系式，并求出自变量的取值范围；

② 请你帮他们算出购买这两种笔记本各多少时，花费最少，此时的花费是多少元？

（1）分析一：找量的关系

	数量	单价	金额
A	x本	12元/本	12x元
B	y本	8元/本	8y元

分析二：找等量关系

$$\begin{cases} \text{A本+B本=30本} \\ \text{A金+B金=300元} \end{cases}$$

解：（1）设购买A种笔记本x本，B种笔记本y本，依题意，得

$$\begin{cases} x+y=30, \\ 12x+8y=300 \end{cases}$$

解这个方程组，得

$$\begin{cases} x=15 \\ y=15 \end{cases}$$

答：购买A、B两种笔记本各15本。

（2）分析一：找量的关系

	数量	单价	金额
A	n本	12元/本	12n元
B	（30−n）本	8元/本	8（30−n）元

分析二：找不等量（等量）关系

$$\begin{cases} \text{A量} < \frac{2}{3}\text{B量} \\ \text{A量} \geqslant \frac{1}{3}\text{B量} \\ \text{共花费元=A额+B额} \end{cases}$$

解：（2）①依题意，得

$$\begin{cases} n < \frac{2}{3}(30-n) & ① \\ n \geqslant \frac{1}{3}(30-n) & ② \\ w=12n+8(30-n) & ③ \end{cases}$$

由①得：$n<\frac{2}{3}\times30-\frac{2}{3}n$

$\therefore n<12$，

由②得：$n\geqslant\frac{1}{3}\times30-\frac{1}{3}n$

$\therefore n\geqslant\frac{15}{2}$

故自变量的取值范围为$\frac{15}{2}\leqslant n<12$

函数关系式为：$w=4n+240$

②对于一次函数$w=4n+240$

$\because k=4>0$

$\therefore w$随n的增大而增大

又$\because 7.5\leqslant n<12$，$n$为整数

$\therefore n$可取8、9、10、11

当$n=8$时，

$w_{最小值}=4\times8+240=272$

此时B种：$30-n=30-8=22$（本）

答：当买A种笔记本8本、B种笔记本22本时，所花的费用最少，为272元。

一次函数最值

微专题5

班级__________ 姓名__________

1.“六一”前夕，某玩具经销商用2350元购进A、B、C三种新型的电动玩具共50套，并且购进的三种玩具都不少于10套，设购进A种电动玩具x套，购进B种电动玩具y套，三种电动玩具的进价和售价如下表：

电动玩具型号	A	B	C
进价（单位：元/套）	40	55	50
销售价（单位：元/套）	50	80	65

（1）用含x、y的代数式表示购进C种电动玩具的套数；

（2）求出x与y之间的函数关系式；

（3）假设所购进的电动玩具全部售出，且在购销这批玩具过程中需要另外支出各种费用共200元。①求出利润P（元）与x（套）之间的函数关系式；②求出利润的最大值，并写出此时购进三种电动玩具各多少套？

解：（1）C种套数为：$50-x-y$

（2）分析一：找量的关系

	进货价	数量	进货价
A	40元/套	x套	$40x$元
B	55元/套	y套	$55y$元
C	50元/套	（$50-x-y$）套	50（$50-x-y$）元

分析二：找等量关系

购A额+购B额+购C额=2350元

解：（2）依题意，得$40x+55y+50(50-x-y)=2350$

$\therefore y=2x-30$

（3）①分析一：找量的关系

	销售价	数量	销售额
A	50元/套	x套	$50x$元
B	80元/套	y套	$80y$元
C	65元/套	（$50-x-y$）套	65（$50-x-y$）元

分析二：找等量关系

利润P=A、B、C销售总额-进货额-200

① 解：依题意，得$P=50x+80y+65(50-x-y)-2350-200$

$=50x+80y+65\times50-65x-65y-2350-200$

$=-15x+15y+700$

将$y=2x-30$代入上式，得$P=-15x+15(2x-30)+700=-15x+30x-450+700$

$\therefore P=15x+250$

② 解：依题意，得购进C种玩具的套数为$50-x-y=50-x-2x+30=-3x+80$

又$\because x\geqslant10$，$2x-3\geqslant10$，$80-3x\geqslant10$

$\therefore 10\leqslant x\leqslant\dfrac{70}{3}$。

P随x的增大而增大。

$\therefore x$取整数23，$P=15\times23+250=595$元。

此时购进A、B、C三种玩具分别为23套、16套、11套。

2. 四川汶川大地震的灾情牵动全国人民的心，某市A、B两个蔬菜基地得知四川C、D两个灾民安置点分别急需蔬菜240吨和260吨的消息后，决定调动蔬菜支援灾区。已知A蔬菜基地有蔬菜200吨，B蔬菜基地有蔬菜300吨，现将这些蔬菜全部调往C、D两个灾民安置点。从A地运往C、D两处的费用分别为每吨20元和25元，从B地运往C、D两处的费用分别为每吨15元和18元。设从B地运往C处蔬菜为x吨。

（1）设A、B两个蔬菜基地的总运费为w元，写出w与x之间的函数关系式，并求总运费最小的调运方案；

（2）经过抢修，从B地到C处的路况得到进一步改善，缩短了运输时间，运费每吨减少m元（$m>0$），其余线路的运费不变，试讨论总运费最小的调动方案。

（1）分析一：找量的关系

从A地运往	运费	数量	运费金额
C	20元/吨	（$240-x$）吨	20（$240-x$）元
D	25元/吨	（$x-40$）吨	25（$x-40$）元
从B地运往	运费	数量	运费金额
C	15元/吨	x	$15x$元
D	18元/吨	（$300-x$）	18（$300-x$）元

分析二：找相等关系

总运费=A到C额+A到D额+B到C额+B到D额

解：（1）依题意，得$w=20(240-x)+25(x-40)+15x+18(300-x)=2x+9200$

依题意，得

$$\begin{cases}240-x\geqslant 0\\x-40\geqslant 0\\x\geqslant 0\\300-x\geqslant 0\end{cases}$$

解这个不等式组得$40\leqslant x\leqslant 240$。

在$w=2x+9200$中

$\because k=2>0$，

$\therefore w$随x的增大而增大。

当时$x=40$，$w_{最小值}=2\times 40+9200=9280$。

总运费最小，此时调运方案为：

	从A地运往	从B地运往
C	200吨	40吨
D	0吨	260吨

（2）依题意，得$w=2x+9200-mx=(2-m)x+9200$，①当$0<m<2$时，调运方案总运费最小为（$9280-40m$）元。②当$m=2$时，调运方案的总运费都是9200元。③当$2<m<15$时，$x=240$，总运费最小，此时最小总运费为（$9680-240m$）元。故：当$x=240$时，总运费最小，其调运方案为

	从A地运往	从B地运往
C	0吨	240吨
D	200吨	60吨

第三章　教师发展培训

新教师如何顺利完成角色转换

	工程师论	园丁论	桶论	蜡烛论
哲学观	机械主义	人本主义	机械主义	禁欲主义
时间取向	现世取向	现世取向	过去取向	未来取向
教师观	工程师	园丁	倒水者	蜡烛
学生观	产品	花朵	接水者	受益者
知识观	学科知识	学生认知结构	学科知识	×
学习观	机械定型	自然生长	灌输	×
发展观	静止	动态	机械积累	×
质量观	固定统一	固定统一	固定统一	×
师生关系	单向	双向	单向	单向
教师作用	塑造灵魂	培育人才	传递知识	牺牲自己
学校观	工厂	花园	水系	庙宇
大教育观（说明：×表示该项不适合）	教育是复制	教育是生长	教育是灌输知识	教育是培养后代

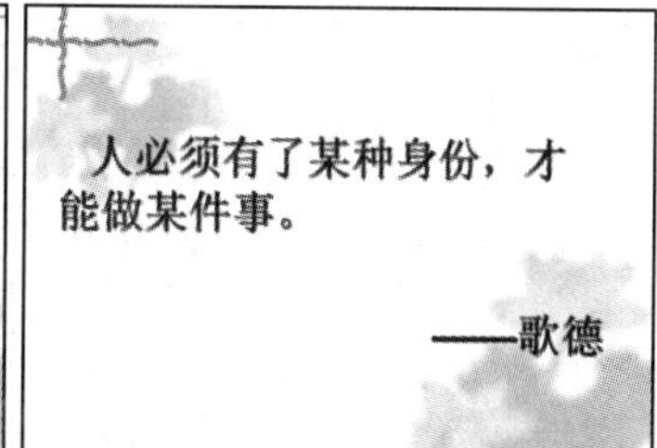

子曰：野哉！由也！君子于其所不知，盖阙如也。名不正，则言不顺；言不顺，则事不成；事不成，则礼乐不兴；礼乐不兴，则刑罚不中；刑罚不中，则民无所措手足。故君子名之必可言也，言之必可行也，君子于其言，无所苟而已矣。

我们“缺”什么

- 教育教学基本规律？
- 学科组织化的知识？
- 教学特色与教学经验的提炼？
- 动力和群体的作用？
- 教学研究、教学领导力？

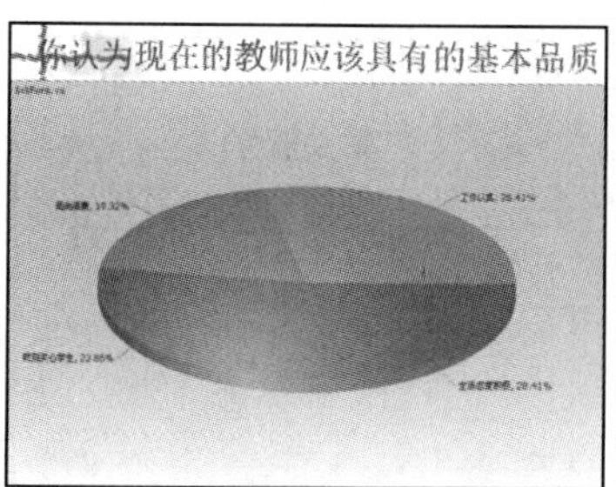

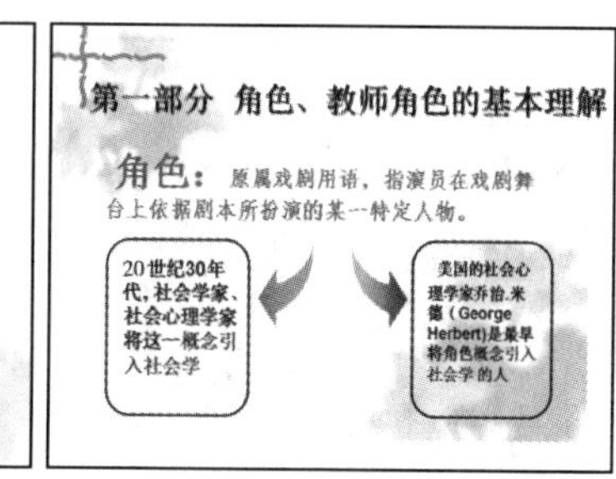

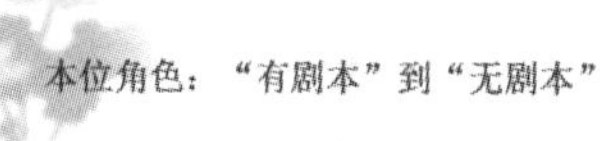

- 差劲角色：不能按照剧本演好自己的角色。
- 普通角色：能够按照剧本演好自己的角色。
- 优秀角色：能够创造性改写剧本并演好角色。
- 卓越角色：没有剧本也能演好自己的角色。

教师角色：是指在学校教育中，教师为实现与其身份地位相应的权利和义务时，所表现出来的符合社会期望的态度和行为模式的总和。

社会对教师的期望	教师自己的能动和创造性
认为教师应该具备的态度和行为模式：教学技巧、教学知识、经验，教师职业道德，人际关系，人格魅力……与其身份地位相适应的一套行为模式。	根据美国心理学家奥尔波特的角色理论，可分为：教师角色期待、教师角色构想、教师角色接受和教师角色践行。

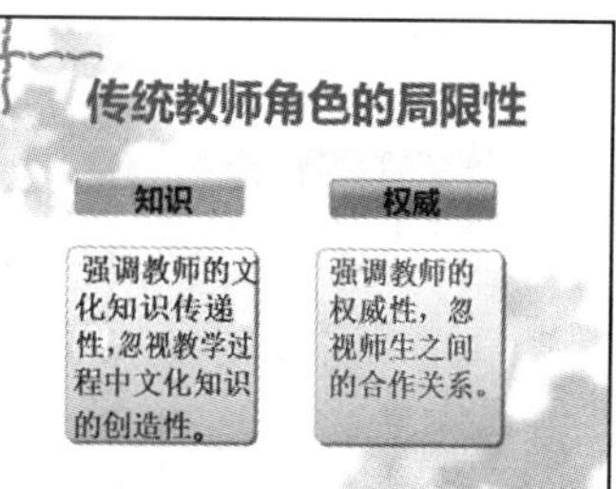

新教师角色的多种情境

- 与全班学生上课时
- 与个别学生相处时
- 与同辈教师相处时
- 与前辈教师相处时
- 与学校领导相处时
- 与家长相处时

如何理解和处理教师角色的六个层次

- 系统：自己与世界中的各种人、事、物的关系（人生的意义）
- 身份：自己以什么身份去实现人生的意义（我是谁，我有怎样的人生）
- 信念：配合这个身份，应该有什么样的信念和价值观（应该怎么样，什么重要）
- 能力：我可以有哪些不同的选择？我已掌握、尚需掌握哪些能力（如何做，会不会做）
- 行为：在环境中我们做的过程（做什么，有没有做）
- 环境：外界的条件和障碍（时间、地点、人，其他事物）

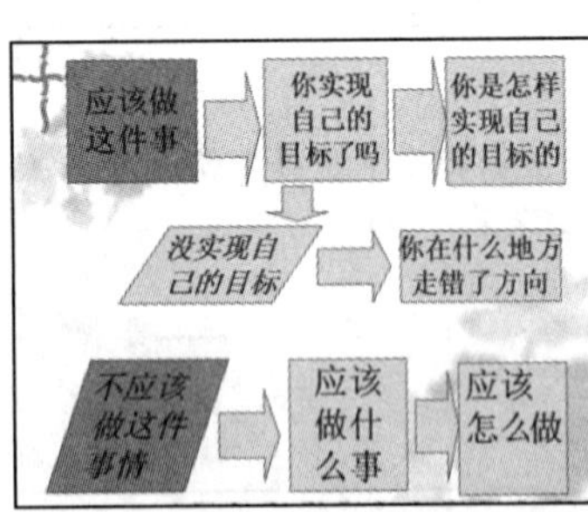

孩子数学成绩不好——教师的评价

- 他是垃圾。
- 这不是他的错，教室里的噪声很大，而学校总有些使学生分神的事情发生！
- 他对数学一向都领悟得很慢。
- 他这次准备不好。
- 他不适合学数学，他太蠢了。
- 考试不大重要，重要的是他对学习有兴趣。

数学成绩不好的学生的自白

- 环境：数学教师讲的我听不懂，家里人也不辅导我
- 行为：我反正不会做，不如不做
- 能力：我理解力不行，运算速度又不快
- 信念：再用功学习数学成绩也提不高
- 身份：我不是学数学的料
- 系统：学数学与我的人生有什么关系

孩子数学成绩不好家长的解释

- 环境：那所学校本身就不好，教师不会教！
- 行为：他很少做作业！
- 能力：他没有学数学的天赋。
- 信念：他肯天天上学就行了。
- 身份：他就是蠢！
- 系统：他天生没用！

分　析

- 哪个层次的问题容易解决？
- 解决问题哪个是关键层次？
- 如何解决不同角色的不同认知问题？

案例：失败的人生策划

- 环境：我的上级不讲理，顾客也骂我
- 行为：我每天努力工作，虽然没有乐趣可言，但能做好些也许可少挨点骂。
- 能力：我会去学习更多的技巧以应付环境的需要。或者，我不知道该学什么才有用。
- 信念：再学也没有用，世界就是如此艰难。或者，做人应该安分守己。
- 身份：我没有这种命，我的运气不好，我接受一个平淡的人生。

案例：成功的人生策划

- 身份：三年后我将是一个怎样的人，想要有怎样的人生？
- 信念：一套怎样的信念和价值观最能帮助我达到这个身份？例如，什么是必然肯定的？什么是最重要的？我应该放弃些什么，坚持些什么？
- 能力：为实现目标，我可以有些怎样的不同做法？什么可以做，什么不可以做？需要掌握一些怎样的能力？要学些什么技能？怎样去设计一套策略？
- 行为：怎样做？编一个时间表和行动计划
- 环境：我认识的人或公司中，哪些最能帮助我达到这个目标？哪些事物我可以运用？什么时候最适宜展开那个计划？在什么地方？

教师角色感的来源

- 源于关系
- 源于塑造
- 源于赋予

第二部分

新教师角色转换的内容

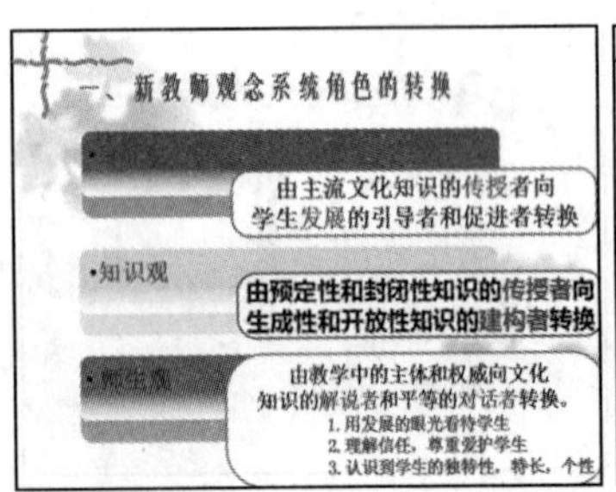

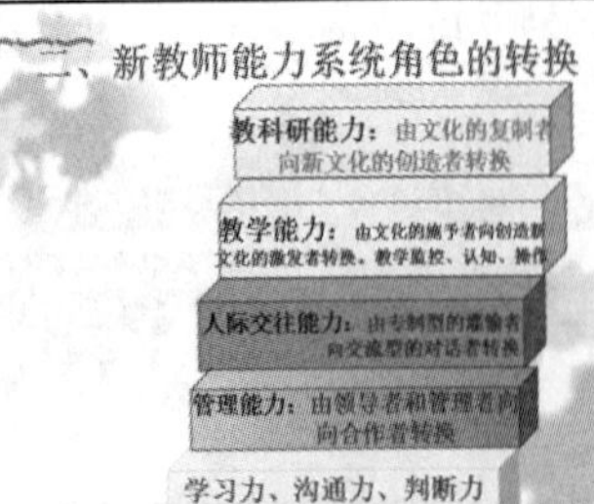

参加学术研讨会是重要契机

新教师科研能力成长的五要素：

- 学：学问（这是一个人的底子）
- 识：见识（决定一个人的态度）
- 才：才华（决定他人是否认识到你的价值）
- 胆：胆略（能否把握住机遇）
- 德：品德（能把事业做得多大）

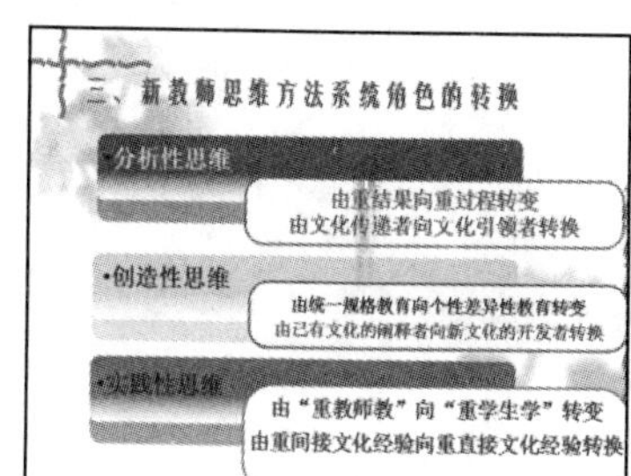

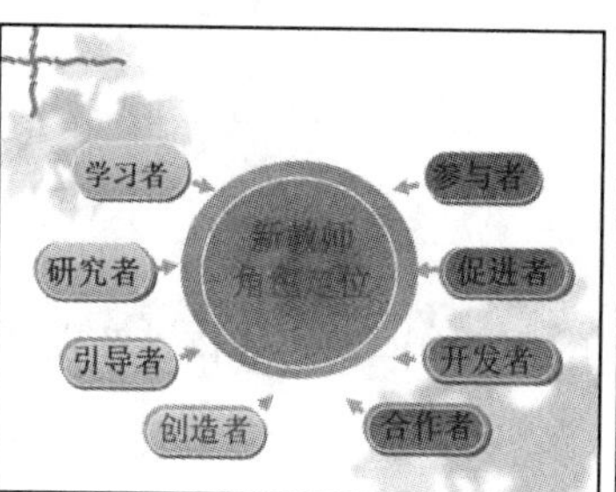

第三部分

新教师角色转换的策略

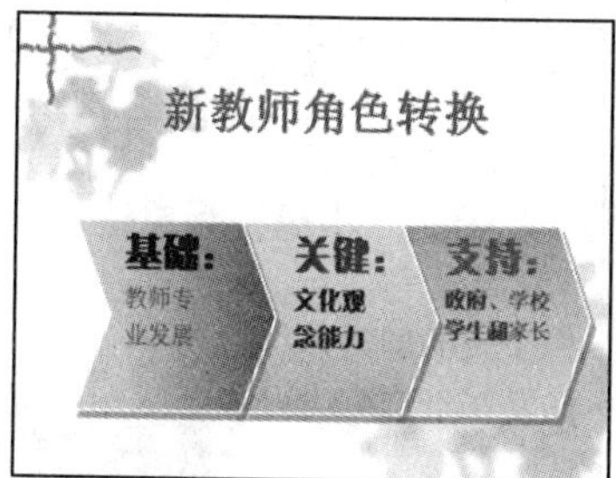

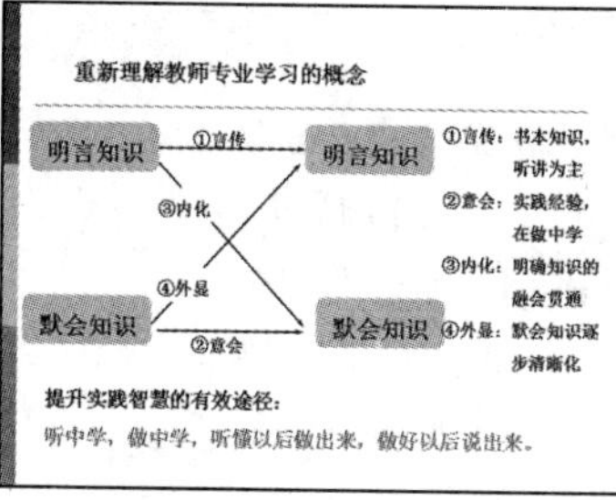

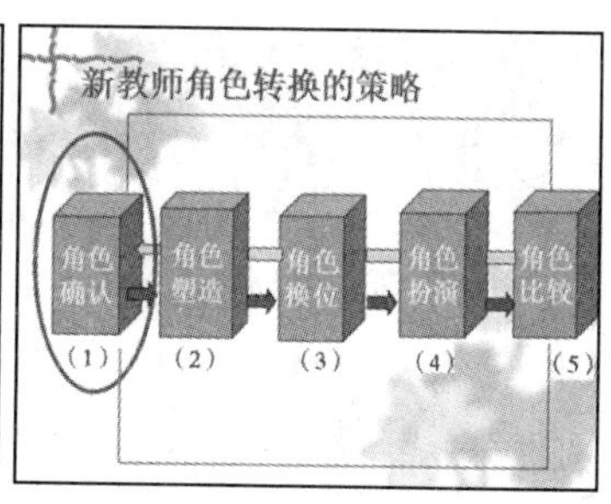

1. 角色确认策略

- 称呼的艺术
- 激励的艺术
- 批评的艺术
- 归因的艺术

2. 角色塑造策略

- 什么是好学生？（共性角色的塑造）
- 我是谁？（个性角色的塑造）

3. 角色换位策略

- 问题行为中的角色换位
- 学习行为中的角色换位

4. 角色扮演策略

- 德育中的角色扮演
- 教学中的角色扮演

5. 角色比较策略

提供行为标准

"我很喜欢阿德里安安静静地坐在那儿，等待其他人读完。"

"我很高兴丽莎将句子念得这么清楚，我们每个人都能听到。"

小群体策略

- 小群体划分
- 小群体控制

我的角色里

没有一点点防备
也没有一丝顾虑
你就这样出现　在我的世界里
带给我惊喜　情不自已
可是你偏又这样　在我不知不觉中
让我很纠结
从我的世界里
让我痛苦　剩下的　只是叹息
你　存在
我深深的脑海里
我的梦里　我的心里　我的角色里

我的角色里

你　存在
我深深的脑海里
我的梦里　我的心里　我的角色里
世界之大　为何我们相遇
难道是缘分　难道是天意
你存在　我深深的脑海里
我的梦里　我的心里　我的角色里

新教师专业发展的策略

基于新教师专业发展的策略的探讨

分小组互动

参与体验

选出组长、发言人、记录员

第一步：独立思考（6分钟）

结合视频，独立思考：

新教师专业发展的策略有哪些？

请你归纳、概括三句话，写在即时贴上。

第二步：组内合作交流（每人不超过2分钟）

组长主持：

以团队（小组）为单位交流三句话。

把个人的即时贴黏贴在一张A3纸上。

第三步：归纳概括（5分钟）

组长主持：

1. 将组员的发言进行归纳、概括。提炼共同意见为小组的三句话。

2. 写在另一张A3纸上，尽量把字写大，写清楚，以便展示。

第四步：成果展示（每队不超过3分钟）

每个团队选派三名代表，将本团队归纳、概括的三句话与全班共享。

第五步：联系实际跟一位名师

回想教过你的老师或你熟悉、崇拜的名师，谈谈他（她）专业发展的策略有哪些？

发展策略探讨

第三种教师的工作态？

忙——茫——盲

繁——烦——凡

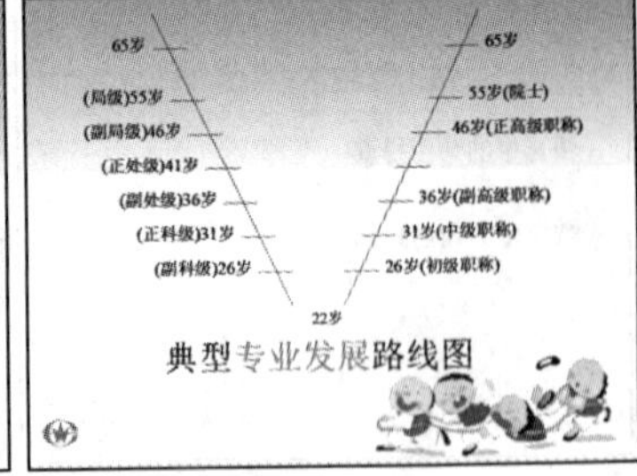

典型专业发展路线图

- 教师专业发展的五个阶段：
- 适应期（1～3年）；
- 成长期（4～7年）；
- 成熟期（8～12年）；
- 高原期（20～30年）；
- 超越期（30年后至退休）

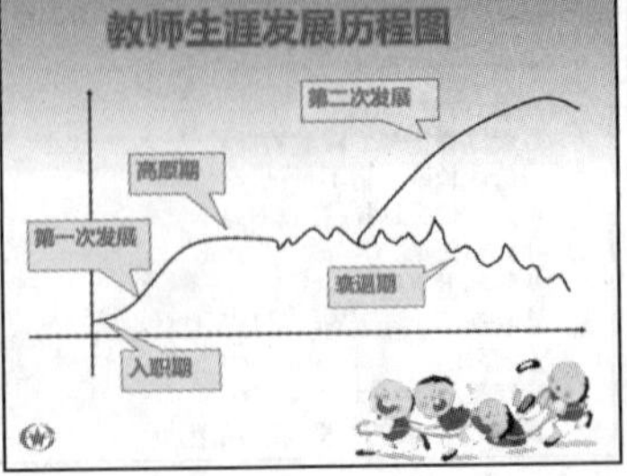

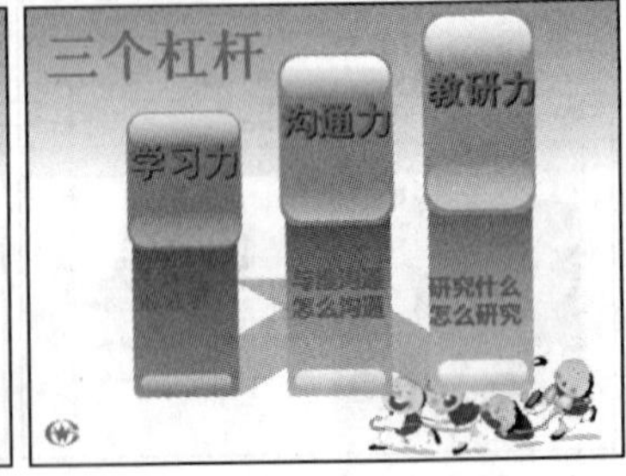

教师学习的对象与途径

1.读书（读文）

读书是教师学习的最基本途径。新课程背景下教师要着重读好以下三类书。

第一类：教育类。
①新课程图书。
②教育文章。
③教育名著。
第二类：专业类（学术刊物）。
第三类：文化类。

1.《教育的理想与信念》，肖川著，岳麓书社出版。
2.《教育的智慧与真情》，肖川著，岳麓书社出版。
3.《新课程中教师行为的变化》，傅道春编著，首都师范大学出版社。
4.《中国新教育风暴》，王宏甲著，北京出版社。
5.《中国教师缺什么——新课程热中教师角色的冷思考》，黄燕编著，浙江大学出版社。
6.《教师如何做研究》，郑金洲著，华东师范大学出版社。
7.《教育的国际视野》，上官子木著，华东师范大学出版社。
8.《生命化教育的责任与梦想》，张文质著，华东师范大学出版社。

9.《中国最佳教育随笔》，张文质编著，华东师范大学出版社。
10.《名师备课经验——语文卷》，肖川主编，教育科学出版社。
11.《听窦桂梅老师讲课》，窦桂梅著，华东师范大学出版社。
12.《教师专业成长的途径》，张万祥、万玮 主编，华东师范大学出版社。
13.《中国教师：专业素质的修炼》，朱永新、袁振国著，南京师范大学出版社。
14.《教师角色与教师发展新探》，叶澜等著，教育科学出版社。

- 魏书生的《班主任工作漫谈》
- 李镇西的《爱心与教育》
- 任小艾的《我的班主任工作》
- 斯霞的《我的教育生涯》
- 万玮的《班主任兵法》
- 丁榕的《班级管理科学与方法——我的班主任情》

2.读“图像”

听专家讲座和报告。
听名师现场授课或观看名师课堂录像。
观看“教育电影”和“教育电视（节目）”。

3.读“人”

读“人”首先是读与自己有直接交往的人，向同事学习。
读“人”还可以读与自己有间接交往的人。

4.生活学习

生活学习倡导教师从个人的生活、家庭的生活、学校的生活和社会的生活出发，积极进行人生的实践和体验，并在其中感悟、学习、提高。显然，这种学习，不是一种纯理论、纯概念的学习，而是融入教师生活之中的全部内容。它需要教师在自己的生活中提炼学习的内容；在积极的人生体验中，完成感悟和提高。它并不反对书本的学习、理论的学习，但是它更侧重教师从实践体验出发，实践联系理论，在个人的体验感悟中，实现自我的完善和升华。

5.网络学习

教师常用网址：
http://www.cbe21.com 中国基础教育网
http://www.k12.com.cn 中国中小学教育教学网
http://www.teacher.net.cn 中国园丁网
http://www.eduol.com.cn 教育在线
http://jyxy.fsjy.net/cjh/index.htm 多媒体素材资源库
http://www.syjy.com.cn/xkcmov/ 新课程视频在线
http://www.edu.cn/ 中国教育和科研计算机网
http://www.gzy.com.cn/ 国之源教育资源网
http://www.xsj21.com/ 新世纪课程网
http://www.21cac.net/ 中国活动教育网
http://www.being.org.cn惟存教育网
http://www.chedu.com中国教育信息网

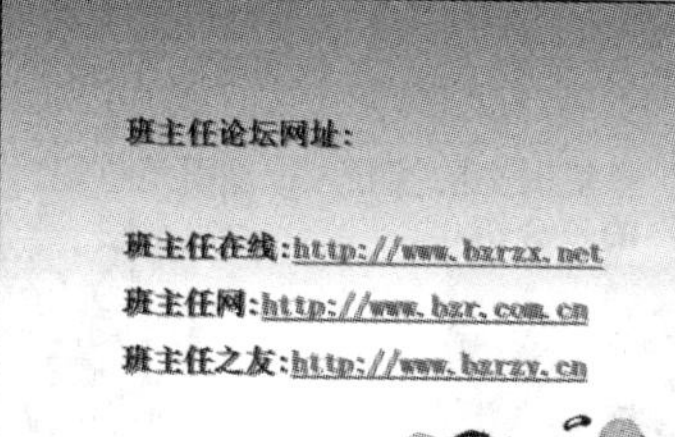

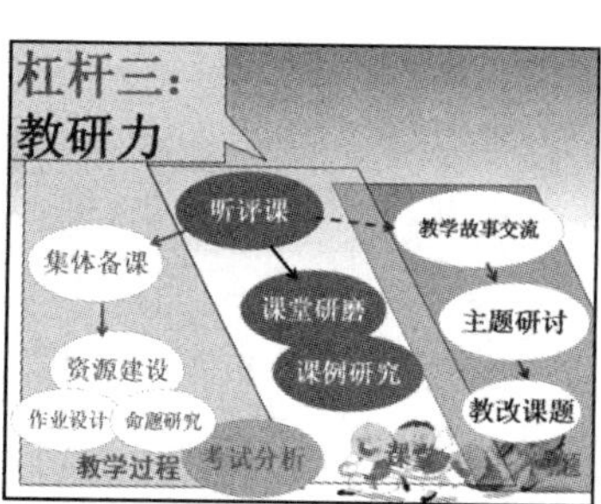

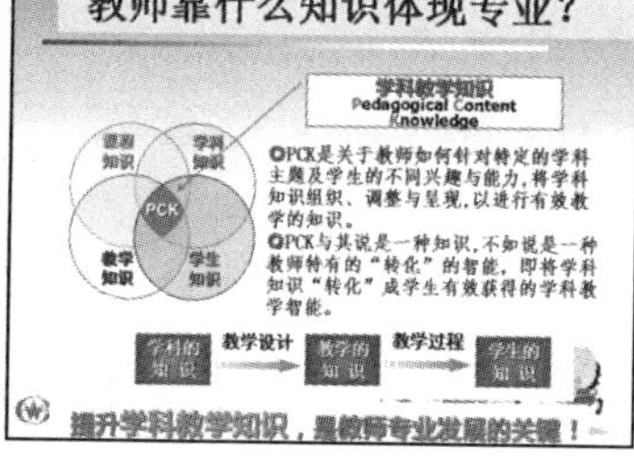

PCK的内涵及演变：舒尔曼最早提出PCK

- 1986年，时任美国教育研究会主席的斯坦福大学教授舒尔曼的研究提出，教师除了应具备学科知识与一般教学法知识外，必须在教学过程中发展另一种新的知识（PedagogicalContentKnowledge），即PCK，其定义为“教师个人教学经验、教师学科内容知识和教育学的特殊整合”，他还把PCK描述为“教师最有用的知识代表形式”。[1] Shulman, L. S., Those who under stand know ledge grow thin teaching[J].EducationalResearcher, 1986, 15(2): 414.
- 1987年，舒尔曼教授再次强调PCK的重要性及该领域研究的“缺失的范式”。他指出，“教师对学科知识的认识和理解，这种认识和理解与教师提供给学生的教学之间的关系研究，可能是现有教育研究中所缺少的”。[2] Shulman, L.Knowledge and teaching: foundations of new reform[J]. Harvard EducationalReview, 1987, 51 (1),1-22.
- 此后，由舒尔曼负责的卡内基基金会资助的“国家教师专业标准”研究项目，将PCK列为教师专业标准的一个必要组成，并影响到美国三十多个州的教师标准。

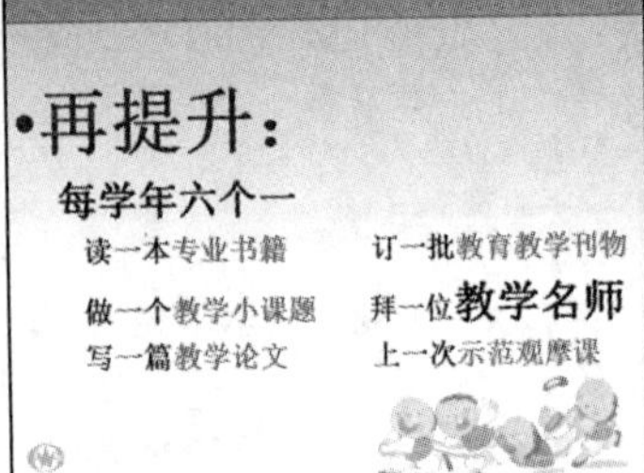

卢仲衡，1923年出生于广东茂名县(现高州市)，40年代参加革命，曾参加粤桂边纵队游击队，1952年毕业于中山大学教育科学研究所心理学部(研究生)。并分配到华东师范大学从事心理学教学。由于口音问题，师生交流有困难，1953年调入中国科学院心理研究所，现为中国科学院心理研究所研究员(已离休)。曾兼任中央教育教学科学研究所研究员、全国教育科学“七五”“八五”规划学科组成员、《教育研究》编委、全国中学自学辅导教学研究组组长。

卢仲衡的中学数学自学辅导教学模式

该模式通过提供方便于学生自学的按“九条心理学原则”精心编写的教材，即“三个本子”——课本（附练习答案）、练习本和测验本，将自学当作学生学习的主要活动形式。

其设计的教学程序是：①启，即由老师启发学生从旧知识进入新的问题情境。②读，就是学生以“粗细精”的方式阅读课本。③练，学生在练习本上的练习。④知，当时知道练习结果，校正答案，自我纠正错误。⑤结，教师向全班学生小结，概括讲解课本内容，并就学生自学中的问题引起同学讨论。

该模式以学生的自学（自己阅读、练习、评价）作为学习活动的主要形式。老师对学生的指导主要是在事先培养学生自学能力和启发、总结上，教学程序设计运用了及时强化的原则（受斯金纳程序教学影响）。

魏国良的数学小步教学法

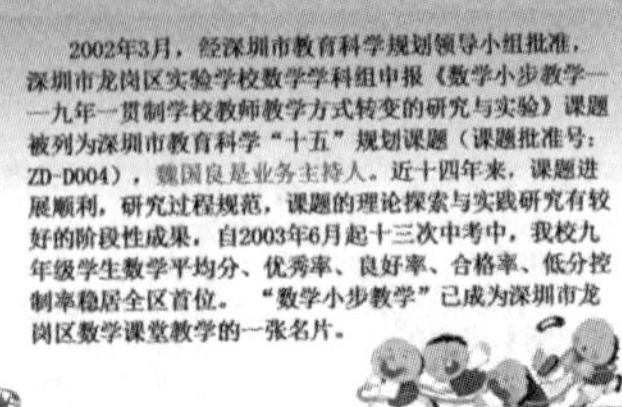

2002年3月，经深圳市教育科学规划领导小组批准，深圳市龙岗区实验学校数学学科组申报《数学小步教学——九年一贯制学校教师教学方式转变的研究与实验》课题被列为深圳市教育科学“十五”规划课题（课题批准号：ZD-D004），魏国良是业务主持人。近十四年来，课题进展顺利，研究过程规范，课题的理论探索与实践研究有较好的阶段性成果，自2003年6月起十三次中考中，我校九年级学生数学平均分、优秀率、良好率、合格率、低分控制率稳居全区首位。“数学小步教学”已成为深圳市龙岗区数学课堂教学的一张名片。

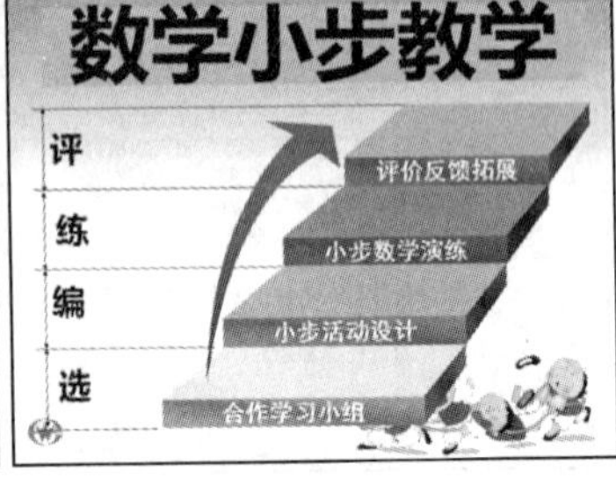

性情修炼

一个人事业的成功=15%知识和专门技术+85%人际关系和为人处事的技巧

——卡耐基

一个人被解雇：10%不称职，90%没处理好人际关系

——威廉

智商可以使人得以录用
情商可以使人得以提升

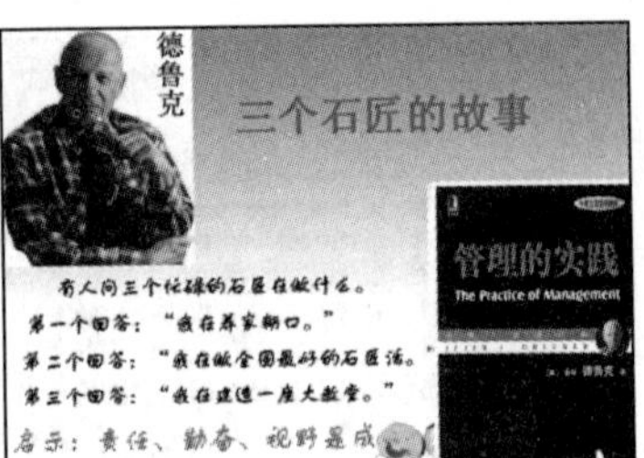

三个工人砌墙的启示(中国版)

- ▲三个工人在砌一堵墙。有人过来问：“你们在干什么?”
- ▲第一个人没好气地说：“没看见吗？砌墙。”（在做一份工作）
- ▲第二个人抬头笑了笑，说：“我们在盖一幢高楼。”（在做一个工程）
- ▲第三个人边干边哼着歌曲，他的笑容很灿烂开心：“我们正在建设一个新城市”。（在做一项事业）
- ■10年后，第一个人在另一个工地上砌墙；第二个人坐在办公室中画图纸，他成了工程师；第三个人呢，是前两个人的老板了。

一个生性羞怯但意志力专注的人，可能是最佳的领导者；像明星般闪亮的领导人，反而是单位的致命伤。

(美)吉姆.柯林斯

好老师良好性情的六个“ABB”

羞怯怯：谦虚、谦让，好合作就有好团队。
疯颠颠：执着、职业，好机会带来好命运。
笑眯眯：亲和、乐观，好心情做出好事情。
傻乎乎：憨厚、宽容，好人缘就是好资源。
雄赳赳：精神、自信，好心态产生好状态。
情深深：热情、真情，好关系就有好效应。

优秀教师的修炼

优秀教师的修炼

是什么？　为什么？　怎么做？

看视频一，写一句话：

一、什么是优秀教师的修炼

问题：

1.什么修炼？

2.修炼的类型？

3.什么是教师的修炼？

4.什么是优秀教师的修炼？

1.修炼（汉语词语）的概念

修炼一般指修心炼身。《高级汉语大词典》解释为“道教的修道、炼气、炼丹等活动”。

“修”有整治、改正、修理之意。“炼”原指用加热等方法使物质溶化并趋于纯净或坚韧，道家用来指炼丹等活动，如通过炼内丹使人“养形炼精，积精化气，炼气合神”“肌肉若一”“积精全神”而使身体更坚韧、健康。“修炼”两字合用，多见于道家典籍，如《黄帝阴符经》：“知之修炼，谓之圣人。”

另有人用“修练”。“练”字本义为把生丝煮熟，亦指把麻或织品煮得柔而洁白，有加工、精练、练习之意，但通常无“炼”字高温加热使物质变化之意。道家认为通过“炼”可使精、神、气三者高度合一而使人心身高度健康，“精合其神，神合其气，气合其真，不得其真，皆是强名”。

2.修炼的类型

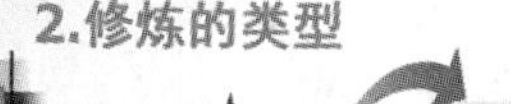

道家修炼：道教贵生恶死，因而道教不但有修心的方法，还特别强调炼身的方法，强调心身并炼。

佛家修炼：忍！承认死亡，禁欲望，得道成为神仙

儒家修炼：儒家功是儒家的学者以及信徒修炼的一种功法。关于儒家功的内容与方法，主要见于孔子的《论语》、孟子的《孟子》和荀况的《荀子》等儒家经典著作。

儒家功和道家功、佛家功相比，非常简单，主要是以守静的心斋、坐忘为代表。孔子的弟子颜回曾经问孔子什么是心斋，孔子答道：“若一志，无听之以耳，而听之以心；无听之以气，听止于耳，心止于符（神），气也者，虚而待物者也，唯道集虚。虚者，心斋也。”

可以看出，孔子所主张的心斋是通过意念专一、呼吸细长、耳之不闻、唯心能觉，进而达到神气合一，进入清静纯一的境界。孔子认为心斋这种功法是修身的关键，不但可以使人不出户而知天下，还能使人延年益寿。有了这种认识，孔子在任何环境中都能使自己保持一种宁静豁达的心态。

3.教师的修炼

《教师的20项修炼》，郭元祥著，华东师范大学出版社2008年4月出版。

- 本书是全国教育科学“十五”规划重点课题项目成果，是教师培训、班主任培训的优秀教材，是教师提升专业素养的必备读本。
- 修炼教师形象，精练教师生活，锤炼教师专业，成就教育人生。

教师的修炼，其实是教师的一种内在精神活动，是教师实现自我提升、自我完善的基本途径。教师的专业成长离不开教师的自我反思、自我修炼。只有那些具有强烈的自我发展愿景、不安于现状、富有终身学习的愿望与能力、用心体悟教育魅力的教师，才能真正通过修炼，感悟教育的真情与真谛，收获“教育人生”的幸福与快乐。要成为一名教育家型的教师，每个教师都应该想大问题，做小事情，都应该从教育信念到教育行为、从外在形象到内在素养、从共同规范到个人风格，做自我反思、自我总结、自我革新，从细节入手，逐步提升自我。

4.优秀教师的修炼

- 在日常生活和工作中，一个人若能说话得体，办事得当，交往有度，待人有礼，必然会有良好的人际关系，做起事来也必然得心应手；一个人若说话口无遮拦，办事鲁莽，举止失常，不懂世故，则必然会引起他人反感，导致人际关系的失调，在做人做事方面就会处处碰壁。
- 儒家中庸之道的精髓，即“不偏不倚”“过犹不及”的思想，说到底也是度和分寸的问题。为人处事，待人接物，无不渗透着火候的掌握。说话的生疏深浅、办事的轻重缓急、人际关系的亲疏远近、处世的高低姿态，最终都体现在度的把握上。
- 所以掌握为人处事的度和分寸，是获得好人缘的第一准则，也是左右逢源、获得成功的第一要务。

孔子的修炼

根据《史记·孔子世家》记载，孔子在63岁的时候，有两次被鲁国驱逐。在宋国时，司马桓砍倒大树对他进行恐吓威胁。后来到了卫国，又被错抓入狱。在陈国和蔡国之间，又被楚军包围，围困达七日之多，结果饿得弟子们有气无力；但孔子却毫不计较，“饭疏食饮水，曲肱而枕之，乐在其中矣”。孔子的意志力比一般人要强好多。

这是儒家所提倡的修炼方式的成果。

孔子自20多岁起，就想从政，刚开始，做过仓库管理员，管理过牛羊。

35岁时，因原单位(鲁国)出现内讧而换了单位(奔齐)，做了齐国贵族高昭子的低级员工。

40岁左右，有过两次从政机会，却因为单位发展不稳定,都放弃了。

51岁时，任鲁国中都宰（今汶上西地方官）。52岁时由中都宰提升为鲁国司空、大司寇（司法厅长）。

54岁时，受领导(季桓子)委托，担任代总经理(代相)。为了提高鲁定公的权威而改革，结果遭到董事们的反对未能成功。

孔子将教师行业职业化

于是，干脆自己办起了学校,开设课程。

69岁,仍有心从政，还是不被录用,于是继续从事教育工作。

教学理念

因材施教

有教无类

教学大纲

——文、行、忠、信。

以文学、品行、忠诚和信实教育学生，包括道德教育、文化知识和技能技巧的培养。

课程设置

——礼、乐、射、御、书、数等“六艺”。

编写教材

——《诗》《书》《礼》《乐》《易》《春秋》“六书。”

就业指导

- 颜回：从教，做自己的助教兼博士生。
- 子路：从军，做军事部门主管。
- 子贡：从商，搞活经济，为孔子弟子首富。
- 子夏：从学，搞文学创作。
- 子游：从艺，搞民间音乐教育。
- 曾参：搞科研，整理教材。
- 宰予，从政，擅长辞辩，搞公关。

孔子最欣赏的：

- 不是子路的勇敢和帅才。
- 不是子贡的外交和商务能力。
- 也不是冉有的可以面南为王的谋略。
- 而是颜回的“人不堪其忧，回也不改其乐”的高尚人文精神。
- 这正如林语堂所说：“中国人最崇高的理想，就是做一个不必逃避现实，而本性仍能保持原有快乐的人。”

孟子的修炼

孟子在继承孔子守静的理论后，又进一步提出了内观养心养气的功法。孟子的功法分为两个阶段：第一阶段是求放心或养夜气。“求放心”就是把为外物迷惑的心收敛起来。“养夜气”就是把人在子夜到清晨未与外界事物接交时的清明之气存养起来。孟子认为这是保养真气的好方法。第二阶段是思诚和养浩然之气。思诚就是悟道，至于养浩然之气，就是一种“至大至刚”的宇宙元气。

朱熹的修炼

孔子和孟子之后，儒家的学者们基本上都继承了孔孟先圣的静坐功法。到了宋朝，以朱熹为代表的理学家，将静坐看作同读书、做学问同等重要的事。但是，儒家的静坐一直没有详细的理论和具体的功法。到了明朝时期，儒士高攀龙参考了程朱的理学思想，又吸取佛、道两家的功法精华，结合自己的实践经验，总结出了一整套的静坐理论。

关于静坐方法，高攀龙说：“静坐之法，不用一毫安排，只平平常，默默静坐。”所以，高攀龙的这种儒家静坐法，虽然很平淡朴实，但也是一种大众化的静坐法。

在孔子之后，儒家学者和弟子们在儒家功法方面都没有超过先圣孔子，其实，儒家的功法是一种为入世做准备，或者对强身健体起促进作用的功法。儒家功的目的并不是追求多高多深的功法和境界，而是静心养性，培养意志力和忍耐力。

瓦·阿·苏霍姆林斯基的修炼

瓦·阿·苏霍姆林斯基（1918—1970）。

苏联著名教育实践家和教育理论家。

他从17岁即开始投身教育工作，直到逝世，在国内外享有盛誉。他出生于乌克兰共和国一个农民家庭。1936至1939年就读于波尔塔瓦师范学院函授部，毕业后取得中学教师证书。1948年直到1970去世，一直担任家乡所在地一所农村完全中学——巴甫雷什中学的校长。自1957年，成为俄罗斯联邦教育科学院通信院士。1968年任苏联教育科学院通信院士。1969年获乌克兰社会主义加盟共和国功勋教师称号，并获两枚列宁勋章、1枚红星勋章、多枚乌申斯基和马卡连柯奖章等。

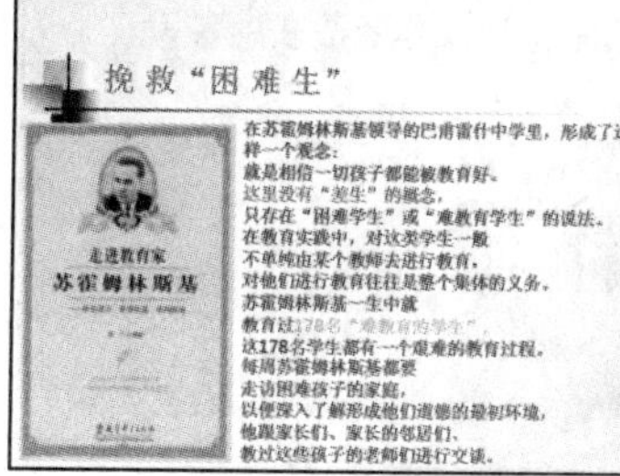

加德纳的修炼

霍华德·加德纳
Howard Gardner

多元智能理论是由美国哈佛大学教育研究院的心理发展学家霍华德·加德纳(Howard Gardner)在1983年提出。加德纳从研究脑部受创伤的病人发觉到他们在学习能力上的差异，从而提出本理论。

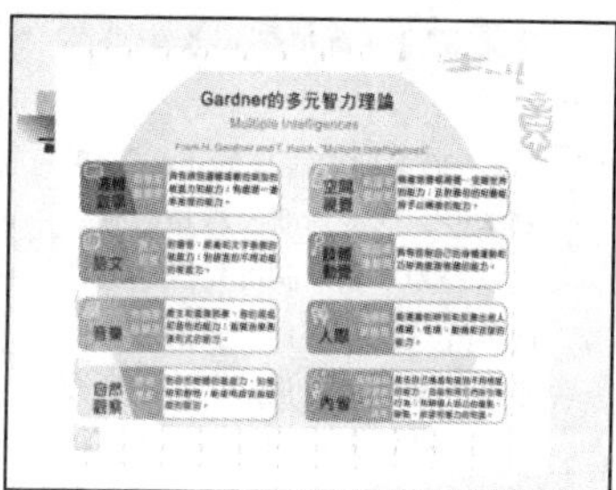

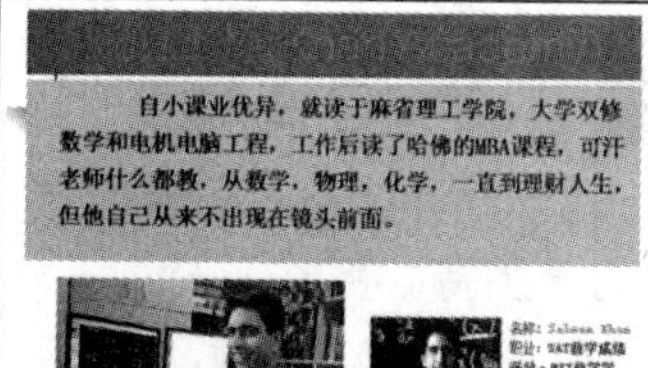

MOOCs课程——

MOOCs课程的五个特点：

第一，与传统教学一样，有开课时间和结束时间，每门课程5-8周比较合适，即要将传统的一学期课程分为2门MOOCs课程；

第二，采用以10分钟左右长度的讲授视频片断为主的教学方式，这是依据对网上学习的研究成果得出的最佳内容传递方式；

第三，辅以大量的练习题和作业，或由机器自动判题，或由学生同伴根据评价量规互评。有研究表明，学生同伴互评的平均结果与教师评分十分吻合，这对于不能机器自动判题的学科很适合，比如数学等需要演算过程的作业可以先写在纸上，再拍照上传后由同伴互评；

第四，来自全球的同学让课程论坛上24小时都有人响应，通过对学生帖子投票的方式将大家都关心的问题置顶，以得到教师和助教的回答；

第五，平台所收集的学生学习数据可以用于改进教学，当某个选项有上千人出错的时候，就会引起老师关注。

优秀教师班主任修炼案例

孙维刚——北京22中 1980年至1997年大幅度提高学生素质，为造就国家栋梁之才打好基础。著《我的三轮教育教学实验》 从教20年

丁榕——北京四中 著《探索心灵的事业》 从教26年

田丽霞——河北石家庄第42中学 著《田丽霞班主任工作法》 从教23年

张思明——北大附中 1991年“数学教学进行应用和建模的教学实践” 著《中学数学建模的教学实践与探索》 从教20年

李奕——北京二中 著《数字校园》第十年评特级，第十四年著书。

教师的榜样

- 孙维刚的“三轮半6年一循环”教学教育改革第一轮、第二轮、第三轮实验班的学生，高考成绩一届比一届出色。
- 第一轮班，除1人外，高考全部上线；
- 第二轮班，40人中15人考入北大、清华；
- 第三轮班，40人中的22人升入北大、清华。更重要的是，实验班的学生升入大学后，有相当数量的学生当了学生干部、拿到奖学金；绝大多数继续攻读了硕士、博士。尽管这些学生升入初中时大都考不上重点学校，但经过孙维刚6年的培养，不论是在大学里，还是毕业走上工作岗位，都成为全面发展、备受称赞的人才。

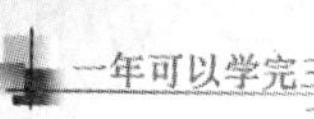

孙维刚老师为学生开创了解题的“三级跳”：

一题多解（达到熟悉）

多解归一（寻求共性）

多题归一（寻求规律）

他为学生归纳了4个大规律，15个中规律，30多个小规律，使他们从初一到高三，从代数到几何，再没有不会做的题目了。

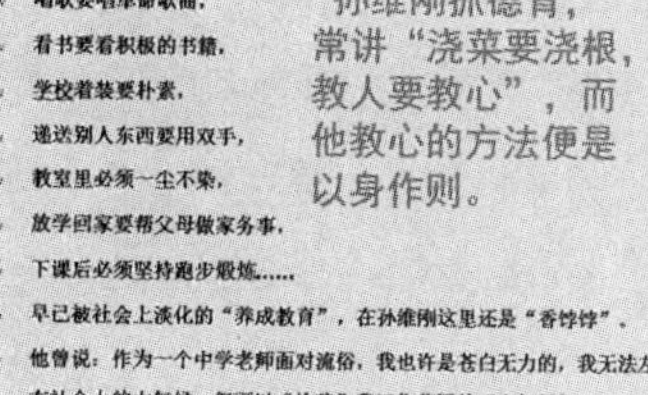

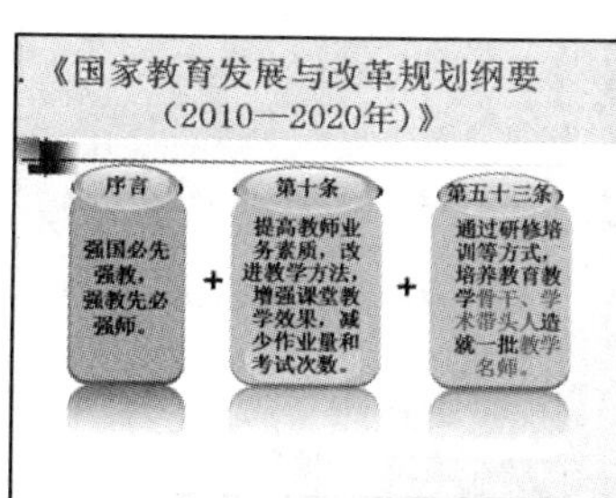

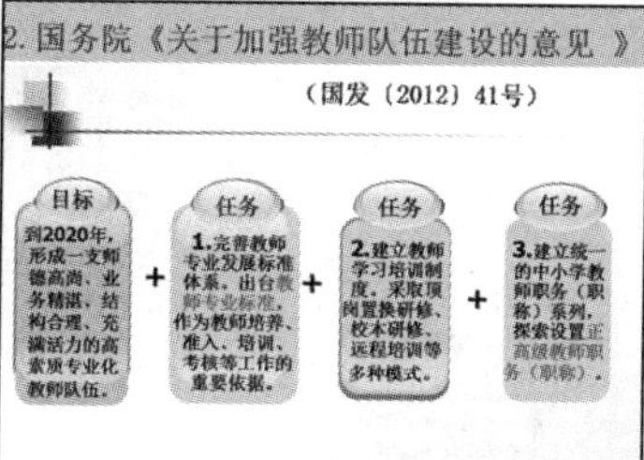

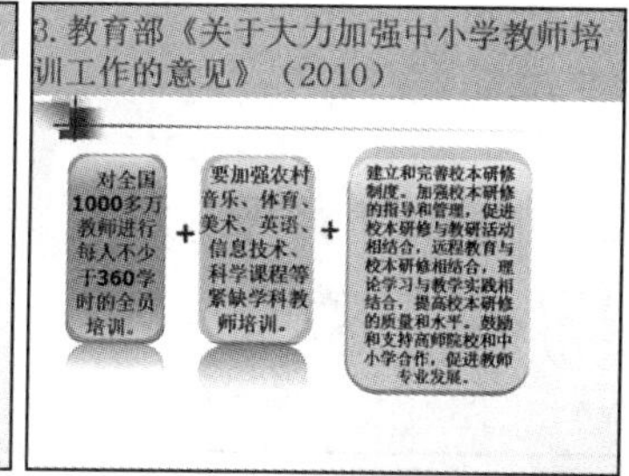

教育部基础教育司副司长朱慕菊

将教学研究工作的重心下移到学校，形成与新课程相适应的‘以校为本教研制度’，这是当前学校发展和教师成长的现实要求与紧迫任务，也是深化教学改革的方向和重点。

教育部基础教育课程教材发展中心

学校应依托年级教研组、学科教研组或教师自愿组成的团队，以问题驱动带动教研修一体化。

——摘自2004年12月10日《“创建以校为本教研制度建设基地”项目工作会议纪要》

4.促进教师专业成长的标准

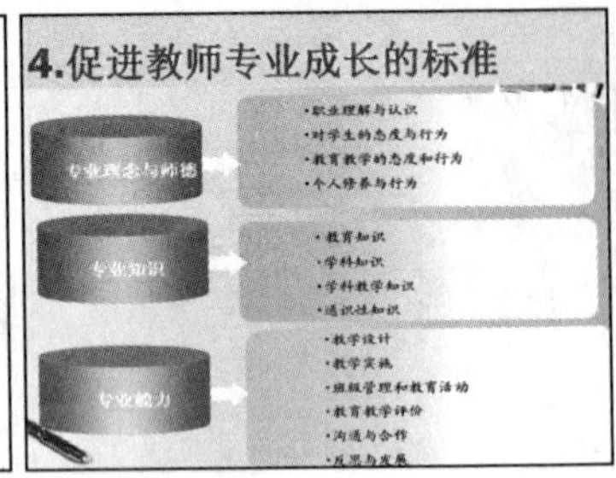

三、怎样进行优秀教师的修炼

小组互动、
参与体验

第一步：独立思考（6分钟）

怎样进行
优秀教师的修炼？

将自己的理解、经验与思考写在A4纸上。

第二步：组内合作交流（每人不超过2分钟）

以团队（小组）为单位，组长主持。

第三步：归纳概括（5分钟）

以团队（小组）为单位，组长主持将组员的发言进行归纳、概括为三句话。

第四步：成果展示（每队不超过3分钟）

每个团队选派三名代表，将本团队归纳、概括的三句话与全班共享。

第五步：联系实际跟一位名师

回想教过你的老师或你熟悉、崇拜的名师，谈谈他（她）是怎样进行修炼的？

教师自我认识的冰山模型

外在形象、生活
（是什么、为什么）
主要是事实和状态

内在师德、专业
（怎么想、怎么做）
本质上是学习力、沟通力、判断力

·教师资格：具有一定学历、资格证书、体检。
·教师名誉发展：教坛新秀、骨干教师、学科带头人、名师工作室、特级教师。
教师职称工资发展……

·教师观念系统、教师能力系统、教师思维方法系统
·教师专业发展阶段：新手期、熟练期、成熟期、骨干期、卓越期
·学科教学知识PCK

怎样进行优秀教师的修炼

●从一句流行口号说起：
实施名师工程，打造名师队伍
质疑 名师成长是靠工程打造的吗？
——名师成长必须靠自身的修炼！
○于漪老师的追求：
一辈子做教师，一辈子学做教师。
●清代诗人袁枚：
“学如弓弩，才如箭镞，识以领之，方能中鹄。”
学术素养 专业目标 思维方式

怎样进行优秀教师的修炼

◆愿景修炼——不断追求卓越（行者）
◆学术修炼——提升学术素养（学者）
◆心智修炼——学会哲学思考（智者）

愿景修炼： 不断追求卓越

●教师成长规律

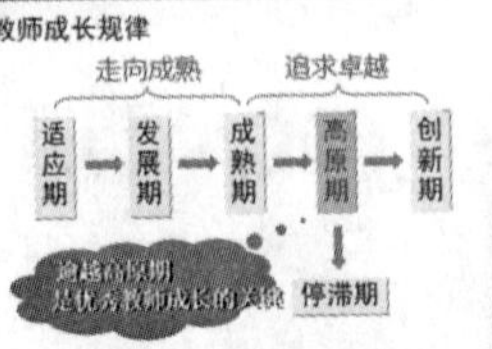

（教师成长二次发展理论）

愿景修炼： 不断追求卓越

●教师成长规律

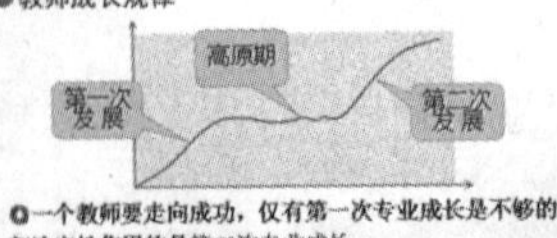

○一个教师要走向成功，仅有第一次专业成长是不够的，起决定性作用的是第二次专业成长。
○第一次成长主要靠经验的积累；第二次成长主要靠用理论来反思自己的经验。
第一次成长主要表现在行为方式的变化，第二次成长更重要的表现为思维方式的变化。

愿景修炼： 不断追求卓越

●教师成长动力
○外部动力
教师的专业成长，仅靠外部激励机制产生的动力是走不远、提高不了的。
○内部动力
专业成长的内驱力，源于教师的心态和追求。
●胡锦涛：
静下心来教书，
潜下心来育人。
——树立良好的职业心态

愿景修炼：不断追求卓越

- 教师职业心态：
  - 从业 ——追求功利价值
  - 敬业 ——奉献社会价值
  - 乐业 ——实现自我价值

*刘心武答记者问："我为什么要写作？"
第一，这是我的爱好，是我生命存在的方式；（乐业心态）
第二，这是我关心群体、回报社会的途径；（敬业心态）
第三，挣点稿费，维持小康生活水平。（从业心态）

- 我的感悟：

"苦"与"乐"只是相对的概念，并无绝对的标准；在当今温饱无忧的情况下，所谓的苦与乐，多半是人们一种心理上的感受。

愿景修炼：不断追求卓越

- 马斯洛：人的需要层次理论

自我实现需要
尊重需要
归属需要
安全需要
生理需要
成长性需要
缺失性需要

愿景修炼：不断追求卓越

- 上海教科院顾泠沅：
  "名师的产生是追求卓越的结果."
- 我的专业追求

教学模式
教学技能

获得学术荣誉：十个

1. 国家教育行政学院南师大培训基地授课入库专家
2. 广东省中学高级教师专业技术资格评审委员
3. 深圳市首批教师继续教育课程建设专家
4. 深圳市第三批名教师
5. 深圳市魏国良名师工作室主持人
6. 深圳市"数学小步训练实验研究"规划课题主持人
7. 深圳市数学学会常务理事
8. 龙岗区首批教育学科带头人
9. 龙岗区优秀专家
10. 深圳市精品课程开发专家

开发修炼课程：八门

一个教学法：《数学小步教学法》
两门技术：《数学应用题中的二次分析法》
《几何证明题中的波利亚分析法》
三个国培班讲座：
《基于新课标背景下教学常规的构建与实施》
《学校研训一体化方案的设计与实施》
《构建高质量学习班级的策略》
六类课型研究：《初中数学六类课型教学设计》
33个专题：《初三第二轮复习之33个专题》

数学小步教学法

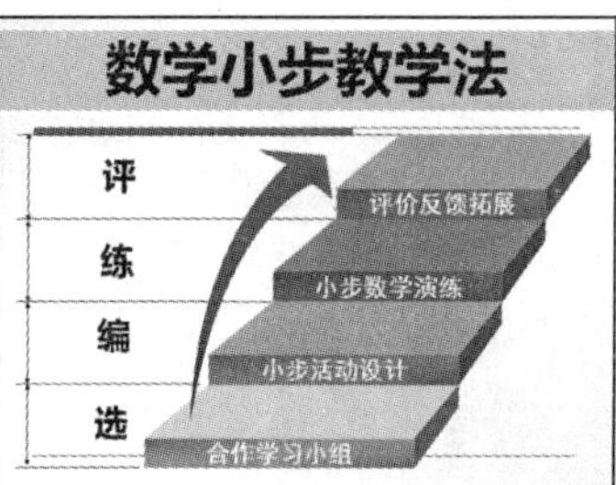

斯金纳是新行为主义者，是操作性条件反射的发明者，他在1930年开始些的一系列论文中提出一套关于行为的理论，这种理论是以他在自己独创的一种类型的实验中对于动物行为的观察为出发点。他观察在他自己特制的"斯金纳箱"里的白鼠按压杠杆的活动，得出了的两条原则，他认为有机体运用这两条原则就能形成复杂行为，后来他根据这两条原则编写线性教学教材。

操作性条件反射的学习理论

- 斯金纳（B. F. Skinner，1904-1990）
- 美国行为主义心理学家，在美国心理学界评选的"20世纪最伟大的100名心理学家"名列榜首
- 操作性条件反射理论的奠基者
- 其发现在现实中得到广泛应用
- 白鼠学习实验：

操作性条件反射-实验装置

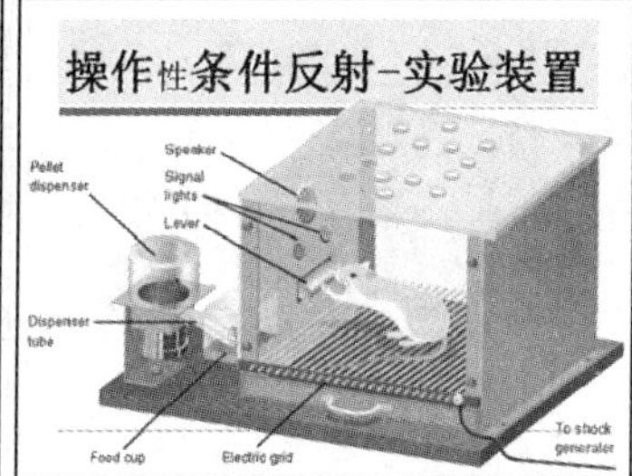

操作性条件反射-实验过程

1. 将饿鼠放入斯金纳箱，白鼠经过反复探索，迟早会做出按压杠杆的动作，得到一粒食物丸。
2. 若干次后，饿鼠便形成按压杠杆取得食物的条件反射。
3. 在另一个实验中，开始时鸽子啄三个按钮是随机的。但如果在啄红色按钮时给它食物，啄黄色按钮时不给予任何刺激，在啄蓝色按钮时给予电击，一段时间后，鸽子啄取红色按钮的次数明显高于啄取其他两个按钮的次数。

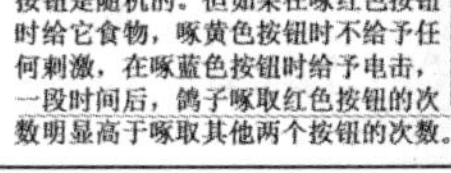

数学应用题的二次分析法

3

1.用绳子测量水井深度。如果将绳子折 4 等份，一份绳长比井 1尺 ；如果将绳子折成 等份，一份绳长比井深多 。绳长、井深各多少尺？

分析一：

找数量关系	绳子长(尺)	折后绳子长(尺)	井深(尺)
三折测量	x	$\frac{x}{3}$	y
四折测量	x	$\frac{x}{4}$	y

分析二：找等量关系

折后绳子长 - 井深 = 5尺
折后绳子长 - 井深 = 1尺

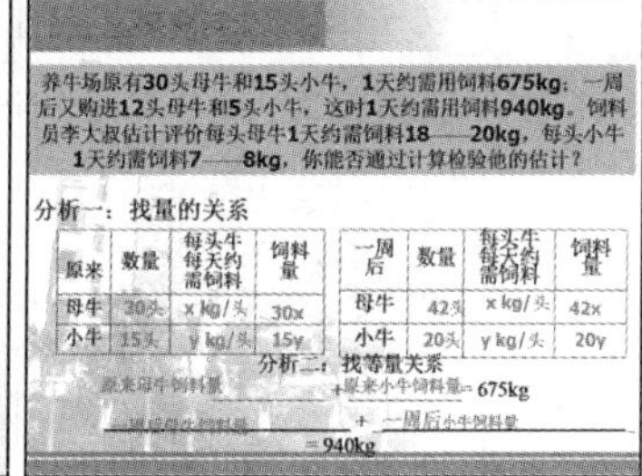

几何证明题的波利亚分析法

乔治·波利亚(GeorgePolya,1887—1985)是20世纪举世公认的数学家，著名的数学教育家，享有国际盛誉的数学方法论大师．波利亚在数学教育领域最突出的贡献是开辟了数学启发法研究的新领域，为数学方法论研究的现代复兴奠定了必要的理论基础．波利亚致力于解题的研究，为了回答"一个好的解法是如何想出来的"这个令人困惑的问题，他专门研究了解题的思维过程，并把研究所得写成《怎样解题》一书。这本书的核心是他分解解题的思维过程得到的一张《怎样解题表》。

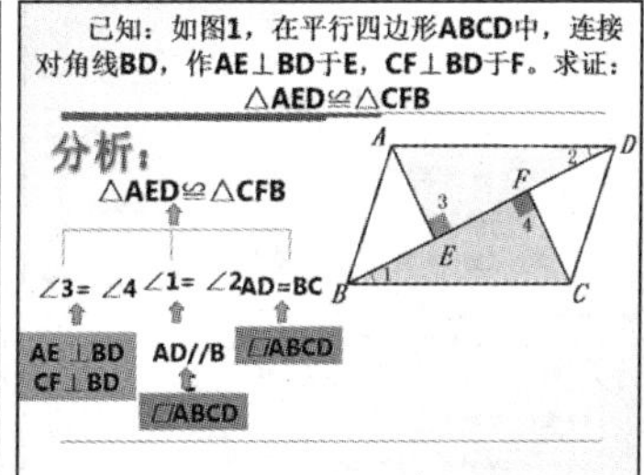

按考点分：33个专题复习

- 1.求线段的长度专题
- 2.动手操作（折叠）专题
- 3.求锐角三角函数专题
- 4.几何最值专题
- 5.求阴影部分面积专题
- 6.反比例函数专题
- 7.二次函数最值函数专题（一）
- 8.一次函数最值专题
- 9.方案设计专题
- 10.二次函数最值专题（二）

- 11.方程与不等式综合专题
- 12.四边形专题
- 13.三角函数与圆专题
- 14.相似与圆专题（一）
- 15.相似、三角函数与圆专题（一）
- 16.相似与圆专题（二）
- 17.相似、三角函数与圆专题（二）
- 18.相似等式性质与圆专题
- 19.相似、勾股定理与圆专题
- 20.坐标与几何专题

- 21.面积专题
- 22.存在性专题（一）——等腰三角形、直角三角形、梯形、对称、面积等量关系
- 23.存在性专题（二）——平行四边形
- 24.综合最值专题
- 25.相似三角形视角探索专题（一）
- 26.特殊性视角探索专题
- 27.相似三角形视角探索专题（二）
- 28.圆与二次函数专题
- 29.动态几何专题（一）
- 30.归纳与猜想专题（探索规律）
- 31.阅读理解专题
- 32.填空选择专题
- 33.动态几何专题（二）

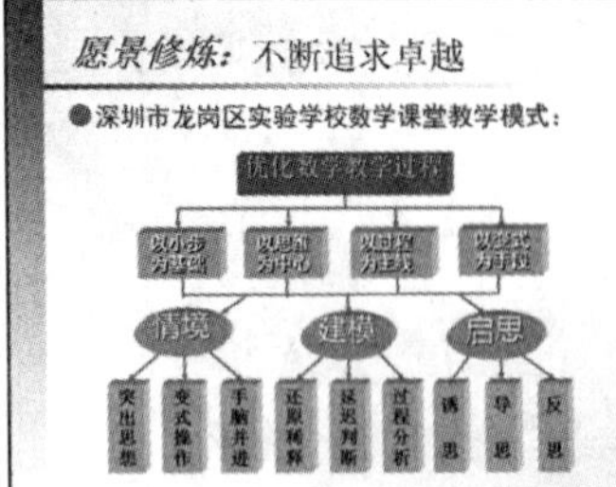

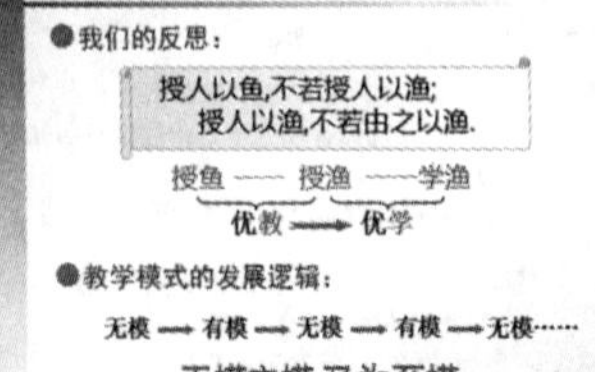

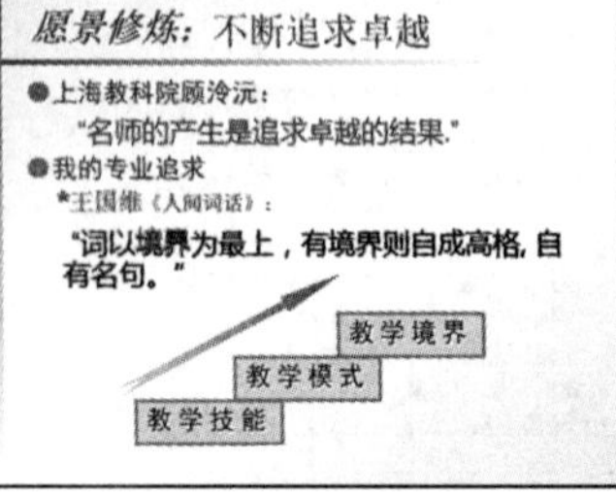

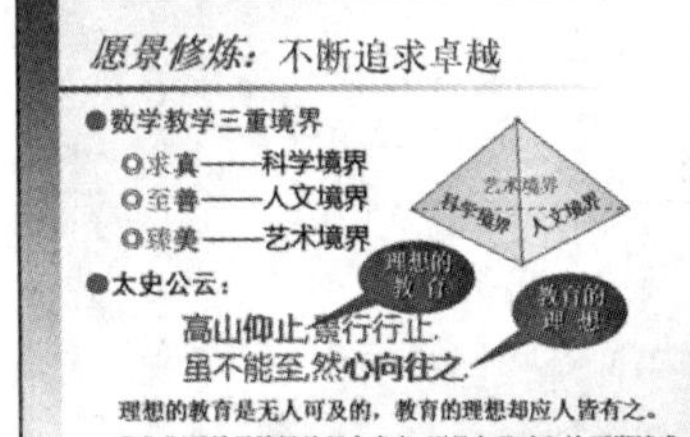

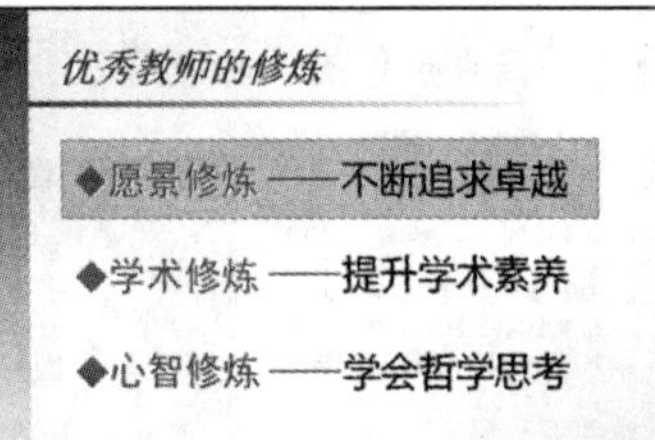

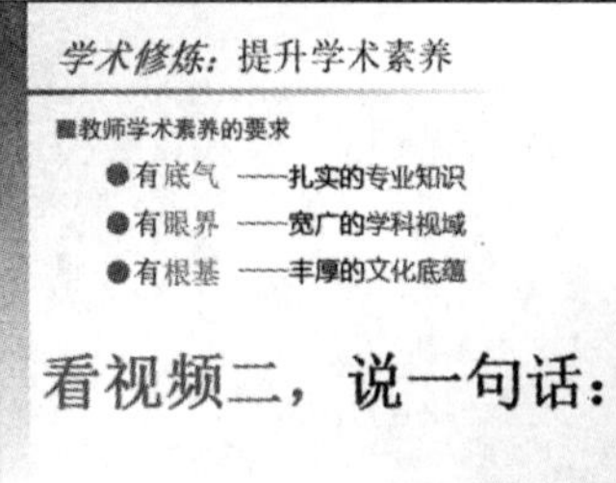

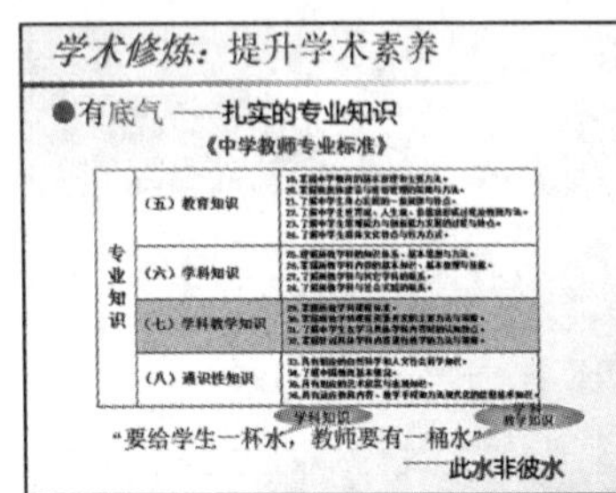

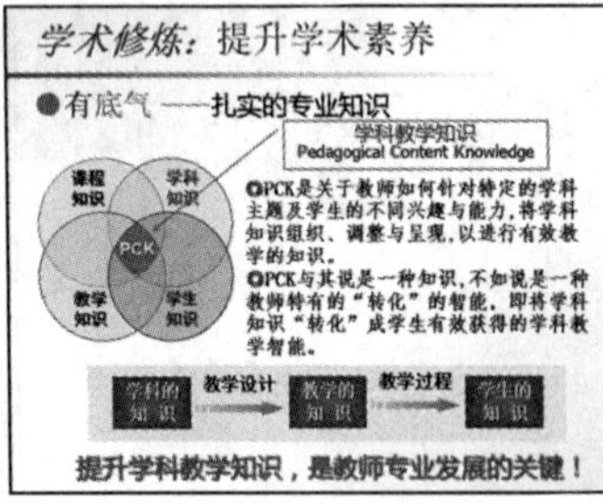

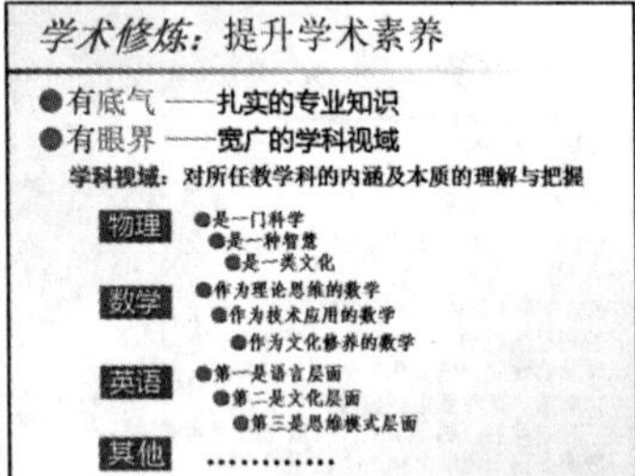

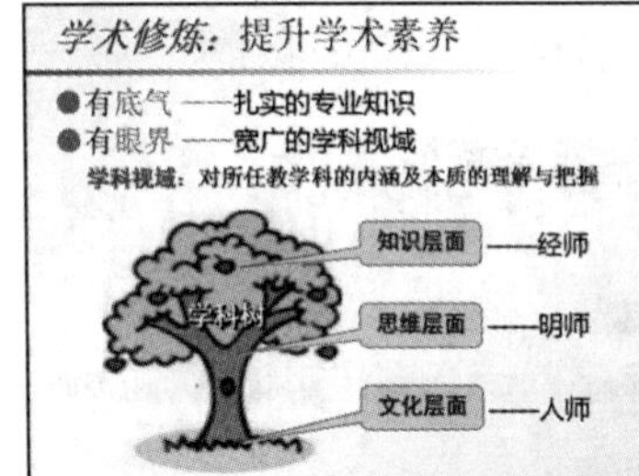

学术修炼：提升学术素养

- ●有底气——扎实的专业知识
- ●有眼界——宽广的学科视域
- ●有根基——丰厚的文化底蕴

○一个值得思考的问题——

学科教师知识的"恩格尔系数"是多少？

（食品支出占消费总额比率；学科知识占知识总量比率）

○苏霍姆林斯基：

"学科知识应该处于教师知识结构中的一个角落，而不应在中心，更不应该是全部。"

○学校教育好比一盘磨

○理科教师要有人文素养
○文科教师要有科学背景
○所有教师都有哲学头脑

上磨是科学，底磨是人文，磨心是哲学。

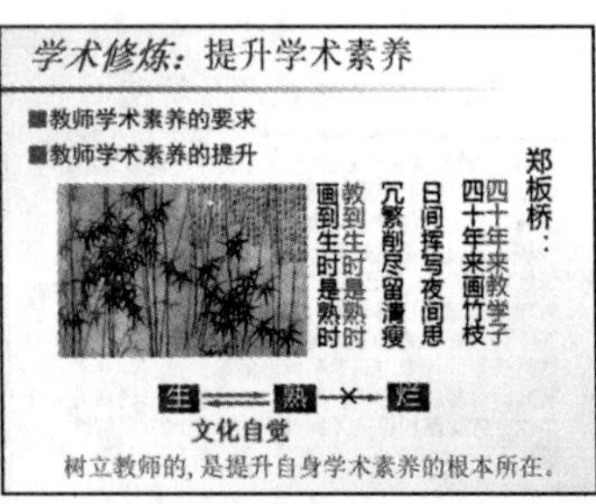

教师的自我修炼

◆愿景修炼——不断追求卓越

◆学术修炼——提升学术素养

◆心智修炼——学会哲学思考

心智修炼：学会哲学思考

●十年课改的检视

十年过去了，我们的课改怎么样了？课堂怎么样了？

*十年前课堂教学的写照（摘自一位专家的文章）

我们的课堂是以教师为中心，过分强调教师的教，忽视了学生的学。换句话说，我们的课堂成了老师的“讲堂”，而不是学生的“学堂” ……

*十年后课堂教学的现状——涛声依旧

*一次网络调查的数据：（“21世纪教育研究院”等机构）

对新课程理念的认同度：74%

对新课程实施的满意度：25%

——现实与理想之间存在巨大的反差！

心智修炼：学会哲学思考

●十年课改的检视

十年课改成绩巨大，但问题很多，症结究竟何在？

*爱因斯坦对“科学进步”的担忧——

“手段日臻完善，目标日趋紊乱……”

*黎巴嫩诗人纪伯伦的名言——

“我们已经走得太远，以至忘记了为什么出发.”

*广大教育工作者的呼声——

让我们的教育回归原点，重新出发！

*教育的原点究竟在哪里？

哲学思考

我们必须运用哲学的观点和方法，对教育现象、教育问题、教育本质进行寻根究底地反思和追问。

心智修炼：学会哲学思考

◆我对教学本原问题的思考

●为何教？——价值观

●为谁教？——学生观

●教什么？——课程观

●怎么教？——教学观

思考方法：案例 + 反思

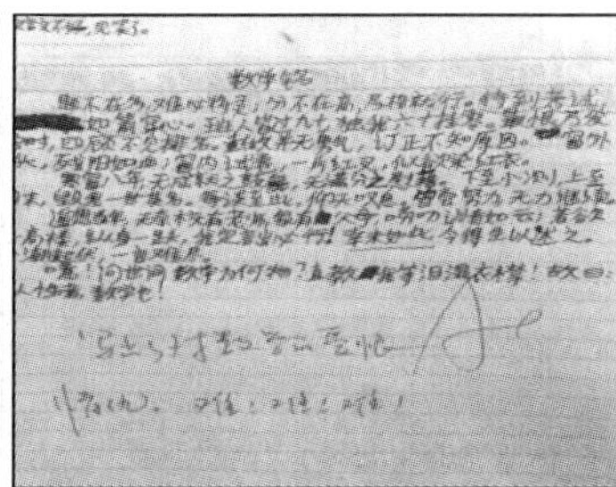

为何教？

●我为什么教数学

○从学生论坛上的热帖说起

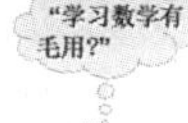

“学习数学有毛用?”

◎我觉得数学不仅烦，而且学了一点用都没有.

◎不学不行啊，如果你老爸有足够的实力，还上什么学呢?

◎数学很重要的，中考100分呢！……

为何教？

●我为什么教数学

○从学生论坛上的热帖说起

为何教？

●我为什么教数学

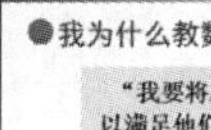

“我要将尽可能多的数学知识教给我的学生，以满足他们的中考所需、终生之用。”

○数学家波利亚的统计：

中学生毕业后，研究数学和从事数学教育的人占1%，使用数学的占29%，基本不用或很少用数学的占70%。

○某师大物理系的调查：

牛顿第二定律$F=ma$ 在生产及生活实践中的应用……

○当年的学生对我这样说：

“您教给我们的数学知识都还给您了……”

为何教？

●我为什么教数学

○一个发人深思的问题：

“既然只有1%的学生今后会用数学，为什么却要100%的学生都学数学？”

——数学教学的价值究竟在哪里？

思维方式、价值取向“文化基因”的核心

○一则案例的启示：

二十年前的一堂数学课……

○诺贝尔奖获得者劳厄说：

“教育无非是一切已学过的东西都遗忘掉的时候所剩下来的东西。”

为何教？

●我对“学数学有什么用”的回答

数学是有用的

数学也是无用的

学数学最终是有用的

无用性是教育的基本属性，也正是教育本身无法估量的价值之所在。

让学生多学些“无用”的知识

○普林斯顿高等研究院——

只有无用的知识，才是最终有用的

○庄子——无用之用，是为大用

○北京四中的校训—— 大气成就大器

心智修炼：学会哲学思考

◆我对教学本原问题的思考

●为何教？——价值观

●为谁教？——学生观

●教什么？——课程观

●怎么教？——教学观

思考方法：案例 + 反思

为谁教？

●传统教学的反思

孔子讲学图

【案例】一篇作文的风波……

为谁教？

●传统教学的反思

●教学本质的追问

○法国著名思想家卢梭的观点 ——教育就是生长

*什么是最好的教育？最好的教育就是毫无作为的教育.

*最重要的教育原则是不要爱惜时间，要浪费时间.

*希腊文：“学校”＝“闲暇”

即学生必须有充裕的时间体验和沉思，才能自由地发展其心智与能力。

○台湾的“三适”教育原则

适性教育丢不得，

适时教育急不得，

适量教育比不得

为谁教？

●传统教学的反思

●教学本质的追问

○法国著名思想家卢梭的观点 ——教育就是生长

○华南师大郭思乐教授的观点：

教学就是在教师的指导下，激起、强化、优化学生的自主学习的过程。

有人问郭思乐教授：“什么是教学？”

郭教授回答说：

如果你告诉学生，3乘5等于15，这不是教学；

如果你说，3乘5等于什么？这就有一点是教学了；

如果你有胆量说：3乘5等于14，那就更是教学了。

为谁教？

●传统教学的反思

●教学本质的追问

●有效教学的真谛

让教学回归本原，把课堂还给学生！

○德国哲学家海德格尔：

“教难于学，乃因教所要求的是：让学。”

——教学的本质就是“让”学生“学”

○课堂的“让学”策略：

*大道至简 ——课堂形态：回归本真

*大智若愚 ——教师思维：还原稚化

*大成若缺 ——教学时空：留有余地

大道至简 ——课堂形态:回归本真

●但凡最普遍、最本真的东西都是最简洁的
——这是我们识别事物真伪的一条准则，也可以作为评价一堂好课的重要标准。

【案例】 一节网络教学课——“核能的开发”

呈现材料 → 自主学习 → 合作交流 → 归纳总结

同学之间通过网络在BBS论坛上开展交流

网络世界：天涯若比邻！
网络教学：比邻成天涯？

●要回归本真，努力营造课堂教学的原生态
○真实的教学问题
○自然的教学过程
○和谐的教学氛围

大智若愚 ——教师思维:还原稚化

●老教师的困惑：
人家老中医越老越吃香，我们为什么越来越不受学生待见？
——老教师离教材越来越近了，但离学生却越来越远了！

●课堂教学的三种思维活动：

前人的思维活动 —备课→ 教师的思维活动 ⇌上课 学生的思维活动
自学

*还原——展现教师的思维过程
*稚化——回归学生的思维起点

师生思维同频共振

【案例】泰勒教授的“芝加哥风格”
引导学生思维的最好办法是教师与学生一起思考，而不是代替学生思考，或者比学生更聪明地思考。
老师越“聪明”，学生就会越笨。——巧娘拙女

大智若愚 ——教师思维:还原稚化

●对一种提法的质疑：
“把学生的错误消灭在萌芽状态中”
——课堂是允许学生出错的地方！
学生做对了，说不定只是模仿；
学生做错了，绝对是他的原创。
——学生错误也是重要的教学资源！

●我的体会：
*教师的角色——学生思想的助产婆
*负责的老师——经常给学生找麻烦
*高明的教法——先问迷糊再教明白

大成若缺 ——教学时空:留有余地

●完美的东西要有一点空缺，不能求全求美，这样才有生命的张力
——教学同样不应片面地追求完美无缺，要学会运用留白艺术，为学生腾出更大的自主学习的空间。

闭嘴的艺术

○罗杰斯的观点——非指导性教学
“要琢磨出如何去教学，就在于弄清楚什么时候应该闭上自己的嘴——绝大部分时间。”

○德·鲍拉(美国功勋教师)的经验——
教重要的在于听，学重要的在于说

○教学留白的对策
缺口——拓展自主学习的时空
窗口——扩大学生学习的视野
接口——了解后续知识的发展

心智修炼：学会哲学思考

◆我对教学本原问题的思考
●从知识本位回归到三维目标
●为何教？——价值观
●把属于学生的东西还给学生
●为谁教？——学生观
●从学术形态深入到教育形态
●教什么？——课程观
●让学生重演知识的发生过程
●怎么教？——教学观
——我的数学教学观

对教育、对学校、对学生充满责任感

第四章　名师工作室行动成效

拓展教学资源　促进教师发展

——深圳市魏国良名师工作室工作计划

为充分发挥拔尖人才在教师队伍中的辐射、引领和示范作用，加速教师的人品和专业发展，使名师工作室成为骨干教师聚集地和名师名家孵化地，特制订以下名师工作室计划。

一、指导思想

着力执行教育政策法规，着重落实《深圳市中小学名师工作室建设与管理实施方案》。着眼人的全面发展，内涵发展。遵循名师成长的规律，把握针对性、实效性、实践性和先进性，依照四个结合（理论与实践相结合，自主与合作相结合，研修与应用相结合，反思与引领相结合）的原则。在情境观察、体验感悟、探究思考、理论研究、实践反思、同伴互助、专家引领的反复活动中，将先进的教育理念、个性化的教学风格、有效的教学技巧、实用的教学方法，渗透和辐射到工作室成员、学员的教学中，为建设一支高端引领的、高素质的名师队伍做出新的贡献。

二、培养目标

使本工作室成员和学员在职业道德、专业知识与学术水平、教学能力与科研能力等方面的综合素质有显著提高，成为高素质、高水平、高能力的特色教师、名牌教师。

三、基本情况

根据深圳市教育局文件《深教（2011）479号》，本工作室主持人对符合条件自愿申报教师进行了择优选拔，共有成员20人，学员15人。分布在市直属学校、福田、龙岗、坪山等区域。成员中：男12人、女8人。硕士研究生学历4人，中学高级职称8人。学员中：男6人，女9人。硕士研究生学历1人，中级职称4人。成员和学员均在小学、初中、高中从事教育教学一线工作，兼职级长、科长以上行政与学术管理工作的有15人。

四、工作要点与措施

（一）抓常规

（1）成员、学员每周至少完成一次校内或校外的观课议课任务。并写好“我喜欢、我质疑、我建议”的个人反思，学期末统一交工作室存档。

（2）成员、学员每月至少精读一本专业刊物。并至少对其中一篇专业文章进行点评与网上交流。

（3）成员指导学员每学期至少进行一次课堂教学展示，积极参加省、市、区课堂教学竞赛并获奖。

（4）成员、学员每学年至少公开发表一篇学术论文（著或合著）。

（5）三年周期内，成员、学员至少共同完成一项市级以上教科研课题。

（6）加强“一群一网一本”的运行管理（QQ群常挂常新；工作室网站内容由各部长主持办好；《成员专业发展指导手册》《学员专业成长手册》各自按要求填写，每两月查验一次）。

（7）建立成员、学员个人成长档案袋，积累个人和工作部研究成果。

（二）促发展

（1）主题讲座：基于经验主义理论，邀请教育专家或学科专家结合新课程标准（修订稿）以及教育教学实际、选择一个能够与成员、学员的经验产生共鸣的主题，讲授有关的思想、理论或新观点、新视野、新方法。

（2）课例实践：基于社会学习理论、发挥榜样的示范作用，邀请全国、省、市，区名师共同设计教案学案，送课上门，进行高效课堂的探索，为成员、学员提供一套科学、先进的教学程序、教学策略和教学方法。

（3）同课异构：基于比较教学理论，从两个层面提升成员、学员的课堂教学水平。一是成员、学员内部进行同课异构，分享已有经验；二是成员、学员团队走出去，到内蒙古、北京、上海、广州、江苏、香港、台湾等地，及英、美等国进行同课异构，以课会友，邀请名师、大师点评，提升内涵。

（4）解题命题：基于罗增儒教授的解题学理论，为提升成员、学员的解题命题能力和指导学生解题的能力，针对每年小考、中考、高考的试题，从基础知识、基本技能、基本思想方法、基本活动体验的角度，加强解题学研究，形成问题解决教学特色。以编制“数学小步训练”模式的常规题、应用题、阅读题、开放题、探究题为载体，渗透数学知识、数学精神、数学文化、数学思想与方法。

（5）微型课程：基于高效学习理论、将教育教学课本、书刊、电影、小说等进行专业化改造，以五分钟为限，用PPT、视频等方式，以小故事、小案例、小策略的形式呈现，从微课程中悟出大道理。

（6）研修反思：基于美国心理学家波斯纳给出的教师成长的简洁公式：教师成长=经验+反思。引导成员、学员撰写研修日志和开发微型讲座。研修日志的内容可以针对主题讲座、课例实践、同课异构、解题编题、微型课程等任何一个环节。微型讲座可以对教学实践中的重点、难点、热点、疑点、考点、盲点进行深度教学学术交流。

五、工作安排

2012年二月份：

（1）学习市教育局有关文件和工作室《手册》。

（2）讨论工作室活动计划。

（3）建立学员业务电子档案。

（4）进行工作分工。

（5）自学《青年数学教师的专业成长》和《“怎么一点思路都没有”的思考》

三月份：

（1）交流二月份两篇文章的学习体会与建议。

（2）启动主题讲座。

（3）进行课例实践。

（4）外出参观学习，参加同课异构活动。

（5）查验《手册》。

四月份：

（1）成员、学员内部同课异构活动。

（2）进行解题编题研讨活动。

五月份：

（1）微型课程开发汇报。

（2）中考题例开发。

（3）查验《手册》。

六月份：

（1）观课议课校本交流。

（2）研修日记电子版汇编。

七、八月份：

（1）研修反思总结。

（2）主题讲座。

（3）外出参观学习，开展经验交流报告会。

水到渠成　清风自来

——深圳市魏国良名师工作室终期工作总结

深圳市魏国良名师工作室自2012年1月10日挂牌成立以来，在上级教育行政部门和业务部门的指导和帮助下，充分发挥名师在课堂教学、课程改革、课题研究、岗位研修、教学帮扶等方面的示范、指导、引领作用，坚持研训教一体化，面向全市初中工作室数学教师广泛开展各类教学研修活动。为促进教师人品与专业发展，促进学生自主学习、快乐学习，促进学校办学水平与质量提高发挥了积极作用。获得了上级领导和社会各界的普遍赞誉。现将终期工作总结报告如下。

一、以人为本汇聚教育英才

（一）组建智慧型精英团队

根据深圳市教育局文件《深教（2011）479号》，本工作室主持人对符合条件自愿申报教师进行了择优选拔。共选聘了成员21人，学员18人，这些教师主要来自市直属学校和福田、龙岗、坪山等区域学校。成员中，有男12人，女9人，硕士研究生学历4人，中学高级职称8人。学员中，有男7人，女11人，硕士研究生学历1人，中级职称5人。成员和学员均在小学、初中、高中从事教育教学一线工作，兼任级长、科长以上行政与学术管理工作的有15人。聘请了尚强、宾华、魏显峰、石永生，刘静波、梁小贱、王庆军、李荣华、雷斌等22位市、区教育教学专家为工作室指导老师。

（二）健全研究型学术机构

为确保工作室各项活动扎实而又创造性地开展，工作室主持人特别重视工作室建设，开辟了深圳市魏国良名师工作室办公室、课堂教学研讨活动室和工作室成员学员活动沙龙共三个固定场所。本工作室在上级主管领导和指导老师的双重领导下，下设了12个部，分设部长、副部长、学员。包括：数学小步训练开发部；微型课题研究部；优质课例开发部；论文论著编辑部；中小学衔接研究部；中考题例研究部；应用数学研究部；数学竞赛研究部；数学思想方法推广部；海外数学研究部；文秘督查外联部；信息网络保障部。

（三）规范高效率运行机制

制定了《深圳市魏国良名师工作室七条规定》和《深圳市魏国良名师工作室成员、学员分工表》。编印了《深圳市魏国良名师工作室成员专业发展指导手册》和《深圳市魏国良名师工作室学员专业成长手册》，对工作室每位成员和学员提出了培养目标，促使其为自己的专业发展进行合理的规划。工作室还建立了专题网页和工作QQ群，构建起了内容丰富的教育教学资源库。工作室每学期均有翔实的工作计划和工作总结，每次活动均有活动方案和活动简讯，各项档案资料翔实规范。

二、名师引领孵化领军人才

（一）广泛开展高水平主题讲座

基于经验主义理论，邀请教育专家或学科专家结合《新课程标准（2011年版）》以及教育教学实际，选择一个能够与成员、学员的经验产生共鸣的主题，讲授有关的思想、理论或新观点、新视野、新方法。

2012年3月7日下午，邀请龙岗区教师进修学校刘静波校长、雷斌主任分别做了《高质量学习》《微型课程》的学术报告。

2012年12月12日（周三）下午，工作室主持人魏国良给成员、学员做了《初中数学课型研究》的学术研究报告，并将“概念课”“命题探究课”“解题课”“复习课”“试卷讲评课”“活动课”六种课型研究的分工方案，做了部署。

2012年12月26日（周三）下午，特邀深圳市数学教育专家、市外国语学校邱卫平老师做了《坚持教研，推进课改》的学术报告，结合他的专著《解小题亦须深究》，重点训练如何重组与挖掘教学教材，操作性强，实践指导意义大。

（二）深入进行实效性课例研究

基于社会学习理论、发挥榜样的示范作用，邀请全国、省、市、区名师共同设计教案学案，送课上门，进行高质量课堂的探索，为成员、学员提供一套科学、先进的教学程序、教学策略和教学方法。

2012年11月21日（周三）下午，在龙岗区实验学校四楼演播厅举行了初中数学“试卷讲评课”教学研究活动，由朱际生老师执教，共同构建“试卷讲评课”的模式。主持人魏国良针对试卷讲评课提出了“三要三不要”的原则：要有考情分析，要针对暴露的问题讲评，要有配套跟进练习；不要从第一题讲到最后一题，不要单纯讲答案，不要面向全班讲压轴题。

2013年5月22日下午，本工作室邀请广东省名师工作室主持人吴再超老师来到龙岗实验学校进行了学术交流。首先，吴再超老师给九年级学生上了一堂中考压轴题专题复习课，并结合自己多年来潜心研究深圳市中考数学压轴题的经验，和与会老师一起破解命题人的思维密码。其次，吴老师给成员、学员分享了他转化后进班的特殊能力。2009、2010、2011年接手初三后进班平均成绩分别提高19.9分、16.4分、19.8分，教学业绩非常突出，他归纳了轻轻松松抓成绩的招数是树立“新的学生观”。同时，他在撰写论文，省、市级示范课，省、市专题讲座方面的成果令在场的成员、学员备受启发。活动最后，龙岗区初中数学教研员梁小贱老师对吴老师的课例和经验介绍进行了高度的评价，同时还介绍了省教育厅的教改动向，寄希望于成员、学员在“数学思想方法”教学方面寻求新的突破，同时做好“说题”比赛的相关准备。

2013年11月31日～12月1日，主持人魏国良在深圳城市学院开讲座《初中数学六类课型教学设计》，培训深圳市85名数学教师。

2013年12月4日，主持人魏国良在区实验学校开专题讲座《应用题教学策略——二次分析法》。

2014年4月20日，主持人魏国良赴国家教育行政学院云南培训基地做专题讲座《基于主题驱动下的校本研修模式》。

2014年5月14日，主持人魏国良赴龙华中学针对复习课例《平行四边形的存在性》进行点评并开专题讲座《基于中考数学专题复习课的再思考》。

（三）推进多层次同课异构活动

基于比较教学理论，从两个层面提升成员、学员的课堂教学水平。一是成员、学员在团队内部进行同课异构，分享已有经验；二是成员、学员从团队走出去，到外地进行同课异构。以课会友，邀请名师、大师点评，提升内涵。

2012年1月9日（周三）下午，龙岗区实验学校黄晓丹老师和龙城高级中学庄素娟老师以《二次函数》复习课（第二课时）为课题，同课异构。探索初、高中数学教学衔接。得到了市教科院尚强院长、市初中数学教研员石永生、市高中数学教研员魏显峰、区初中数学教研员梁小贱的关注与支持，他们均亲临现场观课议课并探讨。两所学校校长全力支持，区教育局叶德卫副局长给予高度肯定。

2013年3月28日下午，名师工作室闫娟老师和宝安中学刘欢老师的同课异构研讨课——《认识三角形》在宝安中学700人会议室举行。刘欢老师按照“创设情景，自然引入——交流互动，探索新知（1、动手实践，尝试发现；2、小组合作证明）——反馈练习、巩固新知——小节归纳、整理新知——布置作业”五个教学环节，探究了“三角形内角和定理”。闫娟老师按照“学前准备——探索与证明，学习新知——知识的应用与巩固——反思回顾——自我测试”五个教学环节，完成了对三角形概念和三角形内角和定理的讲解。观摩了两节课后，宝安区教科培训中心江少佳教研员主持课例点评。台上主发言人和台下参与的教师对两堂课进行了深入的研讨。工作室主持人魏国良提出了命题课教学的一般程序。并对《数学命题教学的道与技》进行了有一定学术价值的分析。获得了宝安区七、八年级部分参训数学教师的赞同。

2013年4月17日下午，名师工作室罗新老师、杨静老师和深圳高级中学吴化春老师三人“同唱一首歌”——《数形结合，中考探索型（存在性）试解解析》专题复习课。罗新老师展示了一堂“同班分层”的研讨课，A层学生重在探索型——有关平行四边形压轴题第（3）问，对“3定1动型”“2定2动型”基本图形进行了深入剖析；B层学生重在梯形的边长、周长、面积及综合运用；C层学生侧重练习实数的计算、化简求值、解分式方程、解不等式组。这种教学组织形式是应对“义务教育均衡分班”的要求下的有益尝试。老师虽然辛苦，但使同班不同层次的学生在课堂上都能获得良好的数学教育，不同的人在数学上得到不同的发展。深圳高级中学吴化春老师，重点分析一道存在探索型例题，启发学生把握类型题的一般解法。杨静老师按等腰三角形的存在性、直角三角形的存在性、梯形的存在性，以试题为载体揭示了方法规律，并渗透了数形结合、方程与函数、转化、分类讨论、数学建模等数学思想方法。此次研讨课，得到了市教科院石永生老师的学术支持。石老师亲临上课现场，亲自点评，促进了工作室成员、学员学术水平的提高。

2013年4月18日至21日，受民进深圳市委的邀请，工作室主持人魏国良随讲师团成员18人赴贵州省三都县开展对口支教活动。魏国良名师在三都县鹏城学校初三（3）班上了一节初三数学专题复习示范课——《二次函数中的分类讨论思想》。

2013年5月9日下午，由深圳市教育科学研究院主办，龙华新区教育科学研究管理中心承办，观澜二中协办的“后模式时代的课堂教学及学科文化建设研讨活动”在观澜二中举行。深圳市魏国良名师工作室学员朱际生老师和观澜二中陆龙高老师同课异构——《函数中动点与图形面积专题》。广东省教育厅吴有昌教研员，深圳市石永生教研员，市名师魏国良，龙华新区林日福教研员和参与研讨的老师进行互动交流。主持人魏国良基于专题复习学案的设计方法，动态几何问题中“点动型、线动型、形动型”的一般规律给予了深入分析。提出了解决动态几何的数学建模思想的实践操作方法，给参加者一定的学术启示。

2013年11月14日～15日，主持人魏国良赴青海省西宁市上示范课《平行线分线段成比例定理》，开专题讲座《怎样提高学生的数学成绩》。

2014年6月，在市教育局举办的“名师送培到河源”活动中，主持人魏国良指导本名师工作室朱际生老师面向河源市全体数学骨干教师做了两个讲座和两节示范课，获得一致好评，在《南方教育时报》曾专门报道。

（四）进行思维型解题命题探讨

基于罗增儒教授的解题学理论，为提升成员、学员的解题命题能力和指导学生解题的能力，针对每年小考、中考、高考的试题，从基础知识、基本技能、基本思想方法、基本活动体验的角度，加强解题学研究，形成问题解决教学特色。以编制“数学小步训练”模式的常规题、应用题、阅读题、开放题、探究题为载体，渗透数学知识、数学精神、数学文化、数学思想与方法。从2012年9月起，本工作室将《数学小步训练实验研究》的系列研究成果进行升级。现正在开发《学讲练》文本引导学生自主学习、快乐学习。成员黄一春在2012年坪山新区初中数学命题比赛中荣获一等奖，市命题比赛二等奖。余涛老师在2012年深圳市初中数学命题比赛活动中荣获一等奖。

（五）初探实用性微型课程建设

基于高效学习理论，将教育教学课本、书刊、电影、小说等进行专业化改造，以五分钟为限，用PPT、视频等方式，以小故事、小案例、小策略的形式呈现，从微课程中悟出大道理。本工作室在微型课题部的引导下，已开发了《完全平方公式》等微课程。

（六）及时进行个性化研修反思

基于美国心理学家波斯纳给出的教师成长的简洁公式：教师成长=经验+反思。引导成员、学员撰写研修日志和开发微型讲座。研修日志的内容可以针对主题讲座、课例实践、同课异构、解题编题、微型课程等任何一个环节。微型讲座可以对教学实践中的重点、难点、热点、疑点、考点、盲点进行深度教学学术交流。本工作室于2012年1月10日，给成员、学员印发了湖北省武汉市教科院裴光亚发表在《中学数学教学参考》

（2011年第11期）的论文《青年数学教师的专业成长》；主持人魏国良撰写的《关于“怎么一点思路都没有”的思考》。组织成员、学员结合自己的教育教学实践展开讨论和反思，并形成自己的教学心得或论文。

三、专业实践成员各显其才

（一）课堂教学成果

1. 学科成绩

本工作室成员、学员均在教学一线，近一年半主要担当毕业班教师、班主任，在高考、中考中成绩领先。主持人魏国良身先示范，在龙岗区实验学校积极推动新一轮课程改革，积极构建“以教师为主导、以学生为主体、以思维训练为主线”的“三为主”课堂教学模式，并主持编印了初中数学《小步阶梯训练》。2012年，魏国良、罗新、陈光祥、李云珠、王翠燕、熊丽在龙岗区实验学校教九年级数学，中考数学成绩以绝对的优势领先于全区其他各校，获得了可喜的成绩，为推动新一轮课改提供了宝贵的经验。2013年、2014年中考工作室成员、学员为学生、学校的发展做了一定的贡献。

2. 业务竞赛

本工作室成员、学员积极参加教育行政部门组织的各级各类教学业务比赛。成员赵查老师参加2012年广东省课堂教学现场比赛获全省一等奖的第一名。刘一兰老师在2012年广东省高中青年数学教师优秀课评比中荣获二等奖。赵晓老师在2012年深圳市初中青年数学教师优秀课比赛活动中，荣获特等奖。余涛老师在2012年深圳市数学优质课评选活动中，执教的《反比例函数图像与性质（2）》一课荣获一等奖。吴宇琛老师执教的《探索三角形全等的条件（一）》由市电教馆在线播放。

3. 辅导竞赛

本工作室成员、学员所辅导的学生在教育行政部门组织的各级各类比赛中均有卓越表现。成员李勇，任教于龙城高级中学，辅导学生数学竞赛成绩突出。李勇、刘焕玉老师于2012年11月荣获广东高中数学联合竞赛优秀辅导教师证书。

4. 教学公开课

本工作室成员、学员积极上公开课。如罗新、朱际生、闫娟、黄晓丹、罗新婷、杨静均上了市级、区级公开课。

（二）教研科研成果

1. 课题研究

问题即课题，本工作室成员、学员力图探究解决课堂教学问题的一般方法与规律。目前，主持人魏国良主持研究的市级规划课题《教师教学方式转变——数学小步训练实验研究》已经开题并进行了中期研讨汇报，处于成果整理阶段。正在筹备研究《初中数学课型研究》的课题，并将“概念课”“探究课”“例习题课”“复习课”“试卷讲评课”“活动课”六种课型研究作为工作室品牌。根据2012年度教育部人文社会科学研究项目立项通知：《基于智能虚拟深灰的学生集体责任人认知培养研究》课题正式批准，项目批准号：12JYC880010，主持人是华南师范大学陈斌博士、教授。本工作室魏国良、赵查、黄映、杨静、洪江苏、朱际生是参与研究人，已正式开题，研讨人员已赴香港参与学校实地研讨一次。成员罗新婷老师申报的市级“十二五”规划课题《新课改下初中数学小组合作学习的有效性研究》批准立项。

2. 开设讲座

本工作室鼓励成员、学员开设国家级并且是有关的教育学术部门或行政部门组织认可的学术讲座。2012年1月，主持人魏国良赴内蒙古鄂托克旗，做了题为《教师评价的理念与方法》《怎样开发教学资源》《高效课堂的实施策略》三个讲座；2012年7月，主持人魏国良随同龙岗区教师进修学校讲师团赴湖北英山县讲学，题目为《数学小步训练教学，促进青年教师成长的研究报告》；2012年8月，主持人魏国良随同龙岗区教育局讲师团赴内蒙古鄂托克旗讲学，题目为《优秀教师的基本素养》《教学中棘手问题的解决策略》；2012年9月至12月，主持人魏国良被市教科院聘为深圳市“义务教育学科课程标准（2011年版）全员培训”助学导师，全市参训人员214人；2013年4月19日，主持人魏国良随同民进深圳市委讲师团到贵州三都县支教，给三都县初三教师做了《初三数学复习备考策略》的专题报告，作专题分享——《复习课课型的操作策略》，他从复习的意义、内容与课堂结构进行了分析，提出了知识回顾与重组阶段的有关问题与对策；2013年4月22日，本工作室受国家教育行政学院云南培训基地之聘，给第一期“中小学教学创新与管理科学化”专题研修班的200多名学员做专题报告——《新课改背景下教学常规运行体系的构建》，主持人魏国良从“完善课程体系，着眼内涵拓展；提升队伍素质，着力校本研修；构建教学常规，着重师生发展；公平绩效评价，着手机制驱动”四个层面，以丰富的案例、较高的理论、较强的操作性赢得了来自黑龙江鸡西市、青海西宁市的学员们的赞同；2013年5月19日下午，主持人魏国良在龙岗区2010届在编新教师入职三年培训的结业典礼上，做了专题报告《高质量的课堂教学》，围绕“为什么提出高质量的课堂教学；什么是高质量的课堂教学；怎样实现高质量的课堂教学”三个问题深入浅出地进行了分析；2013年5月30日，主持人魏国良被市教科院聘为深圳市首批继续教育课程专家。

3. 论文发表（获奖）

本工作室积极引导成员、学员在全国、省级、市级、区级学术刊物上发表论文，介绍成功经验，参与学术争鸣，形成学术流派。陈光祥老师的论文《讲究过程教学了、拓展教学效能》发表在《中小学数学》（2013年1～2期）。邱萍萍老师的数学设计《四边形性质探究（5）、梯形（一）》于2012年获教育部课程教材发展中心二等奖。王毅老师的论文《“若干”问题学生的问题》于2012年获教育部关工委三等奖。黄一春老师撰写的论文《一道教材习题在中考复习中的引用》在2013年度评为省一等奖。余涛老师的论文《浅议讲学稿的使用误区》获市教育学类三等奖。向昆老师的论文《提高数学课堂教学有效性的同种途径》于2012年荣获《中学数学教学参考》二等奖。

4. 校本课程开发

主持人魏国良正组织部分成员、学员对北师大版数学教材进行校本化改造，逐步形成《初中数学小步训练系列——学讲练》。洪江苏、黄映两位成员主编了校本教材《这里有爱——感动实验系列读物》。

（三）岗位研修成果

1. 活动考勤

工作室集中研训时均有考勤记录，形成了成员、学员守时的良好习惯。

2. 勤于读写

成员、学员每月至少精读一本专业刊物，形成了钻研业务的氛围，主持人魏国良订有12种专业刊物，经常与成员、学员交流心得体会与学术动态。

3. 成果转化

学员朱际生将他从学术刊物中学到的“抛物线中动点与图形面积”的简易经验公式在初三专题复习中予以推广，提高了教学效果。

4. 自创品牌

本工作室鼓励成员、学员学习与超越、争取自创特色（项目）在学术界有一席之地。成员李勇老师在2013年深圳市高三年级第二次调研考担任文科数学命题教师。2013年5月，龙岗区进修学校组织申报“特色（项目）工作室”，成员赵查申报的“高质量阅读特色工作室”，蒋雁钦申报的“思维教学特色工作室”均顺利通过专家组评审。

（四）教学帮扶成果

1. 援疆支教

成员刘焕玉随深圳市教育局组织的援疆专家团，于2013年春赴新疆喀什地区进行为期一年的帮扶工作。2013年11月14日～15日，魏国良赴青海省西宁市上示范课《平行线分线段成比例定理》，开专题讲座《怎样提高学生的数学成绩》；2014年2月16日～24日，西宁市四校16名骨干教师到本工作室跟岗研修培训。

2. 支援贵州

主持人魏国良随民进深圳市委讲师团18人，于2013年4月18日至21日赴贵州三都县对口支教帮扶。魏国良名师上了一堂复习课，做了《初三复习备考策略》的专题报告，他从学校学术管理、年级规划策略、备课组合技巧、教师课堂操作四个层面，结合案例进行了分析，获得三都初三教师高度评价。2014年4月25日，他又赴贵州省三都县，做了专题讲座《初中数学复习备考策略》。

3. 省内帮扶

成员赵查于2013年先后到清远、潮州上示范课。2014年3月1日，主持人魏国良在大梅沙基地给市直属学校应届大学毕业的新教师开专题讲座《基于高质量学习视觉下的有效备课与作业设计》。2014年6月24日～7月2日，主持人魏国良参加市教育局举办的“深圳14位名师送培到区到校”活动，于7月24日在《南方教育时报》报道；2014年8月22日，主持人魏国良在龙城高中给2014年新教师培训教学常规。2014年8月24日，主持人魏国良在坪山新区讲座《初中数学命题课教学设计》。2014年8月25日，主持人魏国良赴汕头市教研室开讲座《基于主题驱动下的校本研修模式》。

4. 民办学校帮扶

本工作室主持人魏国良兼任龙岗区民办学校片区培训组长。2012年对龙岗区中心城片区和布吉片区民办学校初中数学教师培训3次，2013年培训2次。

5. 区内视导

2012年，主持人魏国良随同区教研室梁小贱老师到龙岗区进行数学课堂教学视导8次，其中前往南联学校1次，龙城初中1次，平湖中学2次，坪地中学4次。2013年对坪地中学验收视导1次。

6. 田园式培训

主持人魏国良兼任龙岗区田园式培训初中数学组组长。2012年对龙岗区初中数学2010届、2011届、2012届在编新教师“田园式培训”3次；2013年培训3次。2014年培训2次。

四、专业提升、创新培训课程

一个教学法：数学小步教学法。

两门技术：数学应用题中的二次分析法、几何证明题中的玻利亚分析法。

三个国培班讲座（云南师大国培基地）：基于核心素养背景下教学常规有效达成的策略、基于主题驱动下的校本研修模式、构建高质量学习班级的策略。

六类课型研究：初中数学六类课型教学设计。

33个专题：初三第二轮复习之33个专题。

五、工作室提升之思考

思考1：如何加强纵横联络与交流，吸收其他名师工作室的优点，提升工作室教研活动的品位，让名师工作室成为成员、学员的精神家园，形成合作、探究和反思的精神文化。

思考2：如何提升两个转化力：即将他人已有的学术成果转化为实践中可操作的教学策略；将工作室成员、学员的研究成果转化为专业培训课程、微课程，构建有效的国家、省、市、区级名师培训课程体系。

思考3：如何将工作室成员、学员凝聚成一支能做（教育教学）、能说（海内外授课）、能写（论文专著）的团队，提高学术知名度，登上国际教育人才高地，增强教育核心竞争力。

回首三年多以来走过的道路，我们深感充实与快乐。在压力中产生动力，内心充满感激。感激市教育局和市教科院领导给我们提供了这个学术平台；感谢学校领导的支持；感谢这个有思想、有凝聚力、有生命活力的工作室团队，在交流中取长补短，分享智慧与快乐，在进取奋斗中幸福成长。时光荏苒，我们进行实践研究的脚步不会停歇，我们豪情满怀，定下目标与方向，学习、反思、践行，相信前进的道路洒满阳光！

名师送培到区、到校简讯

——深圳市魏国良名师工作室

2014年3月26日下午，坪山中学学术报告厅洋溢着喜悦的气氛，坪山新区公民办学校初三数学教师40多人欢聚在一起，参加坪山新区教研中心主办的教研活动。

此次教研活动，是根据市教育局师资处的指示要求，市级名师送培到区到校，由深圳市魏国良名师工作室承办的市级教研活动。

首先，由深圳市魏国良名师工作室的朱际生老师上了一堂初三数学专题复习示范课——《二次函数中的动点与图形面积》，此专题涵盖了初中数学主要知识点，这些知识点常在中考压轴题中出现。朱际生老师从复习回顾、交流互动、探求新知、针对一道例题五次变式等环节，深入浅出地归纳了坐标系中的三角形面积等于水平宽乘铅垂高再乘二分之一的经验公式，并灵活运用这一经验公式解决相关数学问题，给参加培训的老师们以较高的视野和全新的感受，原来所谓的难题到了专家这里并不难。

其次，由深圳市魏国良名师工作室主持人魏国良老师主持现场议课，他采用了“世界咖啡”的研讨模式，分小组、独立思考、合作讨论、归纳要点、派代表分享与交流，这种参与体验式的培训令参训者耳目一新。

最后，市名师工作室主持人魏国良老师将他们工作室的招牌特色产品——《初中数学六类课型教学设计的策略》之一《中考数学复习课的再思考》奉献给参训的老师们。他还从单元复习（知识梳理：建构体系，知识应用，思想方法）；专题复习（考点聚焦：题题成串，针对题型，难题多变）；综合复习（查缺补漏：回顾重组，题型题量，综合模拟）三个模块，以案例分析的形式解答了老师们的疑问，指明了一条轻负担、高效率、高业绩的中考复习课设计之路径，深得老师们的认同。

根据培训反馈的良好效果，最近，深圳市魏国良名师工作室又接到了坪山新区教研中心的邀请，拟定于2014年8月24日到坪山新区给全区初中数学老师进行《初中数学六类课型教学设计的策略》之二《命题课教学设计》的培训活动。

我们期待又一次数学教学学术集会，共赢共进、造福于坪山新区人民群众的时机的到来。